Raimar Bernard · Vogelnamen

Raimar Bernard

Vogelnamen

Englisch/Deutsch/Latein

Deutsch/Englisch/Latein

Latein/Englisch/Deutsch

mit einer Einführung zur
Systematik der Vögel

AULA-Verlag Wiesbaden

Raimar Bernard
Feldstraße 30c
61352 Bad Homburg

Die Deutsche Bibliothek – CIP-Einheitsaufnahme

Bernard, Raimar:
Vogelnamen englisch–deutsch–latein : mit einer Einführung in
die Systematik der Vögel / Raimar Bernard. – Wiesbaden :
Aula-Verl., 1993
    ISBN 3-89104-533-6
NE: HST

Zeichnungen: Friedhelm Weick
Umschlag: Klaus Neumann, Wiesbaden
Satz: Mitterweger Werksatz GmbH, Plankstadt
Druck und Verarbeitung: PDC, Paderborner Druck Centrum
Printed in Germany / Imprimé en Allemagne
ISBN 3-89104-533-6

Vorwort

Hauptanliegen dieses Buches ist es, die Benutzung englischer und amerikanischer Vogelführer, die Lektüre ornithologischer Literatur und die Verständigung mit ausländischen Naturfreunden zu erleichtern.

Der umfangreiche Tabellenteil enthält – auf deutsch, englisch und lateinisch – die **Namen sämtlicher Vogelfamilien** der Welt sowie aller mitteleuropäischen und der bekanntesten außereuropäischen Arten: von Aasgeier bis Zwergwachtel, von Abyssinian Catbird bis Zebra Finch und von Accipiter bis Zosterops. Die **Auswahl** der Außereuropäer berücksichtigt neben Häufigkeit und Bekanntheit auch sprachliche Besonderheiten. Aufgenommen sind außerdem einige seltene, weniger bekannte oder ausgestorbene Arten, die aus ornithologischer Sicht besonderes Interesse verdienen.

Das Buch ist mehr als ein Vokabular: Jede Eintragung enthält außer der Übersetzung auch einen Hinweis auf die übergeordneten Familien und Ordnungen, also auf den **systematischen Standort**. Hinzu kommen von Fall zu Fall geographische oder andere Angaben zur Identifizierung, besonders für mehrfach vergebene Namen wie warbler, chat oder finch. Die Suche wird durch **zahlreiche Verweisungen** erleichtert: von Familien auf einzelne Arten, von älteren auf modernere Bezeichnungen, von amerikanischen auf englische Namen.

Der **begleitende Text** erläutert die Grundzüge der ornithologischen Systematik, gibt Hinweise zur Verbreitung einzelner Familien und veranschaulicht die sprachlichen und systematischen Stolpersteine anhand zahlreicher Beispiele.

Die **Klassifikation** der Vogel-Ordnungen und -Familien ist in übersichtlichen – ebenfalls dreisprachigen – Tabellen dargestellt. Hierbei ist auch die von SIBLEY u.a. (1990) vorgeschlagene **Neuordnung** aufgrund biochemischer Verfahren berücksichtigt. Durch Erläuterungen im Text und durch Querverweise zwischen klassischer und neuer Systematik soll die Neugier auf die verwirrende Faszination der Taxonomie zugleich geweckt und wenigstens ansatzweise gestillt werden.

Wiesbaden, Oktober 1992   Raimar Bernard

Inhaltsverzeichnis

Systematische Übersichten 28

Alphabetische Verzeichnisse 46

Quellenhinweise 266

Einleitung

*Es gibt nichts Unvollkommeneres als den Menschen
und gleich danach das Wörterbuch*

Willibald Pschyrembel

Nach neueren Zählungen sind auf der Erde über 9000 Vogelarten bekannt. Jede hat einen lateinischen Namen, fast alle einen englischen, die meisten einen deutschen.

Europäische Vogelnamen

Innerhalb Europas macht die Übersetzung kaum ernsthafte Schwierigkeiten, da sich deutsche und englische Namen meist ziemlich genau entsprechen: Alle englischen sparrows sind Sperlinge, flycatchers sind Fliegenschnäpper, redstarts Rotschwänze, creepers Baumläufer. Überdies geben viele europäische Vogelbücher die Namen in mehreren Sprachen an.

Manchmal kann die Wort-für-Wort-Übersetzung zu Mißverständnissen führen: Coal Tit und Herring Gull sind nicht Kohlmeise und Heringsmöwe, sondern Tannenmeise und Silbermöwe. Die Kohlmeise heißt Great Tit, die Heringsmöwe Lesser Black-backed Gull. Der Stonechat ist kein Steinschmätzer, sondern ein Schwarzkehlchen.

In einigen Fällen ist die Abgrenzung der Gruppen nicht ganz deckungsgleich: So heißen die englischen sandpipers zwar zum großen Teil Strandläufer, doch gibt es unter ihnen auch Sumpf-, Gras-, Ufer- und Wasserläufer. Umgekehrt werden fast alle Strandläufer in England sandpiper genannt, aber einige heißen stint oder dunlin.

Vogelnamen in Übersee

Etwas schwieriger kann die Verständigung in Übersee sein.

Viele englische Namen sind mehrfach vergeben (**Homonyme**). So wird mit dem Namen **Robin** in Europa das Rotkehlchen bezeichnet, in Nordamerika die Wanderdrossel. Amerikanische **flycatchers** sind nicht Fliegenschnäpper sondern Tyrannvögel.

In der Praxis sind Verwechslungen nur selten zu befürchten, da sich die Verbreitungsgebiete der Namensvettern kaum überschneiden. Rotkehlchen – European Robins – gibt es nicht in der Neuen Welt, und American Robins verirren sich selten nach Europa. Tyrannvögel fehlen in Europa, europäische flycatchers kommen nur ausnahmsweise in Alaska vor.

Geographische Überschneidungen sind am ehesten bei den **sparrows** möglich: In Amerika kommen neben den einheimischen Scharrammern auch die aus Europa eingebürgerten Sperlinge vor. Beide Gruppen heißen sparrows und sehen sich sehr ähnlich, sind aber nicht näher miteinander verwandt. Der europäische Spatz wird in Amerika House Sparrow oder English Sparrow genannt.

Homonyme gibt es auch in anderen Kontinenten: So gehört von den **catbirds** je einer zu den nordamerikanischen Spottdrosseln (Katzendrossel), zu den afrikanischen Timalien (Singtimalie) und zu den australischen Laubenvögeln (Grünlaubenvogel). Die drei catbirds gehören nicht zur gleichen Familie.

Andere verbreitete Homonyme sind: **chat** (Schmätzer), **chough** (Krähe), **creeper** (Baumläufer), **ovenbird** (Ofenvogel, Töpfervogel), **rail** (Ralle), **shrike** (Würger), **thrush** (Drossel), **warbler** (Sänger), **wren** (Zaunkönig); sie werden für verschiedene Arten verwendet, die oft nicht näher miteinander verwandt sind.

Auch einige deutsche Namen sind mehrfach vergeben: Der afrikanische **Sichelhopf** heißt Scimitarbill und ist mit dem Wiedehopf verwandt. Neuguineas Sichelhopfe (sicklebills) gehören zu den Paradiesvögeln.

Um zu entscheiden, welche Art mit einem bestimmten Namen gemeint ist, können ergänzende Informationen über das Verbreitungsgebiet, die wissenschaftliche Bezeichnung oder die systematische Zuordnung hilfreich sein. Die Klippen der Taxonomie lassen sich daher auch in einem Wörterbuch nicht gänzlich umschiffen.

Abb. 1: Ein Beispiel für Homonymie. Rechts: Rotkehlchen (European Robin – *Erithacus rubecula*) und links: Wanderdrossel (American Robin – *Turdus migratorius*). Beide Vögel haben nur die namensgebende rote Kehle gemeinsam.

Anmerkungen zur Systematik

Die Ornithologen bemühen sich, die Vögel nicht nach ihrem äußeren Erscheinungsbild (**morphologisch**) – oder gar ihren Namen – zu ordnen, sondern nach gemeinsamen entwicklungsgeschichtlichen Merkmalen (**phylogenetisch**). Daher können neue Erkenntnisse über die Verwandtschaften auch zu Veränderungen in der systematischen Zuordnung und in der Benennung führen: Die Abgrenzung der Gruppierungen (Taxa) ist weder einheitlich noch unveränderlich. In den letzten Jahren zeichnet sich eine grundlegende Neuordnung aufgrund biochemischer Verfahren ab.

Die vorliegende Schrift folgt der von R. HOWARD und A. MOORE (1991) verwendeten Systematik, die – mit geringen Varianten – international weite Verbreitung gefunden hat. HOWARD teilt die Vögel in 27 Ordnungen, 173 Familien, rund 2000 Gattungen und über 9200 Arten.

Bei einigen Autoren findet sich eine sehr viel tiefer gestaffelte Untergliederung. So unterscheidet SIBLEY (1990): class – subclass – infraclass – parvclass – order – suborder – infraorder – parvorder – superfamily – family – subfamily – tribe – genus – species.

Ordnungen

Wissenschaftliche Namen. Die wissenschaftlichen Namen der Ordnungen (orders) sind an der Endung **-FORMES** zu erkennen. Beispiel: STRIGIFORMES Eulenvögel.

Die Abgrenzung der Ordnungen ist nicht einheitlich; je nach Autor wird ihre Zahl mit 23 (SIBLEY & MONROE, 1990), 27 (HOWARD & MOORE, 1991), oder auch mehr als 50 (WOLTERS, 1975–1982) angegeben.

Größe. Die **größte** Vogelordnung, die der Sperlingsvögel (perching birds, PASSERIFORMES), umfaßt mehr als 70 Familien mit über 5000 Arten. Die **kleinste** bildet der Vogel Strauß (Ostrich), der in der Ordnung der afrikanischen Laufvögel (STRUTHIONIFORMES) zugleich einzige Art, Gattung und Familie ist.

Verbreitung. Die meisten Ordnungen sind weltweit verbreitet und haben bekannte Namen. Von den 27 Ordnungen kommen 18 auch in Europa vor. Einige außereuropäische Ordnungen haben ein begrenztes Verbreitungsgebiet und teils bekannte Namen wie Pinguin, Strauß, Nandu, Kiwi, Papagei, Mausvogel, teils weniger bekannte wie Trogon oder Tinamu (Steißhühner), die nicht einmal ihren Weg in den deutschen Rechtschreibungs-Duden (1991) gefunden haben.

Abb. 2: Ein naher Verwandter unseres Eichelhähers (*Garrulus glandarius*) ist der Blue Jay (*Cyanocitta cristata*); beide gehören zu der Familie Corvidae. Der Blauhäher besetzt in Nordamerika einen vergleichbaren Lebensraum wie in Europa der Eichelhäher.

Familien

Wissenschaftliche Namen. Die Ordnungen werden nach HOWARD in insgesamt 173 Familien (families) untergliedert, deren wissenschaftliche Namen an der Endung -idae zu erkennen sind: Alaudidae, Lerchen, larks; Troglodytidae, Zaunkönige, wrens.

Größe. Einige Familien – z.B. Kolibris (hummingbirds) und Finken (finches) – umfassen mehr als 300 Arten. Andere bestehen nur aus einer einzigen Art: Der amerikanische Rallenkranich (Limpkin) ist alleiniger Repräsentant der Aramidae; die westindische Familie der Dulidae besteht nur aus dem Palmenschwätzer (Palmchat).

> Auch die Abgrenzung der Familien ist nicht einheitlich. So betrachtet HOWARD den Wiedehopf (Hoopoe) als einzigen Vertreter der Familie Upupidae; nach anderen Autoren bildet er zusammen mit den afrikanischen Baumhopfen (wood hoopoes) die Familie der Hopfe.

Verbreitung. Viele Vogelfamilien sind weltweit verbreitet und haben bekannte Namen wie Enten (ducks), Möwen (gulls), Schwalben (swallows), Drosseln (thrushes), Stare (starlings), Ammern (buntings), Regenpfeifer (plovers), Segler (swifts).

Andere Familien sind nur in einem eng begrenzten Gebiet vertreten (**endemisch**) und kaum unter ihren deutschen Bezeichnungen bekannt: so etwa die hawaiischen **Kleidervögel** (honeycreepers), deren einheimische Namen großenteils unverändert ins Englische und Deutsche übernommen worden sind. Der schon erwähnte **Palmenschwätzer** (Palmchat) kommt nur auf zwei Antillen-Inseln, Hispaniola und

Gonaves, vor. **Kiwis** gibt es nur in Neuseeland, **Paradiesvögel** (birds of paradise) und **Laubenvögel** (bowerbirds) fast nur in Neuguinea, **Leierschwänze** (lyrebirds) in Australien. Auf Madagaskar und den Komoren leben fünf endemische Familien mit kaum bekannten Namen wie Stelzrallen (mesites), Erdracken (ground-rollers), Kurol (Cuckoo-Roller), Jalas (asities), Vangawürger (vanga shrikes).

Fast alle **europäischen** Familien haben nahe Verwandte in der Neuen Welt: Meisen (titmice and chickadees), Kleiber (nuthatches), Baumläufer (tree creepers), Zaunkönige (wrens), Lerchen (larks), Schwalben (swallows, martins), Wasseramseln (dippers), Häher (jays) und viele andere. Zu den wenigen Ausnahmen gehören Pirole (Old World orioles), die mit den nordamerikanischen orioles nicht verwandt sind, und Braunellen (accentors), die in der Neuen Welt ebenfalls nicht vorkommen.

Charakteristisch für **Nordamerika** sind einige Familien, die in Europa fehlen: Spottdrosseln (mockingbirds), Waldsänger (wood warblers), Laubwürger (vireos), Stärlinge (blackbirds and allies), Tyrannvögel (tyrant flycatchers), Neuweltgeier (New World vultures). Trotz der Ähnlichkeit der Namen sind sie mit ihren europäischen Namensvettern nicht näher verwandt, zeigen aber auffallende Übereinstimmungen in Aussehen und Verhalten: In Lebensräumen, die in Europa von Laubsängern, Fliegenschnäppern und Finken besetzt sind, findet man in Nordamerika Waldsänger, Tyrannvögel und Ammern (**convergent evolution**).

Lateinamerika ist besonders reich an – großenteils endemischen – Vogelfamilien; ihren nördlichen Vorposten begegnet man zum Teil, so z.B. bei den Kolibris, auch in den USA.

Abb. 3: Ein besonders eindrucksvolles Beispiel für eine konvergente Entwicklung (convergent evolution), die zugleich auch zur Namenverwechslung Anlaß gibt: Der Grauschnäpper (spotted flycatcher), links im Bild, gehört zu den Muscicapidae, den Fliegenschnäppern, der sehr ähnliche Buchentyrann (*Empidonax virescens*), rechts abgebildet, heißt Acadian flycatcher, gehört jedoch nicht zur Familie der Fliegenschnäpper, sondern zu den Tyrannidae, den Tyrannvögeln.

Unterfamilien

Ammern, Finken und viele andere Familien sind zusätzlich in Unterfamilien (subfamilies) gegliedert, deren wissenschaftliche Namen an der Endung **-inae** zu erkennen sind. Die Abgrenzungen sind allerdings sehr uneinheitlich und schwankend und daher oft eher verwirrend als hilfreich.

So umfaßt die Familie der Muscicapidae nach der Check-list der American Ornithologists' Union (6. Auflage 1983) mehrere Unterfamilien, darunter außer den Fliegenschnäppern (Muscicapinae) auch Drosseln (Turdinae) und Grasmücken (Sylviinae). Nach Howard und nach verbreitetem deutschem Sprachgebrauch bildet dagegen jede dieser drei Gruppen eine eigene Familie (Turdidae, Sylviidae und Muscicapidae).

Gattungen

Familien und Unterfamilien bestehen aus einer oder mehreren Gattungen (genera); diese werden durch lateinische Namen (generic names) bezeichnet, immer mit großen Anfangsbuchstaben geschrieben und, wo dies drucktechnisch möglich ist, durch Kursivschrift oder Unterstreichung hervorgehoben. Diese Gattungsbezeichnungen entsprechen oft den Namen, die man auch in englisch-deutschen Taschenlexika findet.

Larus	Möwe	gull
Sterna	Seeschwalbe	stern
Cygnus	Schwan	swan
Vanellus	Kiebitz	lapwing
Sturnus	Star	starling
Loxia	Kreuzschnabel	crossbill
Acrocephalus	Rohrsänger	reed warbler
Bombycilla	Seidenschwanz	waxwing
Alca	Alk	auk
Numenius	Brachvogel	curlew
Scolopax	Schnepfe	woodcock

Manche Familien sind in der Alten und der Neuen Welt durch verschiedene Gattungen vertreten. Von den über hundert Gattungen der Ammern findet man nur drei in Europa.

Arten

Namen. Jede Art (species) wird durch einen lateinischen Doppelnamen bezeichnet, dessen erster Teil (generic name) die Gattung angibt; der zweite Bestandteil (specific name) unterscheidet die einzelnen Arten (species) einer Gattung.

Bisweilen wird zur Bezeichnung einer **Unterart** (subspecies) ein dritter Namensteil angefügt. So heißt der Italiensperling (Italian Sparrow), der sich von seinen nördlichen Verwandten durch den braunen Scheitel unterscheidet, *Passer domesticus italiae*.

Die lateinischen Artnamen sind weltweit nahezu einheitlich. Allerdings gibt es Schwankungen und Unterschiede in der Abgrenzung der Gattungen; mit veränderter Zuordnung der einzelnen Arten kann sich dann auch deren lateinischer Name ändern. So findet man für den Grünling (Greenfinch) die Bezeichnungen *Carduelis chloris* oder *Chloris chloris*, je nachdem ob er den Zeisigen zugeordnet oder als eigene Gattung betrachtet wird.

Da die Fachornithologen sich normalerweise der wissenschaftlichen Namen bedienen, gibt es für viele exotische Arten keine geläufigen deutschen oder englischen Namen. Einige afrikanische Drosseln werden auf deutsch, englisch **und** lateinisch *Alethe* genannt. Beispiele wie die Fleckenbrust-Zaunkönigstimalie (*Spelaeornis formosus*) zeigen, daß deutsche Übersetzungen bisweilen schwerfällig und nur bedingt hilfreich sind. Wortungetüme gibt es auch in anderen Sprachen: HOWARD demonstriert die Problematik der anglisierten Namen am Beispiel des Superciliaried Hemispingus (Augenbrauen-Hemispingus) und des Guttulated Foliage-Gleaner (Zimtbrauen-Blattspäher).

Verbreitung. Viele Gattungen sind in und außerhalb Europas durch verschiedene Arten vertreten. Ihre Namen werden, wo Verwechslungen zu befürchten sind, durch Zusätze wie American, European, Common, Old World, New World, Kanada-, Indianer- unterschieden:

Falco tinnunculus	European Kestrel	Turmfalke
Falco sparverius	American Kestrel	Buntfalke
Fulica atra	Eurasian Coot	Bläßhuhn
Fulica americana	American Coot	Indianerbläßhuhn
Ardea cinerea	Common Heron	Graureiher
Ardea herodiae	Great Blue Heron	Kanadareiher
Bubo bubo	Eagle Owl	Uhu
Bubo virginianus	Great Horned Owl	Virginia-Uhu

Von manchen großen Familien wie Kuckucken (cuckoos), Nachtschwalben (nightjars), Eisvögeln (kingfishers) und Zaunkönigen (wrens) ist in Mitteleuropa nur eine einzige Art heimisch.

Nur selten findet man **dieselben Arten** in verschiedenen Kontinenten. So kommt von den europäischen Singvögeln kaum mehr als ein Dutzend auch in Nordamerika vor, darunter Birkenzeisig (Common Redpoll), Hakengimpel (Pine Grosbeak) und mehrere importierte Arten wie Sperlinge und Staren. Dagegen wird man bekannte europäische Singvögel wie Kohlmeise und Blaumeise, Buchfink und Grünling, Amsel und Singdrossel, Rotkehlchen, Girlitz, Rotschwänze und Rohrsänger in Amerika vergeblich suchen. Einige europäische Vögel wie z.B. der Dompfaff sind in der Neuen Welt nur in Alaska oder auf den Aleuten beobachtet worden.

Neuere Entwicklungen der Taxonomie

Eine grundlegende Revision der Systematik aufgrund biochemischer Verfahren ist unlängst von SIBLEY, AHLQUIST & MONROE (1988) vorgeschlagen worden. Als Ergebnis hat sich nicht nur die systematische Reihenfolge der Ordnungen und Familien, sondern auch ihre Abgrenzung verändert.

Einige Familien sind aufgespalten, andere zusammengelegt worden. Einige klassische Familien, wie Zaunkönige, Pirole oder die amerikanischen Spottdrosseln, sind zu subfamilies (Troglodytinae) oder tribes (Oriolini, Mimini) **degradiert**, andere wie die Turakos (Lärmvögel) zu eigenen Ordnungen (MUSIPHAGIFORMES) **befördert** worden. Eine ganze Reihe von Gattungen und einzelne Arten sind umgruppiert worden. So wird das amerikanische Goldköpfchen (Verdin, *Auriparus flaviceps*) bei SIBLEY den Mückenfängern (Polioptilinae) zugeordnet, bei HOWARD den Beutelmeisen (Remizidae).

Zu den überraschenden Ergebnissen gehört es, daß die Neuweltgeier, also auch die amerikanischen Black und Turkey Vultures, näher mit den Störchen verwandt sind als mit den Geiern der Alten Welt, – was allerdings einige Ornithologen (Garrod 1873) schon vor über hundert Jahren angenommen hatten.

Die Autoren der Studie sind bescheiden: "We cannot guarantee, and we do not claim, that the classification is a true reflection of the phylogeny of living birds, but we believe that it represents progress towards that elusive goal." (Sibley 1988). "Like all others, this system is imperfect, but we believe that its merits outweigh its deficiencies and that it probably represents a closer approach to the 'true phylogeny' than any other system that has been proposed." (Sibley 1990).

Im Rahmen eines Wörterbuchs dürften diese Veränderungen vorerst von unterge-ordneter Bedeutung sein. Trotzdem sind sie vorsorglich in mehrfacher Weise berücksichtigt worden: in den alphabetischen Vokabularien durch die Aufnahme einiger von Sibley vorgeschlagener Familiennamen und einiger Gattungen mit veränderter oder unsicherer Zuordnung; in den systematischen Verzeichnissen durch Querverweise zwischen Howard- und Sibley-Systematik. Allerdings sind Querverglei-che zwischen den Familien wegen der unterschiedlichen Zuordnung einzelner Gattungen nur mit Vorbehalten möglich.

Fußangeln im Überblick

Tyrannen – flycatchers – Fliegenschnäpper

Wer auf niedrigen Zweigen sitzt und vorbeifliegenden Insekten auflauert, ist ein flycatcher. Sitzt er in Amerika, dann ist er ein tyrant flycatcher, gehört zu den **Tyrannvögeln** (Tyrannidae) und kann auch **Kingbird**, **Phoebe** oder **Pewee** heissen. Sitzt er in Europa, dann ist er ein Old World flycatcher oder **Fliegenschnäpper** und gehört zur Familie Muscicapidae. Tyrannvögel gibt es nicht in Europa, Fliegenschnäpper praktisch nicht in Amerika. Siehe auch Abb. 3.

Old World flycatchers	Fliegenschnäpper
tyrant flycatchers	Tyrannvögel

Daneben gibt es im Südwesten der USA silky-flycatchers (Seidenschnäpper), in Afrika puffback-flycatchers (Kleinschnäpper), in Südostasien paradise flycatchers (Paradiesschnäpper) und fantail flycatchers (Fächerschwänze).

Blackbird – Amsel – Drossel – Robin – Rotkehlchen

Beim Anblick einer **Amsel** fragen sich amerikanische Besucher in Europa, ob es sich eher um einen Robin oder um einen blackbird handelt. Beides ist halb richtig:
  Die **Amsel** oder **Schwarzdrossel** (*Turdus merula*) heißt Eurasian Blackbird, ist aber mit den amerikanischen blackbirds nicht verwandt. Der nächste amerikanische Verwandte der Amsel ist die Wanderdrossel (*Turdus migratorius*); diese heißt nicht blackbird, sondern **American Robin**. Amsel und American Robin gehören beide zu den „echten Drosseln" der Gattung Turdus.
  Der **European Robin** (*Erithacus rubecula*) ist ein **Rotkehlchen**. Es ist nah verwandt mit den „echten Drosseln" und hat mit dem American Robin nur die rote Kehle gemeinsam (Abb. 1, S. 10).
  Amseln und Rotkehlchen fehlen in den USA. Wanderdrosseln (Robins) sind in den USA sehr verbreitet, in Europa kommen sie nur als Irrgäste vor. Andere Robins gibt es in Afrika und Australien.
  Der verbreitete amerikanische **Red-winged Blackbird**, oft kurz **Redwing** genannt, gibt doppelten Anlaß zum Mißverständnis: Er ist weder mit dem Eurasian Blackbird – der Amsel – verwandt, noch mit der nordeuropäischen Rotdrossel, die ebenfalls Redwing heißt.

European Robin	Rotkehlchen	*Erithacus rubecula*
American Robin	Wanderdrossel	*Turdus migratorius*
Eurasian Blackbird	Amsel	*Turdus merula*
Red-winged Blackbird, Redwing	Rotflügel-Stärling	*Agelaius phoeniceus*
Redwing	Rotdrossel	*Turdus iliacus*

Abb. 4: Zwei Blackbirds, die nur das schwarze Gefieder gemeinsam haben. Links die Amsel oder Schwarzdrossel (*Turdus merula*), die im Englischen Eurasian Blackbird heißt, und rechts der Red-winged Blackbird (*Agelaius phoeniceus*), der nicht zu den Drosseln, sondern zu den Stärlingen (Icteridae) gehört.

Spottdrosseln sind keine Drosseln

Mockingbirds, auch mimic oder mimine thrushes genannt (Spottdrosseln), gehören **nicht** zu den Drosseln (Turdidae), sondern bilden eine eigene Familie (Mimidae). Von einigen Taxonomen werden sie als Zwischenglied zwischen Zaunkönigen und Drosseln angesehen (AUSTIN 1983), von anderen als nahe Verwandte der Stare (SIBLEY 1990).

Der **Northern Mockingbird**, Spottdrossel (*Mimus polyglottos*), bekannt für seinen vielfältigen Gesang und seine Aggressivität, ist sehr verbreitet und gehört zu den auffälligen und typischen Vögeln Nordamerikas. Er singt auch mitten in der Stadt und noch spät in der Nacht und ähnelt hierin (nur hierin) der Nachtigall. Insofern ist der Roman- und Filmtitel "To kill a Mockingbird" (Roman von Harper Lee; Regie: Robert Mulligan) zwar nicht korrekt, aber ziemlich treffend als „Wer die Nachtigall stört" übersetzt worden.

Wrens – echte und falsche Zaunkönige

Der europäische Zaunkönig hat viele Verwandte und noch mehr Namensvettern. In Nordamerika, wo er **Winter Wren** heißt, kommen neun Zaunkönigsarten vor.

Daneben gibt es New Zealand wrens (Maorischlüpfer), Australasian wrens (Staffelschwänze), scrubwrens (Südsee-Grasmücken) und gnatwrens (Degenschnäbel), sowie wrentits (Zaunkönigsmeisen), wren-babblers (Zaunkönigstimalien), wren-thrushes (Zaunkönigsdrosseln), wren-warblers (Bindensänger), die meist nicht näher miteinander verwandt sind.

Chats in aller Welt

Der lautmalende Name **chat** ist besonders verbreitet. Nicht alle chats sind Schmätzer, nicht alle Schmätzer sind chats.

In Europa bezeichnet chat die Gattung der **Wiesenschmätzer** (*Saxicola*), darunter Braunkehlchen (Whinchat) und Schwarzkehlchen (Stonechat). Australian chats (Trugschmätzer) gehören zu den **Südsee-Grasmücken**. Zwei amerikanische chats (Redbreasted Chat und Yellow-breasted Chat) sind **Waldsänger**, der Palmchat von Hispaniola bildet für sich allein die Familie der **Palmenschwätzer** (Dulidae). Die deutschen **Schmätzer** der Gattung *Oenanthe* heißen Wheatears.

chats	Wiesenschmätzer	Gattung *Saxicola*
Whinchat	Braunkehlchen	*Saxicola rubetra*
Stonechat	Schwarzkehlchen	*Saxicola torquata*
Northern Wheatear	Steinschmätzer	*Oenanthe oenanthe*
Australian chats	Trugschmätzer	*Ephthianura, Ashbyia*
Red-breasted Chat	Weißkehlen-Granatellus	*Granatellus venustus*
Yellow-breasted Chat	Gelbbrust-Waldsänger	*Icteria virens*
Palmchat	Palmenschwätzer	*Dulus dominicus*

Nach der neuen, von Sibley (1990) vorgeschlagenen Systematik gehören zu den chats (Saxicolini) 30 Gattungen mit über 150 Arten, darunter außer zahlreichen Schmätzern auch Nachtigallen, Rotkehlchen, Rotschwänze und Heckensänger.

Field Sparrow, Herring Gull und andere falsche Freunde

Bisweilen kann eine allzu wörtliche Übersetzung in die Irre führen (**faux amis**): Field Sparrows sind keine Feldsperlinge, Herring Gulls keine Heringsmöwen und Coal Tits keine Kohlmeisen. Wasseramseln heißen dippers. Waterthrushes (Gattung *Seiurus*) gehören zu den amerikanischen Waldsängern.

Coal Tit	Tannenmeise
Great Tit	Kohlmeise
Field Sparrow	Feldammer, Klapperammer
European Tree Sparrow	Feldsperling
American Tree Sparrow	Baumammer
Herring Gull	Silbermöwe
Lesser Black-backed Gull	Heringsmöwe

Nicht jeder finch ist ein eigentlicher Fink

Wenn Amerikaner von **finches** sprechen, meinen sie im Zweifel nicht die eigentlichen Finken (Fringillinae), sondern Zeisige, Gimpel, Kernbeißer und andere Carduelinae (Stieglitzvögel).

Einige amerikanische finches sind mit europäischen Arten identisch (Hakengimpel = Pine Grosbeak; Birkenzeisig = Common Redpoll) oder nah verwandt.

Von den **goldfinches** gibt es je eine Art in Europa und Nordamerika. Der goldgelbe American Goldfinch (Goldzeisig) ist ein naher Verwandter des bunten Stieglitz (European Goldfinch), sieht ihm aber kaum ähnlich. Beide sind finches und gehören zur Gattung *Carduelis*.

| *Carduelis carduelis* | European Goldfinch | Stieglitz |
| *Carduelis tristis* | American Goldfinch | Goldzeisig |

Der einzige unter den eigentlichen Finken (Fringillinae), der sich im Winter gelegentlich von den Aleuten bis in die Vereinigten Staaten vorwagt, ist der **Bergfink** (Brambling). Buchfinken (Chaffinches) gibt es in Amerika nicht.

Weitere finches findet man unter den Webervögeln, den Prachtfinken, den Hawaiischen Kleidervögeln und den südamerikanischen Tangaren.

Der Wood-Warbler ist kein wood warbler

Bei den warblers ist zu unterscheiden zwischen den amerikanischen wood warblers, die in Europa fehlen, und den Old World warblers (Grasmücken, Sylviidae), die in Amerika nur spärlich vertreten sind.

Die **wood warblers** (Parulidae) werden auf deutsch Waldsänger genannt; sie sind in Amerika mit über 100 Arten, in Nordamerika allein mit rund 40 Arten vertreten, die zum Teil unseren Laubsängern ähneln.

Zu der großen Sippschaft der **Old World warblers** (Sylviidae) gehören u.a. Grasmücken, Fliegenschnäpper, Laubsänger, Rohrsänger. In den USA gibt es nur wenige Old World warblers: zwei Goldhähnchen (kinglets), außerdem in Alaska je einen Laubsänger (Arctic Warbler) und einen Fliegenschnäpper (Gray-spotted Flycatcher). Auch die nordamerikanischen Mückenfänger (gnatcatchers) werden manchmal den Old World warblers zugeordnet.

Abb. 5: Der in Europa heimische Waldlaubsänger (*Phylloscopus sibilatrix*), rechts im Bild, wird wohl auf Englisch Common Wood-Warbler genannt, gehört jedoch nicht zu der großen Gruppe der wood warblers (Parulidae), sondern zu der Familie Sylviidae, die Old World warblers heißen. Dafür gehört der Yellow Warbler (links) zu den eigentlichen wood warblers, die nur in der Neuen Welt vertreten sind. Auf Deutsch werden die Vögel dieser Familie 'Waldsänger' genannt.

Um die Verwirrung zu steigern, gibt es unter den Old World warblers eine Art, den Waldschwirrvogel oder Waldlaubsänger (*Phylloscopus sibilatrix*), die auf englisch **Common Wood-Warbler** genannt wird.

Old World warblers	Grasmücken, Laubsänger u.a.
wood warblers [NW]	Waldsänger (Parulidae)
Common Wood-Warbler [OW]	Waldschwirrvogel, Waldlaubsänger

Redstarts – American vs. European

Amerikanische und europäische **redstarts** haben nur den roten Schwanz und den Namen gemeinsam. Der American Redstart (Schnäpper- oder Rotschwanz-Waldsänger) ist ein wood warbler. Die europäischen Rotschwänze (Old World redstarts) gehören zur Familie der Drosseln und kommen in Amerika nicht vor.

Old World redstarts	Rotschwänze (*Phoenicurus*)
American Redstart	Rotschwanz-Waldsänger

Ein Ofenvogel und 230 ovenbirds

Eine verbreitete Art aus der amerikanischen Familie der wood warblers heißt **Ovenbird** (Ofenvogel oder Goldkopf-Waldsänger, *Seiurus aurocapillus*), benannt nach seinem ofenförmigen Nest. Mit den südamerikanischen **ovenbirds** (Töpfervögel), die eine eigene Singvogel-Familie (Furnariidae) mit über 200 Arten bilden, verbindet ihn nur der Name und die Besonderheit des Nestes.

Amerika hat viele orioles, aber keine Pirole

Der Europäer in Amerika muß drei Sorten orioles unterscheiden: (1) Old World orioles, **Pirole**, die es in Nordamerika nicht gibt; (2) amerikanische **orioles** (Trupiale, *Icterus*), die in Europa nicht vorkommen; und (3) die **Baltimore Orioles**, eine der führenden amerikanischen Baseball-Mannschaften. – Die dritte Gruppe ist die bekannteste.

Dreißig sparrows, aber nur zwei Sperlinge

In Nordamerika gibt es über dreißig Arten sparrows, die sich großenteils sehr ähnlich sehen.

Zwei davon sind aus Europa eingebürgert, heißen deshalb auch **Old World sparrows** und gehören zur Familie der Passeridae: der allgegenwärtige House Sparrow oder English Sparrow (Spatz) und der sehr viel seltenere Eurasian Tree Sparrow (Feldsperling). Sie sind mit den übrigen dreißig Arten nicht näher verwandt.

Die übrigen dreißig heißen **New World sparrows** (Scharrammern) und gehören zur Familie der Ammern. Sie sind zahlreich und schwer zu unterscheiden und deshalb beliebte Objekte der amerikanischen birdwatcher. Der nordamerikanische Field Sparrow ist kein Feldsperling, sondern eine Baumammer.

Die Heckenbraunelle, die in der Neuen Welt nicht vorkommt, heißt offiziell Dunnock, wird aber auch **Hedge Sparrow** genannt. Sie ist nicht mit den Sperlingen verwandt.

Abb. 6: Nicht jeder sparrow ist ein Sperling – und der Field Sparrow ist schon gar nicht ein Feldsperling. Die 'sparrows' der Neuen Welt, die zu der Familie der Ammern (Emberizidae) gehören, werden durch den Zusatz 'New World sparrows' von den eigentlichen Sperlingen (Passeridae) abgegrenzt, die 'Old World sparrows' genannt werden. Als 'Field Sparrow' wird im Englischen die Klapperammer (*Spizella pusilla*), links im Bild, bezeichnet, dagegen heißt der Feldsperling (*Passer montanus*) im Englischen Eurasian Tree Sparrow – rechts im Bild.

Grosbeaks, buntings

Die Namen grosbeak (für dickschnäbelige) und bunting (für Ammern und ammernähnliche Vögel) werden nicht einheitlich verwendet.

Grosbeaks gibt es sowohl bei den Kardinalsvögeln (Blue Grosbeak, Rose-breasted Grosbeak) als auch bei den finches: der amerikanische Abendkernbeißer ist ein Evening Grosbeak, der Hakengimpel ein Pine Grosbeak. Auch der europäische Kernbeißer wird bisweilen grosbeak genannt. Der Karmingimpel heißt in England Scarlet Grosbeak, in Amerika Common Rosefinch.

Als **buntings** oder Old World buntings bezeichnet man grundsätzlich alle Altweltammern (Emberizinae). Aber auch unter den Kardinälen (Cardinalinae) gibt es tropical buntings.

Hawks, buzzards and vultures

Zu den **hawks** zählen in England nur Sperber und Habicht (accipiters), in den USA außerdem die Bussarde, die man – zur Unterscheidung von den accipiters – auch als buteos bezeichnet.

Früher zählte man zu den hawks auch noch die Kornweihe (Marsh Hawk), den Buntfalken (American Sparrow Hawk), den Merlin (Pigeon Hawk) und den Fischadler (Fish Hawk), die jetzt Northern Harrier, American Kestrel, Merlin und Osprey heißen.

Die Bussarde heißen in England **buzzards**. In Amerika wird der Name buzzard oft fälschlich für den Truthahngeier (Turkey Vulture) verwendet.

Black vultures gibt es in der Alten und in der Neuen Welt: Der europäische Black Vulture heißt Mönchs- oder Kuttengeier und gehört zu den Accipitridae. Sein amerikanischer Namensvetter wird Rabengeier genannt, gehört zu den Cathartidae und ist nach SIBLEY näher mit den Störchen verwandt als mit den europäischen Geiern.

Britisches und amerikanisches Englisch

Außer hawks und buzzards haben noch einige weitere Vögel in England andere Namen als in den USA. So heißen in England die Goldhähnchen Goldcrest und Firecrest (in Amerika: kinglet), der Karmingimpel Scarlet Grosbeak (statt Rosefinch), die Spornammer Lapland Bunting (statt Longspur), die Seetaucher divers (statt loons), die Uferschwalbe Sand Martin (statt Bank Swallow), der Gänsesäger Goosander (statt Merganser). Diese und weitere Abweichungen sind auf den folgenden Seiten durch den Zusatz [Am] gekennzeichnet.

Allgemeine Hinweise für Benutzer

Tabelle 1. Systematische Übersicht nach HOWARD/MOORE

Tabelle 1 gibt eine systematische Übersicht über alle Vogel-Ordnungen und -Familien in Anlehnung an die Checkliste von RICHARD HOWARD und ALICK MOORE (1991). Die Zahlen am linken Rand entsprechen der HOWARD/MOORE-Numerierung.

Für Vogelfamilien, die unter **mehreren Namen** bekannt sind, ist der weniger gebräuchliche in Klammern angegeben. Beispiel: die Feenvögel (121, leafbirds) werden meist als Irenidae bezeichnet, von einigen Autoren aber auch als Chloropseidae.

Die Zahlen am **rechten Rand** verweisen auf die Systematik nach SIBLEY/MONROE [Tabelle 2 auf Seite 38]. Da Familien und andere Gruppierungen bei HOWARD und SIBLEY unterschiedlich abgegrenzt sind, treffen die Querverweise nicht für alle einzelnen Gattungen zu. So sind z.B. die leaf warblers bei HOWARD eine Gattung (*Phylloscopus*), bei SIBLEY eine wesentlich weiter definierte Unterfamilie (Acrocephalinae).

Untergruppen (untergeordnete Taxa) sind nur ausnahmsweise berücksichtigt, wenn in der Abgrenzung größere Unterschiede zwischen HOWARD/MOORE und anderen Autoren bestehen. Beispiel: Die afrikanischen Cistensänger gehören bei HOWARD/MOORE zur Familie der Grasmücken (136 Sylviidae); nach der neuen SIBLEY-Systematik bilden sie dagegen eine eigene Familie (139-S Cisticolidae).

Tabelle 2. Systematik nach SIBLEY/MONROE

Tabelle 2 ist ein stark gekürzter und vereinfachter Auszug aus der modernen, sehr detailliert gegliederten Systematik nach CHARLES G. SIBLEY und BURT L. MONROE (1990).

Die Familien sind von S-1 bis S-147 numeriert. Unterfamilien sind – ebenso wie in Tabelle 1 – durch Dezimalen ,1 ,2 usw. gekennzeichnet, Stämme (tribes) durch ,01 ,02 usw. Die Numerierung ist **nicht** dem Originalwerk entnommen; sie dient ausschließlich für **Quervergleiche** zwischen den systematischen Tabellen 1 und 2.

Die Zahlen am **rechten Rand** der Tabelle 2 verweisen auf die HOWARD/MOORE-Systematik (Tabelle 1). Beispiele:
– Nach der Systematik von SIBLEY/MONROE bilden die amerikanischen Neuweltgeier – zusammen mit den Störchen – die Familie Ciconiidae (S-94). – Nach HOWARD/MOORE sind sie eine eigene Familie (28 Cathartidae).
– Auch die Beutelmeisen bilden nach HOWARD/MOORE eine eigene Familie (145 Remizidae). Nach SIBLEY sind sie eine Unterfamilie (S-133,1 Remizinae) der Meisen (S-133 Paridae).
– Die australischen Scheindrosseln (*Drymodes*) werden bei SIBLEY den Südseeschnäppern (S-118) zugeordnet, bei HOWARD/MOORE den Drosseln (130).

Alphabetische Verzeichnisse

1. Jede Eintragung enthält den englischen und den deutschen Namen, die wissenschaftliche (lateinische) Bezeichnung sowie einen verschlüsselten Hinweis auf die systematische Zuordnung: Die Zahlen am rechten Rand verweisen auf die Systematik der Tabelle 1.

2. Viele englische – und einige deutsche – Namen sind mehrfach vergeben (**Homonyme**). Um die Identifizierung und Übersetzung gleichnamiger Arten zu erleichtern, enthält das Glossar deshalb von Fall zu Fall geographische oder andere Zusätze:

European Robin	Rotkehlchen (*Erithacus rubecula*)
American Robin	Wanderdrossel (*Turdus migratorius*)
Ovenbird [New World warbler]	Ofenvogel (*Seiurus aurocapillus*)
ovenbirds [Latin American family]	Töpfervögel (Familie Furnariidae).

Umgekehrt können auch einem deutschen Namen verschiedene englische entsprechen. Dies gilt zum Beispiel für die Sichelhopfe in Afrika und Neuguinea:

Sichelhopf [Baumhopf]	Scimitarbill (*Rhinopomastus cyanomelas*)
Sichelhopfe [Paradiesvögel]	sicklebills (*Epimachus* etc.)

Die Lärmvögel haben je nach Gattung verschiedene englische Namen:

Lärmvögel [Familie Musophagidae]	turacos
Lärmvögel [Gattung *Corythaixoides*]	go-away-birds
Lärmvögel [Gattung *Crinifer*]	plantaine-eaters

3. **Synonyme.** Für viele Vögel sind **mehrere Bezeichnungen** gebräuchlich. Um das Auffinden zu erleichtern, sind deshalb in den alphabetischen Verzeichnissen viele Arten mehrfach genannt. Beispiel: Der American Eagle oder Bald Eagle ist unter A, B und E zu finden; die Amsel oder Schwarzdrossel steht unter A, D und S.

Wo **mehrere Übersetzungen** angegeben sind, steht die gebräuchlichste an erster Stelle; dies ist im Zweifel die kürzeste oder diejenige, die dem englischen oder lateinischen Namen am nächsten kommt.

4. **Familiennamen**, die oft anstelle des Artnamens verwendet werden, stehen in Klammern:

Shag (cormorant)	Krähenscharbe (Kormoran)

5. **Unterfamilien, Gattungen.** Die Namen von Unterfamilien und Gattungen sind nur ausnahmsweise aufgenommen, insbesondere dann, wenn sich die Übersetzung nicht aus den angegebenen Familien oder Arten ergibt.

6. **Warnhinweise, faux amis.** Namen, deren wörtliche Übersetzung leicht zu Verwechslungen führen kann, sind durch [!] hervorgehoben:

Coal Tit [!]	Tannenmeise [!]
Great Tit [!]	Kohlmeise [!]
Herring Gull [!]	Silbermöwe [!]
Lesser Black-backed Gull [!]	Heringsmöwe [!]
Field Sparrow [New World] [!]	Klapperammer, Feldammer [!]
European Tree Sparrow [!]	Feldsperling [!]

7. **Amerikanische Namen**, die von den britischen abweichen, sind durch den Zusatz [Am] gekennzeichnet. Beispiel:

Sand Martin, Bank Swallow[Am]   Uferschwalbe.

8. **Rechtschreibung der englischen Namen.** Die Schreibung der Vogelnamen ist im englischen Sprachraum sehr uneinheitlich. Namen wie Palm-Chat, Palm Chat, Palmchat erscheinen selbst in ein und demselben Werk bisweilen in verschiedener Form.

In den Tabellen sind die **nordamerikanischen** Namen in der dort üblichen Schreibung wiedergegeben:

Slate-colored Junco. – Blue-gray Gnatcatcher. –

Ansonsten ist bei schwankender Rechtschreibung die verbreitetste Form angegeben:

Grey Goose, Greylag Goose   Graugans
Rose-coloured Starling   Rosenstar

9. **Groß- und Kleinschreibung der englischen Namen.** Um die Unterscheidung zwischen Familien und gleichnamigen Arten zu erleichtern, sind die englischen Namen der **Arten** nach Ornithologen-Brauch mit **großen** Anfangsbuchstaben, alle übrigen Bezeichnungen – wie in Wörterbüchern üblich – **klein** geschrieben.

Common Wood-Warbler [Old World warbler] = Waldlaubsänger (*Phylloscopus sibilatrix*)
wood warblers [New World warblers] = Waldsänger (Familie Parulidae)
Eurasian Blackbird = Amsel, Schwarzdrossel (*Turdus merula*)
blackbirds [New World] and allies = Stärlinge [einschl. Trupiale] (Familie Icteridae)
Greater Yellowlegs = Großer Gelbschenkel (*Tringa melanoleuca*)

Dementsprechend sind auch die wenigen ohne Mehrzahl-s gebräuchlichen Pluralformen klein geschrieben:

quail, snipe   Wachteln, Bekassinen
grouse, waterfowl   Rauhfußhühner, Schwimmvögel

Quail, Great Snipe   Wachtel, Doppelschnepfe
Black Grouse, Peafowl   Birkhuhn, Pfau

10. **Kurzformen.** Amerikanische birdwatcher verwenden gern Kurzformen wie Sharpshin (statt Sharp-shinned Hawk), Redbelly, Redwing. Im folgenden sind die Kurzformen nur angegeben, soweit sie zu Verwechslungen Anlaß geben können. Beispiel:

Redwing [Eurasian Thrush]   Rotdrossel (*Turdus iliacus*)
Redwing = Red-winged Blackbird Rotschulter-Stärling (*Agelaius phoeniceus*)

11. **Volkstümliche** oder **mundartliche Namen** sind nur in Ausnahmefällen berücksichtigt: Pewit (Peewit) → Lapwing; Wippsterz → Bachstelze; Morepork → Tawny Frogmouth.

Abkürzungen, Zeichen

[AOU]	Namen, die von der American Ornithologists' Union abweichend von HOWARD/MOORE verwendet werden
[Sibley]	Namen, die bei SIBLEY abweichend von HOWARD/MOORE verwendet werden
[Am]	Amerikanische Namen, die von den englischen abweichen
→	Hinweis auf neuere, korrektere oder gebräuchlichere Namen
:	Hinweis auf einzelne Arten einer Familie oder Gruppierung
(..)	Ergänzende Hinweise, insbesondere auf weniger gebräuchliche Namen oder auf übergeordnete Taxa (Familiennamen), die auch anstelle des Artnamens verwendet werden
[..]	Ergänzende Hinweise zur Identifizierung
[OW] [NW]	Old World, New World
[!]	Warnung vor naheliegenden Übersetzungsfehlern
1, 2, .. 173	Numerierung der Familien nach HOWARD (Seite 28)
S-1, S-2 1-S, 2-S	Numerierung nach SIBLEY-Klassifikation (Seite 38)
..,1 ..,2 ..,01 ..,02	Numerierung der Unterfamilien Numerierung der Stämme (tribes)
[i.s.]	*incertae sedis*, systematische Zuordnung unsicher, uneinheitlich oder schwankend
.. FORMES .. idae .. inae .. ini	in Versalien: Namen der Ordnungen Namen der Vogelfamilien Namen der Unterfamilien Namen der Stämme (tribes) nach SIBLEY

1. Systematik der Vogelfamilien nach HOWARD/MOORE

FamNr nach HOWARD	Ordnungen Familien Varianten/Untergruppen	Englisch	Deutsch	Klassifikation nach SIBLEY
	Struthioniformes	Ostrich	Afrika-Laufvögel, Strauße	1-S
1	Struthionidae	Ostrich	Strauß	1-S
	Rheiformes	rheas	Neuwelt-Laufvögel, Nandus	
2	Rheidae	rheas	Nandus	2-S
	Casuariiformes	cassowaries, emus	Australien-Laufvögel	
3	Casuariidae	cassowaries	Kasuare	3,01-S
4	Dromaiidae (Dromiceiidae)	Emu	Emu	3,02-S
	Apterygiformes	kiwis	Schnepfenstrauße, Kiwis	
5	Apterygidae	kiwis	Kiwis	4-S
	Tinamiformes	tinamous	Steißhühner, Tinamus	5-S
6	Tinamidae	tinamous	Steißhühner, Tinamus	5-S
	Sphenisciformes	penguins	Flossentaucher, Pinguine	
7	Spheniscidae	penguins	Pinguine	96-S
	Gaviiformes	divers, loons[Am]	Seetaucher, Schwimmtaucher	
8	Gaviidae	divers, loons[Am]	Seetaucher	97-S
	Podicipediformes	grebes	Lappentaucher, Steißfüßer	
9	Podicipedidae	grebes	Lappentaucher	84-S
	Procellariiformes	tube-nosed swimmers	Röhrennasen	
10	Diomedeidae	albatrosses	Albatrosse	98,2-S
11	Procellariidae	petrels and shear-waters [incl. fulmars]	Sturmvögel	98,1-S
12	Hydrobatidae	storm-petrels	Sturmschwalben	98,3-S
13	Pelecanoididae	diving petrels	Lummensturmvögel, Tauchersturmvögel	98,1-S

FamNr nach HOWARD	Ordnungen Familien Varianten/Untergruppen	Englisch	Deutsch	Klassifikation nach SIBLEY
	Pelecaniformes **(Pelicaniformes)**	pelicans and allies	Ruderfüßler	
14	Phaetontidae	tropicbirds	Tropikvögel	85-S
15	Pelecanidae	pelicans	Pelikane	93,2-S
16	Sulidae	gannets and boobies	Tölpel	86-S
17	Phalacrocoracidae	cormorants	Kormorane (Scharben)	88-S
18	Anhingidae	anhingas (darters)	Schlangenhalsvögel	87-S
19	Fregatidae	frigatebirds	Fregattvögel	95-S
	Ciconiiformes	herons and allies	Schreitvögel, Stelz- vögel	
20	Ardeidae	herons, egrets and bitterns	Reiher [einschl. Dom- meln]	89-S
20	Cochleariidae	Boatbill Heron	Kahnschnabel	89-S
21	Scopidae	Hammerkop, Ham- merhead Stork	Schattenvogel, Hammerkopf	90-S
22	Balaenicipitidae	Whalehead Stork, Shoebill	Schuhschnabel	93,1-S
23	Ciconiidae	storks	Störche, Marabus	94,2-S
24	Threskiornithidae	ibises and spoonbills	Sichler (Ibisse) und Löffler	92-S
25	Phoenicopteridae	flamingos, flamingoes	Flamingos	91-S
	Anseriformes	waterfowl	Schwimmvögel, Entenvögel	
26	Anhimidae	screamers	Wehrvögel	11-S
27	Anatidae	ducks, geese and swans	Entenartige: Enten, Gänse, Schwäne	
27,1	Anseranatinae	Magpie Goose	Spaltfußgans	12-S
27,2	Anserinae	swans, geese, whistling-ducks	Gänsevögel	14-S
27,2	Dendrocygnidae [Sibley]	whistling-ducks	Pfeifgänse (Baum- enten)	13-S
27,3	Anatinae	ducks, wild ducks	Enten, Wildenten	14-S
	Falconiformes	birds of prey, raptors	Greifvögel, Raub- vögel	
28	Cathartidae	New World vultures, American vultures	Neuweltgeier	94,1-S
29	Pandionidae	Osprey (Fish Hawk)	Fischadler	81,1-S
30	Accipitridae	hawks, eagles, kites and allies	Habichtartige, Greife, Habichtvögel	81,2-S
31	Sagittariidae	Secretary-Bird	Sekretär	82-S
32	Falconidae	falcons and caracaras	Falken [einschl. Kara- karas]	83-S
	Galliformes	fowl like birds	Hühnervögel	
33	Megapodiidae	megapodes	Großfußhühner	7-S
34	Cracidae	curassows and guans	Schakuhühner; Hokkos und Guans	6-S

FamNr nach HOWARD	Ordnungen Familien Varianten/Untergruppen	Englisch	Deutsch	Klassifikation nach SIBLEY
35	Phasianidae	quail, partridges and pheasants	Fasanenartige	
35,1	Meleagridinae	turkeys, wild turkey	Truthühner	8-S
35,2	Tetraoninae	grouse	Rauhfußhühner	8-S
35,3	Odontophorinae	New World quail, wood quail	Zahnwachteln	10-S
35,4	Phasianinae	partridges and pheasants	Fasane[n]	8-S
35,5	Numidinae (Numidininae)	guineafowls	Perlhühner	9-S
. . . .				
	Gruiformes	cranes, rails and allies	Kranichvögel, Rallenvögel	
36	Mesitornithidae (Mesoenatidae)	mesites, mesitae, monia	Stelz[en]rallen, Madagaskar-Rallen	69-S
37	Turnicidae	buttonquails, hemipodes	Laufhühnchen, Kampfwachteln	15-S
38	Pedionomidae	Plains-Wanderer	Steppenläufer, Trappenlaufhühnchen	72-S
39	Gruidae	cranes	Kraniche	63-S
40	Aramidae	Limpkin	Rallenkranich, Riesenralle	64,01-S
41	Psophiidae	trumpeters	Trompetervögel	65-S
42	Rallidae	rails, coots and gallinules	Rallen	68-S
43	Heliornithidae	sungrebes, finfoots	Binsenrallen, Binsenhühner	64,02-S
44	Rhynochetidae	Kagu	Kagu	67-S
45	Eurypygidae	Sunbittern	Sonnenralle	61-S
46	Cariamidae	seriemas	Seriemas	66-S
47	Otidae (Otididae)	bustards	Trappen	62-S
. . . .				
	Charadriiformes	waders, gulls and auks	Wat-, Möwen-, Alkenvögel	
48	Jacanidae	jacanas	Blatthühnchen	75-S
49	Rostratulidae	painted snipe	Goldschnepfen	74-S
50	Dromadidae	Crab-Plover	Reiherläufer	79,1-S
51	Haematopodidae	oystercatchers	Austernfischer	78,11-S
52	Ibidorhynchidae	Ibisbill	Ibisschnabel	78,12-S
53	Recurvirostridae	avocets and stilts	Stelzenläufer [einschl. Säbelschnäbler]	78,12-S
54	Burhinidae	stone-curlews, thickknees	Triele	77-S
55	Glareolidae	coursers and pratincoles	Rennvögel und Brachschwalben	79,2-S
56	Charadriidae	plovers and lapwings	Regenpfeifer	78,2-S
57	Scolopacidae	sandpipers, snipe	Schnepfen [einschl. Wasserläufer]	73-S
58	Thinocoridae	seedsnipe	Höhenläufer	71-S
59	Chionididae (Chionidae)	sheathbills	Scheidenschnäbel	76-S
60	Stercorariidae	skuas and jaegers	Raubmöwen	80,11-S

FamNr nach HOWARD	Ordnungen Familien Varianten/Untergruppen	Englisch	Deutsch	Klassifikation nach SIBLEY
61	Laridae	gulls and terns	Möwen und See-schwalben	
61,1	Larinae	gulls	Möwen	80,13-S
61,2	Sterninae	terns	Seeschwalben	80,14-S
62	Rynchopidae	skimmers	Scherenschnäbel	80,12-S
63	Alcidae	auks, murres and puffins	Alke[n]	80,2-S
	Columbiformes	pigeons and allies	Taubenvögel	
64	Pteroclididae (Pteroclidae)	sandgrouse	Flughühner	70-S
65	Columbidae	pigeons and doves	Tauben	60-S
65	Raphidae (ext)	dodos and solitaires (extinct)	Dronten, Einsiedler (ausgestorben)	59-S
	Psittaciformes	parrots and allies	Papageien, Hand-füßler	45-S
66	Loriidae (Loridae)	lories, lorikeets	Loris	45-S
67	Cacatuidae	cockatoos [incl. corellas]	Kakadus	45-S
68	Psittacidae	parrots	Papageien	45-S
	Cuculiformes	cuckoos and allies	Kuckucksvögel	
69	Musophagidae	turacos, touracos	Turakos, Lärmvögel	49-S
70	Opisthocomidae	Hoatzin	Schopfhuhn, Hoatzin	42-S
71	Cuculidae	cuckoos, roadrun-ners and anis	Kuckucke	
71	Neomorphinae	ground-cuckoos and roadrunners	Erdkuckucke	44-S
71	Cuculinae	Old World cuckoos	eigentliche Kuckucke	39-S
71	Crotophaginae	anis and Guira Cuckoo	Madenkuckucke und Guira-Kuckuck	43-S
71	Coccyzidae [Sibley]	American cuckoos, New World cuckoos	Regenkuckucke	41-S
71	Centropodinae	coucals	Laufkuckucke	40-S
	Strigiformes	owls	Eulenvögel	
72	Tytonidae	barn-owls	Schleiereulen	50-S
73	Strigidae	typical owls	eigtl. Eulen; Ohreulen und Käuze	51-S
	Caprimulgiformes	goatsuckers	Schwalmvögel, Nachtschwalben-artige	
74	Steatornithidae	Oilbird, Guacharo	Fettschwalm	55-S
75	Podargidae	frogmouths	Eulenschwalme	53-S
75	Batrachostomidae [Sibley]	Asian frogmouths	Froschmäuler	54-S
76	Nyctibiidae	potoos	Tagschläfer	56-S
77	Aegothelidae	owlet-nightjars	Höhlenschwalme, Zwergschwalme	52-S

FamNr nach Howard	Ordnungen Familien Varianten/Untergruppen	Englisch	Deutsch	Klassifikation nach Sibley
78	Caprimulgidae	nightjars (goatsuckers)	Nachtschwalben (Ziegenmelker)	58-S
78,1	Chordeilinae	nighthawks	Falkennachtschwalben	58,1-S
78,2	Caprimulginae	nightjars	eigentliche Nachtschwalben	58,2-S
78,2	Eurostopodidae [Sibley]	eared-nightjars	Nachtschwalben [Eurostopodidae]	57-S
. . . .				
	Apodiformes	swifts and hummingbirds	Schwirrflügler; Segler und Kolibris	
79	Apodidae	typical swifts	eigentliche Segler, Schwalbensegler	46-S
80	Hemiprocnidae	treeswifts, crested swifts	Baumsegler	47-S
81	Trochilidae (TROCHILIFORMES)	hummingbirds	Kolibris	48-S
. . . .				
	Coliiformes	mousebirds, colies	Mausvögel, Buschkletterer	38-S
82	Coliidae	mousebirds, colies	Mausvögel, Buschkletterer	38-S
. . . .				
	Trogoniformes	trogons	Trogons [Trogonten], Verkehrtfüßler	28-S
83	Trogonidae	trogons	Trogons [Trogonten]	28-S
. . . .				
84	**Coraciiformes** Alcedinidae	kingfishers and allies kingfishers	Rackenvögel Eisvögel, Fischer, Lieste	
84,1	Cerylinae	kingfishers [Cerylinae]	Fischer (Eisvögel)	36-S
84,2	Alcedininae	kingfishers [Alcedininae]	Eisvögel, Fischer	34-S
84,2	Dacelonidae [Sibley]	dacelonid kingfishers	Lieste (Eisvögel)	35-S
85	Todidae	todies	Todis	33-S
86	Momotidae	motmots	Sägeracken, Motmots	32-S
87	Meropidae	bee-eaters	Bienenfresser, Spinte	37-S
88	Coraciidae	typical rollers	eigentliche Racken, Baumracken	29-S
89	Brachypteraciidae	ground-rollers	Erdracken	30-S
90	Leptosomatidae (Leptosomidae)	Kirombo Courol, Cuckoo-Roller	Kurol	31-S
91	Upupidae	hoopoes	Wiedehopfe	25-S
92	Phoeniculidae	wood hoopoes	Baumhopfe	26-S
92	Rhinopomastidae [Sibley]	scimitarbills, scimitar-billed hoopoes	Sichelhopfe (Baumhopfe)	27-S
93	Bucerotidae	hornbills	Nashornvögel; Hornvögel, Tokos	23-S
93	Bucorvidae [Sibley]	ground-hornbills	Hornraben	24-S

FamNr nach HOWARD	Ordnungen Familien Varianten/Untergruppen	Englisch	Deutsch	Klassifikation nach SIBLEY
	Piciformes	woodpeckers and allies	Spechtvögel	
94	Galbulidae	jacamars	Glanzvögel	21-S
95	Bucconidae	puffbirds	Faulvögel	22-S
96	Capitonidae	barbets [incl. tinkerbirds]	Bartvögel	20,1-S
96	Megalaimidae [Sibley]	Asian barbets	Asiatische Bartvögel	18-S
96	Lybiidae [Sibley]	African barbets	Afrikanische Bartvögel	19-S
97	Indicatoridae	honeyguides [incl. honeybirds]	Honiganzeiger	16-S
98	Ramphastidae (Rhamphastidae)	toucans [incl. toucanets]	Tukane, Pfefferfresser	20,2-S
99	Picidae	woodpeckers and allies	Spechte	17-S

. . . .

FamNr				
	Passeriformes	perching birds	Sperlingsvögel	
100	Eurylaimidae	broadbills	Breitrachen, Breitmäuler	103-S
101	Dendrocolaptidae	woodcreepers	eigentliche Baumsteiger, Baumkletterer	108,2-S
102	Furnariidae	ovenbirds [Latin America]	Töpfervögel, Ofenvögel	108,1-S
103	Formicariidae	antbirds	Ameisenvögel	107+109-S
104	Conopophagidae	gnateaters	Mückenfresser, Mückenfänger	110-S
105	Rhinocryptidae	tapaculos	Bürzelstelzler, Buschschlüpfer	111-S
106	Tyrannidae	tyrant flycatchers [New World]	Tyrannen	106-S
106	Tyranninae [Sibley]	tyrant flycatchers	Tyrannen, Königstyrannen	106,2-S
106	Tityrinae [Sibley]	tityras, becards	Tityras, Bekarden	106,3-S
106	Pipromorphinae [Sibley]	mionectine flycatchers, *Corythopis*	Pipra-, Spatel-, Lauftyrannen etc.	106,1-S
107	Pipridae	manakins	Pipras, Schnurrvögel	105+106-S
108	Cotingidae	cotingas	Schmuckvögel	106,4-S
109	Oxyruncidae	Sharpbill	Flammenkopf, Feuerkopf	106,4-S
110	Phytotomidae	plantcutters	Pflanzenmäher	106,4-S
111	Pittidae	pittas	Pittas	102-S
112	Xenicidae (Acanthisittidae)	New Zealand wrens	Maorischlüpfer, Neuseelandpittas	101-S
113	Philepittidae	asities [incl. false sunbirds]	Jalas, Lappenpittas	104-S
114	Menuridae	lyrebirds	Leierschwänze	113,1-S
115	Atrichornithidae	scrub-birds	Dickichtvögel	113,2-S
116	Alaudidae	larks	Lerchen	142-S
117	Hirundinidae	swallows and martins	Schwalben	135-S
118	Motacillidae	wagtails and pipits	Stelzen und Pieper	146,2-S

FamNr nach HOWARD	Ordnungen Familien Varianten/Untergruppen	Englisch	Deutsch	Klassifikation nach SIBLEY
119	Campephagidae	cuckoo-shrikes	Kuckuckswürger, Stachelbürzler, Raupenfresser	124+129-S
120	Pycnonotidae	bulbuls	Bülbüls	137-S
121	Irenidae (Chloropseidae)	leafbirds, ioras	Feenvögel	119-S
121	Aegithininae [Sibley]	ioras	Aegithinas	124,6-S
122	Laniidae	shrikes	Würger	
122,1	Prionopinae	helmet-shrikes	Brillenwürger	124,7-S
122,2	Malaconotinae	bush-shrikes	Buschwürger	124,71-S
122,3	Laniinae	typical shrikes	Würger, eigentliche Würger	122-S
122,4	Pityriasinae	Bornean Bristlehead	Warzenkopf	124,43-S
123	Vangidae	vanga shrikes	Vangawürger, Blau- würger, Vangas	124,72-S
124	Bombycillidae	waxwings and allies	Seidenschwänze [einschl. Seiden- schnäpper]	
124,1	Bombycillinae	waxwings	Seidenschwänze	127,03-S
124,2	Ptilogonatinae	silky-flycatchers [New World]	Seidenschnäpper	127,02-S
124,3	Hypocoliinae	Grey Hypocolius	Arab. Seiden- schwanz, Seiden- würger, Nacht- schattenfresser	138-S
125	Dulidae	Palmchat	Palmenschwätzer, Palmenschmätzer	127,01-S
126	Cinclidae	dippers	Wasseramseln	128-S
127	Troglodytidae	wrens	Zaunkönige	132,2-S
128	Mimidae	mockingbirds, thrashers	Spottdrosseln [NW]	130,02-S
129	Prunellidae	accentors	Braunellen	146,3-S
130	Turdidae	solitaires, thrushes and allies	Drosseln	118+126+129-S
130	Saxicolini [Sibley]	chats [Sibley]	Schmätzer, Erd- sänger, Rot- schwänze etc.	129,22-S
131	Orthonychidae	logrunners	Laufflöter (Erdtimalien)	120+124,42-S
131	Cinclosomatinae [Sibley]	quail-thrushes, whipbirds	Flöter	124,1-S
132	Timaliidae	babblers	Timalien	141,41-S
132	Pomatostomidae [Sibley]	Australo-Papuan babblers	Säbler, Weißbrauen- säbler	121-S
132	Garrulacinae [Sibley]	laughingthrushes	Häherlinge	141,3-S
132	Chamaeini [Sibley]	Wrentit	Zaunkönigsmeise, Z.-Grasmücke, Chaparraltimalie	141,42-S
133	Panuridae (Paradoxornithidae)	parrotbills	Papageischnäbel, Papageimeisen, Rohrmeisen, Papageischwänze, Bartmeisen	141,41-S

FamNr nach HOWARD	Ordnungen Familien Varianten/Untergruppen	Englisch	Deutsch	Klassifikation nach SIBLEY
134	Picathartidae	bald crows	Felshüpfer	126-S
135	Polioptilidae	gnatcatchers, gnatwrens	Mückenfänger	132,3-S
136	Sylviidae	Old World warblers	Grasmücken (Zweig-sänger)	141-S
136	Regulidae [Sibley]	kinglets	Goldhähnchen	136-S
136	Megalurinae [Sibley]	grass-warblers	Schilfsteiger etc.	141,2-S
136	Cisticolidae [Sibley]	African warblers	Cistensänger, Afrikanische Grasmücken	139-S
136	Acrocephalinae [Sibley]	leaf-warblers [Sibley] [!]	Rohr-, Laubsänger, Schwirle, Spötter etc.	141,1-S
137	Muscicapidae	Old World flycatchers	Sänger	129,21-S
138	Platysteiridae	wattle-eyes, puff-back-flycatchers	Schnäpperwürger, Kleinschnäpper	124,72-S
139	Maluridae	Australasian wrens	Staffelschwänze, Austral. Sänger	115-S
140	Acanthizidae	thornbills, flyeaters	Südsee-Grasmücken	124+116+117-S
140	Dasyornithinae [Sibley]	bristlebirds	Lackvögel	117,2-S
141	Monarchidae	monarchs, fantails	Monarchen	124,53-S
141	Rhipidurini [Sibley]	fantails	Fächerschwänze	124,51-S
142	Eopsaltriidae	Australasian robins	Südseeschnäpper, Südseesänger	118-S
143	Pachycephalidae	whistlers	Dickköpfe, Dickkopf-vögel	124,34-S
144	Aegithalidae	long-tailed tits [incl. bushtits]	Schwanzmeisen	134-S
145	Remizidae	penduline-tits [incl. Verdin]	Beutelmeisen	132+133-S
146	Paridae	tits, titmice, chickadees[Am]	Meisen	133,2-S
147	Sittidae	nuthatches [incl. sittellas]	Kleiber [einschl. Spiegelkleiber]	124+131-S
147	Tichodromadinae (-drominae)	Wall Creeper	Mauerläufer	131,2-S
148	Certhiidae	tree creepers, creepers	Baumläufer	132,1-S
149	Rhabdornithidae	Philippine creepers	Trugbaumläufer, Rhabdornis	141,41-S
150	Climacteridae	Australian creepers	Baumrutscher (Baumsteiger)	112-S
151	Dicaeidae	flowerpeckers	Mistelfresser, Blütenpicker	143,21-S
151	Pardalotinae [Sibley]	pardalotes	Panthervögel	117,1-S
151	Paramythiidae [Sibley]	berrypeckers [Paramythia, Oreocharis]	Beerenfresser, Beerenpicker	145-S
151	Melanocharitini [Sibley]	berrypeckers [Melanocharis]	Beerenpicker	144,01-S
152	Nectariniidae	sunbirds	Nektarvögel	143,22-S

FamNr nach HOWARD	Ordnungen Familien Varianten/Untergruppen	Englisch	Deutsch	Klassifikation nach SIBLEY
153	Zosteropidae	white-eyes	Brillenvögel	140-S
154	Meliphagidae	honeyeaters	Honigfresser	116-S
154	Toxorhamphini [Sibley]	longbills, honeyeaters [Oedistoma etc.]	Pfriemschnäbel	144,02-S
154	Promeropinae [Sibley]	sugarbirds	Proteavögel (Honig- fresser)	143,1-S
155	Emberizidae	buntings, cardinals, tanagers	Ammern	
155,1	Emberizinae	buntings, Old World buntings	Ammern [Emberizinae]	147,31-S
155,2	Catamblyrhynchinae	Plush-capped Finch, Plushcap	Plüschkopftangare, Samtkappenfink	147,33-S
155,3	Cardinalinae	cardinals, grosbeaks	Kardinäle	147,34-S
155,4	Thraupinae	tanagers	Edeltangaren, Ammerntangaren	147,33-S
155,5	Tersininae	Swallow-Tanager	Schwalbentangare	147,33-S
156	Coerebidae	Bananaquit	Bananaquit, Zucker- vogel, Gelbbrust- Zuckervogel	147,33-S
157	Parulidae	New World warblers, wood warblers	Waldsänger	147,32-S
157	Peucedraminae [Sibley]	Olive Warbler [New World]	Trugwaldsänger	147,1-S
158	Drepanididae	Hawaiian honey- creepers	Kleidervögel	147,23-S
159	Vireonidae	vireos	Laubwürger, Vireos	123-S
160	Icteridae	New World black- birds and allies	Stärlinge [einschl. Trupiale]	147,35-S
161	Fringillidae	finches and allies	Finken, Finkenvögel	
161,1	Fringillinae	fringilline finches; chaffinches, brambling	eigentliche Finken, Edelfinken	147,21-S
161,2	Carduelinae	cardueline finches; goldfinches, crossbills, etc.	Stieglitzvögel, Gimpel (Hänflinge)	147,22-S
162	Estrildidae	waxbills, estrildine finches	Prachtfinken	146,51-S
163	Ploceidae	weavers, sparrows	Webervögel (Weber, Weberfinken)	
163,1	Viduinae	whydahs, indigo- birds, widow weavers, parasitic viduines	Witwen, Witwenvögel	146,52-S
163,2	Bubalornithinae	Buffalo Weaver	Büffelweber	146,4-S
163,3	Passerinae	sparrows, rock- sparrows, etc. [Old World]	Sperlinge [incl. Schneefinken, Spätzlinge]	146,1-S
163,4	Ploceinae	weavers	eigentliche Weber- finken	146,4-S
164	Sturnidae	starlings	Stare	
164,1	Sturninae	starlings, mynas	Stare, Mainas	130,01-S
164,2	Buphaginae	oxpeckers	Madenhacker	130,01-S

FamNr nach HOWARD	Ordnungen Familien Varianten/Untergruppen	Englisch	Deutsch	Klassifikation nach SIBLEY
165	Oriolidae	orioles [Old World]	Pirole	124,44-S
166	Dicruridae	drongos	Drongos	124,52-S
167	Callaeidae (Callaeatidae)	wattlebirds	Lappenvögel, Lappenkrähen	125-S
168	Grallinidae	magpie-larks	Drosselstelzen	
168,1	Grallininae	magpie-larks	Drosselstelzen	124,53-S
168,2	Corcoracinae	Australian choughs [incl. Apostlebird]	Drosselhäher	124,2-S
169	Artamidae	wood-swallows	Schwalbenstare	124,43-S
170	Cracticidae	butcherbirds	Würgerkrähen	124,43-S
171	Ptilonorhynchidae	bowerbirds	Laubenvögel	114-S
172	Paradisaeidae	birds of paradise	Paradiesvögel	124,42-S
173	Corvidae	crows, jays [incl. magpies]	Rabenvögel	124,41-S

2. Systematik der Vogelfamilien nach SIBLEY/MONROE

Nr SIBLEY	Orders/Families Subfamilies/Tribes	Englisch	Deutsch	Familie nach HOWARD
	Struthioniformes			
S-1	Struthionidae	Ostrich	Strauß	1
S-2	Rheidae	rheas	Nandus	2
S-3	Casuariidae			
S-3,01	Casuariini	cassowaries	Kasuare	3
S-3,02	Dromaiini	Emu	Emu	4
S-4	Apterygidae	kiwis	Kiwis	5
	Tinamiformes			
S-5	Tinamidae	tinamous	Steißhühner, Tinamus	6
	Craciformes			
S-6	Cracidae	guans, chachalacas, etc.	Guans, Hokkos etc. (Schakuhühner)	34
S-7	Megapodiidae	megapodes	Großfußhühner	33
	Galliformes			
S-8	Phasianidae	grouse, turkeys, pheasants, partridges, etc.	Rauhfuß-, Feldhühner, Fasanen etc.	35
S-9	Numididae	guineafowls	Perlhühner	35,5
S-10	Odontophoridae	New World quails	Zahnwachteln	35,3
	Anseriformes			
S-11	Anhimidae	screamers	Wehrvögel	26
S-12	Anseranatidae	Magpie Goose	Spaltfußgans	27,1
S-13	Dendrocygnidae	whistling-ducks	Pfeifgänse (Baumenten)	27,2
S-14	Anatidae	swans, geese, ducks	Schwäne, Gänse, Enten	27
	Turniciformes			
S-15	Turnicidae	buttonquails	Laufhühnchen, Kampfwachteln	37
	Piciformes			
S-16	Indicatoridae	honeyguides	Honiganzeiger	97
S-17	Picidae	woodpeckers, wrynecks	Spechte [einschl. Wendehälse]	99
S-18	Megalaimidae	Asian barbets	Asiatische Bartvögel	96
S-19	Lybiidae	African barbets	Afrikanische Bartvögel	96

Nr SIBLEY	Orders/Families Subfamilies/Tribes	Englisch	Deutsch	Familie nach HOWARD
S-20	Ramphastidae			
S-20,1	Capitoninae	New World barbets	Neuwelt-Bartvögel	96
S-20,2	Ramphastinae	toucans	Tukane, Pfefferfresser	98
	Galbuliformes			
S-21	Galbulidae	jacamars	Glanzvögel	94
S-22	Bucconidae	puffbirds	Faulvögel	95
	Bucerotiformes			
S-23	Bucerotidae	typical hornbills	Hornvögel, Tokos	93
S-24	Bucorvidae	ground-hornbills	Hornraben	93
	Upupiformes			
S-25	Upupidae	hoopoes	Wiedehopfe	91
S-26	Phoeniculidae	woodhoopoes	Baumhopfe	92
S-27	Rhinopomastidae	scimitarbills	Sichelhopfe	92
	Trogoniformes			
S-28	Trogonidae	trogons	Trogons	83
	Coraciiformes			
S-29	Coraciidae	typical rollers	eigentliche Racken, Baumracken	88
S-30	Brachypteraciidae	ground-rollers	Erdracken	89
S-31	Leptosomidae	cuckoo-rollers	Kurol	90
S-32	Momotidae	motmots	Sägeracken, Motmots	86
S-33	Todidae	todies	Todis	85
S-34	Alcedinidae	alcedinid kingfishers	Eisvögel, Fischer	84
S-35	Dacelonidae	dacelonid kingfishers	Lieste (Eisvögel)	84
S-36	Cerylidae	cerylid kingfishers	Fischer (Eisvögel)	84
S-37	Meropidae	bee-eaters	Bienenfresser, Spinte	87
	Coliiformes			
S-38	Coliidae	mousebirds	Mausvögel, Buschkletterer	82
	Cuculiformes			
S-39	Cuculidae	Old World cuckoos	Kuckucke	71
S-40	Centropodidae	coucals	Laufkuckucke	71
S-41	Coccyzidae	American cuckoos	Regenkuckucke	71
S-42	Opisthocomidae	Hoatzin	Schopfhuhn, Hoatzin	70
S-43	Crotophagidae	anis and Guira Cuckoo	Madenkuckucke und Guira-Kuckuck	71
S-44	Neomorphidae	roadrunners, ground-cuckoos	Erdkuckucke [incl. Rennkuckucke]	71
	Psittaciformes			
S-45	Psittacidae	parrots and allies	Papageien [einschl. Loris, Kakadus]	66–68
	Apodiformes			
S-46	Apodidae	typical swifts	eigentliche Segler, Schwalbensegler	79

Nr SIBLEY	Orders/Families Subfamilies/Tribes	Englisch	Deutsch	Familie nach HOWARD
S-47	Hemiprocnidae	crested-swifts	Baumsegler	80
	Trochiliformes			
S-48	Trochilidae	hermits, typical hummingsbirds	Kolibris [einschl. Eremiten]	81
	Musophagiformes			
S-49	Musophagidae	turacos, plantain- eaters	Turakos, Lärmvögel	69
	Strigiformes			
S-50	Tytonidae	barn and grass owls	Schleiereulen [einschl. Graseule]	72
S-51	Strigidae	typical owls	eigentl. Eulen: Ohr- eulen und Käuze	73
S-52	Aegothelidae	owlet-nightjars	Höhlenschwalme, Zwergschwalme	77
S-53	Podargidae	Australian frogmouths	Eulenschwalme	75
S-54	Batrachostomidae	Asian frogmouths	Froschmäuler	75
S-55	Steatornithidae	Oilbird	Fettschwalm	74
S-56	Nyctibiidae	potoos	Tagschläfer	76
S-57	Eurostopodidae	eared-nightjars	Nachtschwalben [Euro- stopodidae]	78,2
S-58	Caprimulgidae			
S-58,1	Chordeilinae	nighthawks	Falkennachtschwalben	78,1
S-58,2	Caprimulginae	nightjars	eigentliche Nacht- schwalben	78,2
	Columbiformes			
S-59	Raphidae (ext)	dodos, solitaires (extinct)	Dronten, Einsiedler (ausgestorben)	65
S-60	Columbidae	pigeons, doves	Tauben	65
	Gruiformes			
S-61	Eurypygidae	Sunbittern	Sonnenralle	45
S-62	Otididae	bustards	Trappen	47
S-63	Gruidae	cranes	Kraniche	39
S-64	Heliornithidae			
S-64,01	Aramini	Limpkin	Rallenkranich, Riesen- ralle	40
S-64,02	Heliornithini	sungrebes	Binsenrallen, Binsen- hühner	43
S-65	Psophiidae	trumpeters	Trompetervögel	41
S-66	Cariamidae	seriemas	Seriemas	46
S-67	Rhynochetidae	Kagu	Kagu	44
S-68	Rallidae	rails, gallinules and coots	Rallen und Wasser- hühner	42
S-69	Mesitornithidae	mesites	Stelz[en]rallen, Mada- gaskar-Rallen	36
	Ciconiiformes			
S-70	Pteroclidae	sandgrouse	Flughühner	64
S-71	Thinocoridae	seedsnipe	Höhenläufer	58

Nr SIBLEY	Orders/Families Subfamilies/Tribes	Englisch	Deutsch	Familie nach HOWARD
S-72	Pedionomidae	Plains-Wanderer	Steppenläufer, Trap- penlaufhühnchen	38
S-73	Scolopacidae	woodcock, snipe, sandpipers, curlews, phalaropes	Schnepfenvögel	57
S-74	Rostratulidae	paintedsnipe	Goldschnepfen	49
S-75	Jacanidae	jacanas	Blatthühnchen	48
S-76	Chionididae	sheathbills	Scheidenschnäbel	59
S-77	Burhinidae	thick-knees	Triele	54
S-78	Charadriidae			
S-78,1	Recurvirostrinae			
S-78,11	Haematopodini	oystercatchers	Austernfischer	51
S-78,12	Recurvirostrini	avocets, stilts	Stelzenläufer und Ibis- schnabel	52+53
S-78,2	Charadriinae	plovers, lapwings	Regenpfeifer	56
S-79	Glareolidae			
S-79,1	Dromadinae	Crab-Plover	Reiherläufer	50
S-79,2	Glareolinae	pratincoles, coursers	Brachschwalben und Rennvögel	55
S-80	Laridae			
S-80,1	Larinae			
S-80,11	Stercorariini	skuas, jaegers	Raubmöwen	60
S-80,12	Rynchopini	skimmers	Scherenschnäbel	62
S-80,13	Larini	gulls	Möwen	61,1
S-80,14	Sternini	terns	Seeschwalben	61,2
S-80,2	Alcinae	auks, murres, puffins	Alken [incl. Lummen, Papageitaucher]	63
S-81	Accipitridae			
S-81,1	Pandioninae	Osprey	Fischadler	29
S-81,2	Accipitrinae	hawks, eagles	Habichtartige	30
S-82	Sagittariidae	Secretarybird	Sekretär	31
S-83	Falconidae	caracaras, falcons	Falkenartige [einschl. Karakaras]	32
S-84	Podicipedidae	grebes	Lappentaucher, Steiß- füßer	9
S-85	Phaetontidae	tropicbirds	Tropikvögel	14
S-86	Sulidae	boobies, gannets	Tölpel	16
S-87	Anhingidae	anhingas	Schlangenhalsvögel	18
S-88	Phalacrocoracidae	cormorants	Kormorane (Scharben)	17
S-89	Ardeidae	herons, bitterns, egrets	Reiher	20
S-90	Scopidae	Hammerhead	Schattenvogel, Hammerkopf	21
S-91	Phoenicopteridae	flamingos	Flamingos	25
S-92	Threskiornithidae	ibises, spoonbills	Sichler (Ibisse) und Löffler	24
S-93	Pelecanidae			
S-93,1	Balaenicipitinae	Shoebill	Schuhschnabel	22
S-93,2	Pelecaninae	pelicans	Pelikane	15
S-94	Ciconiidae			
S-94,1	Cathartinae	New World vultures	Neuweltgeier	28
S-94,2	Ciconiinae	storks	Störche	23
S-95	Fregatidae	frigatebirds	Fregattvögel	19
S-96	Spheniscidae	penguins	Pinguine	7

Nr SIBLEY	Orders/Families Subfamilies/Tribes	Englisch	Deutsch	Familie nach HOWARD
S-97	Gaviidae	loons	Seetaucher	8
S-98	Procellariidae			
S-98,1	Procellariinae	petrels, shearwaters, diving-petrels	Sturmvögel und Lum- mensturmvögel	11+13
S-98,2	Diomedeinae	albatrosses	Albatrosse	10
S-98,3	Hydrobatinae	storm-petrels	Sturmschwalben	12
. . . .				. . . . .
	Passeriformes		Sperlingsvögel	100
S-101	Acanthisittidae	New Zealand wrens	Maorischlüpfer, Neu- seelandpittas	112
S-102	Pittidae	pittas	Pittas	111
S-103	Eurylaimidae	broadbills	Breitrachen, Breit- mäuler	100
S-104	Philepittidae	asities	Jalas, Lappenpittas	113
S-105	Sapayoa aenigma [i.s.]	Broad-billed Manakin	Breitschnabelpipra	107
S-106	Tyrannidae			
S-106,1	Pipromorphinae	mionectine flycatchers, Corythopis	Pipra-, Spatel-, Lauf- tyrannen etc.	106
S-106,2	Tyranninae	tyrant flycatchers	Tyrannen, Königs- tyrannen	106
S-106,3	Tityrinae	tityras, becards; Schiffornis	Tityras, Bekarden; Drosselmanakins	106+107
S-106,4	Cotinginae	cotingas, plantcutters, Sharpbill	Schmuckvögel, Pflanzenmäher, Flammenkopf	108–110
S-106,5	Piprinae	manakins	Pipras, Schnurrvögel	107
S-107	Thamnophilidae	typical antbirds	Ameisenwürger, Woll- rücken	103
S-108	Furnariidae			
S-108,1	Furnariinae	ovenbirds	Töpfervögel, Ofenvögel	102
S-108,2	Dendrocolaptinae	woodcreepers	eigentl. Baumsteiger, Baumkletterer	101
S-109	Formicariidae	ground antbirds	Ameisendrosseln und Ameisenpittas	103
S-110	Conopophagidae	gnateaters	Mückenfresser, Mückenfänger	104
S-111	Rhinocryptidae	tapaculos	Bürzelstelzler, Busch- schlüpfer, Tapaculos	105
S-112	Climacteridae	Australo-Papuan tree- creepers	Baumrutscher (Baum- steiger)	150
S-113	Menuridae			
S-113,1	Menurinae	lyrebirds	Leierschwänze	114
S-113,2	Atrichornithinae	scrub-birds	Dickichtvögel	115
S-114	Ptilonorhynchidae	bowerbirds	Laubenvögel	171
S-115	Maluridae	fairywrens, emuwrens, grasswrens	Staffelschwänze, Austral. Sänger	139
S-116	Meliphagidae	honeyeaters, Ephthia- nura, Ashbyia	Honigfresser und Trug- schmätzer	140+154
S-117	Pardalotidae			
S-117,1	Pardalotinae	pardalotes	Panthervögel	151
S-117,2	Dasyornithinae	bristlebirds	Lackvögel	140
S-117,3	Acanthizinae	scrubwrens, thornbills, whitefaces, etc.	Südsee-Grasmücken	140

Nr SIBLEY	Orders/Families Subfamilies/Tribes	Englisch	Deutsch	Familie nach HOWARD
S-118	Eopsaltriidae	Australo-Papuan robins, *Drymodes*	Südseeschnäpper und Scheindrosseln	130/37/42
S-119	Irenidae	fairy-bluebirds, leaf- birds	Feenvögel	121
S-120	Orthonychidae	logrunners, chow- chillas	Laufflöter (Erdtimalien)	131
S-121	Pomatostomidae	Australo-Papuan babblers	Säbler, Weißbrauen- säbler	132
S-122	Laniidae	true shrikes [*Lanius,* *Corvinella, Euro-* *cephalus*]	eigentliche Würger	122
S-123	Vireonidae	vireos, peppershrikes, etc.	Laubwürger, Vireos	159
S-124	Corvidae			
S-124,1	Cinclosomatinae	quail-thrushes, whip- birds	Flöter	131
S-124,2	Corcoracinae	Australian Chough, Apostlebird	Drosselhäher	168
S-124,3	Pachycephalinae			
S-124,31	Neosittini	sittellas	Spiegelkleiber	147
S-124,32	Mohouini	*Mohoua, Finschia*	Gelbköpfchen und Finschia	140
S-124,33	Falcunculini	shrike-tits, *Oreoica,* *Rhagologus*	Meisen-, Wellendick- kopf, Haubengudi- lang	143
S-124,34	Pachycephalini	whistlers, shrike- thrushes	Dickköpfe	143
S-124,4	Corvinae			
S-124,41	Corvini	crows, magpies, jays, nutcrackers	Rabenvögel: Krähen, Elstern, Häher etc.	173
S-124,42	Paradisaeini	birds-of-paradise, *Melampitta*	Paradiesvögel, Glanz- und Rußflöter	131+172
S-124,43	Artamini	currawongs, wood- swallows, *Peltops,* *Pityriasis*	Würgerkrähen, Schwalbenstare etc.	122/69/70
S-124,44	Oriolini	orioles, cuckooshrikes	Pirole und Kuckucks- würger (Stachel- bürzler)	119+165
S-124,5	Dicrurinae			
S-124,51	Rhipidurini	fantails	Fächerschwänze	141
S-124,52	Dicrurini	drongos	Drongos	166
S-124,53	Monarchini	monarchs, magpie- larks	Monarchen und Drosselstelzen	141+168
S-124,6	Aegithininae	ioras	Aegithinas	121
S-124,7	Malaconotinae			
S-124,71	Malaconotini	bush-shrikes	Buschwürger	122,2
S-124,72	Vangini	helmet-shrikes, vangas, *Batis, Platysteira*	Brillen-, Vanga-, Schnäpperwürger	122/23/38
S-125	Callaeatidae	New Zealand wattle- birds	Lappenvögel, Lappen- krähen	167
S-126	Picathartidae [i.s.]	*Chaetops, Picathartes*	Felshüpfer und Felsen- springer	130+134

43

Nr SIBLEY	Orders/Families Subfamilies/Tribes	Englisch	Deutsch	Familie nach HOWARD
S-127	Bombycillidae			
S-127,01	Dulini	Palmchat	Palmenschwätzer, Palmenschmätzer	125
S-127,02	Ptilogonatini	silky-flycatchers	Seidenschnäpper	124,2
S-127,03	Bombycillini	waxwings	Seidenschwänze	124
S-128	Cinclidae	dippers	Wasseramseln	126
S-129	Muscicapidae			
S-129,1	Turdinae	true thrushes, *Chlamydochaera, Brachypteryx, Alethe*	Drosseln und Fruchtpicker	119+130
S-129,2	Muscicapinae			
S-129,21	Muscicapini	Old World flycatchers	Fliegenschnäpper	137
S-129,22	Saxicolini	chats	Schmätzer, Erdsänger, Rotschwänze etc.	130
S-130	Sturnidae			
S-130,01	Sturnini	starlings, mynas	Stare, Mainas	164
S-130,02	Mimini	mockingbirds, thrashers, catbirds	Spottdrosseln	128
S-131	Sittidae			
S-131,1	Sittinae	nuthatches	Kleiber	147
S-131,2	Tichodrominae	Wallcreeper	Mauerläufer	147
S-132	Certhiidae			
S-132,1	Certhiinae	Northern creepers, African Creeper	Baumläufer	148
S-132,2	Troglodytinae	wrens	Zaunkönige	127
S-132,3	Polioptilinae	gnatcatchers, Verdin, gnatwrens	Mückenfänger und Gelbkopfmeise	135+145
S-133	Paridae			
S-133,1	Remizinae	penduline-tits [excl. Verdin]	Beutelmeisen [ohne Gelbkopfmeise]	145
S-133,2	Parinae	titmice, chickadees	Meisen	146
S-134	Aegithalidae	long-tailed tits, bush-tits	Schwanzmeisen	144
S-135	Hirundinidae	river-martins, swallows	Schwalben [einschl. Trugschwalben]	117
S-136	Regulidae	kinglets	Goldhähnchen	136
S-137	Pycnonotidae	bulbuls	Bülbüls	120
S-138	Hypocoliidae	Grey Hypocolius	Seidenwürger, Arab. Seidenschwanz, Nachtschattenfresser	124
S-139	Cisticolidae	African warblers	Cistensänger, Afrikan. Grasmücken	136
S-140	Zosteropidae	white-eyes	Brillenvögel	153
S-141	Sylviidae			
S-141,1	Acrocephalinae	leaf-warblers [!]	Rohr-, Laubsänger, Schwirle, Spötter etc.	136
S-141,2	Megalurinae	grass-warblers	Schilfsteiger etc.	136
S-141,3	Garrulacinae	laughingthrushes	Häherlinge	132
S-141,4	Sylviinae			
S-141,41	Timaliini	babblers, *Rhabdornis*	Timalien und Trugbaumläufer	130/32/49
S-141,42	Chamaeini	Wrentit	Zaunkönigsmeise, Z.-Grasmücke, Chaparraltimalie	132

Nr SIBLEY	**Orders**/Families Subfamilies/Tribes	Englisch	Deutsch	Familie nach HOWARD
S-141,43	Sylviini	*Sylvia*	Grasmücken i.e.S. [*Sylvia*]	136
S-142	Alaudidae	larks	Lerchen	116
S-143	Nectariniidae			
S-143,1	Promeropinae	sugarbirds	Proteavögel (Honig- fresser)	154
S-143,2	Nectariniinae			
S-143,21	Dicaeini	flowerpeckers	Mistelfresser, Blüten- picker	151
S-143,22	Nectariniini	sunbirds, spider- hunters	Nektarvögel, Spinnen- fresser	152
S-144	Melanocharitidae			
S-144,01	Melanocharitini	*Melanocharis*	Beerenpicker	151
S-144,02	Toxorhamphini	*Toxorhamphus, Oedistoma*	Pfriemschnäbel	154
S-145	Paramythiidae	*Paramythia, Oreocharis*	Beerenfresser, Beeren- picker	151
S-146	Passeridae			
S-146,1	Passerinae	sparrows, rock- sparrows, etc.	Sperlinge, Steinsper- linge etc.	163,3
S-146,2	Motacillinae	wagtails, pipits	Stelzen [einschl. Pieper]	118
S-146,3	Prunellinae	accentors, Dunnock	Braunellen	129
S-146,4	Ploceinae	weavers	Weberfinken	163,4
S-146,5	Estrildinae			
S-146,51	Estrildini	estrildine finches	Prachtfinken	162
S-146,52	Viduini	whydahs	Witwen, Witwenvögel	163,1
S-147	Fringillidae			
S-147,1	Peucedraminae	*Peucedramus*	Trugwaldsänger	157
S-147,2	Fringillinae			
S-147,21	Fringillini	chaffinches, Brambling	Edelfinken, Bergfink	161,1
S-147,22	Carduelini	goldfinches, crossbills, etc.	Stieglitzvögel, Kreuz- schnäbel etc.	161,2
S-147,23	Drepanidini	Hawaiian honey- creepers	Kleidervögel	158
S-147,3	Emberizinae			
S-147,31	Emberizini	buntings, longspurs, towhees	Ammern	155,1
S-147,32	Parulini	wood warblers, *Zeledonia*	Waldsänger, Zeledonia	157
S-147,33	Thraupini	tanagers, Swallow Tanager, neotropical, honeycreepers, Plushcap, Tanager Finch, seedeaters, flower-piercers, etc.	Tangaren, Schwalben- tangare, Naschvö- gel, Plüschkopftan- gare, Tangaren- buschammer, Pfäff- chen, Hakenschnä- bel etc.	155,1–5
S-147,34	Cardinalini	cardinals	Kardinäle	155,3
S-147,35	Icterini	troupials, meadow- larks, New World blackbirds, etc.	Stärlinge [einschl. Trupiale]	160

Alphabetisches Verzeichnis
Englisch – Deutsch – Latein

Englisch	Deutsch	Latein	Familie nach Howard
Abyssinian Catbird	Singtimalie	*Parophasma galinieri*	132
Acadian Flycatcher [New World]	Buchentyrann, grünlicher Erlentyrann	*Empidonax virescens*	106
Accentor: Alpine Accentor	Alpenbraunelle, Flühvogel	*Prunella collaris*	129
Accentor: Dunnock (Hedge Sparrow)	Heckenbraunelle	*Prunella modularis*	129
Accentor: Siberian Accentor	Bergbraunelle	*Prunella montanella*	129
accentors	Braunellen	Prunellidae	129
African barbets	Afrikanische Bartvögel	Lybiidae [Sibley]	96
African Broad-billed Roller	Zimtroller	*Eurystomus glaucurus*	88
African Darter	Schlangenhalsvogel	*Anhinga rufa*	18
African Grey Parrot	Jako, Graupapagei	*Psittacus erithacus*	68
African Jacana, Lily-Trotter	Blaustirn-Blatthühnchen	*Actophilornis africanus*	48
African warblers	Cistensänger und Pinkpinks	*Cisticola*	136
Alauwahio, Hawaiian Creeper, Lanai Creeper	Alauwahio	*Loxops maculata*	158
Albatross: Black-browed Albatross	Mollymauk, Schwarzbrauen-Albatros	*Diomedea melanophris*	10
Albatross: Wandering Albatross	Wanderalbatros, Kapschaf	*Diomedea exulans*	10
albatrosses	Albatrosse	Diomedeidae	10
Alethe	Alethe	*Alethe*	130
Alpine Accentor	Alpenbraunelle, Flühvogel	*Prunella collaris*	129
Alpine Chough	Alpendohle	*Pyrrhocorax graculus*	173
Alpine Swift	Alpensegler	*Apus melba*	79
Amazon: Yellow-headed Amazon	Große Gelbkopfamazone	*Amazona ochrocephala*	68
American Avocet	Braunhals-Säbelschnäbler	*Recurvirostra americana*	53
American Bittern	Nordamerikanische Rohrdommel	*Botaurus lentiginosus*	20
American Black Duck	Dunkelente, Rotfußente	*Anas rubripes*	27
American Coot	Indianer-Bläßhuhn, Amerikanisches Bläßhuhn	*Fulica americana*	42
American Crow, Common Crow	Amerikanerkrähe	*Corvus brachyrhynchos*	173
American Darter, Anhinga	Anhinga (Amerikanischer Schlangenhalsvogel)	*Anhinga anhinga*	18
American Dipper	Grauwasseramsel	*Cinclus mexicanus*	126

Englisch	Deutsch	Latein	Familie nach Howard
American Eagle, Bald Eagle	Weißkopf-Seeadler	*Haliaeetus leucocephalus*	30
American Golden Plover, Lesser Golden Plover	Wanderregenpfeifer, Kleiner, Amerikanischer, Sibirischer Goldregenpfeifer	*Pluvialis dominica*	56
American Goldfinch	Goldzeisig, Trauerzeisig	*Carduelis tristis*	161
American Kestrel, American Sparrow Hawk	Buntfalke, Sperlingsfalke	*Falco sparverius*	32
American Oystercatcher	Braunmantel-Austernfischer	*Haematopus palliatus*	51
American Purple Gallinule	Zwergsultanshuhn	*Porphyrula martinica (Gallinula)*	42
American Redstart [New World]	Rotschwanz-Waldsänger, Schnäpper-Waldsänger	*Setophaga ruticilla*	157
American Robin	Wanderdrossel	*Turdus migratorius*	130
American Tree Sparrow	Baumammer, Amerikanischer Baumfink	*Spizella arborea*	155
American vultures, New World vultures	Neuweltgeier	Cathartidae	28
American White Ibis	Schneesichler, Weißer Ibis	*Eudocimus albus*	24
American White Pelican	Nashornpelikan	*Pelecanus erythrorhynchos*	15
American Wigeon, Baldpate	Amerikanische Pfeifente	*Anas americana*	27
American Woodcock	Kanadaschnepfe, Amerikanische Waldschnepfe	*Scolopax minor*	57
Amherst's Pheasant → Lady Amherst's Pheasant	Diamantfasan	*Chrysolophus amherstiae*	35
Ancient Murrelet	Silberalk	*Synthliboramphus antiquus*	63
Andalusian Hemipode	Spitzschwanz-Laufhühnchen	*Turnix sylvatica*	37
Anhinga, American Darter	Anhinga (Amerikanischer Schlangenhalsvogel)	*Anhinga anhinga*	18
anhingas, darters	Schlangenhalsvögel	Anhingidae	18
anis	Anis, Amerikanische Madenhacker, Madenkukkucke	*Crotophaga*	71
anis → cuckoos, roadrunners and anis	Kuckucke	Cuculidae	71
antbirds	Ameisenvögel	Formicariidae	103
antpipits	Lauftyrannen	*Corythopis*	106
Antshrike: Collared Antshrike, White-naped Antshrike	Weißnacken-Ameisenwürger	*Sakesphorus bernardi*	103
antshrikes, typical antbirds	Ameisenwürger, Wollrücken	Thamnophilinae [AOU]	103
antthrushes and antpittas	Ameisendrosseln und Ameisenpittas	Formicariinae [AOU]	103
Apostlebird	Gimpelhäher, Grauling (Schlammnestbauer)	*Struthidea cinerea*	168
Aquatic Warbler [Old World]	Seggenrohrsänger, Binsenrohrsänger	*Acrocephalus paludicola*	136

Englisch	Deutsch	Latein	Familie nach Howard
Arctic Loon[Am], Black-throated Diver	Prachttaucher, Polarseetaucher	Gavia arctica	8
Arctic Redpoll, Hoary Redpoll[Am]	Polarbirkenzeisig	Carduelis hornemanni	161
Arctic Skua, Parasitic Jaeger, Arctic Jaeger[Am]	Schmarotzerraubmöwe	Stercorarius parasiticus	60
Arctic Tern	Küstenseeschwalbe	Sterna paradisaea (macrura)	61
Arctic Warbler [Old World]	Wanderlaubsänger, Nordischer Laubsänger	Phylloscopus borealis	136
Asian barbets	Asiatische Bartvögel	Megalaimidae [Sibley]	96
Asian frogmouths	Froschmäuler (Eulenschwalme)	Batrachostomus	75
asities [incl. false sunbirds]	Jalas, Lappenpittas	Philepittidae	113
Astrapias	Paradieselstern	Astrapia	172
Atlantic Puffin, Common Puffin	Papageitaucher	Fratercula arctica	63
Audouin's Gull	Korallenmöwe	Larus audouinii	61
Auk: Great Auk (extinct)	Riesenalk (ausgestorben)	Pinguinus impennis (ext)	63
Auk: Little Auk, Dovekie[Am]	Krabbentaucher	Alle alle	63
Auk: Razorbill, Razor-billed Auk[Am]	Tordalk	Alca torda	63
Auklet: Crested Auklet	Schopfalk	Aethia cristatella	63
auks	Alken (Alke), Flügeltaucher	Alca	63
auks, murres and puffins	Alke[n]	Alcidae	63
auks → waders, gulls and auks	Wat-, Möwen-, Alkenvögel; Sumpf- und Strandvögel	CHARADRIIFORMES	48
Australasian robins	Südseeschnäpper, Südseesänger	Eopsaltriidae	142
Australasian wrens	Staffelschwänze, Australische Sänger	Maluridae	139
Australian butcherbirds	Würgatzeln, Flötenwürger (Würgerkrähen)	Cracticus	170
Australian Chat: White-fronted Chat	Kurzschwanz-Trugschmätzer, Honigfresser	Ephthianura albifrons	140
Australian chats	Trugschmätzer	Ephthianura, Ashbyia	140
Australian Chough, White-winged Chough	Drosselkrähe, Australische Bergkrähe, Drosselhäher	Corcorax melanorhamphus	168
Australian choughs [incl. Apostlebird]	Drosselhäher	Corcoracinae	168
Australian creepers	Baumrutscher [Baumsteiger]	Climacteridae	150
Australian Magpie, Bell-Magpie	Flötenvogel (Würgerkrähe)	Gymnorhina tibicen	170
Australian magpies, bell-magpies	Flötenvögel (Würgerkrähen)	Gymnorhina	170
Australian parakeets and rosella	Plattschwanz-Sittiche, Plattschweif-Sittiche	Platycercinae	68
Australian Sittella (Sitella)	Spiegelkleiber	Neositta chrysoptera	147
Australian White Ibis	Molukkenibis	Threskiornis molucca	24
Australo-Papuan babblers	Säbler, Weißbrauensäbler	Pomatostomidae [Sibley]	132

Englisch	Deutsch	Latein	Familie nach Howard
Australo-Papuan robins, *Drymodes*	Südseeschnäpper, Südsee-sänger	Eopsaltriidae	142
Avadavat: Red Avadavat, Red Munia	Wanderregenpfeifer, Kleiner, Amerikanischer, Sibirischer Goldregen-pfeifer	*Amandava amandava*	162
Avocet: American Avocet	Braunhals-Säbelschnäbler	*Recurvirostra americana*	53
Avocet: Eurasian Avocet	Säbelschnäbler, eigentli-cher Säbelschnäbler	*Recurvirostra avosetta*	53
avocets	Säbelschnäbler	*Recurvirostra*	53
Azur Tit	Lasurmeise	*Parus cyanus*	146
Azure-winged Magpie	Blauelster	*Cyanopica cyanus*	173
Babbler: Pygmy Wren-Babbler	Moostimalie	*Pnoepyga pusilla*	132
Babbler: Rail Babbler	Rallenläufer	*Eupetes macrocercus*	131
Babbler: Scaly-breasted Wren-Babbler	Schuppentimalie	*Pnoepyga albiventer*	132
babblers	Timalien	Timaliidae	132
babblers: Australo-Papuan babblers	Säbler, Weißbrauensäbler	Pomatostomidae [Sibley]	132
babblers: shrike babblers	Würgertimalien	*Pteruthius*	132
babblers: thrush babblers [*Illadopsis*]	Buschdrosslinge	*Illadopsis*	132
babblers: wren-babblers [*Pnoepyga*]	Schuppentimalien	*Pnoepyga*	132
babblers: wren-babblers [*Spelaeornis*]	Zaunkönigstimalien	*Spelaeornis*	132
babblers [*Malacopteron*]	Zweigtimalien	*Malacopteron*	132
babblers [*Turdoides*]	Drosslinge	*Turdoides*	132
Baikal Teal	Gluckente	*Anas formosa*	27
Baillon's Crake	Zwergsumpfhuhn	*Porzana pusilla*	42
Baird's Sandpiper	Bairdstrandläufer	*Calidris bairdii*	57
bald crows, rockfowl	Felshüpfer	*Picathartes*	134
Bald Eagle, American Eagle	Weißkopf-Seeadler	*Haliaeetus leucocephalus*	30
Bald-Ibis: Northern Bald-Ibis, Hermit Ibis	Waldrapp	*Geronticus eremita*	24
Baldpate, American Wigeon	Amerikanische Pfeifente	*Anas americana*	27
Baltimore Oriole, Northern Oriole	Baltimore-Trupial	*Icterus galbula*	160
Bamboowren	Trugzaunkönig	*Psilorhamphus guttatus*	105
Bananaquit	Bananaquit, Gelbbrust-Zuckervogel	*Coereba flaveola*	156
Banded Stilt	Schlammstelzer	*Cladorhynchus leuco-cephalus*	53
Band-rumped Swift	Dornensegler	*Chaetura spinicauda*	79
Bank Swallow[Am], Sand Martin	Uferschwalbe	*Riparia riparia*	117
Barbary Partridge	Felsenhuhn	*Alectoris barbara*	35

Englisch	Deutsch	Latein	Familie nach Howard
Barbet: Coppersmith Barbet	Kupferschmied	*Megalaima haemacephala*	96
barbets: African barbets	Afrikanische Bartvögel	Lybiidae [Sibley]	96
barbets: Asian barbets	Asiatische Bartvögel	Megalaimidae [Sibley]	96
barbets: tinkerbirds	Bartvögel [*Pogoniulus*], Honigfresser	*Pogoniulus*	96
barbets [incl. tinkerbirds]	Bartvögel	Capitonidae	96
Barn Swallow	Rauchschwalbe	*Hirundo rustica*	117
Barnacle Goose	Nonnengans, Weißwangengans	*Branta leucopsis*	27
Barn-Owl: Common Barn-Owl	Schleiereule	*Tyto alba*	72
barn-owls	Schleiereulen	Tytonidae	72
Barred Owl	Streifenkauz (Waldkauz)	*Strix varia*	73
Barred Warbler [Old World]	Sperbergrasmücke	*Sylvia nisoria*	136
Bar-tailed Godwit	Pfuhlschnepfe	*Limosa lapponica*	57
Bateleur	Gaukler	*Theratopius ecaudatus*	30
Bean Goose	Saatgans	*Anser fabalis*	27
Bearded Tit, Bearded Reedling	Bartmeise	*Panurus biarmicus*	133
Bearded Vulture [Old World], Lammergeier	Bartgeier, Lämmergeier [Altweltgeier]	*Gypaetus barbatus*	30
becards	Bekarden	*Pachyramphus*	106
Bee-Eater	Bienenfresser	*Merops apiaster*	87
Bee-Eater: Blue-cheeked Bee-Eater	Blauwangenspint, Blauwangen-Bienenfresser	*Merops superciliosus*	87
bee-eaters	Bienenfresser, Spinte	Meropidae	87
Bell Miner	Glocken-Honigfresser	*Manorina melanophrys*	154
Bellbird: Crested Bellbird	Haubengudilang	*Oreoica gutturalis*	143
Bellbird: New Zealand Bellbird	Makomako	*Anthornis melanura*	154
bellbirds	Glockenvögel	*Procnias*	108
Bell-Magpie, Australian Magpie	Flötenvogel (Würgerkrähe)	*Gymnorhina tibicen*	170
bell-magpies, Australian magpies	Flötenvögel (Würgerkrähen)	*Gymnorhina*	170
Belted Kingfisher	Gürtelfischer, Halsbandfischer	*Ceryle alcyon*	84
berryeaters	Beerenfresser (Schmuckvögel)	*Carpornis*	108
Berrypecker: Crested Berrypecker	Schopf-Beerenfresser	*Paramythia montium*	151
Berrypecker: Tit Berrypecker	Gelbbauch-Beerenpicker	*Oreocharis arfaki*	151
berrypeckers [*Oedistoma* etc.]	Beerenpicker	Melanocharitidae [Sibley]	151
berrypeckers [*Paramythia, Oreocharis*]	Beerenfresser, Berrenpicker (Mistelfresser)	Paramythiidae [Sibley]	151
Bewick's Swan	Zwergschwan	*Cygnus bewicki*	27
Bird-of-Paradise: Raggiana Bird-of-Paradise	Göttervogel	*Paradisaea raggiana*	172
birds of paradise	Paradiesvögel	Paradisaeidae	172

Englisch	Deutsch	Latein	Familie nach Howard
birds of paradise: sickle-bills, sickle-billed birds of paradise	Sichelhopfe [Paradiesvögel]	*Epimachus, Drepanornis*	172
birds of prey, raptors	Greifvögel, Raubvögel	FALCONIFORMES	28
Bittern: American Bittern	Nordamerikanische Rohrdommel	*Botaurus lentiginosus*	20
Bittern: Eurasian Bittern	Rohrdommel	*Botaurus stellaris*	20
Bittern: Least Bittern	Indianerdommel, Amerikanische Zwergdommel	*Ixobrychus exilis*	20
Bittern: Little Bittern	Zwergdommel, Zwergrohrdommel	*Ixobrychus minutus*	20
bitterns	Rohrdommeln, Dommeln	*Botaurus, Ixobrychus*	20
bitterns: dwarf bitterns	Zwergdommeln, Zwergrohrdommeln	*Ixobrychus*	20
bitterns → herons, egrets and bitterns	Reiher	Ardeidae	20
Black Coot, Eurasian Coot	Bläßhuhn, Schwarzes Wasserhuhn	*Fulica atra*	42
Black Coucal	Grillkuckuck, Schwarzer Spornkuckuck	*Centropus grillii*	71
Black Drongo, King Crow	Königsdrongo, Asiatischer Trauerdrongo	*Dicrurus macrocercus*	166
Black Duck: American Black Duck	Dunkelente, Rotfußente	*Anas rubripes*	27
Black Francolin, Black Partridge	Halsbandfrankolin	*Francolinus francolinus*	35
Black Grouse	Birkhuhn	*Tetrao tetrix*	35
Black Guillemot	Gryllteiste	*Cepphus grylle*	63
Black Kite	Schwarzmilan	*Milvus migrans*	30
Black Lark	Mohrenlerche	*Melanocorypha yeltoniensis*	116
Black Redstart [Old World]	Hausrotschwanz	*Phoenicurus ochruros*	130
Black Scoter[Am], Common Scoter	Trauerente	*Melanitta nigra*	27
Black Skimmer	Schwarzer Scherenschnabel, Schwarzmantel-Scherenschnabel	*Rynchops niger (nigra)*	62
Black Stork	Schwarzstorch	*Ciconia nigra*	23
Black Tern	Trauerseeschwalbe	*Chlidonias niger*	61
Black Tern: White-winged Black Tern	Weißflügel-Seeschwalbe	*Chlidonias leucopterus*	61
Black Vulture: European Black Vulture	Mönchsgeier [Altweltgeier]	*Aegypius monachus*	30
Black Vulture [New World vulture]	Rabengeier [Neuweltgeier]	*Coragyps atratus*	28
Black Wheatear	Trauerschmätzer	*Oenanthe leucura*	130
Black Woodpecker	Schwarzspecht	*Dryocopus martius*	99
Black-and-white Warbler [New World]	Kletterwaldsänger	*Mniotilta varia*	157
Black-backed Gull: Great Black-backed Gull	Mantelmöwe	*Larus marinus*	61
Black-backed Gull: Lesser Black-backed Gull [!]	Heringsmöwe [!]	*Larus fuscus*	61

Englisch	Deutsch	Latein	Familie nach Howard
Black-bellied Plover[Am], Grey Plover	Kiebitzregenpfeifer	*Pluvialis squatarola*	56
Black-bellied Sandgrouse	Sandflughuhn	*Pterocles orientalis*	64
Black-billed Cuckoo	Schwarzschnabelkuckuck	*Coccycus erythrophthalmus*	71
Black-billed Magpie	Elster	*Pica pica*	173
Blackbird: Eurasian Blackbird	Amsel, Schwarzdrossel	*Turdus merula*	130
Blackbird: Red-winged Blackbird, Redwing	Rotschulter-Stärling, Rotflügel-Stärling	*Agelaius phoeniceus*	160
Blackbird: Yellow-headed Blackbird	Brillenstärling	*Xanthocephalus xanthocephalus*	160
blackbirds [New World] and allies	Stärlinge [einschl. Trupiale]	Icteridae	160
Black-breasted Triller	Fruchtpicker	*Chlamydochaera jefferyi*	119
Black-browed Albatross, Mollymawk	Mollymauk, Schwarzbrauenalbatros	*Diomedea melanophris*	10
Blackcap [Old World warbler]	Mönchsgrasmücke, Schwarzplättchen	*Sylvia atricapilla*	136
Black-capped Chickadee	Schwarzkopfmeise	*Parus atricapillus*	146
Black-crested Titmouse → Tufted Titmouse	Indianermeise, Zweifarbmeise	*Parus bicolor*	146
Black-crowned Night Heron	Nachtreiher	*Nycticorax nycticorax*	20
Black-eared Wheatear	Mittelmeerschmätzer	*Oenanthe hispanica*	130
Black-headed Bunting	Kappenammer	*Emberiza melanocephala*	155
Black-headed Grosbeak	Schwarzkopf-Kernknacker	*Pheucticus melanocephalus*	155
Black-headed Gull	Lachmöwe	*Larus ridibundus*	61
Black-headed Gull: Great Black-headed Gull	Fischmöwe	*Larus ichthyaetus*	61
Black-legged Kittiwake	Dreizehenmöwe	*Larus tridactylus*	61
Black-necked Grebe	Schwarzhalstaucher	*Podiceps nigricollis*	9
Black-necked Stilt	Amerikanischer Stelzenläufer	*Himantopus mexicanus*	53
Blackpoll Warbler [New World]	Kappenwaldsänger	*Dendroica striata*	157
Black-tailed Godwit	Uferschnepfe	*Limosa limosa*	57
Black-throated Diver, Arctic Loon[Am]	Prachttaucher, Polarseetaucher	*Gavia arctica*	8
Black-throated Green Warbler [New World]	Grünwaldsänger	*Dendroica virens*	157
Black-throated Thrush	Schwarzkehldrossel	*Turdus ruficollis atrogularis*	130
Black-winged Kite	Gleitaar	*Elanus caeruleus*	30
Black-winged Pratincole	Schwarzflügel-Brachschwalbe	*Glareola nordmanni*	55
Black-winged Stilt	Stelzenläufer	*Himantopus himantopus*	53
Blue Grosbeak	Azurbischof	*Guiraca caerulea*	155
Blue Heron: Great Blue Heron	Kanadareiher, Amerikanischer Graureiher	*Ardea herodias*	20
Blue Jay	Blauhäher	*Cyanocitta cristata*	173
Blue Rock Thrush	Blaumerle	*Monticola solitarius*	130

Englisch	Deutsch	Latein	Familie nach Howard
Blue Roller	Blauracke, Mandelkrähe	*Coracias garrulus*	88
Blue Tit	Blaumeise	*Parus caeruleus*	146
Bluebird: Eastern Bluebird	Rotkehl-Hüttensänger	*Sialia sialis*	130
bluebirds	Hüttensänger	*Sialia*	130
bluebirds: Philippine blue-birds, fairy bluebirds	Feenvögel, Irene	*Irena*	121
Blue-cheeked Bee-Eater	Blauwangenspint, Blau-wangen-Bienenfresser	*Merops superciliosus*	87
Blue-gray Gnatcatcher	Blau-Mückenfänger, Blau-Mückenschnäpper	*Polioptila caerulea*	135
Blue-headed Wagtail (Yellow Wagtail)	Schafstelze	*Motacilla flava flava*	118
Bluetail: Red-flanked Bluetail	Blauschwanz	*Erithacus cyanurus*	130
Bluethroat	Blaukehlchen	*Luscinia svecica*	130
Blue-throated Piping Guan, Trinidad Piping Guan, Common Piping Guan	Blaukehlguan	*Pipile pipile*	34
Blyth's Reed Warbler [OW]	Buschrohrsänger	*Acrocephalus dumetorum*	136
Boatbill Heron, Boat-billed Heron	Kahnschnabel	*Cochlearius cochlearius*	20
boatbills	Flachschnäbel	*Machaerirhynchus*	141
Bobolink	Reisstärling, Paperling, Bobolink	*Dolichonyx oryzivorus*	160
Bobwhite: Common Bob-white, Northern Bob-white	Virginiawachtel, Baum-wachtel	*Colinus virginianus*	35
bobwhites	Baumwachteln	*Colinus*	35
Bohemian Waxwing[Am], Waxwing	Seidenschwanz	*Bombycilla garrulus*	124
Bonaparte's Gull	Bonapartemöwe	*Larus philadelphia*	61
Bonelli's Eagle	Habichtsadler	*Hieraaetus fasciatus*	30
Bonelli's Warbler [OW]	Berglaubsänger	*Phylloscopus bonelli*	136
boobies → gannets and boobies	Tölpel	Sulidae	16
Boobook-Owl	Kuckuckskauz, Langflügel-kauz	*Ninox novaeseelandiae*	73
Booted Eagle	Zwergadler	*Hieraaetus pennatus*	30
Booted Warbler [Old World]	Buschspötter	*Hippolais caligata*	136
Bornean Bristle-Head	Warzenkopf	*Pityriasis gymnocephala*	122
bowerbirds	Laubenvögel	Ptilonorhynchidae	171
Brambling	Bergfink	*Fringilla montifringilla*	161
brant, geese	Gänse, Wildgänse	*Anser, Branta, Chen etc.*	27
Brent Goose	Ringelgans	*Branta bernicla*	27
bristlebirds	Lackvögel	Dasyornithinae [Sibley]	140
Bristle-Head: Bornean Bristle-Head	Warzenkopf	*Pityriasis gymnocephala*	122
British Yellow Wagtail, Yel-lowish-crowned Wagtail	Englische Schafstelze, grünköpfige Schafstelze	*Motacilla flava flavissima*	118
Broad-billed Manakin	Breitschnabelpipra	*Sapayoa aenigma*	107
Broad-billed Roller: African Broad-billed Roller	Zimtroller	*Eurystomus glaucurus*	88

53

Englisch	Deutsch	Latein	Familie nach Howard
Broad-billed Roller: Eastern Broad-billed Roller → Dollar Bird	Dollarvogel	*Eurystomus orientalis*	88
Broad-billed Sandpiper	Sumpfläufer	*Limicola falcinellus*	57
broadbills [Eurylaimidae]	Breitrachen, Breitmäuler	Eurylaimidae	100
Brown Creeper	Andenbaumläufer	*Certhia americana*	148
Brown Noddy	Tölpelseeschwalbe, Noddi	*Anous stolidus*	61
Brown Pelican	Brauner Pelikan	*Pelecanus occidentalis*	15
Brown Thrasher	Rotrücken-Spottdrossel, Rote Spottdrossel, Rotrückensichler	*Toxostoma rufum*	128
Brown Tree Pipit	Baumpieper	*Anthus trivialis*	118
Brown-headed Cowbird	Braunkopf-Kuhstärling, Schwarzer Kuhstärling	*Molothrus ater*	160
Brünnich's Guillemot, Brünnich's Murre[Am]	Dickschnabellumme	*Uria lomvia*	63
Budgerigar	Wellensittich	*Melopsittacus undulatus*	68
Buffalo Weaver	Büffelweber	*Bubalornis niger*	163
Buff-backed Heron, Cattle Egret	Kuhreiher	*Bubulcus ibis*	20
Buff-breasted Sandpiper	Grasläufer	*Tryngites subruficollis*	57
Bufflehead	Büffelkopfente	*Bucephala albeola*	27
bulbuls	Bülbüls	Pycnonotidae	120
Bullfinch: Eurasian Bullfinch	Dompfaff, Gimpel	*Pyrrhula pyrrhula*	161
Bullfinch: Trumpeter Bullfinch, Trumpeter Finch	Wüstengimpel	*Bucanetes githagineus*	161
bullfinches	Gimpel [*Pyrrhula*]	*Pyrrhula*	161
Bunting: Black-headed Bunting	Kappenammer	*Emberiza melanocephala*	155
Bunting: Cinereous Bunting	Türkenammer	*Emberiza cineracea*	155
Bunting: Cirl Bunting	Zaunammer	*Emberiza cirlus*	155
Bunting: Corn Bunting	Grauammer	*Emberiza calandra*	155
Bunting: Cretzschmar's Bunting	Grauortolan	*Emberiza caesia*	155
Bunting: Indigo Bunting	Indigofink	*Passerina cyanea*	155
Bunting: Lapland Bunting, Lapland Longspur[Am]	Spornammer	*Calcarius lapponicus*	155
Bunting: Little Bunting	Zwergammer	*Emberiza pusilla*	155
Bunting: Ortolan Bunting	Ortolan	*Emberiza hortulana*	155
Bunting: Pine Bunting	Fichtenammer	*Emberiza leucocephalos*	155
Bunting: Reed Bunting	Rohrammer	*Emberiza schoeniclus*	155
Bunting: Rock Bunting	Zippammer	*Emberiza cia*	155
Bunting: Rustic Bunting	Waldammer	*Emberiza rustica*	155
Bunting: Snow Bunting	Schneeammer	*Plectrophenax nivalis*	155
Bunting: Yellow-breasted Bunting	Weidenammer	*Emberiza aureola*	155
buntings, cardinals, tanagers	Ammern [Familie]	Emberizidae	155
buntings: Old World buntings	Altweltammern	*Emberiza, Calcarius*	155

Englisch	Deutsch	Latein	Familie nach Howard
buntings: tropical buntings	tropische Ammern	*Passerina*	155
Bush Robin: Rufous Bush Robin	Afrikanischer Hecken- sänger	*Cercotrichas galactotes*	130
bush-shrikes	Buschwürger	Malaconotinae	122
bush-tanagers	Buschtangaren	*Chlorospingus*	155
Bushtit	Buschmeise (Schwanz- meise)	*Psaltriparus minimus*	144
bushtits → long-tailed tits	Schwanzmeisen	Aegithalidae	144
Bustard: Great Bustard	Großtrappe, Trappe	*Otis tarda*	47
Bustard: Houbara Bustard	Kragentrappe	*Chlamydotis undulata*	47
Bustard: Little Bustard	Zwergtrappe	*Otis tetrax (Tetrax tetrax)*	47
bustard quail → button- quails, hemipodes	Laufhühnchen, Kampf- wachteln	*Turnix*	37
bustards	Trappen	Otidae (Otididae)	47
butcherbirds	Würgerkrähen	Cracticidae	170
butcherbirds: Australian butcherbirds	Würgatzeln, Flötenwürger (Würgerkrähen)	*Cracticus*	170
buteos (hawks)[Am] → buz- zards	Bussarde	*Buteo*	30
buttonquails, hemipodes	Laufhühnchen, Kampf- wachteln	*Turnix*	37
Buzzard: Eurasian Buzzard	Mäusebussard	*Buteo buteo*	30
Buzzard: Honey-Buzzard	Wespenbussard	*Pernis apivorus*	30
Buzzard: Long-legged Buzzard	Adlerbussard	*Buteo rufinus*	30
Buzzard: Rough-legged Buzzard, Rough-legged Hawk[Am]	Rauhfußbussard	*Buteo lagopus*	30
Buzzard[Am] → Turkey Vulture [New World]	Truthahngeier [Neuwelt- geier]	*Cathartes aura*	28
buzzards, buteos (hawks)[Am]	Bussarde	*Buteo*	30
Cabot's Tern[Am], Sandwich Tern	Brandseeschwalbe	*Sterna sandvicensis*	61
Calandra Lark	Kalanderlerche	*Melanocorypha calandra*	116
California Condor	Kalifornischer Kondor	*Gymnogyps californianus*	28
Canada Goose	Kanadagans	*Branta canadensis*	27
Canary, Canary Bird	Kanarienvogel	*Serinus canaria*	161
Canvasback	Kanevasente	*Aythya valisineria*	27
Cape May Warbler [New World]	Tigerwaldsänger	*Dendroica tigrina*	157
Capercaillie (grouse)	Auerhuhn	*Tetrao urogallus*	35
caracaras	Karakaras	*Phalcoboenus etc.*	32
caracaras → falcons and caracaras	Falken, Falkenartige [einschl. Karakaras]	Falconidae	32
Cardinal: Northern Cardinal	Roter Kardinal, Rotkardinal	*Cardinalis cardinalis*	155
cardinals, grosbeaks and allies	Kardinäle	Cardinalinae	155
cardinals, tanagers, buntings	Ammern	Emberizidae	155

Englisch	Deutsch	Latein	Familie nach Howard
cardueline finches	Stieglitzvögel, Gimpel (Hänflinge)	Carduelinae	161
Carolina Chickadee	Carolinameise	Parus carolinensis	146
Carolina Wren	Carolina-Zaunkönig	Thryothorus ludovicianus	127
Carrion Crow	Rabenkrähe, Aaskrähe	Corvus corone corone	173
Caspian Plover	Wermutregenpfeifer	Charadrius asiaticus	56
Caspian Tern	Raubseeschwalbe	Sterna caspia	61
cassowaries	Kasuare	Casuarius	3
cassowaries and emus	Australien-Laufvögel; Kasuare und Emus	CASUARIIFORMES	3
Catbird: Abyssinian Catbird	Singtimalie	Parophasma galinieri	132
Catbird: Gray Catbird [New World]	Katzendrossel, Katzenvogel	Dumetella carolinensis	128
Catbird: Green Catbird [Australia]	Grüner Katzenvogel, Grünlaubenvogel	Ailuroedus crassirostris	171
Cattle Egret, Buff-backed Heron	Kuhreiher	Bubulcus ibis	20
Cedar Waxwing	Zedern-Seidenschwanz	Bombycilla cedrorum	124
Cetti's Warbler [Old World]	Seidensänger	Cettia cetti	136
Chachalaca: Plain Chachalaca	Braunflügelguan	Ortalis vetula	34
chachalacas	Chakalakas [einschl. Guan]	Ortalis	34
Chaffinch: Common Chaffinch	Buchfink	Fringilla coelebs	161
Chat: Desert Chat [Australia], Gibberbird	Wüstentrugschmätzer	Ashbyia lovensis	140
Chat: Palmchat	Palmenschwätzer, Palmenschmätzer	Dulus dominicus	125
Chat: Red-breasted Chat	Weißkehlen-Granatellus	Granatellus venustus	157
Chat: Stonechat	Schwarzkehlchen	Saxicola torquata	130
Chat: Whinchat	Braunkehlchen	Saxicola rubetra	130
Chat: White-fronted Chat, Australian Chat	Kurzschwanz-Trugschmätzer, Honigfresser	Ephthianura albifrons	140
Chat: Yellow-breasted Chat	Gelbbrust-Waldsänger	Icteria virens	157
chats	Wiesenschmätzer	Saxicola	130
chats: Australian chats	Trugschmätzer	Ephthianura, Ashbyia	140
chats [Sibley]	Schmätzer, Erdsänger, Heckensänger, Rotschwänze, etc.	Saxicolini [Sibley]	130
Chestnut-bellied Sandgrouse, Small Pin-tailed Sandgrouse	Braunbauch-Flughuhn	Pterocles exustus	64
Chickadee: Black-capped Chickadee	Schwarzkopfmeise	Parus atricapillus	146
Chickadee: Carolina Chickadee	Carolinameise	Parus carolinensis	146
chickadees[Am] → tits, titmice and chickadees[Am]	Meisen	Parus	146
Chiffchaff	Zilpzalp, Weidenlaubsänger	Phylloscopus collybita	136
Chimney Swift	Kaminsegler, Schornsteinsegler	Chaetura pelagica	79

Englisch	Deutsch	Latein	Familie nach Howard
Chinese Francolin	Chinesische Zwergwachtel, Perlhuhnfrankolin	*Francolinus pintadeanus*	35
Chough	Alpenkrähe	*Pyrrhocorax pyrrhocorax*	173
Chough: Alpine Chough	Alpendohle [!]	*Pyrrhocorax graculus*	173
Chough: White-winged Chough, Australian Chough	Drosselkrähe, Australische Bergkrähe, Drosselhäher	*Corcorax melanorhamphus*	168
choughs: Australian choughs [incl. Apostlebird]	Drosselhäher	Corcoracinae	168
choughs → magpie-larks	Drosselstelzen	Grallinidae	168
chowchillas, logrunners	Laufflöter (Erdtimalien)	Orthonychidae	131
Chuck-will's-widow (nightjar)	Carolina-Nachtschwalbe	*Caprimulgus carolinensis*	78
Chukar, Chukar Partridge	Chukar-Steinhuhn	*Alectoris chucar*	35
Cinereous Bunting	Türkenammer	*Emberiza cineracea*	155
Cirl Bunting	Zaunammer	*Emberiza cirlus*	155
Citril Finch	Zitronengirlitz, Zitronenzeisig	*Serinus citrinella*	161
Citrine Wagtail	Zitronenstelze	*Motacilla citreola*	118
Clark's Nutcracker	Kiefernhäher, Amerikanischer Tannenhäher	*Nucifraga columbiana*	173
Coal Tit [!]	Tannenmeise [!]	*Parus ater*	146
cochoas	Schnäpperdrosseln	*Cochoa*	130
Cockatiel	Nymphensittich	*Nymphicus hollandicus*	67
cockatoos	Kakadus	Cacatuidae	67
cocks-of-the-rocks	Felsenhähne	*Rupicola*	108
colies, mousebirds	Mausvögel, Buschkletterer	Coliidae	82
Collared Antshrike, White-naped Antshrike	Weißnacken-Ameisenwürger	*Sakesphorus bernardi*	103
Collared Flycatcher [OW]	Halsbandschnäpper	*Ficedula albicollis*	137
Collared Pratincole (Swallow Plover)	Rotflügel-Brachschwalbe, Brachschwalbe	*Glareola pratincola*	55
Collared Turtle Dove	Türkentaube	*Streptopelia decaocto*	65
Condor: California Condor	Kalifornischer Kondor	*Gymnogyps californianus*	28
Conebill: Giant Conebill	Riesenspitzschnabel	*Oreomanes fraseri*	155
conebills	Spitzschnäbel	*Conirostrum*	157
Conure: Golden Conure, Golden Parakeet	Goldsittich	*Aratinga guarouba*	68
Coot: American Coot	Indianer-Bläßhuhn, Amerikanisches Bläßhuhn	*Fulica americana*	42
Coot: Black Coot, Eurasian Coot	Bläßhuhn, Schwarzes Wasserhuhn	*Fulica atra*	42
Coot: Crested Coot	Kammbläßhuhn	*Fulica cristata*	42
coots → rails, coots and gallinules	Rallen	Rallidae	42
Coppersmith Barbet	Kupferschmied	*Megalaima haemacephala*	96
Cormorant: Double-crested Cormorant	Ohrenscharbe (Kormoran)	*Phalacrocorax auritus*	17
Cormorant: Great Cormorant	Kormoran	*Phalacrocorax carbo*	17

Englisch	Deutsch	Latein	Familie nach Howard
Cormorant: Pygmy Cormorant	Zwergscharbe (Kormoran)	*Phalacrocorax pygmeus*	17
Cormorant: Shag (cormorant)	Krähenscharbe (Kormoran)	*Phalacrocorax aristotelis*	17
cormorants	Kormorane (Scharben)	Phalacrocoracidae	17
Corn Bunting	Grauammer	*Emberiza calandra*	155
Corncrake	Wachtelkönig, Wiesenralle	*Crex crex*	42
Corsican Nuthatch	Korsenkleiber	*Sitta whiteheadi*	147
Cory's Shearwater	Gelbschnabel-Sturmtaucher	*Puffinus diomedea*	11
Corythopis, mionectine flycatchers [NW]	Pipra-, Spatel-, Lauftyrannen etc.	Pipromorphinae [Sibley]	106
cotingas	Schmuckvögel	Cotingidae	108
couas	Couas	*Coua*	71
Coucal: Black Coucal	Grillkuckuck, Schwarzer Spornkuckuck	*Centropus grillii*	71
coucals	Spornkuckucke (Laufkuckucke)	*Centropus*	71
Courol: Kirombo Courol, Cuckoo-Roller	Kurol	*Leptosomus discolor*	90
Courser: Cream-coloured Courser	Rennvogel, Gewöhnlicher Wüstenläufer	*Cursorius cursor*	55
coursers	Wüstenläufer	*Cursorius*	55
coursers and pratincoles	Rennvögel und Brachschwalben; Brachschwalbenartige	Glareolidae	55
Cowbird: Brown-headed Cowbird	Braunkopf-Kuhstärling, Schwarzer Kuhstärling	*Molothrus ater*	160
cowbirds	Kuhstärlinge	*Molothrus*	160
Crab-Plover	Reiherläufer	*Dromas ardeola*	50
Crag Martin (swallow)	Felsenschwalbe	*Hirundo rupestris*	117
Crake: Baillon's Crake	Zwergsumpfhuhn	*Porzana pusilla*	42
Crake: Little Crake	Kleinsumpfhuhn	*Porzana parva*	42
Crake: Spotted Crake (Rail)	Tüpfelsumpfhuhn	*Porzana porzana*	42
Crane	Kranich	*Grus grus*	39
Crane: Demoiselle Crane	Jungfernkranich	*Anthropoides virgo*	39
cranes	Kraniche	Gruidae	39
cranes: crowned cranes	Kronenkraniche	*Balearica*	39
cranes, rails and allies	Kranichvögel, Rallenvögel	GRUIFORMES	36
Cream-coloured Courser	Rennvogel, Gewöhnlicher Wüstenläufer	*Cursorius cursor*	55
Creeper: Brown Creeper	Andenbaumläufer	*Certhia americana*	148
Creeper: Hawaiian Creeper, Lanai Creeper, Alauwahio	Alauwahio	*Loxops maculata*	158
Creeper: New Zealand Creeper, Pipipi, Brown Creeper	Finschia	*Finschia novaeseelandiae*	140
Creeper: Spotted Creeper	Stammsteiger, gefleckter Baumsteiger	*Salpornis spilonotus (-nata)*	148
Creeper: Wall Creeper	Mauerläufer	*Tichodroma muraria*	147

Englisch	Deutsch	Latein	Familie nach Howard
creepers: Australian creepers	Baumrutscher [Baumsteiger]	Climacteridae	150
creepers: Philippine creepers	Trugbaumläufer	Rhabdornithidae	149
creepers, tree creepers	Baumläufer	Certhiidae	148
crescent-chests	Bandvögel	*Melanopareia*	105
Crested Auklet	Schopfalk	*Aethia cristatella*	63
Crested Bellbird	Haubengudilang	*Oreoica gutturalis*	143
Crested Berrypecker	Schopf-Beerenfresser	*Paramythia montium*	151
Crested Coot	Kammbläßhuhn	*Fulica cristata*	42
crested finches	Zwergkardinäle	*Lophospingus*	155
Crested Flycatcher: Great Crested Flycatcher [NW]	Schnäppertyrann, Gelbbrusttyrann	*Myiarchus crinitus*	106
Crested Grebe: Great Crested Grebe	Haubentaucher	*Podiceps cristatus*	9
Crested Honeycreeper [Hawaii]	Schopf-Kleidervogel	*Palmeria dolei*	158
Crested Lark	Haubenlerche	*Galerida cristata*	116
Crested Shrike-Tit	Meisendickkopf	*Falcunculus frontatus*	143
crested swifts, treeswifts	Baumsegler	*Hemiprocne*	80
Crested Tern: Lesser Crested Tern	Rüppell-Seeschwalbe	*Sterna bengalensis*	61
Crested Tit	Haubenmeise	*Parus cristatus*	146
Cretzschmar's Bunting	Grauortolan	*Emberiza caesia*	155
Crossbill: Parrot Crossbill	Kiefernkreuzschnabel	*Loxia pytyopsittacus (pityo-)*	161
Crossbill, Red Crossbill[Am]	Fichtenkreuzschnabel	*Loxia curvirostra*	161
Crossbill: Two-barred Crossbill, White-winged Crossbill[Am]	Bindenkreuzschnabel	*Loxia leucoptera*	161
crossbills	Kreuzschnäbel	*Loxia*	161
Crow: American Crow, Common Crow	Amerikanerkrähe	*Corvus brachyrhynchos*	173
Crow: Carrion Crow	Rabenkrähe, Aaskrähe	*Corvus corone corone*	173
Crow: Fish Crow	Fischkrähe	*Corvus ossifragus*	173
Crow: Hooded Crow	Nebelkrähe	*Corvus corone cornix*	173
Crow: Rook	Saatkrähe	*Corvus frugilegus*	173
Crow → Black Drongo, King Crow	Königsdrongo, Asiatischer Trauerdrongo	*Dicrurus macrocercus*	166
crowned cranes	Kronenkraniche	*Balearica*	39
crows, jays [incl. magpies]	Rabenvögel; Krähen, Häher, Elstern etc.	Corvidae	173
crows → bald crows, rockfowl	Felshüpfer	*Picathartes*	134
Cuckoo: Black-billed Cuckoo	Schwarzschnabelkuckuck	*Coccycus erythrophthalmus*	71
Cuckoo: Common Cuckoo [Old World]	Kuckuck	*Cuculus canorus*	71
Cuckoo: Great Spotted Cuckoo	Häherkuckuck	*Clamator glandarius*	71
Cuckoo: Guira Cuckoo	Guira-Kuckuck	*Guira guira*	71
Cuckoo: Yellow-billed Cuckoo [New World]	Gelbschnabelkuckuck	*Coccyzus americanus*	71

Englisch	Deutsch	Latein	Familie nach Howard
Cuckoo-Roller, Kirombo Courol	Kurol	*Leptosomus discolor*	90
cuckoos and allies	Kuckucksvögel; Turakos und Kuckucke	CUCULIFORMES	69
cuckoos: ground-cuckoos and roadrunners	Erdkuckucke	Neomorphinae	71
cuckoos: New World cuckoos, American cuckoos	Regenkuckucke	Coccyzidae [Sibley]	71
cuckoos: Old World cuckoos	eigentliche Kuckucke	Cuculinae	71
cuckoos, roadrunners and anis	Kuckucke	Cuculidae	71
cuckoos [Clamatoridae]	Häherkuckucke	Clamatoridae [Wolters]	71
cuckoo-shrikes	Stachelbürzler, Kuckuckswürger, Raupenfresser	Campephagidae	119
Curassow: Great Curassow	Tuberkelhokko, Roter Hokko	*Crax rubra*	34
Curassow: Razor-billed Curassow	Mitu (Hokko)	*Crax mitu*	34
curassows	Hokkos	*Crax, Nothocrax*	34
curassows and guans	Schakuhühner; Hokkos und Guans	Cracidae	34
Curlew	Großer Brachvogel	*Numenius arquata*	57
Curlew Sandpiper	Sichelstrandläufer	*Calidris ferruginea*	57
Curlew: Slender-billed Curlew	Dünnschnabel-Brachvogel	*Numenius tenuirostris*	57
Curlew: Whimbrel	Regenbrachvogel	*Numenius phaeopus*	57
curlews	Brachvögel	*Numenius*	57
currawongs	Würgerkrähen	*Strepera*	170
dacelonid kingfishers	Lieste	Dacelonidae [Sibley]	84
Dalmatian Pelican	Krauskopfpelikan	*Pelecanus crispus*	15
Dark-eyed Junco (Slate-colored Junko)	Junko, Winterammer, Winterjunko	*Junco hyemalis (hyemalis)*	155
Dark-throated Thrush	Bechsteindrossel	*Turdus ruficollis*	130
Darter: African Darter	Schlangenhalsvogel	*Anhinga rufa*	18
Darter: Anhinga, American Darter	Anhinga (Amerikanischer Schlangenhalsvogel)	*Anhinga anhinga*	18
darters, anhingas	Schlangenhalsvögel	Anhingidae	18
Dartford Warbler [Old World]	Provencegrasmücke	*Sylvia undata*	136
Darwin's finches [*Camarhynchus*] → tree-finches	Darwinfinken	*Camarhynchus*	155
Darwin's finches [*Geospiza*] → ground finches	Grundfinken, Inselammern	*Geospiza*	155
Demoiselle Crane	Jungfernkranich	*Anthropoides virgo*	39
Desert Chat [Australian chat], Gibberbird	Wüstentrugschmätzer	*Ashbyia lovensis*	140
Desert Wheatear	Wüstenschmätzer	*Oenanthe deserti*	130
Dickcissel	Dickcissel, Schildammer	*Spiza americana*	155

Englisch	Deutsch	Latein	Familie nach Howard
Dipper: American Dipper	Grauwasseramsel	*Cinclus mexicanus*	126
Dipper: White-breasted Dipper	Wasseramsel	*Cinclus cinclus*	126
dippers	Wasseramseln	Cinclidae	126
Diver: Black-throated Diver, Arctic Loon[Am]	Prachttaucher, Polarseetaucher	*Gavia arctica*	8
Diver: Great Northern Diver, Common Loon[Am]	Eistaucher, Imbergans	*Gavia immer*	8
Diver: Pacific Loon	Weißnackentaucher	*Gavia pacifica*	8
Diver: Red-throated Diver, Red-throated Loon[Am]	Sterntaucher, Nordseetaucher	*Gavia stellata*	8
Diver: White-billed Diver, Yellow-billed Loon[Am]	Gelbschnabel-Eistaucher	*Gavia adamsii*	8
divers, loons[Am]	Seetaucher	*Gavia (Colymbus)*	8
diving petrels	Lummensturmvögel, Tauchersturmvögel	Pelecanoididae	13
Dodo: White Dodo, Reunion Solitaire (extinct)	Réunion-Dronte (ausgestorben)	*Raphus solitarius (ext)*	65
Dodo (extinct)	Dronte (ausgestorben)	*Raphus cucullatus (ext)*	65
dodos and solitaires (extinct)	Dronten, Einsiedler (ausgestorben)	Raphidae (ext)	65
Dollar Bird, Eastern Broadbilled Roller	Dollarvogel	*Eurystomus orientalis*	88
Domestic Pigeon, Rock Dove	Felsentaube (Haustaube) Straßentaube	*Columba livia*	65
Dotterel	Mornellregenpfeifer	*Charadrius morinellus*	56
Double-crested Cormorant	Ohrenscharbe (Kormoran)	*Phalacrocorax auritus*	17
Dove: Collared Turtle Dove	Türkentaube	*Streptopelia decaocto*	65
Dove: Laughing Dove	Palmtaube	*Streptopelia senegalensis*	65
Dove: Mourning Dove	Trauertaube, Carolinataube	*Zenaida macroura*	65
Dove: Ring Dove, Wood Pigeon	Ringeltaube	*Columba palumbus*	65
Dove: Rock Dove, Domestic Pigeon	Felsentaube (Haustaube), Straßentaube	*Columba livia*	65
Dove: Stock Dove	Hohltaube	*Columba oenas*	65
Dove: Wood Pigeon, Ring Dove	Ringeltaube	*Columba palumbus*	65
Dovekie[Am], Little Auk	Krabbentaucher	*Alle alle*	63
doves, pigeons	Tauben	Columbidae	65
Dowitcher: Long-billed Dowitcher	Langschnabel-Schlammläufer, Großer Schlammläufer	*Limnodromus scolopaceus*	57
Dowitcher: Short-billed Dowitcher	Kleiner Schlammläufer, Kurzschnabel-Schlammläufer	*Limnodromus griseus*	57
dowitchers	Schlammläufer	*Limnodromus*	57
Downy Woodpecker	Dunenspecht, Flaumspecht	*Picoides pubescens*	99
Drongo: King Crow, Black Drongo	Königsdrongo, Asiatischer Trauerdrongo	*Dicrurus macrocercus*	166
drongos	Drongos	Dicruridae	166
Duck: American Black Duck	Dunkelente, Rotfußente	*Anas rubripes*	27

Englisch	Deutsch	Latein	Familie nach Howard
Duck: Freckled Duck	Affengans	*Stictonetta naevosa*	27
Duck Hawk → Peregrine Falcon	Wanderfalke	*Falco peregrinus*	32
Duck: Long-tailed Duck → Oldsquaw	Eisente	*Clangula hyemalis*	27
Duck: Ring-necked Duck	Halsringente	*Aythya collaris*	27
Duck: Wood Duck	Brautente	*Aix sponsa*	27
ducks: whistling-ducks (tree ducks)	Pfeifgänse (Baumenten)	*Dendrocygna*	27
ducks, wild ducks	Enten, Wildenten	Anatinae	27
ducks → swans, geese and ducks	Entenvögel, Entenartige	Anatidae	27
Dunlin, Red-backed Sand-piper[Am]	Alpen-Strandläufer	*Calidris alpina*	57
Dunnock, Hedge Sparrow (accentor)	Heckenbraunelle	*Prunella modularis*	129
Dupont's Lark	Dupontlerche	*Chersophilus duponti*	116
Dusky Thrush	Rostflügeldrossel	*Turdus naumanni eunomus*	130
Dusky Warbler [Old World]	Dunkellaubsänger	*Phylloscopus fuscatus*	136
dwarf bitterns	Zwergdommeln, Zwerg-rohrdommeln	*Ixobrychus*	20

. . . .

Englisch	Deutsch	Latein	Familie nach Howard
Eagle: Bald Eagle, American Eagle	Weißkopf-Seeadler	*Haliaeetus leucocephalus*	30
Eagle: Bonelli's Eagle	Habichtsadler	*Hieraaetus fasciatus*	30
Eagle: Booted Eagle	Zwergadler	*Hieraaetus pennatus*	30
Eagle: Golden Eagle	Steinadler	*Aquila chrysaetus*	30
Eagle: Imperial Eagle	Kaiseradler	*Aquila heliaca*	30
Eagle: Short-toed Eagle	Schlangenadler	*Circaetus gallicus*	30
Eagle: Spotted Eagle	Schelladler	*Aquila clanga*	30
Eagle: Steppe Eagle	Steppenadler	*Aquila nipalensis*	30
Eagle: White-tailed Eagle, Gray Sea Eagle[Am]	Seeadler, eigentliche See-adler	*Haliaeetus albicilla*	30
Eagle-Owl	Uhu	*Bubo bubo*	73
eagles, kites and allies, hawks	Habichtartige	Accipitridae	30
eared-nightjars	Nachtschwalben [Eurosto-podidae]	Eurostopodidae [Sibley]	78
earthcreepers	Erdhacker [*Upucerthia*]	*Upucerthia*	102
Eastern Bluebird	Rotkehl-Hüttensänger	*Sialia sialis*	130
Eastern Broad-billed Roller → Dollar Bird	Dollarvogel	*Eurystomus orientalis*	88
Eastern Kingbird	Königstyrann, Königsvogel, Königssatrap	*Tyrannus tyrannus*	106
Eastern Meadowlark	Lerchenstärling	*Sturnella magna*	160
Eastern Nightingale, Sprosser, Thrush Nightingale	Sprosser	*Luscinia luscinia (Erithacus)*	130
Eastern Phoebe	Phoebe, Haustyrann	*Sayornis phoebe*	106
Eastern Screech Owl	Kreischeule, Schreieule	*Otus asio*	73
Eastern Wood-Pewee	Piwih, Östlicher Waldty-rann, Waldpiwih	*Contopus virens*	106

Englisch	Deutsch	Latein	Familie nach Howard
Egret: Cattle Egret, Buff-backed Heron	Kuhreiher	*Bubulcus ibis*	20
Egret: Great Egret, Great White Egret, Great White Heron	Silberreiher	*Casmerodius albus*	20
Egret: Little Egret	Seidenreiher	*Egretta garzetta*	20
egrets, herons and bitterns	Reiher	Ardeidae	20
Egyptian Goose	Nilgans	*Alapochen aegyptiacus*	27
Egyptian Nightjar	Pharaonen-Nachtschwalbe, Ägyptischer Ziegen-melker	*Caprimulgus aegyptius*	78
Egyptian Plover	Krokodilwächter	*Pluvianus aegyptius*	55
Egyptian Vulture	Schmutzgeier [Altweltgeier]	*Neophron percnopterus*	30
Eider: Common Eider	Eiderente	*Somateria mollissima*	27
Eider: King Eider	Prachteiderente	*Somateria spectabilis*	27
elaenias → tyrannulets, elaenias and allies	Fliegenstecher	Elaeniinae [AOU]	106
Eleonora's Falcon	Eleonorenfalke	*Falco eleonorae*	32
emberizids	Ammern	Emberizidae	155
Emu	Emu	*Dromaius novaehollandiae*	4
emus, cassowaries	Australien-Laufvögel; Kasuare und Emus	CASUARIIFORMES	3
emu-wrens	Borstenschwänze	*Stipiturus*	139
English Sparrow, House Sparrow	Spatz, Haussperling	*Passer domesticus*	163
Erckel's Francolin	Erckelfrankolin	*Francolinus erckelii*	35
estrildine finches, waxbills	Prachtfinken	Estrildidae	162
Euphonias	Organisten	*Euphonia*	155
Eurasian Avocet	eigentlicher Säbelschnäbler	*Recurvirostra avosetta*	53
Eurasian Bittern	Rohrdommel	*Botaurus stellaris*	20
Eurasian Blackbird	Amsel, Schwarzdrossel	*Turdus merula*	130
Eurasian Bullfinch	Dompfaff, Gimpel	*Pyrrhula pyrrhula*	161
Eurasian Buzzard	Mäusebussard	*Buteo buteo*	30
Eurasian Coot, Black Coot	Bläßhuhn, Schwarzes Was-serhuhn	*Fulica atra*	42
Eurasian Golden Plover	Goldregenpfeifer	*Pluvialis apricaria*	56
Eurasian Jackdaw	Dohle	*Corvus monedula*	173
Eurasian Kestrel	Turmfalke	*Falco tinnunculus*	32
Eurasian Nutcracker	Tannenhäher	*Nucifraga caryocatactes*	173
Eurasian Nuthatch	Kleiber, Spechtmeise	*Sitta europaea*	147
Eurasian Pygmy Owl	Sperlingskauz	*Glaucidium passerinum*	73
Eurasian Siskin	Erlenzeisig, Zeisig	*Carduelis spinus*	161
Eurasian Skylark	Feldlerche	*Alauda arvensis*	116
Eurasian Tree Sparrow	Feldsperling	*Passer montanus*	163
Eurasian Wigeon	Eurasische Pfeifente	*Anas penelope*	27
Eurasian Woodcock	Waldschnepfe	*Scolopax rusticola*	57
Eurasian Wryneck	Wendehals	*Jynx torquilla*	99
European Black Vulture [Old World]	Mönchsgeier [Altweltgeier]	*Aegypius monachus*	30
European Goldfinch	Stieglitz, Distelfink	*Carduelis carduelis*	161
European Greenfinch	Grünling, Grünfink	*Carduelis chloris*	161

Englisch	Deutsch	Latein	Familie nach Howard
European Nightjar	Ziegenmelker, Nacht-schwalbe	*Caprimulgus europaeus*	78
European Oystercatcher	Europäischer Austern-fischer	*Haematopus ostralegus*	51
European Robin	Rotkehlchen	*Erithacus rubecula*	130
European Serin	Girlitz	*Serinus serinus*	161
European Sparrow Hawk	Sperber	*Accipiter nisus*	30
European Starling	Star	*Sturnus vulgaris*	164
Evening Grosbeak	Abendkernbeißer	*Coccothraustes vesperti-nus*	161
Eye-browed Thrush	Weißbrauendrossel	*Turdus obscurus*	130
· ·			
fairy bluebirds, Philippine bluebirds	Feenvögel, Irene	*Irena*	121
fairywrens	Staffelschwänze	*Malurus*	139
Falcon: Eleonora's Falcon	Eleonorenfalke	*Falco eleonorae*	32
Falcon: Eurasian Kestrel	Turmfalke	*Falco tinnunculus*	32
Falcon: Hobby	Baumfalke	*Falco subbuteo*	32
Falcon: Lanner Falcon	Lanner, Feldeggsfalke	*Falco biarmicus*	32
Falcon: Peregrine Falcon (Duck Hawk[Am])	Wanderfalke	*Falco peregrinus*	32
Falcon: Red-footed Falcon	Rotfußfalke, Abendfalke	*Falco vespertinus*	32
Falcon: Saker Falcon	Würgfalke	*Falco cherrug*	32
Falconet: Red-thighed Fal-conet	Rotschenkel-Zwergfalke, Rotkehlfälkchen	*Microhierax caerulescens*	32
falconets [*Microhierax*]	Fälkchen (Zwergfalken)	*Microhierax*	32
falcons	Echte Falken, Edelfalken, Falken	*Falco*	32
falcons and caracaras	Falken, Falkenartige	Falconidae	32
falcons: forest falcons	Waldfalken	*Micrastur*	32
false sunbirds	Trugnektarvögel, Nektarpit-tas, Nektarjalas	*Neodrepanis*	113
Fan-tailed Warbler [African Warbler]	Cistensänger	*Cisticola juncidis*	136
fantails, fantail flycatchers	Fächerschwänze	Rhipidurini [Sibley]	141
fantails → monarchs	Monarchen	Monarchidae	141
Field Sparrow [!] [New World]	Klapperammer, Feld-ammer [!]	*Spizella pusilla*	155
Fieldfare	Wacholderdrossel, Kram-metsvogel	*Turdus pilaris*	130
Finch: American Goldfinch	Goldzeisig, Trauerzeisig	*Carduelis tristis*	161
Finch: Brambling	Bergfink	*Fringilla montifringilla*	161
Finch: Citril Finch	Zitronengirlitz, Zitronen-zeisig	*Serinus citrinella*	161
Finch: Common Chaffinch	Buchfink	*Fringilla coelebs*	161
Finch: European Goldfinch	Stieglitz, Distelfink	*Carduelis carduelis*	161
Finch: European Green-finch	Grünling, Grünfink	*Carduelis chloris*	161
Finch: Hawfinch (Grosbeak)	Kernbeißer	*Coccothraustes coccothraustes*	161
Finch: House Finch	Hausgimpel, Mexikanischer Karmingimpel	*Carpodacus mexicanus*	161

Englisch	Deutsch	Latein	Familie nach Howard
Finch: Plush-capped Finch, Plushcap	Plüschkopftangare, Samtkappenfink	Catamblyrhynchos diadema	155
Finch: Purple Finch	Purpurgimpel	Carpodacus purpureus	161
Finch: Scarlet Grosbeak, Common Rosefinch[Am]	Karmingimpel	Carpodacus erythrinus	161
Finch: Snow Finch	Schneefink, Schneesperling	Montifringilla nivalis	163
Finch: Tanager Finch	Tangarenbuschammer	Oreothraupis arremonops	155
Finch: Trumpeter Finch, Trumpeter Bullfinch	Wüstengimpel	Bucanetes githagineus	161
Finch: Yellow Laysan Finch [Hawaii], Ou	Laysangimpel, Ou	Psittirostra cantans	158
Finch: Zebra Finch	Zebrafink	Poephila guttata	162
finches and allies	Finken, Finkenvögel	Fringillidae	161
finches: bullfinches	Gimpel [Pyrrhula]	Pyrrhula	161
finches: cardueline finches	Stieglitzvögel, Gimpel (Hänflinge)	Carduelinae	161
finches: crested finches	Zwergkardinäle	Lophospingus	155
finches: estrildine finches, waxbills	Prachtfinken	Estrildidae	162
finches: fringilline finches	eigentliche Finken, Edelfinken, Bergfink	Fringillinae	161
finches: grass finches	Amadinen [Poephila]	Poephila (Taeniopygia)	162
finches: ground finches (Darwin's finches)	Grundfinken, Inselammern	Geospiza	155
finches: parrot finches	Papageiamadinen	Erythrura	162
finches: seed-finches	Reisknacker	Oryzoborus	155
finches: sierra-finches	Ämmerlinge	Phrygilus	155
finches: snow finches	Schneefinken	Montifringilla	163
finches: tree-finches (Darwin's finches)	Darwinfinken	Camarhynchus	155
finches: yellow-finches	Gilbammern	Sicalis	155
finfoots, sungrebes	Binsenrallen, Binsenhühner	Heliornithidae	43
Firecrest	Sommergoldhähnchen	Regulus ignicapillus	136
Firecrest, Goldcrest, kinglets	Goldhähnchen	Regulus	136
fire-eyes	Feueraugen	Pyriglena	103
Fiscal Shrike: Common Fiscal Shrike	Büttelwürger, Fiskalwürger	Lanius collaris	122
Fish Crow	Fischkrähe	Corvus ossifragus	173
Fish Hawk → Osprey	Fischadler	Pandion haliaetus	29
Flamingo: Greater Flamingo	Flamingo, Großer Flamingo	Phoenicopterus ruber	25
flamingos, flamingoes	Flamingos	Phoenicopteridae	25
flatbills [Ramphotrigon]	Breitschnäbel	Ramphotrigon	106
flatbills [Rhynchocyclus]	Kreisschnäbel	Rhynchocyclus	106
Flicker: Common Flicker, Northern Flicker	Goldspecht	Colaptes auratus	99
Florida Gallinule[Am], Common Moorhen	Teichhuhn (Wasserhuhn)	Gallinula chloropus	42
flowerpeckers	Mistelfresser, Blütenpicker	Dicaeidae (Dicaeiidae)	151
flower-piercers	Hakenschnäbel	Diglossa	155

65

Englisch	Deutsch	Latein	Familie nach Howard
fluvicoline flycatchers [NW]	Schmätzertyrannen	Fluvicolinae [AOU]	106
Flycatcher: Acadian Flycatcher [NW]	Buchentyrann, grünlicher Erlentyrann	*Empidonax virescens*	106
Flycatcher: Collared Flycatcher [OW]	Halsbandschnäpper	*Ficedula albicollis*	137
Flycatcher: Gray-spotted Flycatcher [OW]	Fleckenschnäpper	*Muscicapa griseisticta*	137
Flycatcher: Great Crested Flycatcher [NW]	Schnäppertyrann, Gelbbrusttyrann	*Myiarchus crinitus*	106
Flycatcher: Pied Flycatcher [OW]	Trauerschnäpper	*Ficedula hypoleuca*	137
Flycatcher: Red-breasted Flycatcher [OW]	Zwergschnäpper, Zwergfliegenschnäpper	*Muscicapa parva*	137
Flycatcher: Semicollared Flycatcher [OW]	Halbringschnäpper	*Ficedula semitorquata*	137
Flycatcher: Spotted Flycatcher [OW]	Grauschnäpper	*Muscicapa striata*	137
flycatchers: fantail flycatchers → fantails	Fächerschwänze	Rhipidurini [Sibley]	141
flycatchers: fluvicoline flycatchers	Schmätzertyrannen	Fluvicolinae [AOU]	106
flycatchers: mionectine flycatchers, Corythopis	Pipra-, Spatel-, Lauftyrannen etc.	Pipromorphinae [Sibley]	106
flycatchers: Old World flycatchers	Fliegenschnäpper	*Muscicapa*	137
flycatchers: paradise flycatchers	Paradiesschnäpper, Haubenschnäpper	*Terpsiphone, Elminia*	141
flycatchers: Peltops flycatchers	Peltops	*Peltops*	141
flycatchers: puffback-flycatchers, wattle-eyes	Schnäpperwürger, Kleinschnäpper	Platysteiridae	138
flycatchers: silky-flycatchers	Seidenschnäpper	Ptilogonatinae	124
flycatchers: tyrannine flycatchers	Tyrannen, Königstyrannen	Tyranninae	106
flycatchers: tyrant flycatchers	Tyrannen	Tyrannidae	106
flyeaters, thornbills	Südsee-Grasmücken	Acanthizidae	140
foliage gleaners	Baumspäher	Philydorinae [*Thripadectes, Automolus, Xenops*]	102
Foliage-Gleaner: Guttulated Foliage-Gleaner	Zimtbraun-Blattspäher	*Syndactyla guttulata*	102
forest falcons	Waldfalken	*Micrastur*	32
forest kingfishers → dacelonid kingfishers	Lieste	Dacelonidae [Sibley]	84
forktails	Scherenschwänze	*Enicurus*	130
Forster's Tern	Sumpfseeschwalbe	*Sterna forsteri*	61
fowl: guineafowls	Perlhühner	Numidinae (Numidininae)	35
Fowl: Helmet Guineafowl, Helmeted Guineafowl	Helmperlhuhn	*Numida meleagris*	35
fowl like birds	Hühnervögel	GALLIFORMES	33

Englisch	Deutsch	Latein	Familie nach Howard
Fowl: Mallee Fowl	Thermometerhuhn, Wallnister	*Leipoa ocellata*	33
fowl: peafowl	Pfauen	Pavoninae	35
Fowl: Peafowl, Common Peafowl (Peacock)	Pfau, Blauer Pfau	*Pavo cristatus*	35
fowl: waterfowl	Schwimmvögel, Entenvögel	ANSERIFORMES	26
Francolin: Black Francolin, Black Partridge	Halsbandfrankolin	*Francolinus francolinus*	35
Francolin: Chinese Francolin	Chinesische Zwergwachtel, Perlhuhnfrankolin	*Francolinus pintadeanus*	35
Francolin: Erckel's Francolin	Erckelfrankolin	*Francolinus erckelii*	35
francolins	Frankoline	*Francolinus*	35
Franklin's Gull	Präriemöwe, Franklinmöwe	*Larus pipixcan*	61
Freckled Duck	Affengans	*Stictonetta naevosa*	27
Friarbird: Noisy Friarbird, Leatherhead	Lärm-Lederkopf	*Philemon corniculatus*	154
friarbirds	Lederköpfe	*Philemon*	154
frigatebirds	Fregattvögel	*Fregata*	19
fringilline finches	eigentliche Finken, Edelfinken, Bergfink	Fringillinae	161
Frogmouth: Tawny Frogmouth, Morepork, Mopoke	Eulenschwalm	*Podargus strigoides*	75
frogmouths	Eulenschwalme	Podargidae	75
frogmouths: Asian frogmouths	Froschmäuler (Eulenschwalme)	*Batrachostomidae* [Sibley]	75
frogmouths, owlet-frogmouths → owlet-nightjahrs	Höhlenschwalme, Zwergschwalme	Aegothelidae	77
Fulmar, Northern Fulmar	Eissturmvogel	*Fulmarus glacialis*	11
fulmars → petrels, shearwaters	Sturmvögel	Procellariidae	11
. . . .			
gadfly petrels	Sturmvögel [*Pterodroma*]	*Pterodroma*	11
Gadwall	Schnatterente, Mittelente	*Anas strepera*	27
Gallinule: American Purple Gallinule	Zwergsultanshuhn	*Porphyrula martinica (Gallinula)*	42
Gallinule: Florida Gallinule[Am], Common Moorhen	Teichhuhn (Wasserhuhn)	*Gallinula chloropus*	42
Gallinule, Purple Gallinule → Purple Swamphen	Purpurhuhn	*Porphyrio porphyrio*	42
gallinules → rails, coots and gallinules	Rallen	Rallidae	42
Gannet: Northern Gannet	Baßtölpel	*Sula bassana (Morus bassanus)*	16
gannets and boobies	Tölpel	Sulidae	16
Garden Warbler [Old World]	Gartengrasmücke	*Sylvia borin*	136
geese, brant	Gänse, Wildgänse	*Anser, Branta, Chen etc.*	27
geese, ducks and swans	Entenvögel, Entenartige	Anatidae	27

67

Englisch	Deutsch	Latein	Familie nach Howard
geese, whistling-ducks, swans	Lamellenschnäbler, Gänsevögel	Anserinae	27
Giant Conebill	Riesenspitzschnabel	*Oreomanes fraseri*	155
Gibberbird, Desert Chat [Australian chat]	Wüstentrugschmätzer	*Ashbyia lovensis*	140
Glaucous Gull	Eismöwe	*Larus hyperboreus*	61
gleaners: foliage gleaners	Baumspäher	Philydorinae *[Thripadectes, Automolus, Xenops]*	102
Glossy Ibis	Braunsichler, Brauner Ibis	*Plegadis falcinellus*	24
Gnatcatcher: Blue-gray Gnatcatcher	Blau-Mückenfänger, Blau-Mückenschnäpper	*Polioptila caerulea*	135
gnatcatchers	Mückenfänger *[Polioptila]*	*Polioptila*	135
gnatcatchers, gnatwrens	Mückenfänger [Familie]	Polioptilidae	135
gnateaters	Mückenfresser, Mückenfänger	Conopophagidae	104
gnatwrens	Degenschnäbel	*Microbates, Ramphocaenus*	135
goatsuckers	Schwalmvögel, Nachtschwalbenartige	CAPRIMULGIFORMES	74
go-away-birds (touracos)	Lärmvögel *[Corythaixoides]*	*Corythaixoides*	69
Godwit: Bar-tailed Godwit	Pfuhlschnepfe	*Limosa lapponica*	57
Godwit: Black-tailed Godwit	Uferschnepfe	*Limosa limosa*	57
Godwit: Hudsonian Godwit	Hudsonschnepfe, Amerikanische Uferschnepfe	*Limosa haemastica*	57
Goldcrest	Wintergoldhähnchen	*Regulus regulus*	136
Goldcrest, Firecrest, kinglets	Goldhähnchen	*Regulus*	136
Golden Conure, Golden Parakeet	Goldsittich	*Aratinga guarouba*	68
Golden Eagle	Steinadler	*Aquila chrysaetus*	30
Golden Oriole, Old World Oriole	Pirol	*Oriolus oriolus*	165
Golden Parakeet, Golden Conure	Goldsittich	*Aratinga guarouba*	68
Golden Pheasant	Goldfasan	*Chrysolophus pictus*	35
Golden Plover: American Golden Plover, Lesser Golden Plover	Wanderregenpfeifer, Kleiner, Amerikanischer, Sibirischer Goldregenpfeifer	*Pluvialis dominica*	56
Golden Plover: Eurasian Golden Plover	Goldregenpfeifer	*Pluvialis apricaria*	56
Golden-crowned Kinglet	Satrap (Goldhähnchen)	*Regulus satrapa*	136
Goldeneye: Common Goldeneye	Schellente	*Bucephala clangula*	27
Goldfinch: American Goldfinch	Goldzeisig, Trauerzeisig	*Carduelis tristis*	161
Goldfinch: European Goldfinch	Stieglitz, Distelfink	*Carduelis carduelis*	161
Goosander, Common Merganser[Am]	Gänsesäger	*Mergus merganser*	27

Englisch	Deutsch	Latein	Familie nach Howard
Goose: Barnacle Goose	Nonnengans, Weißwangen-gans	*Branta leucopsis*	27
Goose: Bean Goose	Saatgans	*Anser fabalis*	27
Goose: Brent Goose	Ringelgans	*Branta bernicla*	27
Goose: Canada Goose	Kanadagans	*Branta canadensis*	27
Goose: Egyptian Goose	Nilgans	*Alapochen aegyptiacus*	27
Goose: Greater White-fronted Goose	Bläßgans (Bleßgans)	*Anser albifrons*	27
Goose: Grey Goose, Grey-lag Goose	Graugans	*Anser anser*	27
Goose: Magpie Goose	Spaltfußgans	*Anseranas semipalmata*	27
Goose: Pink-footed Goose	Kurzschnabelgans	*Anser brachyrhynchus*	27
Goose: Red-breasted Goose	Rothalsgans	*Branta ruficollis*	27
Goose: Snow Goose (incl. Blue Goose)	Schneegans	*Anser caerulescens*	27
Goshawk: Northern Gos-hawk	Habicht, Hühnerhabicht	*Accipiter gentilis*	30
goshawks, sparrow hawks	Habichte, Sperber	*Accipiter*	30
Grackle: Common Grackle	Purpurgrackel	*Quiscalus quiscula*	160
grass finches	Amadinen [*Poephila*]	*Poephila (Taeniopygia)*	162
grassbirds, thicketbirds → grass-warblers	Schilfsteiger etc.	*Megalurinae* [Sibley]	136
Grasshopper Warbler: Pal-las's Grasshopper War-bler [OW]	Streifenschwirl	*Locustella certhiola*	136
Grasshopper Warbler [Old World]	Feldschwirl, Heuschrecken-sänger	*Locustella naevia*	136
grasshopper warblers [Old World]	Schwirle	*Locustella*	136
Grass-Owl	Graseule	*Tyto capensis*	72
grass-warblers (grassbirds, thicketbirds)	Schilfsteiger etc.	*Megalurinae* [Sibley]	136
grasswrens	Grasschlüpfer	*Amytornis*	139
Gray Catbird	Katzendrossel, Katzenvogel	*Dumetella carolinensis*	128
Gray Partridge, Common Partridge, Hungarian Partridge[Am]	Rebhuhn	*Perdix perdix*	35
Gray Sea Eagle[Am], White-tailed Eagle	Seeadler, eigentliche See-adler	*Haliaeetus albicilla*	30
Gray-breasted Silver-Eye	Silberauge, Mantelbrillen-vogel	*Zosterops lateralis*	153
Gray-spotted Flycatcher [OW]	Fleckenschnäpper	*Muscicapa griseisticta*	137
Great Auk (extinct)	Riesenalk (ausgestorben)	*Pinguinus impennis (ext)*	63
Great Black-backed Gull	Mantelmöwe	*Larus marinus*	61
Great Black-headed Gull	Fischmöwe	*Larus ichthyaetus*	61
Great Blue Heron	Kanadareiher, Amerikani-scher Graureiher	*Ardea herodias*	20
Great Bustard	Großtrappe, Trappe	*Otis tarda*	47
Great Cormorant	Kormoran	*Phalacrocorax carbo*	17

69

Englisch	Deutsch	Latein	Familie nach Howard
Great Crested Flycatcher [NW]	Schnäppertyrann, Gelbbrusttyrann	*Myiarchus crinitus*	106
Great Crested Grebe	Haubentaucher	*Podiceps cristatus*	9
Great Curassow	Tuberkelhokko, Roter Hokko	*Crax rubra*	34
Great Egret, Great White Heron, Great White Egret	Silberreiher	*Casmerodius albus*	20
Great Grey Owl, Lapland Owl	Bartkauz	*Strix nebulosa*	73
Great Grey Shrike, Northern Shrike[Am]	Raubwürger	*Lanius excubitor*	122
Great Horned Owl	Virginia-Uhu, Amerikanischer Uhu	*Bubo virginianus*	73
Great Northern Diver, Common Loon[Am]	Eistaucher, Imbergans	*Gavia immer*	8
Great Reed Warbler [Old World]	Drosselrohrsänger	*Acrocephalus arundinaceus*	136
Great Shearwater	Kappen-Sturmtaucher, Großer Sturmtaucher	*Puffinus gravis*	11
Great Skua	Große Raubmöve (Skua)	*Catharacta skua*	60
Great Snipe	Doppelschnepfe	*Gallinago media*	57
Great Spotted Cuckoo	Häherkuckuck	*Clamator glandarius*	71
Great Spotted Woodpecker	Buntspecht, großer Buntspecht	*Picoides major*	99
Great Tit [!]	Kohlmeise	*Parus major*	146
Great White Heron, Great White Egret, Great Egret	Silberreiher	*Casmerodius albus*	20
Greater Flamingo	Flamingo, Großer Flamingo	*Phoenicopterus ruber*	25
Greater Roadrunner	Wegekuckuck (Kalifornischer Erdkuckuck)	*Geococcyx californianus*	71
Greater Sand Plover	Wüstenregenpfeifer	*Charadrius leschenaultii*	56
Greater Scaup	Bergente	*Aythya marila*	27
Greater White-fronted Goose	Bläßgans (Bleßgans)	*Anser albifrons*	27
Greater Yellowlegs	Großer Gelbschenkel (Wasserläufer)	*Tringa melanoleuca*	57
Grebe: Black-necked Grebe	Schwarzhalstaucher	*Podiceps nigricollis*	9
Grebe: Great Crested Grebe	Haubentaucher	*Podiceps cristatus*	9
Grebe: Holboell's Grebe[Am], Red-necked Grebe	Rothalstaucher	*Podiceps grisegena*	9
Grebe: Horned Grebe[Am], Slavonian Grebe	Ohrentaucher	*Podiceps auritus*	9
Grebe: Least Grebe	Schwarzkopftaucher	*Podiceps dominicus*	9
Grebe: Little Grebe	Zwergtaucher	*Podiceps ruficollis*	9
Grebe: Pied-billed Grebe	Bindentaucher, Fleckschnabeltaucher	*Podilymbus podiceps*	9
Grebe: Red-necked Grebe, Holboell's Grebe[Am]	Rothalstaucher	*Podiceps grisegena*	9

Englisch	Deutsch	Latein	Familie nach Howard
Grebe: Slavonian Grebe, Horned Grebe[Am]	Ohrentaucher	*Podiceps auritus*	9
grebes	Lappentaucher, Steißfüßer	Podicipedidae	9
Green Catbird [Australia]	Grüner Katzenvogel, Grün-laubenvogel	*Ailuroedus crassirostris*	171
Green Heron, Green-backed Heron	Mangrovereiher, Grünreiher	*Butorides striatus*	20
Green Sandpiper	Waldwasserläufer	*Tringa ochropus*	57
Green Warbler: Black-throated Green Warbler [NW]	Grünwaldsänger	*Dendroica virens*	157
Green Woodpecker	Grünspecht	*Picus viridis*	99
Green-backed Heron, Green Heron	Mangrovereiher, Grünreiher	*Butorides striatus*	20
greenbuls and tetrakas	Bülbüls [*Phyllastrephus*]	*Phyllastrephus*	120
Greenfinch: European Greenfinch	Grünling, Grünfink	*Carduelis chloris*	161
Greenish Warbler [Old World]	Grünlaubsänger, Grüner Laubsänger	*Phylloscopus trochiloides*	136
Greenshank: Common Greenshank	Grünschenkel, Heller Was-serläufer	*Tringa nebularia*	57
Green-winged Teal, Com-mon Teal	Krickente	*Anas crecca*	27
Grey Goose, Greylag Goose	Graugans	*Anser anser*	27
Grey Hypocolius	Seidenwürger, Arabischer Seidenschwanz, Nacht-schattenfresser	*Hypocolius ampelinus*	124
Grey Jumper → Apostle-bird	Gimpelhäher, Grauling (Schlammnestbauer)	*Struthidea cinerea*	168
Grey Owl: Great Grey Owl, Lapland Owl	Bartkauz	*Strix nebulosa*	73
Grey Parrot: African Grey Parrot	Jako, Graupapagei	*Psittacus erithacus*	68
Grey Phalarope, Red Phalarope[Am]	Thorshühnchen, Breit-schnäbeliger Wasser-treter	*Phalaropus fulicarius*	57
Grey Plover, Black-bellied Plover[Am]	Kiebitzregenpfeifer	*Pluvialis squatarola*	56
Grey Shrike: Great Grey Shrike, Northern Shrike[Am]	Raubwürger	*Lanius excubitor*	122
Grey Shrike: Lesser Grey Shrike	Schwarzstirnwürger	*Lanius minor*	122
Grey Wagtail	Gebirgsstelze, Bergstelze	*Motacilla cinerea*	118
Grey-headed Woodpecker	Grauspecht	*Picus canus*	99
Greylag Goose, Grey Goose	Graugans	*Anser anser*	27
Griffon Vulture [Old World]	Gänsegeier [Altweltgeier]	*Gyps fulvus*	30
Grosbeak: Black-headed Grosbeak	Schwarzkopf-Kernknacker	*Pheucticus melanocepha-lus*	155
Grosbeak: Blue Grosbeak	Azurbischof	*Guiraca caerulea*	155

71

Englisch	Deutsch	Latein	Familie nach Howard
Grosbeak: Common Grosbeak, Rose-breasted Grosbeak	Rosenbrust-Kernknacker, Bischof	*Pheucticus ludovicianus*	155
Grosbeak: Evening Grosbeak	Abendkernbeißer	*Coccothraustes vespertinus*	161
Grosbeak: Pine Grosbeak	Hakengimpel	*Pinicola enucleator*	161
Grosbeak: Rose-breasted Grosbeak, Common Grosbeak	Rosenbrust-Kernknacker, Bischof	*Pheucticus ludovicianus*	155
Grosbeak: Scarlet Grosbeak, Common Rosefinch[Am]	Karmingimpel	*Carpodacus erythrinus*	161
Grosbeak → Hawfinch	Kernbeißer	*Coccothraustes coccothraustes*	161
grosbeaks → cardinals, grosbeaks and allies	Kardinäle	Cardinalinae	155
ground finches (Darwin's finches)	Grundfinken, Inselammern	*Geospiza*	155
ground-babblers → quailthrushes, whipbirds	Flöter	Cinclosomatinae [Sibley]	131
ground-cuckoos and roadrunners	Erdkuckucke	Neomorphinae	71
ground-hornbills	Hornraben	*Bucorvus*	93
ground-rollers	Erdracken	Brachypteraciidae	89
Grouse: Black Grouse	Birkhuhn	*Tetrao tetrix*	35
Grouse: Capercaillie	Auerhuhn	*Tetrao urogallus*	35
Grouse: Hazel Grouse, Hazel Hen	Haselhuhn	*Tetrastes bonasia (Bonasa)*	35
Grouse: Ptarmigan, Rock Ptarmigan[Am]	Alpenschneehuhn	*Lagopus mutus*	35
grouse: ptarmigans	Schneehühner	*Lagopus*	35
Grouse, Red Grouse	Schottisches Moorschneehuhn, Moorhuhn	*Lagopus scoticus*	35
Grouse: Ruffed Grouse	Kragenhuhn	*Bonasa umbellus*	35
Grouse: Willow Grouse, Willow Ptarmigan[Am]	Moorschneehuhn	*Lagopus lagopus*	35
grouse [incl. capercaillie]	Rauhfußhühner	Tetraoninae	35
Guacharo, Oilbird	Fettschwalm	*Steatornis caripensis*	74
Guan: Common Piping Guan, Blue-throated Piping Guan, Trinidad Piping Guan	Blaukehlguan	*Pipile pipile*	34
guans	Schakuhühner	*Penelope*	34
guans → curassows and guans	Schakuhühner; Hokkos und Guans	Cracidae	34
Guillemot: Black Guillemot	Gryllteiste	*Cepphus grylle*	63
Guillemot: Brünnich's Guillemot, Brünnich's Murre[Am]	Dickschnabellumme	*Uria lomvia*	63
Guillemot, Common Murre[Am]	Trottellumme	*Uria aalge*	63
guillemots [*Cepphus*]	Teisten	*Cepphus*	63

Englisch	Deutsch	Latein	Familie nach Howard
guillemots [*Uria*], murres[Am]	Lummen	*Uria*	63
Guineafowl: Helmet[ed] Guineafowl	Helmperlhuhn	*Numida meleagris*	35
guineafowls	Perlhühner	Numidinae (Numidininae)	35
Guira Cuckoo	Guira-Kuckuck	*Guira guira*	71
Gull: Audouin's Gull	Korallenmöwe	*Larus audouinii*	61
Gull: Black-headed Gull	Lachmöwe	*Larus ridibundus*	61
Gull: Black-legged Kittiwake	Dreizehenmöwe	*Larus tridactylus*	61
Gull: Bonaparte's Gull	Bonapartemöwe	*Larus philadelphia*	61
Gull: Common Gull	Sturmmöwe	*Larus canus*	61
Gull: Franklin's Gull	Präriemöwe, Franklinmöwe	*Larus pipixcan*	61
Gull: Glaucous Gull	Eismöwe	*Larus hyperboreus*	61
Gull: Great Black-backed Gull	Mantelmöwe	*Larus marinus*	61
Gull: Great Black-headed Gull	Fischmöwe	*Larus ichthyaetus*	61
Gull: Herring Gull [!]	Silbermöwe [!]	*Larus argentatus*	61
Gull: Iceland Gull	Polarmöwe	*Larus glaucoides*	61
Gull: Ivory Gull	Elfenbeinmöwe	*Pagophila eburnea*	61
Gull: Laughing Gull	Aztekenmöwe	*Larus atricilla*	61
Gull: Lesser Black-backed Gull [!]	Heringsmöwe [!]	*Larus fuscus*	61
Gull: Little Gull	Zwergmöwe	*Larus minutus*	61
Gull: Mediterranian Gull	Schwarzkopfmöwe	*Larus melanocephalus*	61
Gull: Ring-billed Gull	Ringschnabelmöwe, Delaware-Möwe	*Larus delawarensis*	61
Gull: Rosa's Gull	Rosenmöwe	*Larus roseus*	61
Gull: Sabine's Gull	Schwalbenmöwe	*Larus sabini*	61
Gull: Slender-billed Gull	Dünnschnabelmöwe	*Larus genei*	61
Gull: Yellow-legged Gull	Weißkopfmöwe	*Larus cachinnans*	61
Gull-billed Tern	Lachseeschwalbe	*Sterna nilotica*	61
gulls	Möwen	Larinae	61
gulls and terns	Möwen und Seeschwalben	Laridae	61
gulls, waders and auks	Wat-, Möwen-, Alkenvögel; Sumpf- und Strandvögel	CHARADRIIFORMES	48
Guttulated Foliage-Gleaner	Zimtbrauen-Blattspäher	*Syndactyla guttulata*	102
Gyrfalcon	Gerfalke	*Falco rusticolus*	32
Hammerhead Stork, Hammerkop	Schattenvogel, Hammerkopf	*Scopus umbretta*	21
Harlan's Hawk → Redtailed Hawk, Redtail	Rotschwanzbussard	*Buteo jamaicensis*	30
Harrier: Mantagu's Harrier	Wiesenweihe	*Circus pygargus*	30
Harrier: Marsh Harrier	Rohrweihe	*Circus aeruginosus*	30
Harrier: Northern Harrier, Marsh Hawk	Kornweihe	*Circus cyaneus*	30
Harrier: Pallid Harrier	Steppenweihe	*Circus macrourus*	30
Harriers	Weihen	*Circus*	30
Hawaiian Creeper, Lanai Creeper, Alauwahio	Alauwahio	*Loxops maculata*	158
Hawaiian honeycreepers	Kleidervögel	Drepanididae	158

Englisch	Deutsch	Latein	Familie nach Howard
Hawfinch (Grosbeak)	Kernbeißer	*Coccothraustes coccothraustes*	161
Hawk, American Sparrow Hawk → American Kestrel	Buntfalke, Sperlingsfalke	*Falco sparverius*	32
Hawk, Duck Hawk → Peregrine Falcon	Wanderfalke	*Falco peregrinus*	32
Hawk: European Sparrow Hawk	Sperber	*Accipiter nisus*	30
Hawk, Fish Hawk → Osprey	Fischadler	*Pandion haliaetus*	29
Hawk: Levant Sparrow Hawk	Kurzfangsperber, Kurzfanghabicht	*Accipiter brevipes*	30
Hawk, Marsh Hawk → Northern Harrier	Kornweihe	*Circus cyaneus*	30
Hawk: Northern Goshawk	Habicht, Hühnerhabicht	*Accipiter gentilis*	30
Hawk Owl	Sperbereule	*Surnia ulula*	73
Hawk, Pigeon Hawk → Merlin	Merlin, Zwergfalke	*Falco columbarius*	32
Hawk: Red-shouldered Hawk	Rotschulterbussard	*Buteo lineatus*	30
Hawk: Red-tailed Hawk, Redtail	Rotschwanzbussard	*Buteo jamaicensis*	30
Hawk: Rough-legged Hawk[Am], Rough-legged Buzzard	Rauhfußbussard	*Buteo lagopus*	30
Hawk: Sharp-shinned Hawk	Streifensperber, Eckschwanzsperber	*Accipiter striatus*	30
Hawk-Eagle: Ornate Hawk-Eagle	Prachthaubenadler	*Spizaetus ornatus*	30
hawks, eagles, kites and allies	Habichtartige	Accipitridae	30
hawks [Accipiter]: goshawks, sparrow hawks	Habichte, Sperber	*Accipiter*	30
hawks [Buteo][Am] → buzzards, buteos (hawks)[Am]	Bussarde	*Buteo*	30
Hazel Hen, Hazel Grouse	Haselhuhn	*Tetrastes bonasia (Bonasa)*	35
Hedge Sparrow → Dunnock (accentor)	Heckenbraunelle	*Prunella modularis*	129
Helmeted Guineafowl, Helmet Guineafowl	Helmperlhuhn	*Numida meleagris*	35
Helmeted Hornbill	Schildschnabel	*Rhinoplax vigil*	93
helmet-shrikes (woodshrikes)	Brillenwürger	Prionopinae	122
Hemipode: Andalusian Hemipode	Spitzschwanz-Laufhühnchen	*Turnix sylvatica*	37
hemipodes, buttonquails	Laufhühnchen, Kampfwachteln	*Turnix*	37
Hemispingus: Superciliaried Hemispingus	Augenbrauen-Hemispingus	*Hemispingus superciliaris*	155

Englisch	Deutsch	Latein	Familie nach Howard
Hen: Hazel Hen, Hazel Grouse	Haselhuhn	*Tetrastes bonasia (Bonasa)*	35
Hermit Ibis, Northern Bald-Ibis	Waldrapp	*Geronticus eremita*	24
hermits	Eremiten	*Phaetornis, Glaucis*	81
Heron: Black-crowned Night Heron	Nachtreiher	*Nycticorax nycticorax*	20
Heron: Boatbill Heron, Boat-billed Heron	Kahnschnabel	*Cochlearius cochlearius*	20
Heron: Buff-backed Heron, Cattle Egret	Kuhreiher	*Bubulcus ibis*	20
Heron: Common Heron	Fischreiher, Graureiher	*Ardea cinerea*	20
Heron: Great Blue Heron	Kanadareiher, Amerikanischer Graureiher	*Ardea herodias*	20
Heron: Green-backed Heron, Green Heron	Mangrovereiher, Grünreiher	*Butorides striatus*	20
Heron: Purple Heron	Purpurreiher	*Ardea purpurea*	20
herons and allies	Schreitvögel, Stelzvögel	CICONIIFORMES	20
herons, egrets and bitterns	Reiher	Ardeidae	20
Herring Gull [!]	Silbermöwe [!]	*Larus argentatus*	61
Hill Myna	Beo	*Gracula religiosa*	164
Hoary Redpoll[Am], Arctic Redpoll	Polarbirkenzeisig	*Carduelis hornemanni*	161
Hoatzin	Hoatzin, Schopfhuhn	*Opisthocomus hoazin*	70
Hobby (Falcon)	Baumfalke	*Falco subbuteo*	32
Holboell's Grebe[Am], Red-necked Grebe	Rothalstaucher	*Podiceps grisegena*	9
Honey-Buzzard	Wespenbussard	*Pernis apivorus*	30
Honeycreeper [Hawaii]: Crested Honeycreeper	Schopf-Kleidervogel	*Palmeria dolei*	158
honeycreepers: Hawaiian honeycreepers	Kleidervögel	Drepanididae	158
honeycreepers: neotropical honeycreepers (tanagers)	Naschvögel	*Cyanerpes, Chlorophanes*	155
honeyeaters	Honigfresser	Meliphagidae	154
honeyeaters [*Oedistoma*]	Pfriemschnäbel [*Oedistoma*]	*Oedistoma*	154
honeyguides [incl. honey-birds]	Honiganzeiger	Indicatoridae	97
Hooded Crow	Nebelkrähe	*Corvus corone cornix*	173
Hooded Merganser	Kappensäger	*Mergus cuccullatus*	27
Hooded Warbler [New World]	Kapuzenwaldsänger	*Wilsonia citrina*	157
Hoopoe	Wiedehopf	*Upupa epops*	91
hoopoes	Wiedehopfe	Upupidae	91
hoopoes: scimitarbills, scimitar-billed hoopoes	Sichelhopfe [Baumhopfe]	Rhinopomastidae [Sibley]	92
hoopoes: wood hoopoes	Baumhopfe	Phoeniculidae	92
Hornbill: Helmeted Hornbill	Schildschnabel	*Rhinoplax vigil*	93
hornbills	Nashornvögel; Hornvögel, Tokos	Bucerotidae	93

Englisch	Deutsch	Latein	Familie nach Howard
hornbills: ground-hornbills	Hornraben	*Bucorvus*	93
Horned Grebe[Am], Slavonian Grebe	Ohrentaucher	*Podiceps auritus*	9
Horned Lark[Am], Shore Lark	Ohrenlerche	*Eremophila alpestris*	116
Horned Owl: Great Horned Owl	Virginia-Uhu, Amerikanischer Uhu	*Bubo virginianus*	73
Houbara Bustard	Kragentrappe	*Chlamydotis undulata*	47
House Finch	Hausgimpel, Mexikanischer Karmingimpel	*Carpodacus mexicanus*	161
House Martin (swallow)	Mehlschwalbe	*Delichon urbica*	117
House Sparrow, English Sparrow	Spatz, Haussperling	*Passer domesticus*	163
Hudsonian Godwit	Hudsonschnepfe, Amerikanische Uferschnepfe	*Limosa haemastica*	57
Huia (extinct)	Lappenkopf, Huia (ausgestorben)	*Heteralocha acutirostris*	167
Hummingbird: Ruby-throated Hummingbird	Rubinkehl-Kolibri	*Archilochus colubris*	81
hummingbirds	Kolibris	Trochilidae (TROCHILIFORMES)	81
hummingbirds → swifts and hummingbirds	Schwirrflügler; Segler und Kolibris	APODIFORMES	79
Hungarian Partridge[Am]: Gray Partridge, Common Partridge	Rebhuhn	*Perdix perdix*	35
Hypocolius: Grey Hypocolius	Seidenwürger, Arabischer Seidenschwanz, Nachtschattenfresser	*Hypocolius ampelinus*	124
· ·			
Ibis: Glossy Ibis	Braunsichler, Brauner Ibis	*Plegadis falcinellus*	24
Ibis: Hermit Ibis, Northern Bald-Ibis	Waldrapp	*Geronticus eremita*	24
Ibis: Wood Ibis, Yellow-billed Stork	Nimmersatt	*Mycteria ibis*	23
Ibisbill	Ibisschnabel	*Ibidorhyncha struthersii*	52
ibises	Sichler, Ibisse	Threskiornithinae	24
ibises and spoonbills	Sichler (Ibisse) und Löffler	Threskiornithidae	24
Iceland Gull	Polarmöwe	*Larus glaucoides*	61
Icterine Warbler [Old World]	Gelbspötter, Gartenlaubvogel	*Hippolais icterina*	136
Imperial Eagle	Kaiseradler	*Aquila heliaca*	30
Indigo Bunting	Indigofink	*Passerina cyanea*	155
ioras	Aegithinas (Feenvögel)	*Aegithina*	121
ioras, leafbirds	Feenvögel	Irenidae (Chloropseidae)	121
Isabelline Shrike, Rufous-tailed Shrike	Isabellwürger	*Lanius isabellinus*	122
Isabelline Wheatear	Isabellschmätzer	*Oenanthe isabellina*	130
Italian Sparrow	Italiensperling	*Passer domesticus italiae*	163
Ivory Gull	Elfenbeinmöwe	*Pagophila eburnea*	61
· ·			
Jabiru	Jabiru	*Jabiru mycteria*	23

Englisch	Deutsch	Latein	Familie nach Howard
jacamars	Glanzvögel	Galbulidae	94
Jacana: Lily-Trotter, African Jacana	Blaustirn-Blatthühnchen	*Actophilornis africanus*	48
Jacana: Pheasant-tailed Jacana	Wasserfasan	*Hydrophasianus chirurgus*	48
jacanas	Blatthühnchen	Jacanidae	48
Jackass → Laughing Kookaburra, Laughing Jackass	Lachender Hans, Jägerliest	*Dacelo novaeguineae*	84
Jackdaw: Eurasian Jackdaw	Dohle	*Corvus monedula*	173
Jack-Snipe	Zwergschnepfe	*Lymnocryptes minimus*	57
Jaeger: Arctic Skua, Parasitic Jaeger, Arctic Jaeger[Am]	Schmarotzerraubmöwe	*Stercorarius parasiticus*	60
Jaeger: Long-tailed Jaeger[Am], Long-tailed Skua	Falkenraubmöwe, Kleine Raubmöwe	*Stercorarius longicaudus*	60
Jaeger: Pomarine Jaeger[Am], Pomarine Skua	Spatelraubmöwe, Mittlere Raubmöwe	*Stercorarius pomarinus*	60
jaegers, skuas	Raubmöwen	*Catharacta, Stercorarius*	60
Jay: Blue Jay	Blauhäher	*Cyanocitta cristata*	173
Jay: Common Jay	Eichelhäher	*Garrulus glandarius*	173
Jay: Siberian Jay	Unglückshäher	*Perisoreus infaustus*	173
jays, crows (incl. magpies)	Rabenvögel	Corvidae	173
Jenny Wren → Common Wren, Winter Wren[Am]	Zaunkönig, eigentlicher Zaunkönig	*Troglodytes troglodytes*	127
Jumper, Grey Jumper → Apostlebird	Gimpelhäher, Grauling (Schlammnestbauer)	*Struthidea cinerea*	168
Junco: Dark-eyed Junco (Slate-colored Junko)	Junko, Winterammer, Winterjunko	*Junco hyemalis (hyemalis)*	155
. . . .	. . . .	. . . .	. . . .
Kagu	Kagu	*Rhynochetus jubatus*	44
Kea	Kea	*Nestor notabilis*	68
Kentish Plover, Snowy Plover[Am]	Seeregenpfeifer	*Charadrius alexandrinus*	56
Kestrel: American Kestrel, American Sparrow Hawk	Buntfalke, Sperlingsfalke	*Falco sparverius*	32
Kestrel: Eurasian Kestrel	Turmfalke	*Falco tinnunculus*	32
Kestrel: Lesser Kestrel	Rötelfalke	*Falco naumanni*	32
Killdeer (plover)	Schreiregenpfeifer, Keilschwanz-Regenpfeifer	*Charadrius vociferus*	56
King Crow, Black Drongo	Königsdrongo, Asiatischer Trauerdrongo	*Dicrurus macrocercus*	166
King Eider	Prachteiderente	*Somateria spectabilis*	27
Kingbird: Eastern Kingbird	Königstyrann, Königsvogel, Königssatrap	*Tyrannus tyrannus*	106
Kingfisher: Belted Kingfisher	Gürtelfischer, Halsbandfischer	*Ceryle alcyon*	84
Kingfisher: Common Kingfisher	Eisvogel	*Alcedo atthis*	84

Englisch	Deutsch	Latein	Familie nach Howard
Kingfisher: Pied Kingfisher	Graufischer	*Ceryle rudis*	84
Kingfisher: Shovel-billed Kingfisher	Froschschnabel	*Clytoceyx rex*	84
kingfishers	Eisvögel, Fischer, Lieste	Alcedinidae	84
kingfishers and allies	Rackenvögel	CORACIIFORMES	84
kingfishers: dacelonid kingfishers (forest kingfishers)	Lieste (Eisvögel)	Dacelonidae [Sibley]	84
kingfishers [Cerylinae]	Fischer (Eisvögel)	Cerylinae	84
Kinglet: Golden-crowned Kinglet	Satrap (Goldhähnchen)	*Regulus satrapa*	136
Kinglet: Ruby-crowned Kinglet	Rubingoldhähnchen, Rot-krönchen	*Regulus calendula*	136
kinglet → Firecrest	Sommergoldhähnchen	*Regulus ignicapillus*	136
kinglet → Goldcrest	Wintergoldhähnchen	*Regulus regulus*	136
kinglets, Goldcrest, Firecrest	Goldhähnchen	*Regulus*	136
Kirombo Courol, Cuckoo-Roller	Kurol	*Leptosomus discolor*	90
Kite: Black Kite	Schwarzmilan	*Milvus migrans*	30
Kite: Black-winged Kite	Gleitaar	*Elanus caeruleus*	30
Kite: Mississippi Kite	Mississippi-Weih	*Ictinia mississippiensis*	30
Kite, Red Kite	Rotmilan, Roter Milan, Gabelweih	*Milvus milvus*	30
Kite: Swallow Tailed Kite	Schwalbenweih, Schwal-benschwanz-Weihe	*Elanoides forficatus*	30
kites	Milane	*Elanoides, Milvus etc.*	30
Kittiwake: Black-legged Kittiwake	Dreizehenmöwe	*Larus tridactylus*	61
Kitty Wren → Common Wren, Winter Wren[Am]	Zaunkönig, eigentlicher Zaunkönig	*Troglodytes troglodytes*	127
kiwis	Kiwis	*Apteryx*	5
Knot: Red Knot	Knutt, Isländischer Strand-läufer	*Calidris canutus*	57
Kookaburra: Laughing Kookaburra, Laughing Jackass	Lachender Hans, Jägerliest	*Dacelo novaeguineae*	84
Krüper's Nuthatch	Türkenkleiber	*Sitta krueperi*	147
Lady Amherst's Pheasant	Diamantfasan	*Chrysolophus amherstiae*	35
Lammergeier, Bearded Vulture [Old World]	Bartgeier, Lämmergeier [Altweltgeier]	*Gypaetus barbatus*	30
Lanai Creeper: Alauwahio, Hawaiian Creeper	Alauwahio	*Loxops maculata*	158
Lanceolated Warbler [Old World]	Strichelschwirl	*Locustella locustella*	136
Lanner Falcon	Lanner, Feldeggsfalke	*Falco biarmicus*	32
Lapland Bunting, Lapland Longspur[Am]	Spornammer	*Calcarius lapponicus*	155
Lapland Owl, Great Grey Owl	Bartkauz	*Strix nebulosa*	73

Englisch	Deutsch	Latein	Familie nach Howard
Lapwing: Northern Lapwing, Pewit, Peewit	Kiebitz	*Vanellus vanellus*	56
lapwings → plovers and lapwings	Regenpfeifer	Charadriidae	56
Lark: Black Lark	Mohrenlerche	*Melanocorypha yeltoniensis*	116
Lark: Calandra Lark	Kalanderlerche	*Melanocorypha calandra*	116
Lark: Crested Lark	Haubenlerche	*Galerida cristata*	116
Lark: Dupont's Lark	Dupontlerche	*Chersophilus duponti*	116
Lark: Eurasian Skylark	Feldlerche	*Alauda arvensis*	116
Lark: Shore Lark, Horned Lark[Am]	Ohrenlerche	*Eremophila alpestris*	116
Lark: Short-toed Lark	Kurzzehenlerche	*Calandrella brachydactyla*	116
Lark: Thekla Lark	Theklalerche	*Galerida theklae*	116
Lark: white-winged Lark	Weißflügellerche, Spiegellerche	*Melanocorypha leucoptera*	116
Lark: Wood Lark	Heidelerche	*Lullula arborea*	116
Lark → Eastern Meadowlark	Lerchenstärling	*Sturnella magna*	160
Lark → Magpie-Lark, Mudlark	Australische Drosselstelze	*Grallina cyanoleuca*	168
larks	Lerchen	Alaudidae	116
larks → magpie-larks	Drosselstelzen	Grallininae	168
larks → meadowlarks	Stärlinge [*Sturnella*]	*Sturnella*	160
Laughing Dove	Palmtaube	*Streptopelia senegalensis*	65
Laughing Gull	Aztekenmöwe	*Larus atricilla*	61
Laughing Jackass, Laughing Kookaburra	Lachender Hans, Jägerliest	*Dacelo novaeguineae*	84
laughingthrushes	Häherlinge	*Garrulax*	132
Laysan Finch: Yellow Laysan Finch [Hawaii], Ou	Laysangimpel, Ou	*Psittirostra cantans*	158
Leach's Storm-Petrel	Wellenläufer	*Oceanodroma leucorhoa*	12
Leaf Warbler: Pallas's Leaf Warbler [Old World]	Goldhähnchen-Laubsänger	*Phylloscopus proregulus*	136
leaf warblers, willow warblers [Old World]	Laubsänger	*Phylloscopus*	136
leafbirds, ioras	Feenvögel	Irenidae (Chloropseidae)	121
leafscrapers	Laubwender	*Sclerurus*	102
leaf-warblers [Old World] [Sibley] [!]	Sänger, Schwirle, Spötter etc.	Acrocephalinae [Sibley]	136
Least Bittern	Indianerdommel, Amerikanische Zwergdommel	*Ixobrychus exilis*	20
Least Grebe	Schwarzkopftaucher	*Podiceps dominicus*	9
Least Sandpiper	Wiesenstrandläufer	*Calidris minutilla*	57
Least Tern[Am], Little Tern	Zwergseeschwalbe	*Sterna albifrons*	61
Leatherhead, Noisy Friarbird	Lärm-Lederkopf	*Philemon corniculatus*	154
Lesser Black-backed Gull [!]	Heringsmöwe [!]	*Larus fuscus*	61
Lesser Crested Tern	Rüppell-Seeschwalbe	*Sterna bengalensis*	61

Englisch	Deutsch	Latein	Familie nach Howard
Lesser Golden Plover, American Golden Plover	Wanderregenpfeifer, Kleiner, Amerikanischer, Sibirischer Goldregenpfeifer	*Pluvialis dominica*	56
Lesser Grey Shrike	Schwarzstirnwürger	*Lanius minor*	122
Lesser Kestrel	Rötelfalke	*Falco naumanni*	32
Lesser Roadrunner	Rennkuckuck	*Geogoccyx velox*	71
Lesser Sand Plover, Mongolian Sand Plover	Mongolen-Regenpfeifer	*Charadrius mongolus*	56
Lesser Scaup	Kleine Bergente, Veilchenente	*Aythya affinis*	27
Lesser Short-toed Lark	Stummellerche	*Calandrella rufescens*	116
Lesser Spotted Eagle	Schreiadler	*Aquila pomarina*	30
Lesser Spotted Woodpecker	Kleinspecht, kleiner Buntspecht, Zwergspecht	*Picoides minor*	99
Lesser White-fronted Goose	Zwergbläßgans, Zwerggans	*Anser erythropus*	27
Lesser Whitethroat	Klappergrasmücke, Zaungrasmücke	*Sylvia curruca*	136
Lesser Yellowlegs, Yellowshank	Gelbschenkel	*Tringa flavipes*	57
Levant Sparrow Hawk	Kurzfangsperber, Kurzfanghabicht	*Accipiter brevipes*	30
Lily-Trotter, African Jacana	Blaustirn-Blatthühnchen	*Actophilornis africanus*	48
Limpkin	Rallenkranich, Riesenralle	*Aramus guarauna*	40
Linnet	Hänfling, Bluthänfling	*Carduelis cannabina*	161
Little Auk, Dovekie[Am]	Krabbentaucher	*Alle alle*	63
Little Bittern	Zwergdommel, Zwergrohrdommel	*Ixobrychus minutus*	20
Little Bunting	Zwergammer	*Emberiza pusilla*	155
Little Bustard	Zwergtrappe	*Otis tetrax (Tetrax tetrax)*	47
Little Crake	Kleinsumpfhuhn	*Porzana parva*	42
Little Egret	Seidenreiher	*Egretta garzetta*	20
Little Grebe	Zwergtaucher	*Podiceps ruficollis*	9
Little Gull	Zwergmöwe	*Larus minutus*	61
Little Owl	Steinkauz	*Athene noctua*	73
Little Ringed Plover	Flußregenpfeifer	*Charadrius dubius*	56
Little Shearwater	Kleiner Sturmtaucher	*Puffinus assimilis*	11
Little Stint	Zwergstrandläufer	*Calidris minuta*	57
Little Tern, Least Tern[Am]	Zwergseeschwalbe	*Sterna albifrons*	61
Loggerhead Shrike	Louisianawürger, Ludwigswürger	*Lanius ludovicianus*	122
logrunners, chowchillas	Laufflöter (Erdtimalien)	Orthonychidae	131
Long-billed Dowitcher	Langschnabel-Schlammläufer, Großer Schlammläufer	*Limnodromus scolopaceus*	57
longbills [*Macrosphenus*]	Bülbülgrasmücken	*Macrosphenus*	136
longbills [*Toxorhamphus*]	Pfriemschnäbel [*Toxoramphus*]	*Toxorhamphus*	154
Long-eared Owl	Waldohreule	*Asio otus*	73
Long-legged Buzzard	Adlerbussard	*Buteo rufinus*	30

Englisch	Deutsch	Latein	Familie nach Howard
Longspur, Lapland Long-spur[Am], Lapland Bunting	Spornammer	*Calcarius lapponicus*	155
Long-tailed Duck → Old-squaw	Eisente	*Clangula hyemalis*	27
Long-tailed Jaeger[Am], Long-tailed Skua	Falkenraubmöwe, Kleine Raubmöwe	*Stercorarius longicaudus*	60
long-tailed shrikes	Elsterwürger	*Corvinella*	122
Long-tailed Tit	Schwanzmeise	*Aegithalos caudatus*	144
long-tailed tits and bushtits	Schwanzmeisen	Aegithalidae	144
Loon: Black-throated Diver, Arctic Loon[Am]	Prachttaucher, Polarsee-taucher	*Gavia arctica*	8
Loon: Great Northern Div-er, Common Loon[Am]	Eistaucher, Imbergans	*Gavia immer*	8
Loon: Pacific Loon	Weißnackentaucher	*Gavia pacifica*	8
Loon: Red-throated Diver, Red-throated Loon[Am]	Sterntaucher, Nordsee-taucher	*Gavia stellata*	8
Loon: White-billed Diver, Yellow-billed Loon[Am]	Gelbschnabel-Eistaucher	*Gavia adamsii*	8
loons[Am], divers	Seetaucher	*Gavia (Colymbus)*	8
lories, lorikeets	Loris	Loriidae (Loridae)	66
Lorikeet: Rainbow Lorikeet	Allfarblori, Gebirgslori	*Trichoglossus haematodus*	66
Louisiana Waterthrush	Stelzenwaldsänger	*Seiurus motacilla*	157
Lovebird: Masked Lovebird	Schwarzköpfchen	*Agapornis personata*	68
lovebirds	Unzertrennliche	*Agapornis*	68
lyrebirds	Leierschwänze	Menuridae	114
macaws, parrots, New World parakeets	Aras	Arinae	68
Madagascar Nuthatch (vanga shrike)	Madagaskar-Kleiber, Kleibervanga	*Hypositta corallirostris*	123
Magellanic Plover	Magellanläufer, Magellan-Regenpfeifer	*Pluvianellus socialis*	56
Magnolia Warbler [New World]	Hemlockwaldsänger	*Dendroica magnolia*	157
Magpie: Azure-winged Magpie	Blauelster	*Cyanopica cyanus*	173
Magpie: Bell-Magpie, Australian Magpie	Flötenvogel (Würgerkrähe)	*Gymnorhina tibicen*	170
Magpie: Black-billed Mag-pie	Elster	*Pica pica*	173
Magpie Goose	Spaltfußgans	*Anseranas semipalmata*	27
Magpie-Lark, Mudlark [Australia]	Australische Drosselstelze	*Grallina cyanoleuca*	168
magpie-larks	Drosselstelzen	Grallinidae	168
magpies: bell-magpies, Australian magpies	Flötenvögel (Würgerkrähen)	*Gymnorhina*	170
magpies → crows, jays and magpies	Rabenvögel	Corvidae	173
Mallard	Stockente	*Anas platyrhynchos*	27
Mallee Fowl	Thermometerhuhn, Wall-nister	*Leipoa ocellata*	33

Englisch	Deutsch	Latein	Familie nach Howard
Manakin: Broad-billed Manakin	Breitschnabelpipra	*Sapayoa aenigma*	107
manakins	Pipras, Schnurrvögel [einschl. Schiffornis]	Pipridae	107
manakins: Schiffornis	Drosselmanakins, Schiffornis	*Schiffornis*	107
Mandarin	Mandarinente	*Aix galericulata*	27
man-o'-war birds → frigatebirds	Fregattvögel	*Fregata*	19
Manx Shearwater	Schwarzschnabel-Sturm-taucher	*Puffinus puffinus*	11
Marabou	Marabu	*Leptoptilus crumeniferus*	23
Marmora's Warbler [Old World]	Sardengrasmücke	*Sylvia sarda*	136
Marsh Harrier	Rohrweihe	*Circus aeruginosus*	30
Marsh Hawk → Northern Harrier	Kornweihe	*Circus cyaneus*	30
Marsh Sandpiper	Teichwasserläufer	*Tringa stagnatilis*	57
Marsh Tit	Sumpfmeise, Nonnenmeise	*Parus palustris*	146
Marsh Warbler [Old World]	Sumpfrohrsänger, Getrei-desänger	*Acrocephalus palustris*	136
marshbirds	Stärlinge [*Pseudoleistes*]	*Pseudoleistes*	160
Martin: Crag Martin	Felsenschwalbe	*Hirundo rupestris*	117
Martin: House Martin	Mehlschwalbe	*Delichon urbica*	117
Martin: Purple Martin	Purpurschwalbe	*Progne subis*	117
Martin: Sand Martin, Bank Swallow[Am]	Uferschwalbe	*Riparia riparia*	117
martins: river-martins	Trugschwalben	*Pseudochelidon*	117
martins, swallows	Schwalben	Hirundinidae	117
Masked Lovebird	Schwarzköpfchen	*Agapornis personata*	68
Masked Shrike	Maskenwürger	*Lanius nubicus*	122
Maui Parrotbill, Pseudo-nestor	Papageischnabelgimpel	*Pseudonestor xanthophrys*	158
Meadow Pipit	Wiesenpieper	*Anthus pratensis*	118
Meadowlark: Eastern Meadowlark	Lerchenstärling	*Sturnella magna*	160
meadowlarks	Stärlinge [*Sturnella*]	*Sturnella*	160
Mediterranian Gull	Schwarzkopfmöwe	*Larus melanocephalus*	61
megapodes	Großfußhühner	Megapodiidae	33
Melampitta	Glanzflöter, Rußflöter (Laufflöter)	*Melampitta*	131
Melodious Warbler [Old World]	Orpheusspötter	*Hippolais polyglotta*	136
Merganser: Goosander, Common Merganser[Am]	Gänsesäger	*Mergus merganser*	27
Merganser: Hooded Merganser	Kappensäger	*Mergus cuccullatus*	27
Merganser: Smew	Zwergsäger	*Mergus albellus*	27
mergansers (incl. Smew)	Säger	*Mergus*	27
Merlin (Pigeon Hawk)	Merlin, Zwergfalke	*Falco columbarius*	32
mesites, mesitae, monia	Stelzrallen, Madagaskar-Rallen, Stelzenrallen	Mesitornithidae (Mesoena-tidae)	36

Englisch	Deutsch	Latein	Familie nach Howard
Middle Spotted Wood-pecker	Mittelspecht	*Picoides medius*	99
mimic thrushes, mimine thrushes → mocking-birds, thrashers	Spottdrosseln	Mimidae	128
mina, minah, myna, mynah	Mainas, Atzeln	*Acridotheres, Gracula*	164
Miner: Bell Miner	Glocken-Honigfresser	*Manorina melanophrys*	154
miners	Erdhacker [*Geositta*]	*Geositta*	102
minivets	Mennigvögeln	*Pericrocotus*	119
mionectine flycatchers, Corythopis	Pipra-, Spatel-, Lauf-tyrannen etc.	Pipromorphinae [Sibley]	106
Mississippi Kite	Mississippi-Weih	*Ictinia mississippiensis*	30
Mistle Thrush	Misteldrossel	*Turdus viscivorus*	130
Mockingbird: Northern Mockingbird	Spottdrossel	*Mimus polyglottos*	128
mockingbirds, thrashers	Spottdrosseln	Mimidae	128
Mollymawk → Black-browed Albatross	Mollymauk, Schwarz-brauenalbatros	*Diomedea melanophris*	10
monarchs, fantails	Monarchen	Monarchidae	141
Mongolian Sand Plover, Lesser Sand Plover	Mongolen-Regenpfeifer	*Charadrius mongolus*	56
monia: mesites, mesitae, monia	Stelzrallen, Madagaskar-Rallen, Stelzenrallen	Mesitornithidae (Mesoena-tidae)	36
Montagu's Harrier	Wiesenweihe	*Circus pygargus*	30
Moorhen: Common Moor-hen, Florida Gallinule[Am]	Teichhuhn (Wasserhuhn)	*Gallinula chloropus*	42
Morepork, Mopoke → Tawny Frogmouth	Eulenschwalm	*Podargus strigoides*	75
moth owls → owlet-night-jahrs (owlet-frogmouths)	Höhlenschwalme, Zwerg-schwalme	Aegothelidae	77
Mother Carey's chickens → storm-petrels	Sturmschwalben	Hydrobatidae	12
motmots	Sägeracken, Motmots	Momotidae	86
Mottled Whistler	Wellendickkopf	*Rhagologus leucostigma*	143
mound builders → mega-podes	Großfußhühner	Megapodiidae	33
Mourning Dove	Trauertaube, Carolinataube	*Zenaida macroura*	65
mouse-babblers	Waldhuscher, Farnhuscher	*Crateroscelis*	140
mousebirds, colies	Mausvögel, Buschkletterer	Coliidae	82
Moustached Warbler [Old World]	Mariskensänger, Tamaris-kensänger	*Acrocephalus melanopo-gon*	136
Mudlark, Magpie-Lark [Australia]	Australische Drosselstelze	*Grallina cyanoleuca*	168
mudnest builders → mag-pie-larks	Drosselstelzen (Schlamm-nestbauer)	Grallinidae	168
Munia: Red Munia, Red Avadavat	Tigerfink (Prachtfink)	*Amandava amandava*	162
Murre: Brünnich's Murre[Am], Brünnich's Guillemot	Dickschnabellumme	*Uria lomvia*	63
Murre: Common Murre[Am], Guillemot	Trottellumme	*Uria aalge*	63

Englisch	Deutsch	Latein	Familie nach Howard
Murrelet: Ancient Murrelet	Silberalk	*Synthliboramphus antiquus*	63
murres, auks and puffins	Alke[n]	Alcidae	63
murres[Am], guillemots [*Uria*]	Lummen	*Uria*	63
Mute Swan	Höckerschwan	*Cygnus olor*	27
Myna: Hill Myna	Beo	*Gracula religiosa*	164
myna, mynah, mina, minah	Mainas, Atzeln	*Acridotheres, Gracula*	164
Myrtle Warbler [New World] → Yellow-rumped Warbler	Myrten-Waldsänger → Kronwaldsänger	*Dendroica coronata*	157

. . . .

Naumann's Thrush	Naumanndrossel	*Turdus naumanni naumanni*	130
neotropical honeycreepers (tanagers)	Naschvögel	*Cyanerpes, Chlorophanes*	155
New World barbets	Neuwelt-Bartvögel	Capitonidae	96
New World blackbirds and allies	Stärlinge [einschl. Trupiale]	Icteridae	160
New World cuckoos, American cuckoos	Regenkuckucke	Coccyzidae [Sibley]	71
New World parakeets, macaws and parrots	Aras	Arinae	68
New World quail, wood quail	Zahnwachteln	Odontophorinae	35
New World sparrows	Scharrammern	*Spizella, Zonotrichia etc.*	155
New World vultures, American vultures	Neuweltgeier	Cathartidae	28
New World warblers, wood warblers	Waldsänger	Parulidae	157
New Zealand Bellbird	Makomako	*Anthornis melanura*	154
New Zealand Creeper, Pipipi, Brown Creeper	Finschia	*Finschia novaeseelandiae*	140
New Zealand Wood Rail, Weka	Wekaralle	*Gallirallus australis*	42
New Zealand wrens	Maorischlüpfer, Neuseelandpittas	Xenicidae (Acanthisittidae)	112
Night Heron: Black-crowned Night Heron	Nachtreiher	*Nycticorax nycticorax*	20
Nighthawk: Common Nighthawk	Falkennachtschwalbe	*Chordeiles minor*	78
nighthawks	Falkennachtschwalben	Chordeilinae	78
Nightingale	Nachtigall	*Luscinia megarhynchos (Erithacus)*	130
Nightingale: Thrush Nightingale, Eastern Nightingale, Sprosser	Sprosser	*Luscinia luscinia (Erithacus)*	130
nightjar: Chuck-will's-widow	Carolina-Nachtschwalbe	*Caprimulgus carolinensis*	78
Nightjar: Egyptian Nightjar	Pharaonen-Nachtschwalbe, Ägyptischer Ziegenmelker	*Caprimulgus aegyptius*	78
Nightjar: European Nightjar	Ziegenmelker, Nachtschwalbe	*Caprimulgus europaeus*	78

Englisch	Deutsch	Latein	Familie nach Howard
nightjar: Whip-poor-will	Whip-poor-will (Amerikanischer Ziegenmelker)	*Caprimulgus vociferus*	78
nightjars	Nachtschwalben [Ziegenmelker]	Caprimulgidae	78
nightjars: eared-nightjars	Nachtschwalben [Eurostopodidae]	Eurostopodidae [Sibley]	78
nightjars [Caprimulginae]	eigentliche Nachtschwalben	Caprimulginae	78
Noddy: Brown Noddy	Tölpelseeschwalbe, Noddi	*Anous stolidus*	61
Noisy Friarbird, Leatherhead	Lärm-Lederkopf	*Philemon corniculatus*	154
Northern Bald-Ibis, Hermit Ibis	Waldrapp	*Geronticus eremita*	24
Northern Bobwhite, Common Bobwhite	Virginiawachtel, Baumwachtel	*Colinus virginianus*	35
Northern Cardinal	Roter Kardinal, Rotkardinal	*Cardinalis cardinalis*	155
Northern Diver: Great Northern Diver, Common Loon[Am]	Eistaucher, Imbergans	*Gavia immer*	8
Northern Flicker, Common Flicker	Goldspecht	*Colaptes auratus*	99
Northern Fulmar, Fulmar	Eissturmvogel	*Fulmarus glacialis*	11
Northern Gannet	Baßtölpel	*Sula bassana (Morus bassanus)*	16
Northern Goshawk	Habicht, Hühnerhabicht	*Accipiter gentilis*	30
Northern Harrier (Marsh Hawk)	Kornweihe	*Circus cyaneus*	30
Northern Lapwing, Pewit, Peewit	Kiebitz	*Vanellus vanellus*	56
Northern Mockingbird	Spottdrossel	*Mimus polyglottos*	128
Northern Oriole, Baltimore Oriole	Baltimore-Trupial	*Icterus galbula*	160
Northern Parula	Meisenwaldsänger	*Parula americana*	157
Northern Phalarope[Am], Red-necked Phalarope	Odinshühnchen, Schmalschnäbeliger Wassertreter	*Phalaropus lobatus*	57
Northern Pintail	Spießente	*Anas acuta*	27
Northern Shoveler	Löffelente	*Anas clypeata*	27
Northern Shrike[Am], Great Grey Shrike	Raubwürger	*Lanius excubitor*	122
Northern Waterthrush	Uferwaldsänger, Drosselwaldsänger	*Seiurus noveboracensis*	157
Northern Wheatear	Steinschmätzer	*Oenanthe oenanthe*	130
nunbirds [Monasa]	Trappisten	*Monasa*	95
Nutcracker: Clark's Nutcracker	Kiefernhäher, Amerikanischer Tannenhäher	*Nucifraga columbiana*	173
Nutcracker: Eurasian Nutcracker	Tannenhäher	*Nucifraga caryocatactes*	173
Nuthatch: Corsican Nuthatch	Korsenkleiber	*Sitta whiteheadi*	147
Nuthatch: Eurasian Nuthatch	Kleiber, Spechtmeise	*Sitta europaea*	147

85

Englisch	Deutsch	Latein	Familie nach Howard
Nuthatch: Krüper's Nuthatch	Türkenkleiber	*Sitta krueperi*	147
Nuthatch: Pink-faced Nuthatch	Prachtkleiber	*Daphoenositta miranda*	147
Nuthatch: Red-breasted Nuthatch	Kanadakleiber	*Sitta canadensis*	147
Nuthatch: Rock Nuthatch	Felsenkleiber	*Sitta neumayer*	147
Nuthatch: White-breasted Nuthatch	Carolinakleiber	*Sitta carolinensis*	147
Nuthatch → Madagascar Nuthatch (vanga shrike)	Madagaskar-Kleiber, Kleibervanga	*Hypositta corallirostris*	123
nuthatches	Kleiber, Spechtmeisen	Sittidae	147
Oilbird, Guacharo	Fettschwalm	*Steatornis caripensis*	74
Old World buntings	Altweltammern	*Emberiza, Calcarius*	155
Old World cuckoos	eigentliche Kuckucke	Cuculinae	71
Old World flycatchers	Fliegenschnäpper	*Muscicapa*	137
Old World flycatchers and allies	Sänger	Muscicapidae	137
Old World Oriole, Golden Oriole	Pirol	*Oriolus oriolus*	165
Old World redstarts	Rotschwänze	*Phoenicurus*	130
Old World sparrows	Sperlinge	*Passer*	163
Old World warblers	Grasmücken (Zweigsänger)	Sylviidae	136
Old World warblers [*Hippolais*]	Spötter	*Hippolais*	136
Old World warblers [*Sylvia*], true warblers	Grasmücken [*Sylvia*]	*Sylvia*	136
Oldsquaw (Long-tailed Duck)	Eisente	*Clangula hyemalis*	27
Olivaceous Warbler [Old World]	Blaßspötter	*Hippolais pallida*	136
Olive Warbler [New World]	Trugwaldsänger	*Peucedramus*	157
Olive-backed Pipit	Waldpieper	*Anthus hodgsoni*	118
Olive-tree Warbler [Old World]	Olivenspötter	*Hippolais olivetorum*	136
Oriole: Baltimore Oriole, Northern Oriole	Baltimore-Trupial	*Icterus galbula*	160
Oriole: Golden Oriole, Old World Oriole	Pirol	*Oriolus oriolus*	165
orioles [*Icterus*] [NW]	Trupiale	*Icterus*	160
orioles [Old World]	Pirole	*Oriolus*	165
Ornate Hawk-Eagle	Prachthaubenadler	*Spizaetus ornatus*	30
Oropendola	Stirnvögel	*Psarocolius*	160
Orphean Warbler [Old World]	Orpheusgrasmücke	*Sylvia hortensis*	136
Ortolan Bunting	Ortolan	*Emberiza hortulana*	155
Osprey (Fish Hawk)	Fischadler	*Pandion haliaetus*	29
Ostrich	Strauß	*Struthio camelus*	1
Ou, Yellow Laysan Finch [Hawaii]	Laysangimpel, Ou	*Psittirostra cantans*	158
Ouzel: Ring Ouzel	Ringdrossel, Ringamsel	*Turdus torquatus*	130

Englisch	Deutsch	Latein	Familie nach Howard
Ovenbird [New World warbler]	Ofenvogel, Goldkopf-Waldsänger, Pieperwaldsänger	*Seiurus aurocapillus*	157
ovenbirds [Latin American family]	Töpfervögel, Ofenvögel	Furnariidae	102
Owl: Barred Owl	Streifenkauz (Waldkauz)	*Strix varia*	73
Owl: Boobook-Owl, Morepork, Mopoke	Kuckuckskauz, Langflügelkauz	*Ninox novaeseelandiae*	73
Owl: Common Barn-Owl	Schleiereule	*Tyto alba*	72
Owl: Eagle-Owl	Uhu	*Bubo bubo*	73
Owl: Eastern Screech Owl	Kreischeule, Schreieule	*Otus asio*	73
Owl: Eurasian Pygmy Owl	Sperlingskauz	*Glaucidium passerinum*	73
Owl: Great Grey Owl, Lapland Owl	Bartkauz	*Strix nebulosa*	73
Owl: Great Horned Owl	Virginia-Uhu, Amerikanischer Uhu	*Bubo virginianus*	73
Owl: Hawk Owl	Sperbereule	*Surnia ulula*	73
Owl: Lapland Owl, Great Grey Owl	Bartkauz	*Strix nebulosa*	73
Owl: Little Owl	Steinkauz	*Athene noctua*	73
Owl: Long-eared Owl	Waldohreule	*Asio otus*	73
Owl: Richardson's Owl[Am], Tengmalm's Owl	Rauhfußkauz	*Aegolius funereus*	73
Owl: Short-eared Owl	Sumpfohreule	*Asio flammeus*	73
Owl: Snowy Owl	Schnee-Eule	*Nyctea scandiaca*	73
Owl: Tawny Owl	Waldkauz, eigentlicher Waldkauz	*Strix aluco*	73
Owl: Tengmalm's Owl, Boreal Owl[Am]	Rauhfußkauz	*Aegolius funereus*	73
Owl: Ural Owl	Habichtskauz	*Strix uralensis*	73
owlet-nightjars (owlet-frogmouths)	Höhlenschwalme, Zwergschwalme	Aegothelidae	77
owls	Eulen, Eulenvögel	STRIGIFORMES	72
owls, moth owls → owlet-nightjars (owlet-frogmouths)	Höhlenschwalme, Zwergschwalme	Aegothelidae	77
owls: screech owls	Eulen, Ohreulen	*Otus etc.*	73
owls: typical owls	eigentliche Eulen; Ohreulen und Käuze	Strigidae	73
oxpecker	Gelbschnabel-Madenhacker	*Buphagus africanus*	164
Oystercatcher: American Oystercatcher	Braunmantel-Austernfischer	*Haematopus palliatus*	51
Oystercatcher: European Oystercatcher	Europäischer Austernfischer	*Haematopus ostralegus*	51
oystercatchers	Austernfischer	*Haematopus*	51
Pacific Loon	Weißnackentaucher	*Gavia pacifica*	8
painted snipe	Goldschnepfen	Rostratulidae	49
Pallas's Grasshopper Warbler [Old World]	Streifenschwirl	*Locustella certhiola*	136

87

Englisch	Deutsch	Latein	Familie nach Howard
Pallas's Leaf Warbler [Old World]	Goldhähnchen-Laubsänger	*Phylloscopus proregulus*	136
Pallas's Sandgrouse	Steppenhuhn	*Syrrhaptes paradoxus*	64
Pallid Harrier	Steppenweihe	*Circus macrourus*	30
Pallid Swift	Fahlsegler	*Apus pallidus*	79
Palmchat	Palmenschwätzer, Palmenschmätzer	*Dulus dominicus*	125
paradise flycatchers	Paradiesschnäpper, Haubenschnäpper	*Terpsiphone, Elminia*	141
Parakeet: Golden Parakeet, Golden Conure	Goldsittich	*Aratinga guarouba*	68
Parakeet: Ring-necked Parakeet	Halsbandsittich	*Psittacula krameri*	68
parakeets	Edelpapageien	Psittaculidae	68
parakeets and rosella: Australian parakeets and rosella	Plattschwanz-Sittiche, Plattschweif-Sittiche	Platycercinae	68
parakeets: New World parakeets, macaws and parrots	Aras	Arinae	68
Parasitic Jaeger, Arctic Jaeger[Am], Arctic Skua	Schmarotzerraubmöwe	*Stercorarius parasiticus*	60
Parasitic Weaver	Kuckucksfink	*Anomalospiza imberbis*	163
pardalotes	Panthervögel	Pardalotinae [Sibley]	151
Parrot: African Grey Parrot	Jako, Graupapagei	*Psittacus erithacus*	68
Parrot Crossbill	Kiefernkreuzschnabel	*Loxia pytyopsittacus (pityo-)*	161
parrot finches	Papageiamadinen	*Erythrura*	162
Parrotbill: Maui Parrotbill, Pseudonestor	Papageischnabelgimpel	*Pseudonestor xanthophrys*	158
parrotbills, suthoras	Papageischnäbel, Papageimeisen, Rohrmeisen, Papageischwänze, Bartmeisen	Panuridae (Paradoxornithidae)	133
parrotlets	Sperlingspapageien	*Forpus*	68
parrots	Papageien	Psittacidae	68
parrots and allies	Papageien, Handfüßler	PSITTACIFORMES	66
parrots: macaws and parrots, new world parakeets	Aras	Arinae	68
parrots: pygmy parrots	Spechtpapageien, Kleinpapageien	*Micropsitta*	68
parrots: typical parrots	Papageien, eigentliche	Psittacinae	68
Parson Bird, Tui	Tui, Priestervogel, Pastorvogel	*Prosthemadera novaeseelandiae*	154
Partridge: Barbary Partridge	Felsenhuhn	*Alectoris barbara*	35
Partridge: Black Partridge, Black Francolin	Halsbandfrankolin	*Francolinus francolinus*	35
Partridge: Chukar, Chukar Partridge	Chukar-Steinhuhn	*Alectoris chukar*	35

Englisch	Deutsch	Latein	Familie nach Howard
Partridge: Gray Partridge, Common Partridge, Hungarian Partridge[Am]	Rebhuhn	*Perdix perdix*	35
Parula: Northern Parula	Meisenwaldsänger	*Parula americana*	157
Pauraque	Pauraque	*Nyctidromus albicollis*	78
peafowl	Pfauen	Pavoninae	35
Peafowl: Common Peafowl (Peacock)	Pfau, Blauer Pfau	*Pavo cristatus*	35
Pechora Pipit	Petschorapieper	*Anthus gustavi*	118
Pectoral Sandpiper	Graubrust-Strandläufer	*Calidris melanotos*	57
Pelican: Brown Pelican	Brauner Pelikan	*Pelecanus occidentalis*	15
Pelican: Dalmatian Pelican	Krauskopfpelikan	*Pelecanus crispus*	15
pelicans	Pelikane	*Pelecanus*	15
pelicans and allies	Ruderfüßler	PELECANIFORMES (PELI-)	14
Peltops flycatchers	Peltops	*Peltops*	141
Penduline-Tit	Beutelmeise	*Remiz pendulinus*	145
penduline-tits	Beutelmeisen	Remizidae	145
penguins	Pinguine	Spheniscidae	7
pepper shrikes	Vireos [Cyclarhinae]	Cyclarhinae	159
perching birds	Sperlingsvögel	PASSERIFORMES	100
Peregrine Falcon (Duck Hawk[Am])	Wanderfalke	*Falco peregrinus*	32
Petrel → Leach's Storm-Petrel	Wellenläufer	*Oceanodroma leucorhoa*	12
Petrel → Storm-Petrel	Sturmschwalbe	*Hydrobates pelagicus*	12
Petrel → Wilson's Petrel	Buntfuß-Sturmschwalbe	*Oceanites oceanicus*	12
petrels	Sturmvögel	*Procellaria, Pterodroma etc.*	11
petrels and shearwaters [incl. fulmars]	Sturmvögel [Familie]	Procellariidae	11
petrels: gadfly petrels	Sturmvögel [*Pterodroma*]	*Pterodroma*	11
petrels → diving petrels	Lummensturmvögel, Tauchersturmvögel	Pelecanoididae	13
petrels → storm-petrels	Sturmschwalben	Hydrobatidae	12
Pewee: Eastern Wood-Pewee	Piwih, Östlicher Waldtyrann, Waldpiwih	*Contopus virens*	106
Pewit, Peewit → Northern Lapwing	Kiebitz	*Vanellus vanellus*	56
Phainopepla	Trauer-Seidenschnäpper	*Phainopepla nitens*	124
Phalarope: Grey Phalarope, Red Phalarope[Am]	Thorshühnchen, Breitschnäbeliger Wassertreter	*Phalaropus fulicarius*	57
Phalarope: Red-necked Phalarope, Northern Phalarope[Am]	Odinshühnchen, Schmalschnäbeliger Wassertreter	*Phalaropus lobatus*	57
Phalarope: Wilson's Phalarope	Wilsonhühnchen, Amerikanisches Odinshühnchen, Wilson-Wassertreter	*Phalaropus tricolor*	57
phalaropes	Wassertreter	Phalaropodinae	57
Pheasant: Golden Pheasant	Goldfasan	*Chrysolophus pictus*	35

Englisch	Deutsch	Latein	Familie nach Howard
Pheasant: Lady Amherst's Pheasant	Diamantfasan	*Chrysolophus amherstiae*	35
Pheasant: Reeve's Pheasant	Königsfasan	*Syrmaticus reevesii*	35
Pheasant, Ring-necked Pheasant	Fasan, Ringfasan, Jagd-fasan	*Phasianus colchicus (torquatus)*	35
pheasants	Fasane[n], eigentliche Fasane[n]	*Phasianus*	35
pheasants: partridges and pheasants, quail	Fasanenartige (Fasanen, Feldhühner, Hühner)	Phasianidae	35
Pheasant-tailed Jacana	Wasserfasan	*Hydrophasianus chirurgus*	48
Philippine bluebirds, fairy bluebirds	Feenvögel, Irene	*Irena*	121
Philippine creepers	Trugbaumläufer	Rhabdornithidae	149
Phoebe: Eastern Phoebe	Phoebe, Haustyrann	*Sayornis phoebe*	106
piculets	Weichschwanzspechte, Zwergspechte	*Picumnus*	99
Pied Flycatcher [OW]	Trauerschnäpper	*Ficedula hypoleuca*	137
Pied Goose → Magpie Goose	Spaltfußgans	*Anseranas semipalmata*	27
Pied Kingfisher	Graufischer	*Ceryle rudis*	84
Pied Wagtail	Trauerbachstelze	*Motacilla alba yarelli*	118
Pied Wheatear	Nonnenschmätzer	*Oenanthe pleschanka*	130
Pied-billed Grebe	Bindentaucher, Fleck-schnabeltaucher	*Podilymbus podiceps*	9
Pigeon Hawk → Merlin	Merlin, Zwergfalke	*Falco columbarius*	32
Pigeon: Rock Dove, Domestic Pigeon	Felsentaube (Haustaube) Straßentaube	*Columba livia*	65
Pigeon: Wood Pigeon, Ring Dove	Ringeltaube	*Columba palumbus*	65
pigeons and allies	Taubenvögel; Tauben und Flughühner	COLUMBIFORMES	64
pigeons, doves	Tauben	Columbidae	65
Pileated Woodpecker	Helm-, Schopf-, Hauben-specht	*Dryocopus pileatus*	99
Pine Bunting	Fichtenammer	*Emberiza leucocephalos*	155
Pine Grosbeak	Hakengimpel	*Pinicola enucleator*	161
Pine Siskin	Fichtenzeisig	*Carduelis pinus*	161
Pink-faced Nuthatch	Prachtkleiber	*Daphoenositta miranda*	147
Pink-footed Goose	Kurzschnabelgans	*Anser brachyrhynchus*	27
Pintail: Northern Pintail	Spießente	*Anas acuta*	27
Pin-tailed Sandgrouse	Spießflughuhn	*Pterocles alchata*	64
Piping Guan: Blue-throated Piping Guan, Trinidad Piping Guan, Common Piping Guan	Blaukehlguan	*Pipile pipile*	34
Pipipi, Brown Creeper, New Zealand Creeper	Finschia	*Finschia novaeseelandiae*	140
Pipit: Meadow Pipit	Wiesenpieper	*Anthus pratensis*	118
Pipit: Olive-backed Pipit	Waldpieper	*Anthus hodgsoni*	118
Pipit: Pechora Pipit	Petschorapieper	*Anthus gustavi*	118
Pipit: Red-throated Pipit	Rotkehlpieper	*Anthus cervinus*	118

Englisch	Deutsch	Latein	Familie nach Howard
Pipit: Richard's Pipit	Spornpieper	*Anthus novaeseelandiae*	118
Pipit: Rock Pipit	Strandpieper (Felsenpieper)	*Anthus petrosus*	118
Pipit: Tawny Pipit	Brachpieper	*Anthus campestris*	118
Pipit: Water Pipit	Wasserpieper (Bergpieper)	*Anthus spinoletta*	118
pipits	Pieper	*Anthus (Spipola)*	118
pipits and wagtails	Stelzen [einschl. Pieper]	Motacillidae	118
pittas	Pittas [ohne Neuseeland- und Lappenpittas]	Pittidae	111
Plain Chachalaca	Braunflügelguan	*Ortalis vetula*	34
Plains-Wanderer	Steppenläufer, Trappenlauf- hühnchen	*Pedionomus torquatus*	38
plantaine-eaters (touracos)	Lärmvögel [*Crinifer*]	*Crinifer*	69
plantcutters	Pflanzenmäher	Phytotomidae	110
Plover: Black-bellied Plover[Am], Grey Plover	Kiebitzregenpfeifer	*Pluvialis squatarola*	56
Plover: Caspian Plover	Wermutregenpfeifer	*Charadrius asiaticus*	56
Plover: Crab-Plover	Reiherläufer	*Dromas ardeola*	50
Plover: Egyptian Plover	Krokodilwächter	*Pluvianus aegyptius*	55
Plover: Eurasian Golden Plover	Goldregenpfeifer	*Pluvialis apricaria*	56
Plover: Greater Sand Plover	Wüstenregenpfeifer	*Charadrius leschenaultii*	56
Plover: Grey Plover, Black- bellied Plover[Am]	Kiebitzregenpfeifer	*Pluvialis squatarola*	56
Plover: Kentish Plover, Snowy Plover[Am]	Seeregenpfeifer	*Charadrius alexandrinus*	56
Plover: Killdeer	Schreiregenpfeifer, Keil- schwanz-Regenpfeifer	*Charadrius vociferus*	56
Plover: Lesser Golden Plover, American Golden Plover	Wanderregenpfeifer, Kleiner, Amerikanischer, Sibirischer Goldregen- pfeifer	*Pluvialis dominica*	56
Plover: Little Ringed Plover	Flußregenpfeifer	*Charadrius dubius*	56
Plover: Magellanic Plover	Magellanläufer, Magellan- Regenpfeifer	*Pluvianellus socialis*	56
Plover: Mongolian Sand Plover, Lesser Sand Plover	Mongolen-Regenpfeifer	*Charadrius mongolus*	56
Plover: Ringed Plover	Sandregenpfeifer	*Charadrius hiaticula*	56
Plover: Snowy Plover[Am], Kentish Plover	Seeregenpfeifer	*Charadrius alexandrinus*	56
Plover: Sociable Plover	Steppenkiebitz	*Vanellus gregaria*	56
Plover: Spur-winged Plover	Spornkiebitz	*Vanellus spinosus*	56
Plover, Swallow Plover → Collared Pratincole	Rotflügel-Brachschwalbe, Brachschwalbe	*Glareola pratincola*	55
Plover, Upland Plover[Am] → Upland Sandpiper	Prärieläufer	*Bartramia longicauda*	57
Plover: White-tailed Plover	Weißschwanzkiebitz	*Vanellus leucurus*	56
Plover → Quail Plover	Lerchenlaufhühnchen	*Turnix meiffrenii*	37
plovers and lapwings	Regenpfeifer	Charadriidae	56
Plushcap, Plush-capped Finch	Plüschkopftangare, Samt- kappenfink	*Catamblyrhynchos diadema*	155

Englisch	Deutsch	Latein	Familie nach Howard
Pochard: Common Pochard	Tafelente	Aythya ferina	27
Pomarine Skua, Pomarine Jaeger[Am]	Spatelraubmöwe, Mittlere Raubmöwe	Stercorarius pomarinus	60
Potoo: Common Potoo	Urutau	Nyctibius griseus	76
potoos	Tagschläfer (Schwalke und Urutau)	Nyctibius	76
Pratincole: Black-winged Pratincole	Schwarzflügel-Brach-schwalbe	Glareola nordmanni	55
Pratincole: Collared Pratin-cole (Swallow Plover)	Rotflügel-Brachschwalbe, Brachschwalbe	Glareola pratincola	55
pratincoles	eigentliche Brachschwal-ben	Glareola	55
pratincoles and coursers	Brachschwalben und Rennvögel; Brach-schwalbenartige	Glareolidae	55
Prothonotary Warbler [New World]	Zitronenwaldsänger	Protonotaria citrea	157
Pseudonestor, Maui Parrot-bill	Papageischnabelgimpel	Pseudonestor xanthophrys	158
Ptarmigan: Willow Grouse, Willow Ptarmigan[Am]	Moorschneehuhn	Lagopus lagopus	35
Ptarmigan (grouse), Rock Ptarmigan[Am]	Alpenschneehuhn	Lagopus mutus	35
ptarmigans (grouse)	Schneehühner	Lagopus	35
puffback-flycatchers	Schnäpperwürger, Klein-schnäpper [Batis]	Batis	138
puffback-flycatchers, wattle-eyes	Schnäpperwürger, Klein-schnäpper [Familie]	Platysteiridae	138
puffbirds	Faulvögel	Bucconidae	95
Puffin: Atlantic Puffin, Common Puffin	Papageitaucher	Fratercula arctica	63
puffins	Lunde (Papageitaucher)	Fratercula, Lunda	63
puffins: auks, murres and puffins	Alke[n]	Alcidae	63
Purple Finch	Purpurgimpel, Purpurfink	Carpodacus purpureus	161
Purple Gallinule: American Purple Gallinule	Zwergsultanshuhn	Porphyrula martinica (Galli-nula)	42
Purple Gallinule → Purple Swamphen	Purpurhuhn	Porphyrio porphyrio	42
Purple Heron	Purpurreiher	Ardea purpurea	20
Purple Martin (swallow)	Purpurschwalbe	Progne subis	117
Purple Sandpiper	Meerstrandläufer	Calidris maritima	57
Purple Swamphen, Purple Gallinule	Purpurhuhn	Porphyrio porphyrio	42
purpletufts	Seidenflecken	Iodopleura	108
Pygmy Cormorant	Zwergscharbe (Kormoran)	Phalacrocorax pygmeus	17
Pygmy Owl: Eurasian Pygmy Owl	Sperlingskauz	Glaucidium passerinum	73
pygmy parrots	Spechtpapageien, Kleinpa-pageien	Micropsitta	68
Pygmy Tit	Zwergmeise	Psaltria exilis	144

Englisch	Deutsch	Latein	Familie nach Howard
Pygmy Wren-Babbler	Moostimalie	*Pnoepyga pusilla*	132
Pyrrhuloxia	Schmalschnabelkardinal	*Cardinalis sinuatus*	155
. . . .	. . . .	. . . .	. . . . .
Quail	Wachtel	*Coturnix coturnix*	35
quail: New World quail, wood quail	Zahnwachteln	Odontophorinae	35
quail, partridges and pheasants	Fasanenartige (Fasanen, Feldhühner, Hühner)	Phasianidae	35
Quail Plover	Lerchenlaufhühnchen	*Turnix meiffrenii*	37
quail-thrushes, whipbirds	Flöter	Cinclosomatinae [Sibley]	131
Quetzal (Trogon)	Quesal	*Pharomachrus mocinno (mocino)*	83
Qwauk, Qwa Bird → Black-crowned Night Heron	Nachtreiher	*Nycticorax nycticorax*	20
. . . .	. . . .	. . . .	. . . . .
Radde's Warbler [Old World]	Bartlaubsänger	*Phylloscopus schwarzi*	136
Raggiana Bird-of-Paradise	Göttervogel	*Paradisaea raggiana*	172
Rail Babbler	Rallenläufer	*Eupetes macrocercus*	131
Rail: Sora	Carolina-Sumpfhuhn	*Porzana carolina*	42
Rail: Spotted Crake	Tüpfelsumpfhuhn	*Porzana porzana*	42
Rail: Water-Rail	Wasserralle	*Rallus aquaticus*	42
Rail: Weka, New Zealand Wood Rail	Wekaralle	*Gallirallus australis*	42
rails, coots and gallinules	Rallen	Rallidae	42
rails → cranes, rails and allies	Kranichvögel, Rallenvögel	GRUIFORMES	36
Rainbow Lorikeet	Allfarblori, Gebirgslori	*Trichoglossus haematodus*	66
raptors → birds of prey	Raubvögel → Greifvögel	FALCONIFORMES	28
Raven: Common Raven	Kolkrabe	*Corvus corax*	173
Razorbill, Razor-billed Auk[Am]	Tordalk	*Alca torda*	63
Razor-billed Curassow	Mitu (Hokko)	*Crax mitu*	34
Red Avadavat, Red Munia	Tigerfink (Prachtfink)	*Amandava amandava*	162
Red Crossbill[Am], Crossbill	Fichtenkreuzschnabel	*Loxia curvirostra*	161
Red Grouse, Grouse	Schottisches Moorschnee-huhn, Moorhuhn	*Lagopus scoticus*	35
Red Kite, Kite	Rotmilan, Roter Milan, Gabelweih	*Milvus milvus*	30
Red Knot	Knutt, Isländischer Strand-läufer	*Calidris canutus*	57
Red Munia, Red Avadavat	Tigerfink (Prachtfink)	*Amandava amandava*	162
Red Phalarope[Am], Grey Phalarope	Thorshühnchen, Breit-schnäbeliger Wasser-treter	*Phalaropus fulicarius*	57
Red-backed Sandpiper[Am], Dunlin	Alpen-Strandläufer	*Calidris alpina*	57
Red-backed Shrike	Neuntöter, Rotrücken-würger	*Lanius collurio collurio*	122
Red-bellied Woodpecker	Carolinaspecht	*Melanerpes carolinus*	99
Red-breasted Chat	Weißkehlen-Granatellus	*Granatellus venustus*	157

Englisch	Deutsch	Latein	Familie nach Howard
Red-breasted Flycatcher [OW]	Zwergschnäpper, Zwergfliegenschnäpper	*Muscicapa parva*	137
Red-breasted Goose	Rothalsgans	*Branta ruficollis*	27
Red-breasted Nuthatch	Kanadakleiber	*Sitta canadensis*	147
Red-eyed Vireo	Rotaugenvireo, Rotaugen-Laubwürger	*Vireo olivaceus*	159
Red-flanked Bluetail	Blauschwanz	*Erithacus cyanurus*	130
Red-footed Falcon	Rotfußfalke, Abendfalke	*Falco vespertinus*	32
Redhead	Rotkopfente, Amerikanische Tafelente	*Aythya americana*	27
Red-headed Woodpecker	Rotkopfspecht	*Melanerpes erythrocephalus*	99
Red-legged Seriema	Seriema	*Cariama cristata*	46
Red-necked Grebe, Holboell's Grebe[Am]	Rothalstaucher	*Podiceps grisegena*	9
Red-necked Phalarope, Northern Phalarope[Am]	Odinshühnchen, Schmalschnäbeliger Wassertreter	*Phalaropus lobatus*	57
Red-necked Stint, Rufous-necked Sandpiper	Rotkehl-Strandläufer	*Calidris ruficollis*	57
Redpoll: Arctic Redpoll, Hoary Redpoll[Am]	Polarbirkenzeisig	*Carduelis hornemanni*	161
Redpoll: Common Redpoll	Birkenzeisig	*Carduelis flammea*	161
Red-rumped Swallow	Rötelschwalbe	*Hirundo daurica*	117
Redshank	Rotschenkel (Wasserläufer)	*Tringa totanus*	57
Redshank: Spotted Redshank	Dunkelwasserläufer	*Tringa erythropus*	57
Red-shouldered Hawk	Rotschulterbussard	*Buteo lineatus*	30
Redstart: American Redstart [New World]	Rotschwanz-Waldsänger, Schnäpper-Waldsänger	*Setophaga ruticilla*	157
Redstart: Black Redstart [Old World]	Hausrotschwanz	*Phoenicurus ochruros*	130
Redstart [Old World]	Gartenrotschwanz	*Phoenicurus phoenicurus*	130
redstarts: Old World redstarts	Rotschwänze	*Phoenicurus*	130
redstarts [*Setophaga, Myioborus*] [New World]	Waldsänger [*Setophaga, Myioborus*]	*Setophaga, Myioborus*	157
Red-tailed Hawk, Redtail	Rotschwanzbussard	*Buteo jamaicensis*	30
Red-thighed Falconet	Rotschenkel-Zwergfalke, Rotkehlfälkchen	*Microhierax caerulescens*	32
Red-throated Diver, Red-throated Loon[Am]	Sterntaucher, Nordseetaucher	*Gavia stellata*	8
Red-throated Pipit	Rotkehlpieper	*Anthus cervinus*	118
Red-throated Thrush	Rotkehldrossel	*Turdus ruficollis ruficollis*	130
Redwing, Red-winged Blackbird	Rotschulter-Stärling, Rotflügel-Stärling	*Agelaius phoeniceus*	160
Redwing [Eurasian thrush]	Rotdrossel, Weindrossel	*Turdus iliacus (musicus)*	130
Reed Bunting	Rohrammer	*Emberiza schoeniclus*	155
Reed Warbler: Blyth's Reed Warbler [Old World]	Buschrohrsänger	*Acrocephalus dumetorum*	136
Reed Warbler: Great Reed Warbler [Old World]	Drosselrohrsänger	*Acrocephalus arundinaceus*	136

94

Englisch	Deutsch	Latein	Familie nach Howard
Reed Warbler [Old World]	Teichrohrsänger	*Acrocephalus scirpaceus*	136
reed warblers [Old World]	Rohrsänger	*Acrocephalus*	136
Reeve (Female), Ruff (Male)	Kampfläufer	*Philomachus pugnax*	57
Reeve's Pheasant	Königsfasan	*Syrmaticus reevesii*	35
Reunion Solitaire, White Dodo (extinct)	Réunion-Dronte (ausgestorben)	*Raphus solitarius (ext)*	65
rheas	Nandus	Rheidae	2
Rice Bird, Reed Bird → Bobolink	Reisstärling, Paperling, Bobolink	*Dolichonyx oryzivorus*	160
Richard's Pipit	Spornpieper	*Anthus novaeseelandiae*	118
Richardson's Owl[Am], Tengmalm's Owl	Rauhfußkauz	*Aegolius funereus*	73
Rifleman	Grenadier, Scheinkleiber	*Acanthisitta chloris*	112
Ring Dove, Wood Pigeon	Ringeltaube	*Columba palumbus*	65
Ring Ouzel	Ringdrossel, Ringamsel	*Turdus torquatus*	130
Ring-billed Gull	Ringschnabelmöwe, Delaware-Möwe	*Larus delawarensis*	61
Ringed Plover	Sandregenpfeifer	*Charadrius hiaticula*	56
Ringed Plover: Little Ringed Plover	Flußregenpfeifer	*Charadrius dubius*	56
Ring-necked Duck	Halsringente	*Aythya collaris*	27
Ring-necked Parakeet	Halsbandsittich	*Psittacula krameri*	68
Ring-necked Pheasant, Pheasant	Fasan, Ringfasan, Jagdfasan	*Phasianus colchicus (torquatus)*	35
River Warbler [Old World]	Schlagschwirl	*Locustella fluviatilis*	136
river-martins	Trugschwalben	*Pseudochelidon*	117
Roadrunner: Greater Roadrunner	Wegekuckuck (Kalifornischer Erdkuckuck)	*Geococcyx californianus*	71
Roadrunner: Lesser Roadrunner	Rennkuckuck	*Geogoccyx velox*	71
roadrunners, anis, cuckoos	Kuckucke	Cuculidae	71
roadrunners: ground-cuckoos and road-runners	Erdkuckucke	Neomorphinae	71
Robin: American Robin	Wanderdrossel	*Turdus migratorius*	130
Robin: European Robin	Rotkehlchen	*Erithacus rubecula*	130
Robin: Rufous Bush Robin	Afrikanischer Heckensänger	*Cercotrichas galactotes*	130
robins: scrub-robins [Africa]	Heckensänger [Afrika]	*Cercotrichas (Erythropygia)*	130
robins: scrub-robins [Australo-Papuan robins]	Scheindrosseln	*Drymodes*	130
robins → Australasian robins	Südseeschnäpper, Südseesänger	Eopsaltriidae	142
Rock Bunting	Zippammer	*Emberiza cia*	155
Rock Dove, Domestic Pigeon	Felsentaube (Haustaube) Straßentaube	*Columba livia*	65
Rock Nuthatch	Felsenkleiber	*Sitta neumayer*	147
Rock Pipit	Strandpieper (Felsenpieper)	*Anthus petrosus*	118
Rock Ptarmigan[Am], Ptarmigan (grouse)	Alpenschneehuhn	*Lagopus mutus*	35
Rock Sparrow [Old World]	Steinsperling	*Petronia petronia*	163

Englisch	Deutsch	Latein	Familie nach Howard
Rock Thrush	Steinrötel	*Monticola saxatilis*	130
Rock Thrush: Blue Rock Thrush	Blaumerle	*Monticola solitarius*	130
rockfowl, bald crows	Felshüpfer	*Picathartes*	134
Rockjumper: Rufous Rock-jumper	Felsenspringer	*Chaetops frenatus*	130
Rock-Partridge	Steinhuhn	*Alectoris graeca*	35
Rodriguez Solitaire (extinct)	Einsiedler (ausgestorben)	*Pezophaps solitaria (ext)*	65
Roller: African Broad-billed Roller	Zimtroller	*Eurystomus glaucurus*	88
Roller: Blue Roller	Blauracke, Mandelkrähe	*Coracias garrulus*	88
Roller: Dollar Bird, Eastern Broad-billed Roller	Dollarvogel	*Eurystomus orientalis*	88
Roller → Kirombo Courol, Cuckoo-Roller	Kurol	*Leptosomus discolor*	90
rollers: ground-rollers	Erdracken	Brachypteraciidae	89
rollers: typical rollers	eigentliche Racken, Baum-racken	Coraciidae	88
Rook	Saatkrähe	*Corvus frugilegus*	173
Rosa's Gull	Rosenmöwe	*Larus roseus*	61
Roseate Spoonbill	Rosalöffler	*Ajaia ajaja*	24
Roseate Stern	Rosenseeschwalbe	*Sterna dougallii*	61
Rose-breasted Grosbeak, Common Grosbeak	Rosenbrust-Kernknacker, Bischof	*Pheucticus ludovicianus*	155
Rose-coloured Starling	Rosenstar	*Sturnus roseus*	164
Rosefinch: Common Rose-finch[Am], Scarlet Gros-beak	Karmingimpel	*Carpodacus erythrinus*	161
Rough-legged Buzzard, Rough-legged Hawk[Am]	Rauhfußbussard	*Buteo lagopus*	30
Royal Tern	Königs-Seeschwalbe	*Sterna maxima*	61
Ruby-crowned Kinglet	Rubingoldhähnchen, Rot-krönchen	*Regulus calendula*	136
Ruby-throated Humming-bird	Rubinkehl-Kolibri	*Archilochus colubris*	81
Ruddy Shelduck	Rostgans	*Tadorna ferruginea*	27
Ruddy Turnstone	Steinwälzer	*Arenaria interpres*	57
Ruff (Male), Reeve (Female)	Kampfläufer	*Philomachus pugnax*	57
Ruffed Grouse	Kragenhuhn (Rauhfußhuhn)	*Bonasa umbellus*	35
Rufous Bush Robin	Afrikanischer Hecken-sänger	*Cercotrichas galactotes*	130
Rufous Rockjumper	Felsenspringer	*Chaetops frenatus*	130
Rufous-necked Sandpiper, Red-necked Stint	Rotkehl-Strandläufer	*Calidris ruficollis*	57
Rufous-sided Towhee	Grundammer, Grundrötel, Rötelgrundammer	*Pipilo erythrophthalmus*	155
Rufous-tailed Shrike, Isa-belline Shrike	Isabellwürger	*Lanius isabellinus*	122
Ruppell's Warbler [Old World]	Maskengrasmücke	*Sylvia rueppelli*	136
Rustic Bunting	Waldammer	*Emberiza rustica*	155

Englisch	Deutsch	Latein	Familie nach Howard
Sabine's Gull	Schwalbenmöwe	*Larus sabini*	61
Saddleback	Sattelvogel, Lappenstar	*Creadion carunculatus*	167
Saker Falcon	Würgfalke	*Falco cherrug*	32
Sand Martin, Bank Swallow[Am]	Uferschwalbe	*Riparia riparia*	117
Sand Plover: Greater Sand Plover	Wüstenregenpfeifer	*Charadrius leschenaultii*	56
Sand Plover: Mongolian Sand Plover, Lesser Sand Plover	Mongolen-Regenpfeifer	*Charadrius mongolus*	56
Sanderling	Sanderling (Strandläufer)	*Calidris alba*	57
sandgrouse	Flughühner	Pteroclididae (Pteroclidae)	64
Sandgrouse: Black-bellied Sandgrouse	Sandflughuhn	*Pterocles orientalis*	64
Sandgrouse: Chestnut-bellied Sandgrouse, Small Pin-tailed Sandgrouse	Braunbauch-Flughuhn	*Pterocles exustus*	64
Sandgrouse: Pallas's Sandgrouse	Steppenhuhn	*Syrrhaptes paradoxus*	64
Sandgrouse: Pin-tailed Sandgrouse	Spießflughuhn	*Pterocles alchata*	64
Sandpiper: Baird's Sandpiper	Bairdstrandläufer	*Calidris bairdii*	57
Sandpiper: Broad-billed Sandpiper	Sumpfläufer	*Limicola falcinellus*	57
Sandpiper: Buff-breasted Sandpiper	Grasläufer	*Tryngites subruficollis*	57
Sandpiper: Common Sandpiper	Flußuferläufer (Wasserläufer)	*Tringa hypoleuca*	57
Sandpiper: Curlew Sandpiper	Sichelstrandläufer	*Calidris ferruginea*	57
Sandpiper: Green Sandpiper	Waldwasserläufer	*Tringa ochropus*	57
Sandpiper: Least Sandpiper	Wiesenstrandläufer	*Calidris minutilla*	57
Sandpiper: Marsh Sandpiper	Teichwasserläufer	*Tringa stagnatilis*	57
Sandpiper: Pectoral Sandpiper	Graubrust-Strandläufer	*Calidris melanotos*	57
Sandpiper: Purple Sandpiper	Meerstrandläufer	*Calidris maritima*	57
Sandpiper: Red-backed Sandpiper[Am], Dunlin	Alpen-Strandläufer	*Calidris alpina*	57
Sandpiper: Rufous-necked Sandpiper, Red-necked Stint	Rotkehl-Strandläufer	*Calidris ruficollis*	57
Sandpiper: Semipalmated Sandpiper	Sandstrandläufer	*Calidris pusilla*	57
Sandpiper: Sharp-tailed Sandpiper	Spitzschwanz-Strandläufer	*Calidris acuminata*	57
Sandpiper: Solitary Sandpiper	Einsiedel-Wasserläufer	*Tringa solitaria*	57

Englisch	Deutsch	Latein	Familie nach Howard
Sandpiper: Spotted Sandpiper	Amerikanischer Drosseluferläufer (Wasserläufer)	*Tringa macularia*	57
Sandpiper: Stilt Sandpiper	Bindenstrandläufer	*Calidris himantopus*	57
Sandpiper: Terek Sandpiper	Terekwasserläufer	*Xenus cinereus*	57
Sandpiper: Upland Sandpiper, Upland Plover[Am]	Prärieläufer	*Bartramia longicauda*	57
Sandpiper: White-rumped Sandpiper	Weißbürzel-Strandläufer	*Calidris fuscicollis*	57
Sandpiper: Wood Sandpiper	Bruchwasserläufer	*Tringa glareola*	57
sandpipers, snipe	Schnepfen [einschl. Wasserläufer]; Schnepfenvögel	Scolopacidae	57
Sandwich Tern, Cabot's Tern[Am]	Brandseeschwalbe	*Sterna sandvicensis*	61
Sapsucker: Yellow-bellied Sapsucker	Feuerkopf-Saftlecker	*Sphyrapicus varius*	99
sapsuckers (woodpeckers)	Saftlecker, Saftsauger	*Sphyrapicus*	99
Sardinian Warbler [Old World]	Samtkopf-Grasmücke	*Sylvia melanocephala*	136
Savi's Warbler [Old World]	Rohrschwirl, Nachtigallrohrsänger	*Locustella luscinioides*	136
Scaly-breasted Wren-Babbler	Schuppentimalie	*Pnoepyga albiventer*	132
Scarlet Grosbeak, Common Rosefinch[Am]	Karmingimpel	*Carpodacus erythrinus*	161
Scarlet Tanager	Scharlachtangare	*Piranga olivacea*	155
Scaup: Greater Scaup	Bergente	*Aythya marila*	27
Scaup: Lesser Scaup	Kleine Bergente, Veilchenente	*Aythya affinis*	27
Schiffornis (manakins)	Drosselmanakins, Schiffornis	*Schiffornis*	107
scimitarbills, scimitar-billed hoopoes	Sichelhopfe [Baumhopfe]	Rhinopomastidae [Sibley]	92
Scops-Owl	Zwergohreule	*Otus scops*	73
Scoter: Common Scoter, Black Scoter[Am]	Trauerente	*Melanitta nigra*	27
Scoter: Velvet Scoter, White-winged Scoter[Am]	Samtente	*Melanitta fusca*	27
screamers	Wehrvögel [einschl. Tschajas]	Anhimidae	26
Screech Owl: Eastern Screech Owl	Kreischeule, Schreieule	*Otus asio*	73
screech owls	Eulen, Ohreulen	*Otus*	73
scrub-birds	Dickichtvögel	Atrichornithidae	115
scrub-robins [Africa]	Heckensänger [Afrika]	*Cercotrichas (Erythropygia)*	130
scrub-robins [Australo-Papuan robins]	Scheindrosseln	*Drymodes*	130
Scrubwarbler	Wüstenprinie	*Scotocerca inquieta*	136
scrubwrens	Südsee-Grasmücken [*Sericornis*], einschl. Stammhuscher	*Sericornis*	140

Englisch	Deutsch	Latein	Familie nach Howard
scythebills (woodcreepers)	Sensenschnäbel	*Campylorhamphus*	101
Sea Eagle: Gray Sea Eagle[Am], White-tailed Eagle	Seeadler, eigentliche Seeadler	*Haliaeetus albicilla*	30
Secretary-Bird	Sekretär	*Sagittarius serpentarius*	31
Sedge Warbler [Old World]	Schilfrohrsänger, Uferrohrsänger	*Acrocephalus schoenobaenus*	136
seedeaters [*Sporophila*]	Pfäffchen	*Sporophila*	155
seed-finches	Reisknacker	*Oryzoborus*	155
seedsnipe	Höhenläufer	Thinocoridae	58
Semicollared Flycatcher [OW]	Halbringschnäpper	*Ficedula semitorquata*	137
Semipalmated Sandpiper	Sandstrandläufer	*Calidris pusilla*	57
Seriema: Red-legged Seriema	Seriema	*Cariama cristata*	46
seriemas	Seriemas [einschl. Tschunja]	Cariamidae	46
Serin: European Serin	Girlitz	*Serinus serinus*	161
Shag (cormorant)	Krähenscharbe (Kormoran)	*Phalacrocorax aristotelis*	17
Sharpbill	Flammenkopf, Feuerkopf	*Oxyruncus cristatus*	109
Sharp-shinned Hawk	Streifensperber, Eckschwanzsperber	*Accipiter striatus*	30
Sharp-tailed Sandpiper	Spitzschwanz-Strandläufer	*Calidris acuminata*	57
Shearwater: Cory's Shearwater	Gelbschnabel-Sturmtaucher	*Puffinus diomedea*	11
Shearwater: Great Shearwater	Kappen-Sturmtaucher, Großer Sturmtaucher	*Puffinus gravis*	11
Shearwater: Little Shearwater	Kleiner Sturmtaucher	*Puffinus assimilis*	11
Shearwater: Manx Shearwater	Schwarzschnabel-Sturmtaucher	*Puffinus puffinus*	11
Shearwater: Short-tailed Shearwater	Kurzschnabel-Sturmvogel, Dünnschnäbeliger Sturmvogel	*Puffinus tenuirostris*	11
Shearwater: Sooty Shearwater	Dunkelsturmtaucher	*Puffinus griseus*	11
shearwaters	Sturmtaucher (Sturmvögel)	*Puffinus, Calonectris*	11
shearwaters and petrels (incl. fulmars)	Sturmvögel	*Procellariidae*	11
sheathbills	Scheidenschnäbel	Chionididae (Chionidae)	59
Shelduck	Brandgans, Brandente	*Tadorna tadorna*	27
Shelduck: Ruddy Shelduck	Rostgans	*Tadorna ferruginea*	27
Shoebill, Whalehead Stork	Schuhschnabel	*Balaeniceps rex*	22
Shore Lark, Horned Lark[Am]	Ohrenlerche	*Eremophila alpestris*	116
Short-billed Dowitcher	Kleiner Schlammläufer, Kurzschnabel-Schlammläufer	*Limnodromus griseus*	57
Short-eared Owl	Sumpfohreule	*Asio flammeus*	73
Short-tailed Shearwater	Kurzschnabel-Sturmvogel, Dünnschnäbeliger Sturmvogel	*Puffinus tenuirostris*	11

Englisch	Deutsch	Latein	Familie nach Howard
Short-toed Eagle	Schlangenadler	*Circaetus gallicus*	30
Short-toed Lark	Kurzzehenlerche	*Calandrella brachydactyla*	116
Short-toed Lark: Lesser Short-toed Lark	Stummellerche	*Calandrella rufescens*	116
Short-toed Tree Creeper	Gartenbaumläufer, Hausbaumläufer	*Certhia brachydactyla*	148
shortwings	Kurzflügel	*Brachypteryx*	130
Shovel-billed Kingfisher	Froschschnabel	*Clytoceyx rex*	84
Shoveler: Northern Shoveler	Löffelente	*Anas clypeata*	27
shrike babblers	Würgertimalien	*Pteruthius*	132
Shrike: Common Fiscal Shrike	Büttelwürger, Fiskalwürger	*Lanius collaris*	122
Shrike: Great Grey Shrike, Northern Shrike[Am]	Raubwürger	*Lanius excubitor*	122
Shrike: Isabelline Shrike, Rufous-tailed Shrike	Isabellwürger	*Lanius isabellinus*	122
Shrike: Lesser Grey Shrike	Schwarzstirnwürger	*Lanius minor*	122
Shrike: Loggerhead Shrike	Louisianawürger, Ludwigswürger	*Lanius ludovicianus*	122
Shrike: Masked Shrike	Maskenwürger	*Lanius nubicus*	122
Shrike: Red-backed Shrike	Neuntöter, Rotrückenwürger	*Lanius collurio collurio*	122
Shrike: Rufous-tailed Shrike, Isabelline Shrike	Isabellwürger	*Lanius isabellinus*	122
Shrike: White-crowned Shrike	Weißscheitelwürger, Schlangenwürger	*Eurocephalus anguitimens*	122
Shrike: Woodchat Shrike	Rotkopfwürger	*Lanius senator*	122
Shrike → Madagascar Nuthatch (vanga shrike)	Madagaskar-Kleiber, Kleibervanga	*Hypositta corallirostris*	123
shrikes	Würger, eigentliche Würger	Laniinae	122
shrikes: bush-shrikes	Buschwürger	Malaconotinae	122
shrikes: helmet-shrikes	Brillenwürger	Prionopinae	122
shrikes: long-tailed shrikes	Elsterwürger	*Corvinella*	122
shrikes: pepper shrikes	Vireos [Cyclarhinae]	Cyclarhinae	159
shrikes → cuckoo-shrikes	Stachelbürzler, Kuckckswürger, Raupenfresser	Campephagidae	119
shrikes → vanga shrikes	Vangawürger, Blauwürger, Vangas	Vangidae	123
shrikes → wood shrikes	Tephrodornis	*Tephrodornis*	119
Shrike-Tit: Crested Shrike-Tit	Meisendickkopf	*Falcunculus frontatus*	143
Siberian Accentor	Bergbraunelle	*Prunella montanella*	129
Siberian Jay	Unglückshäher	*Perisoreus infaustus*	173
Siberian Thrush	Schieferdrossel, Sibirische Drossel	*Turdus sibiricus*	130
Siberian Tit	Lapplandmeise	*Parus cinctus*	146
sicklebills, sickle-billed birds of paradise	Sichelhopfe [Paradiesvögel]	*Epimachus, Drepanornis*	172
sierra-finches	Ämmerlinge	*Phrygilus*	155
silky-flycatchers	Seidenschnäpper	Ptilogonatinae	124

100

Englisch	Deutsch	Latein	Familie nach Howard
Silver-Eye: Gray-breasted Silver-Eye	Silberauge, Mantelbrillen-vogel	*Zosterops lateralis*	153
Siskin: Eurasian Siskin	Erlenzeisig, Zeisig	*Carduelis spinus*	161
Siskin: Pine Siskin	Fichtenzeisig	*Carduelis pinus*	161
Sittella: Australian Sittella (Sitella)	Spiegelkleiber	*Neositta chrysoptera*	147
Skimmer: Black Skimmer	Schwarzer Scherenschna-bel, Schwarzmantel-Scherenschnabel	*Rynchops niger (nigra)*	62
skimmers	Scherenschnäbel	*Rynchops*	62
Skua: Arctic Skua, Parasitic Jaeger, Arctic Jaeger[Am]	Schmarotzerraubmöwe	*Stercorarius parasiticus*	60
Skua: Great Skua	Große Raubmöwe (Skua)	*Catharacta skua*	60
Skua: Long-tailed Skua, Long-tailed Jaeger[Am]	Falkenraubmöwe, Kleine Raubmöwe	*Stercorarius longicaudus*	60
Skua: Pomarine Skua, Pomarine Jaeger[Am]	Spatelraubmöwe, Mittlere Raubmöwe	*Stercorarius pomarinus*	60
skuas, jaegers	Raubmöwen	Stercorariidae	60
Skylark: Eurasian Skylark	Feldlerche	*Alauda arvensis*	116
Slate-colored Junko → Dark-eyed Junco	Junko, Winterammer, Winterjunko	*Junco hyemalis (hyemalis)*	155
Slavonian Grebe, Horned Grebe[Am]	Ohrentaucher	*Podiceps auritus*	9
Slender-billed Curlew	Dünnschnabel-Brachvogel	*Numenius tenuirostris*	57
Slender-billed Gull	Dünnschnabelmöwe	*Larus genei*	61
Small Pin-tailed Sand-grouse → Chestnut-bellied Sandgrouse	Braunbauch-Flughuhn	*Pterocles exustus*	64
Smew (merganser)	Zwergsäger	*Mergus albellus*	27
Snipe: Common Snipe, Wilson's Snipe[Am]	Bekassine (Sumpf-schnepfe)	*Gallinago gallinago*	57
Snipe: Great Snipe	Doppelschnepfe	*Gallinago media*	57
snipe, sandpipers	Schnepfen [einschl. Was-serläufer]; Schnepfen-vögel	Scolopacidae	57
snipe, snipes	Bekassinen (Sumpf-schnepfen)	*Gallinago*	57
Snipe: Wilson's Snipe[Am], Common Snipe	Bekassine (Sumpf-schnepfe)	*Gallinago gallinago*	57
snipe → painted snipe	Goldschnepfen	Rostratulidae	49
Snow Bunting	Schneeammer	*Plectrophenax nivalis*	155
Snow Finch	Schneefink, Schnee-sperling	*Montifringilla nivalis*	163
snow finches	Schneefinken	*Montifringilla*	163
Snow Goose (incl. Blue Goose)	Schneegans	*Anser caerulescens*	27
snowcocks	Königshühner, Felsen-hühner	*Tetraogallus*	35
Snowy Owl	Schnee-Eule	*Nyctea scandiaca*	73
Snowy Plover[Am], Kentish Plover	Seeregenpfeifer	*Charadrius alexandrinus*	56

101

Englisch	Deutsch	Latein	Familie nach Howard
Sociable Plover	Steppenkiebitz	*Vanellus gregaria*	56
social weavers	Spätzlinge	*Pseudonigrita*	163
Solitaire: Reunion Solitaire, White Dodo (extinct)	Réunion-Dronte (ausgestorben)	*Raphus solitarius (ext)*	65
Solitaire: Rodriguez Solitaire (extinct)	Einsiedler (ausgestorben)	*Pezophaps solitaria (ext)*	65
Solitaire: Townsend's Solitaire	Bergklarino	*Myadestes townsendi*	130
solitaires, thrushes and allies	Drosseln	Turdidae	130
solitaires → dodos and solitaires (extinct)	Dronten, Einsiedler (ausgestorben)	Raphidae (ext)	65
Solitary Sandpiper	Einsiedel-Wasserläufer	*Tringa solitaria*	57
Sombre Tit	Trauermeise	*Parus lugubris*	146
Song Sparrow [New World]	Singammer	*Melospiza melodia*	155
Song Thrush	Singdrossel	*Turdus philomelos (ericetorum)*	130
songbirds	Singvögel	*PASSERES*	116
Sooty Shearwater	Dunkelsturmtaucher	*Puffinus griseus*	11
Sooty Tern	Rußseeschwalbe	*Sterna fuscata*	61
Sora (Rail)	Carolina-Sumpfhuhn	*Porzana carolina*	42
Spanish Sparrow	Weidensperling	*Passer hispaniolensis*	163
Sparrow: American Tree Sparrow	Baumammer, Amerikanischer Baumfink	*Spizella arborea*	155
Sparrow: Eurasian Tree Sparrow	Feldsperling	*Passer montanus*	163
Sparrow: Field Sparrow [New World] [!]	Klapperammer, Feldammer [!]	*Spizella pusilla*	155
Sparrow Hawk: American Sparrow Hawk → American Kestrel	Buntfalke, Sperlingsfalke	*Falco sparverius*	32
Sparrow Hawk: European Sparrow Hawk	Sperber	*Accipiter nisus*	30
Sparrow Hawk: Levant Sparrow Hawk	Kurzfangsperber, Kurzfanghabicht	*Accipiter brevipes*	30
sparrow hawks, goshawks	Habichte, Sperber	*Accipiter*	30
Sparrow, Hedge Sparrow → Dunnock (accentor)	Heckenbraunelle	*Prunella modularis*	129
Sparrow: House Sparrow, English Sparrow	Spatz, Haussperling	*Passer domesticus*	163
Sparrow: Italian Sparrow	Italiensperling	*Passer domesticus italiae*	163
Sparrow: Rock Sparrow [Old World]	Steinsperling	*Petronia petronia*	163
Sparrow: Song Sparrow [New World]	Singammer	*Melospiza melodia*	155
Sparrow: Spanish Sparrow	Weidensperling	*Passer hispaniolensis*	163
Sparrow: White-crowned Sparrow [New World]	Dachsammer	*Zonotrichia leucophrys*	155
Sparrow: White-throated Sparrow [New World]	Weißkehlammer	*Zonotrichia albicollis*	155
sparrows: New World sparrows	Scharrammern	*Spizella, Zonotrichia etc.*	155

Englisch	Deutsch	Latein	Familie nach Howard
sparrows: Old World sparrows	Sperlinge	*Passer*	163
sparrows, weavers	Webervögel (Weber, Weberfinken)	Ploceidae	163
Spectacled Warbler [Old World]	Brillengrasmücke	*Sylvia conspicillata*	136
spider hunters	Spinnenjäger, Spinnenfresser	*Arachnothera*	152
Spoonbill: Common Spoonbill, White Spoonbill	Löffler	*Platalea leucorodia*	24
Spoonbill: Roseate Spoonbill	Rosalöffler	*Ajaia ajaja*	24
spoonbills	Löffler	Plataleinae	24
spoonbills → ibises and spoonbills	Sichler (Ibisse) und Löffler	Threskiornithidae	24
Spotless Starling	Einfarbstar	*Sturnus unicolor*	164
Spotted Crake (Rail)	Tüpfelsumpfhuhn	*Porzana porzana*	42
Spotted Creeper	Stammsteiger, gefleckter Baumsteiger	*Salpornis spilonotus (-nata)*	148
Spotted Cuckoo: Great Spotted Cuckoo	Häherkuckuck	*Clamator glandarius*	71
Spotted Eagle	Schelladler	*Aquila clanga*	30
Spotted Eagle: Lesser Spotted Eagle	Schreiadler	*Aquila pomarina*	30
Spotted Flycatcher [OW]	Grauschnäpper	*Muscicapa striata*	137
Spotted Redshank	Dunkelwasserläufer	*Tringa erythropus*	57
Spotted Sandpiper	Amerikanischer Drosseluferläufer (Wasserläufer)	*Tringa macularia*	57
Spotted Woodpecker: Great Spotted Woodpecker	Buntspecht, großer Buntspecht	*Picoides major*	99
Spotted Woodpecker: Lesser Spotted Woodpecker	Kleinspecht, kleiner Buntspecht, Zwergspecht	*Picoides minor*	99
Spotted Woodpecker: Middle Spotted Woodpecker	Mittelspecht	*Picoides medius*	99
Spur-winged Plover	Spornkiebitz	*Vanellus spinosus*	56
Starling: European Starling	Star	*Sturnus vulgaris*	164
Starling: Rose-coloured Starling	Rosenstar	*Sturnus roseus*	164
Starling: Spotless Starling	Einfarbstar	*Sturnus unicolor*	164
starlings	Stare	Sturnidae	164
Steppe Eagle	Steppenadler	*Aquila nipalensis*	30
Stern: Roseate Stern	Rosenseeschwalbe	*Sterna dougallii*	61
Stilt: Banded Stilt	Schlammstelzer	*Cladorhynchus leucocephalus*	53
Stilt: Black-necked Stilt	Amerikanischer Stelzenläufer	*Himantopus mexicanus*	53
Stilt: Black-winged Stilt	Stelzenläufer	*Himantopus himantopus*	53
Stilt Sandpiper	Bindenstrandläufer	*Calidris himantopus*	57

Englisch	Deutsch	Latein	Familie nach Howard
stilts → avocets and stilts	Stelzenläufer [einschl. Säbelschnäbler]	Recurvirostridae	53
Stint: Little Stint	Zwergstrandläufer	*Calidris minuta*	57
Stint: Red-necked Stint, Rufous-necked Sandpiper	Rotkehl-Strandläufer	*Calidris ruficollis*	57
Stint: Temminck's Stint	Temminck-Strandläufer	*Calidris temminckii*	57
Stock Dove	Hohltaube	*Columba oenas*	65
Stonechat	Schwarzkehlchen	*Saxicola torquata*	130
Stone-Curlew	Triel	*Burhinus oedicnemus*	54
stone-curlews, thick-knees	Triele	Burhinidae	54
Stork: Black Stork	Schwarzstorch	*Ciconia nigra*	23
Stork: Hammerhead Stork, Hammerkop	Schattenvogel, Hammerkopf	*Scopus umbretta*	21
Stork: Whalehead Stork, Shoebill	Schuhschnabel	*Balaeniceps rex*	22
Stork: White Stork	Weißstorch	*Ciconia ciconia*	23
Stork: Wood Stork	Waldstorch (Waldibis)	*Mycteria americana*	23
Stork: Yellow-billed Stork, Wood Ibis	Nimmersatt	*Mycteria ibis*	23
storks	Störche, Marabus	Ciconiidae	23
Storm-Petrel	Sturmschwalbe	*Hydrobates pelagicus*	12
Storm-Petrel: Leach's Storm-Petrel	Wellenläufer	*Oceanodroma leucorhoa*	12
storm-petrels	Sturmschwalben	Hydrobatidae	12
Subalpine Warbler [Old World]	Weißbart-Grasmücke	*Sylvia cantillans*	136
sugarbirds	Proteavögel (Honigfresser)	Promeropinae [Sibley]	154
sunbirds	Nektarvögel	Nectariniidae	152
sunbirds: false sunbirds	Trugnektarvögel, Nektarpittas, Nektarjalas	*Neodrepanis*	113
Sunbittern	Sonnenralle	*Eurypyga helias*	45
sungrebes, finfoots	Binsenrallen, Binsenhühner	Heliornithidae	43
Superciliaried Hemispingus	Augenbrauen-Hemispingus	*Hemispingus superciliaris*	155
suthoras → parrotbills	Papageischnäbel, Papageimeisen, Rohrmeisen, Papageischwänze, Bartmeisen	Panuridae (Paradoxornithidae)	133
Swainson's Thrush	Zwergdrossel, Swainsondrossel	*Turdus ustulatus*	130
Swallow: Bank Swallow[Am], Sand Martin	Uferschwalbe	*Riparia riparia*	117
Swallow: Barn Swallow	Rauchschwalbe	*Hirundo rustica*	117
Swallow: Crag Martin	Felsenschwalbe	*Hirundo rupestris*	117
Swallow: House Martin	Mehlschwalbe	*Delichon urbica*	117
Swallow: Purple Martin	Purpurschwalbe	*Progne subis*	117
Swallow: Red-rumped Swallow	Rötelschwalbe	*Hirundo daurica*	117
Swallow Tailed Kite	Schwalbenweih, Schwalbenschwanz-Weihe	*Elanoides forficatus*	30
Swallow-Plover → Collared Pratincole	Rotflügel-Brachschwalbe, Brachschwalbe	*Glareola pratincola*	55

Englisch	Deutsch	Latein	Familie nach Howard
swallows, martins	Schwalben	Hirundinidae	117
swallows → wood-swallows	Schwalbenstare	Artamidae	169
Swallow-Tanager	Schwalbentangare	*Tersina viridis*	155
Swamphen: Purple Swamphen, Purple Gallinule	Purpurhuhn	*Porphyrio porphyrio*	42
Swan: Bewick's Swan	Zwergschwan	*Cygnus bewicki*	27
Swan: Mute Swan	Höckerschwan	*Cygnus olor*	27
Swan: Tundra Swan, Whistling Swan	Tundraschwan, Pfeifschwan	*Cygnus columbianus*	27
Swan: Whooper Swan	Singschwan	*Cygnus cygnus*	27
swans	Schwäne	*Cygnus etc.*	27
swans, geese and ducks	Entenartige, Entenvögel	Anatidae	27
swans, geese, whistling-ducks	Gänsevögel	Anserinae	27
Swift: Alpine Swift	Alpensegler	*Apus melba*	79
Swift: Band-rumped Swift	Dornensegler	*Chaetura spinicauda*	79
Swift: Chimney Swift	Kaminsegler, Schornsteinsegler	*Chaetura pelagica*	79
Swift: Common Swift	Mauersegler, Turmschwalbe	*Apus apus*	79
Swift: Pallid Swift	Fahlsegler	*Apus pallidus*	79
Swift: White-rumped Swift	Kaffernsegler	*Apus caffer*	79
swiftlets	Salanganen [*Collocalia*]	*Collocalia*	79
swifts	Segler, eigentliche Segler	*Chaetura, Apus*	79
swifts and hummingbirds	Schwirrflügler; Segler und Kolibris	APODIFORMES	79
swifts: typical swifts	eigentliche Segler, Schwalbensegler	Apodidae	79
swifts → crested swifts, treeswifts	Baumsegler	*Hemiprocne*	80
swimmers: tube-nosed swimmers	Röhrennasen	PROCELLARIIFORMES	10
Syrian Woodpecker	Blutspecht	*Picoides syriacus*	99
Tailed Kite: Swallow Tailed Kite	Schwalbenweih, Schwalbenschwanz-Weihe	*Elanoides forficatus*	30
tailor birds	Schneidervögel	*Orthotomus*	136
Tanager Finch	Tangarenbuschammer	*Oreothraupis arremonops*	155
Tanager: Scarlet Tanager	Scharlachtangare	*Piranga olivacea*	155
Tanager: Swallow-Tanager	Schwalbentangare	*Tersina viridis*	155
tanagers	Edeltangaren, eigentliche Tangaren	Thraupinae	155
tanagers, buntings, cardinals	Ammern	Emberizidae	155
tanagers: bush-tanagers	Buschtangaren	*Chlorospingus*	155
tanagers: honeycreepers	Naschvögel, Türkisvögel	*Cyanerpes, Chlorophanes*	155
tapaculos	Bürzelstelzler, Buschschlüpfer, Tapaculos	Rhinocryptidae	105
Tawny Frogmouth, Morepork, Mopoke	Eulenschwalm	*Podargus strigoides*	75

105

Englisch	Deutsch	Latein	Familie nach Howard
Tawny Owl	Waldkauz, eigentlicher Waldkauz	*Strix aluco*	73
Tawny Pipit	Brachpieper	*Anthus campestris*	118
Teal: Baikal Teal	Gluckente	*Anas formosa*	27
Teal: Common Teal, Green-winged Teal	Krickente	*Anas crecca*	27
Temminck's Stint	Temminck-Strandläufer	*Calidris temminckii*	57
Temminck-Tragopan	Temminck-Tragopan	*Tragopan temminckii*	35
Tengmalm's Owl, Boreal Owl[Am]	Rauhfußkauz	*Aegolius funereus*	73
Terek Sandpiper	Terekwasserläufer	*Xenus cinereus*	57
Tern: Arctic Tern	Küstenseeschwalbe	*Sterna paradisaea (macrura)*	61
Tern: Black Tern	Trauerseeschwalbe	*Chlidonias niger*	61
Tern: Cabot's Tern[Am], Sandwich Tern	Brandseeschwalbe	*Sterna sandvicensis*	61
Tern: Caspian Tern	Raubseeschwalbe	*Sterna caspia*	61
Tern: Common Tern	Fluß-Seeschwalbe	*Sterna hirundo*	61
Tern: Forster's Tern	Sumpfseeschwalbe	*Sterna forsteri*	61
Tern: Gull-billed Tern	Lachseeschwalbe	*Sterna nilotica*	61
Tern: Little Tern, Least Tern[Am]	Zwergseeschwalbe	*Sterna albifrons*	61
Tern: Royal Tern	Königs-Seeschwalbe	*Sterna maxima*	61
Tern: Sandwich Tern, Cabot's Tern[Am]	Brandseeschwalbe	*Sterna sandvicensis*	61
Tern: Sooty Tern	Rußseeschwalbe	*Sterna fuscata*	61
Tern: Whiskered Tern	Weißbart-Seeschwalbe	*Chlidonias hybrida*	61
Tern: White-winged Black Tern	Weißflügel-Seeschwalbe	*Chlidonias leucopterus*	61
terns	Seeschwalben	Sterninae	61
terns and gulls	Seeschwalben und Möwen	Laridae	61
Thekla Lark	Theklalerche	*Galerida theklae*	116
thicketbirds → grass-warblers	Schilfsteiger etc.	Megalurinae [Sibley]	136
thick-knees, stone-curlews	Triele	Burhinidae	54
thornbills, flyeaters [family]	Südsee-Grasmücken	Acanthizidae	140
thornbills [*Acanthiza*]	Dornschnäbel	*Acanthiza*	140
thornbills [*Chalcostigma*]	Glanzschwänzchen	*Chalcostigma*	81
thornbirds	Bündelnister	*Phacellodomus*	102
Thrasher: Brown Thrasher	Rotrücken-Spottdrossel, Rote Spottdrossel, Rotrückensichler	*Toxostoma rufum*	128
thrashers, mockingbirds	Spottdrosseln	Mimidae	128
Three-toed Woodpecker	Dreizehenspecht	*Picoides tridactylus*	99
thrush babblers [*Illadopsis*]	Buschdrosslinge	*Illadopsis*	132
Thrush: Black-throated Thrush	Schwarzkehldrossel	*Turdus ruficollis atrogularis*	130
Thrush: Dark-throated Thrush	Bechsteindrossel	*Turdus ruficollis*	130
Thrush: Dusky Thrush	Rostflügeldrossel	*Turdus naumanni eunomus*	130
Thrush: Eye-browed Thrush	Weißbrauendrossel	*Turdus obscurus*	130

Englisch	Deutsch	Latein	Familie nach Howard
Thrush: Fieldfare	Wacholderdrossel, Krammetsvogel	*Turdus pilaris*	130
Thrush: Mistle Thrush	Misteldrossel	*Turdus viscivorus*	130
Thrush: Naumann's Thrush	Naumanndrossel	*Turdus naumanni naumanni*	130
Thrush Nightingale, Eastern Nightingale, Sprosser	Sprosser	*Luscinia luscinia (Erithacus)*	130
Thrush: Red-throated Thrush	Rotkehldrossel	*Turdus ruficollis ruficollis*	130
Thrush: Redwing (Eur. thrush)	Rotdrossel, Weindrossel	*Turdus iliacus*	130
Thrush: Ring Ouzel	Ringdrossel, Ringamsel	*Turdus torquatus*	130
Thrush: Rock Thrush	Steinrötel	*Monticola saxatilis*	130
Thrush: Siberian Thrush	Schieferdrossel, Sibirische Drossel	*Turdus sibiricus*	130
Thrush: Song Thrush	Singdrossel	*Turdus philomelos (ericetorum)*	130
Thrush: Swainson's Thrush	Zwergdrossel, Swainsondrossel	*Turdus ustulatus*	130
Thrush: White's Thrush	Erddrossel	*Turdus dauma*	130
Thrush: Wood Thrush	Walddrossel	*Hylocichla mustelina*	130
Thrush → Louisiana Waterthrush	Stelzenwaldsänger	*Seiurus motacilla*	157
Thrush → Northern Waterthrush	Uferwaldsänger, Drosselwaldsänger	*Seiurus noveboracensis*	157
Thrush → Wren-Thrush	Zaunkönigsdrossel	*Zeledonia coronata*	157
thrushes, mimic thrushes, mimine thrushes → mockingbirds, thrashers	Spottdrosseln	Mimidae	128
thrushes → laughingthrushes	Häherlinge	*Garrulax*	132
thrushes → solitaires, thrushes and allies	Drosseln	Turdidae	130
thrush-like manakins → Schiffornis	Drosselmanakins, Schiffornis	*Schiffornis*	107
tinamous	Steißhühner, Tinamus	Tinamidae	6
tinkerbirds (barbets)	Bartvögel [*Pogoniulus*], Honigfresser	*Pogoniulus*	96
Tit: Azur Tit	Lasurmeise	*Parus cyanus*	146
Tit Berrypecker	Gelbbauch-Beerenpicker	*Oreocharis arfaki*	151
Tit: Blue Tit	Blaumeise	*Parus caeruleus*	146
Tit: Bushtit	Buschmeise (Schwanzmeise)	*Psaltriparus minimus*	144
Tit: Coal Tit [!]	Tannenmeise [!]	*Parus ater*	146
Tit: Crested Tit	Haubenmeise	*Parus cristatus*	146
Tit: Great Tit [!]	Kohlmeise	*Parus major*	146
Tit: Long-tailed Tit	Schwanzmeise	*Aegithalos caudatus*	144
Tit: Marsh Tit	Sumpfmeise, Nonnenmeise	*Parus palustris*	146
Tit: Penduline-Tit	Beutelmeise	*Remiz pendulinus*	145
Tit: Pygmy Tit	Zwergmeise	*Psaltria exilis*	144
Tit: Siberian Tit	Lapplandmeise	*Parus cinctus*	146
Tit: Sombre Tit	Trauermeise	*Parus lugubris*	146

Englisch	Deutsch	Latein	Familie nach Howard
Tit: Willow Tit	Weidenmeise, Mönchs-meise	*Parus montanus*	146
Tit → Bearded Reedling, Bearded Tit	Bartmeise	*Panurus biarmicus*	133
Tit → Crested Shrike-Tit	Meisendickkopf	*Falcunculus frontatus*	143
tit → Wrentit	Zaunkönigsmeise, Chaparraltimalie, Zaunkönigs-Grasmücke	*Chamaea fasciata*	132
titmice and chickadees[Am], tits	Meisen	*Parus*	146
Titmouse: Tufted Titmouse, Black-crested Titmouse	Indianermeise, Zweifarb-meise	*Parus bicolor*	146
tits: long-tailed tits and bushtits	Schwanzmeisen	Aegithalidae	144
tits, titmice and chicka-dees[Am]	Meisen	*Parus*	146
tits → penduline-tits	Beutelmeisen	Remizidae	145
tityras	Tityras	*Tityra*	106
tityras, becards, Schiffornis	Tityras, Bekarden, Drossel-manakins	Tityrinae [Sibley]	106
todies	Todis	*Todus*	85
toucans [incl. toucanets]	Tukane, Pfefferfresser	Ramphastidae (Rhamphastidae)	98
touracos: go-away-birds	Lärmvögel [*Corythaixoides*]	*Corythaixoides*	69
touracos: plantaine-eaters	Lärmvögel [*Crinifer*]	*Crinifer*	69
touracos, turacos	Turakos, Lärmvögel	Musophagidae	69
Towhee: Rufous-sided Towhee	Grundammer, Grundrötel, Rötelgrundammer	*Pipilo erythrophthalmus*	155
Townsend's Solitaire	Bergklarino	*Myadestes townsendi*	130
Tragopan: Temminck-Trago-pan	Temminck-Tragopan	*Tragopan temminckii*	35
tragopans	Tragopane, Satyrhühner	*Tragopan*	35
Tree Creeper: Common Tree Creeper	Waldbaumläufer	*Certhia familiaris*	148
Tree Creeper: Short-toed Tree Creeper	Gartenbaumläufer, Haus-baumläufer	*Certhia brachydactyla*	148
tree creepers, creepers	Baumläufer	Certhiidae	148
tree ducks → whistling ducks	Pfeifgänse (Baumenten)	*Dendrocygna*	27
Tree Pipit: Brown Tree Pipit	Baumpieper	*Anthus trivialis*	118
Tree Sparrow: American Tree Sparrow	Baumammer, Amerikani-scher Baumfink	*Spizella arborea*	155
Tree Sparrow: Eurasian Tree Sparrow	Feldsperling	*Passer montanus*	163
tree-finches (Darwin's finches)	Darwinfinken	*Camarhynchus*	155
treepies [*Dendrocitta*]	Baumelster und Wander-elster	*Dendrocitta*	173
treerunners	Stachelschwänze	*Margarornis*	102
treeswifts, crested swifts	Baumsegler	*Hemiprocne*	80
Triller: Black-breasted Triller	Fruchtpicker	*Chlamydochaera jefferyi*	119

Englisch	Deutsch	Latein	Familie nach Howard
trillers [Lalage]	Lalage (Raupenschmätzer)	*Lalage*	119
Trogon: Quetzal (Trogon)	Quesal	*Pharomachrus mocinno (mocino)*	83
trogons	Trogons	Trogonidae	83
tropical buntings	tropische Ammern	*Passerina*	155
tropicbirds	Tropikvögel	*Phaeton*	14
true thrushes	Drosseln, echte Drosseln	*Turdus*	130
true thrushes [solitaires, thrushes and allies]	Drosseln	Turdidae	130
true warblers, OW warblers [*Sylvia*]	Grasmücken [*Sylvia*]	*Sylvia*	136
true woodpeckers	Stützschwanzspechte	Picinae	99
Trumpeter Bullfinch, Trumpeter Finch	Wüstengimpel	*Bucanetes githagineus*	161
trumpeters	Trompetervögel	*Psophia*	41
tube-nosed swimmers	Röhrennasen	PROCELLARIIFORMES	10
Tufted Titmouse	Indianermeise, Zweifarbmeise	*Parus bicolor*	146
Tui, Parson Bird	Tui, Priestervogel, Pastorvogel	*Prosthemadera novaeseelandiae*	154
Tundra Swan, Whistling Swan	Tundraschwan, Pfeifschwan	*Cygnus columbianus*	27
turacos, touracos	Turakos, Lärmvögel	Musophagidae	69
Turkey Vulture [New World] (Buzzard[Am])	Truthahngeier [Neuweltgeier]	*Cathartes aura*	28
Turkey, Water Turkey → Anhinga	Anhinga (Amerikanischer Schlangenhalsvogel)	*Anhinga anhinga*	18
Turkey, Wild Turkey	Wildtruthuhn	*Meleagris gallopavo*	35
Turnstone: Ruddy Turnstone	Steinwälzer	*Arenaria interpres*	57
turnstones	Steinwälzer	*Arenaria*	57
Turtle Dove: Collared Turtle Dove	Türkentaube	*Streptopelia decaocto*	65
Turtle-Dove	Turteltaube	*Streptopelia turtur*	65
Twite	Berghänfling	*Carduelis flavirostris*	161
Two-barred Crossbill, White-winged Crossbill[Am]	Bindenkreuzschnabel	*Loxia leucoptera*	161
typical antbirds, antshrikes	Ameisenwürger, Wollrücken	Thamnophilinae [AOU]	103
typical owls	eigentliche Eulen; Ohreulen und Käuze	Strigidae	73
typical parrots	Papageien, eigentliche	Psittacinae	68
typical rollers	eigentliche Racken, Baumracken	Coraciidae	88
typical swifts	eigentliche Segler, Schwalbensegler	Apodidae	79
tyrannine flycatchers [NW]	Tyrannen, Königstyrannen	Tyranninae	106
tyrannulets, elaenias and allies	Fliegenstecher	Elaeniinae [AOU]	106
tyrant flycatchers [NW]	Tyrannen	Tyrannidae	106
Upland Sandpiper, Upland Plover[Am]	Prärieläufer	*Bartramia longicauda*	57

109

Englisch	Deutsch	Latein	Familie nach Howard
Ural Owl	Habichtskauz	*Strix uralensis*	73
vanga shrikes	Vangawürger, Blauwürger, Vangas	Vangidae	123
Veery	Weidendrossel, Wilsondrossel, Wiesendrossel	*Catharus fuscescens*	130
Velvet Scoter, White-winged Scoter[Am]	Samtente	*Melanitta fusca*	27
Verdin	Gelbkopfmeise, Goldköpfchen	*Auriparus flaviceps*	145
vermivoras (wood warblers)	Vermivora-Waldsänger	*Vermivora*	157
Vireo: Red-eyed Vireo	Rotaugenvireo, Rotaugen-Laubwürger	*Vireo olivaceus*	159
vireos	Laubwürger, Vireos	Vireonidae	159
Vulture: Bearded Vulture, Lammergeier [Old World]	Bartgeier, Lämmergeier [Altweltgeier]	*Gypaetus barbatus*	30
Vulture: Black Vulture [New World]	Rabengeier [Neuweltgeier]	*Coragyps atratus*	28
Vulture: Egyptian Vulture	Schmutzgeier [Altweltgeier]	*Neophron percnopterus*	30
Vulture: European Black Vulture [Old World]	Mönchsgeier [Altweltgeier]	*Aegypius monachus*	30
Vulture: Griffon Vulture [Old World]	Gänsegeier [Altweltgeier]	*Gyps fulvus*	30
Vulture: Turkey Vulture [New World] (Buzzard[Am])	Truthahngeier [Neuweltgeier]	*Cathartes aura*	28
vultures: American vultures, New World vultures	Neuweltgeier	Cathartidae	28
waders, gulls and auks	Wat-, Möwen-, Alkenvögel; Sumpf- und Strandvögel	CHARADRIIFORMES	48
Wagtail: Blue-headed Wagtail (Yellow Wagtail)	Schafstelze	*Motacilla flava flava*	118
Wagtail: British Yellow Wagtail, Yellowish-crowned Wagtail	Englische Schafstelze, grünköpfige Schafstelze	*Motacilla flava flavissima*	118
Wagtail: Citrine Wagtail	Zitronenstelze	*Motacilla citreola*	118
Wagtail: Grey Wagtail	Gebirgsstelze, Bergstelze	*Motacilla cinerea*	118
Wagtail: Pied Wagtail	Trauerbachstelze	*Motacilla alba yarelli*	118
Wagtail: White Wagtail	Bachstelze	*Motacilla alba alba*	118
Wagtail: Yellow Wagtail	Schafstelze	*Motacilla flava*	118
Wagtail: Yellowish-crowned Wagtail, British Yellow Wagtail	Englische Schafstelze, grünköpfige Schafstelze	*Motacilla flava flavissima*	118
wagtails	eigentliche Stelzen	*Motacilla (Budytes)*	118
wagtails and pipits	Stelzen [einschl. Pieper]	Motacillidae	118
Wall Creeper	Mauerläufer	*Tichodroma muraria*	147
Wandering Albatross	Wanderalbatros, Kapschaf	*Diomedea exulans*	10
Warbler: Aquatic Warbler [Old World]	Seggenrohrsänger, Binsenrohrsänger	*Acrocephalus paludicola*	136

Englisch	Deutsch	Latein	Familie nach Howard
Warbler: Arctic Warbler [OW]	Wanderlaubsänger, Nordischer Laubsänger	*Phylloscopus borealis*	136
Warbler: Barred Warbler [OW]	Sperbergrasmücke	*Sylvia nisoria*	136
Warbler: Black-and-white Warbler [New World]	Kletterwaldsänger	*Mniotilta varia*	157
Warbler: Blackcap [Old World warbler]	Mönchsgrasmücke, Schwarzplättchen	*Sylvia atricapilla*	136
Warbler: Blackpoll Warbler [NW]	Kappenwaldsänger	*Dendroica striata*	157
Warbler: Black-throated Green Warbler [NW]	Grünwaldsänger	*Dendroica virens*	157
Warbler: Blyth's Reed Warbler [OW]	Buschrohrsänger	*Acrocephalus dumetorum*	136
Warbler: Bonelli's Warbler [OW]	Berglaubsänger	*Phylloscopus bonelli*	136
Warbler: Booted Warbler [OW]	Buschspötter	*Hippolais caligata*	136
Warbler: Cape May Warbler [NW]	Tigerwaldsänger	*Dendroica tigrina*	157
Warbler: Cetti's Warbler [OW]	Seidensänger	*Cettia cetti*	136
Warbler: Chiffchaff [OW]	Zilpzalp, Weidenlaubsänger	*Phylloscopus collybita*	136
Warbler: Common Wood-Warbler [Old World!]	Waldlaubsänger, Waldschwirrvogel	*Phylloscopus sibilatrix*	136
Warbler: Dartford Warbler [OW]	Provencegrasmücke	*Sylvia undata*	136
Warbler: Dusky Warbler [OW]	Dunkellaubsänger	*Phylloscopus fuscatus*	136
Warbler: Fan-tailed Warbler [African Warbler]	Cistensänger	*Cisticola juncidis*	136
Warbler: Garden Warbler [OW]	Gartengrasmücke	*Sylvia borin*	136
Warbler: Grasshopper Warbler [OW]	Feldschwirl, Heuschreckensänger	*Locustella naevia*	136
Warbler: Great Reed Warbler [OW]	Drosselrohrsänger	*Acrocephalus arundinaceus*	136
Warbler: Greenish Warbler [OW]	Grünlaubsänger, Grüner Laubsänger	*Phylloscopus trochiloides*	136
Warbler: Hooded Warbler [NW]	Kapuzenwaldsänger	*Wilsonia citrina*	157
Warbler: Icterine Warbler [OW]	Gelbspötter, Gartenlaubvogel	*Hippolais icterina*	136
Warbler: Lanceolated Warbler [OW]	Strichelschwirl	*Locustella locustella*	136
Warbler: Magnolia Warbler [NW]	Hemlockwaldsänger	*Dendroica magnolia*	157
Warbler: Marmora's Warbler [OW]	Sardengrasmücke	*Sylvia sarda*	136
Warbler: Marsh Warbler [OW]	Sumpfrohrsänger, Getreidesänger	*Acrocephalus palustris*	136

111

Englisch	Deutsch	Latein	Familie nach Howard
Warbler: Melodious Warbler [OW]	Orpheusspötter	*Hippolais polyglotta*	136
Warbler: Moustached Warbler [OW]	Mariskensänger, Tamariskensänger	*Acrocephalus melanopogon*	136
Warbler: Myrtle Warbler [NW] → Yellow-rumped Warbler	Myrten-Waldsänger → Kronwaldsänger	*Dendroica coronata*	157
Warbler: Olivaceous Warbler [OW]	Blaßspötter	*Hippolais pallida*	136
Warbler: Olive Warbler [NW]	Trugwaldsänger	*Peucedramus*	157
Warbler: Olive-tree Warbler [OW]	Olivenspötter	*Hippolais olivetorum*	136
Warbler: Orphean Warbler [OW]	Orpheusgrasmücke	*Sylvia hortensis*	136
Warbler: Pallas's Grasshopper Warbler [OW]	Streifenschwirl	*Locustella certhiola*	136
Warbler: Pallas's Leaf Warbler [OW]	Goldhähnchen-Laubsänger	*Phylloscopus proregulus*	136
Warbler: Prothonotary Warbler [NW]	Zitronenwaldsänger	*Protonotaria citrea*	157
Warbler: Radde's Warbler [OW]	Bartlaubsänger	*Phylloscopus schwarzi*	136
Warbler: Reed Warbler [OW]	Teichrohrsänger	*Acrocephalus scirpaceus*	136
Warbler: River Warbler [OW]	Schlagschwirl	*Locustella fluviatilis*	136
Warbler: Ruppell's Warbler [OW]	Maskengrasmücke	*Sylvia rueppelli*	136
Warbler: Sardinian Warbler [OW]	Samtkopf-Grasmücke	*Sylvia melanocephala*	136
Warbler: Savi's Warbler [OW]	Rohrschwirl, Nachtigallrohrsänger	*Locustella luscinioides*	136
Warbler: Scrubwarbler [OW]	Wüstenprinie	*Scotocerca inquieta*	136
Warbler: Sedge Warbler [OW]	Schilfrohrsänger, Uferrohrsänger	*Acrocephalus schoenobaenus*	136
Warbler: Spectacled Warbler [OW]	Brillengrasmücke	*Sylvia conspicillata*	136
Warbler: Subalpine Warbler [OW]	Weißbart-Grasmücke	*Sylvia cantillans*	136
Warbler: Whitethroat	Dorngrasmücke	*Sylvia communis*	136
Warbler: Willow Warbler [OW]	Fitis	*Phylloscopus trochilus*	136
Warbler: Wood-Warbler [Old World!]	Waldlaubsänger, Waldschwirrvogel	*Phylloscopus sibilatrix*	136
Warbler: Yellow Warbler [NW]	Goldwaldsänger	*Dendroica petechia*	157
Warbler: Yellow-browed Warbler [OW]	Gelbbrauen-Laubsänger	*Phylloscopus inornatus*	136
Warbler: Yellow-rumped Warbler [NW]	Kronwaldsänger	*Dendroica coronata*	157

112

Englisch	Deutsch	Latein	Familie nach Howard
warblers: African warblers	Cistensänger und Pink-pinks	*Cisticola*	136
warblers, Australian war-blers → thornbills, fly-eaters	Südsee-Grasmücken	Acanthizidae	140
warblers: grasshopper war-blers [OW]	Schwirle	*Locustella*	136
warblers: leaf warblers, wil-low warblers [OW]	Laubsänger	*Phylloscopus*	136
warblers: leaf-warblers [OW] [Sibley] [!]	Sänger, Schwirle, Spötter etc.	Acrocephalinae [Sibley]	136
warblers: New World war-blers, wood warblers	Waldsänger	Parulidae	157
warblers: Old World war-blers	Grasmücken (Zweigsänger)	Sylviidae	136
warblers: Old World war-blers [*Hippolais*]	Spötter	*Hippolais*	136
warblers: Old World war-blers [*Sylvia*], true war-blers	Grasmücken [*Sylvia*]	*Sylvia*	136
warblers: reed warblers [OW]	Rohrsänger	*Acrocephalus*	136
warblers: wood warblers, New World warblers	Waldsänger	Parulidae	157
Water Pipit	Wasserpieper (Bergpieper)	*Anthus spinoletta*	118
Water Turkey → Anhinga, American Darter	Anhinga (Amerikanischer Schlangenhalsvogel)	*Anhinga anhinga*	18
waterfowl	Schwimmvögel, Enten-vögel	ANSERIFORMES	26
Water-Rail	Wasserralle	*Rallus aquaticus*	42
Waterthrush: Louisiana Waterthrush	Stelzenwaldsänger	*Seiurus motacilla*	157
Waterthrush: Northern Waterthrush	Uferwaldsänger, Drossel-waldsänger	*Seiurus noveboracensis*	157
wattlebirds	Lappenvögel, Lappen-krähen	Callaeidae (Callaeatidae)	167
wattle-eyes	Kleinschnäpper [*Platysteira*]	*Platysteira*	138
wattle-eyes, puffback-fly-catchers	Schnäpperwürger, Klein-schnäpper	Platysteiridae	138
Waxbill: Common Waxbill	Wellenastrild	*Estrilda astrild*	162
waxbills	Astrilden	*Estrilda*	162
Waxwing, Bohemian Wax-wing[Am]	Seidenschwanz	*Bombycilla garrulus*	124
Waxwing: Cedar Waxwing	Zedern-Seidenschwanz	*Bombycilla cedrorum*	124
waxwings	Seidenschwänze	*Bombycilla*	124
Weaver: Buffalo Weaver	Büffelweber	*Bubalornis niger*	163
Weaver: Parasitic Weaver	Kuckucksfink	*Anomalospiza imberbis*	163
weavers	eigentliche Weberfinken	Ploceinae	163
weavers: social weavers	Spätzlinge	*Pseudonigrita*	163
weavers, sparrows	Webervögel (Weber, Weber-finken)	Ploceidae	163

Englisch	Deutsch	Latein	Familie nach Howard
weavers: widow weavers, parasitic viduines, whydahs	Witwen, Witwenvögel	Viduinae	163
Weka, New Zealand Wood Rail	Wekaralle	*Gallirallus australis*	42
Whalehead Stork, Shoebill	Schuhschnabel	Balaenicipitidae	22
Wheatear: Black Wheatear	Trauerschmätzer	*Oenanthe leucura*	130
Wheatear: Black-eared Wheatear	Mittelmeerschmätzer	*Oenanthe hispanica*	130
Wheatear: Desert Wheatear	Wüstenschmätzer	*Oenanthe deserti*	130
Wheatear: Isabelline Wheatear	Isabellschmätzer	*Oenanthe isabellina*	130
Wheatear: Northern Wheatear	Steinschmätzer	*Oenanthe oenanthe*	130
Wheatear: Pied Wheatear	Nonnenschmätzer	*Oenanthe pleschanka*	130
wheatears	eigentliche Schmätzer	*Oenanthe*	130
Whimbrel (Curlew)	Regenbrachvogel	*Numenius phaeopus*	57
Whinchat	Braunkehlchen	*Saxicola rubetra*	130
whipbirds, quail-thrushes	Flöter	Cinclosomatinae [Sibley]	131
Whip-poor-will (nightjar)	Whip-poor-will (Amerikanischer Ziegenmelker)	*Caprimulgus vociferus*	78
Whiskered Tern	Weißbart-Seeschwalbe	*Chlidonias hybrida*	61
Whistler: Mottled Whistler	Wellendickkopf	*Rhagologus leucostigma*	143
whistlers	Dickköpfe, Dickkopfvögel	Pachycephalidae	143
Whistling Swan, Tundra Swan	Pfeifschwan, Tundraschwan	*Cygnus columbianus*	27
whistling-ducks (tree ducks)	Pfeifgänse (Baumenten)	*Dendrocygna*	27
White Dodo (extinct), Reunion Solitaire	Réunion-Dronte (ausgestorben)	*Raphus solitarius (ext)*	65
White Heron: Great White Heron, Great White Egret, Great Egret	Silberreiher	*Casmerodius albus*	20
White Ibis: American White Ibis	Schneesichler, Weißer Ibis	*Eudocimus albus*	24
White Ibis: Australian White Ibis	Molukkenibis	*Threskiornis molucca*	24
White Pelican: American White Pelican	Nashornpelikan	*Pelecanus erythrorhynchos*	15
White Spoonbill, Common Spoonbill	Löffler	*Platalea leucorodia*	24
White Stork	Weißstorch	*Ciconia ciconia*	23
White Wagtail	Bachstelze	*Motacilla alba alba*	118
White-backed Woodpecker	Weißrückenspecht	*Picoides leucotos*	99
White-billed Diver, Yellow-billed Loon[Am]	Gelbschnabel-Eistaucher	*Gavia adamsii*	8
White-breasted Dipper	Wasseramsel	*Cinclus cinclus*	126
White-breasted Nuthatch	Carolinakleiber	*Sitta carolinensis*	147
White-crowned Shrike	Weißscheitelwürger, Schlangenwürger	*Eurocephalus anguitimens*	122

Englisch	Deutsch	Latein	Familie nach Howard
White-crowned Sparrow [New World]	Dachsammer	*Zonotrichia leucophrys*	155
white-eyes	Brillenvögel	Zosteropidae	153
whitefaces	Weißstirnchen	*Aphelocephala*	140
White-fronted Chat, Australian Chat	Kurzschwanz-Trugschmätzer, Honigfresser	*Ephthianura albifrons*	140
White-fronted Goose: Greater White-fronted Goose	Bläßgans (Bleßgans)	*Anser albifrons*	27
White-fronted Goose: Lesser White-fronted Goose	Zwergbläßgans, Zwerggans	*Anser erythropus*	27
White-naped Antshrike, Collared Antshrike	Weißnacken-Ameisenwürger	*Sakesphorus bernardi*	103
White-rumped Sandpiper	Weißbürzel-Strandläufer	*Calidris fuscicollis*	57
White-rumped Swift	Kaffernsegler	*Apus caffer*	79
White's Thrush	Erddrossel	*Turdus dauma*	130
White-tailed Eagle, Gray Sea Eagle[Am]	Seeadler, eigentliche Seeadler	*Haliaeetus albicilla*	30
White-tailed Plover	Weißschwanzkiebitz	*Vanellus leucurus*	56
Whitethroat	Dorngrasmücke	*Sylvia communis*	136
Whitethroat: Lesser Whitethroat	Klappergrasmücke, Zaungrasmücke	*Sylvia curruca*	136
White-throated Sparrow [New World]	Weißkehlammer	*Zonotrichia albicollis*	155
White-winged Black Tern	Weißflügel-Seeschwalbe	*Chlidonias leucopterus*	61
White-winged Chough, Australian Chough	Drosselkrähe, Australische Bergkrähe, Drosselhäher	*Corcorax melanorhamphus*	168
White-winged Crossbill[Am], Two-barred Crossbill	Bindenkreuzschnabel	*Loxia leucoptera*	161
White-winged Lark	Weißflügellerche, Spiegellerche	*Melanocorypha leucoptera*	116
White-winged Scoter[Am], Velvet Scoter	Samtente	*Melanitta fusca*	27
Whooper Swan	Singschwan	*Cygnus cygnus*	27
whydahs, widow weavers, parasitic viduines	Witwen, Witwenvögel	Viduinae	163
Wigeon: American Wigeon, Baldpate	Amerikanische Pfeifente	*Anas americana*	27
Wigeon: Eurasian Wigeon	Eurasische Pfeifente	*Anas penelope*	27
wild ducks, ducks	Enten, Wildenten	Anatinae	27
Wild Turkey, Turkey	Wildtruthuhn	*Meleagris gallopavo*	35
Willet	Schlammtreter, Entenschnepfe	*Catoptrophorus semipalmatus*	57
Willow Grouse, Willow Ptarmigan[Am]	Moorschneehuhn	*Lagopus lagopus*	35
Willow Tit	Weidenmeise, Mönchsmeise	*Parus montanus*	146
Willow Warbler [Old World]	Fitis	*Phylloscopus trochilus*	136
willow warblers → leaf warblers [Old World]	Laubsänger	*Phylloscopus*	136
Wilson's Petrel	Buntfuß-Sturmschwalbe	*Oceanites oceanicus*	12

115

Englisch	Deutsch	Latein	Familie nach Howard
Wilson's Phalarope	Wilsonhühnchen, Amerikanisches Odinshühnchen, Wilson-Wassertreter	*Phalaropus tricolor*	57
Wilson's Snipe[Am], Common Snipe	Bekassine (Sumpfschnepfe)	*Gallinago gallinago*	57
Winter Wren[Am], Common Wren	Zaunkönig, eigentlicher Zaunkönig	*Troglodytes troglodytes*	127
Wood Duck	Brautente	*Aix sponsa*	27
wood hoopoes	Baumhopfe	Phoeniculidae	92
Wood Ibis, Yellow-billed Stork	Nimmersatt	*Mycteria ibis*	23
Wood Lark	Heidelerche	*Lullula arborea*	116
Wood Pigeon, Ring Dove	Ringeltaube	*Columba palumbus*	65
wood quail, New World quail	Zahnwachteln	Odontophorinae	35
Wood Rail: New Zealand Wood Rail, Weka	Wekaralle	*Gallirallus australis*	42
Wood Sandpiper	Bruchwasserläufer	*Tringa glareola*	57
wood shrikes	Tephrodornis	*Tephrodornis*	119
Wood Stork	Waldstorch (Waldibis)	*Mycteria americana*	23
Wood Thrush	Walddrossel	*Hylocichla mustelina*	130
wood warblers, New World warblers	Waldsänger	Parulidae	157
Woodchat Shrike	Rotkopfwürger	*Lanius senator*	122
Woodcock: American Woodcock	Kanadaschnepfe, Amerikanische Waldschnepfe	*Scolopax minor*	57
Woodcock: Eurasian Woodcock	Waldschnepfe	*Scolopax rusticola*	57
woodcocks	eigentliche Schnepfen	*Scolopax*	57
woodcreepers	eigentliche Baumsteiger, Baumkletterer	Dendrocolaptidae	101
woodcreepers: scythebills	Sensenschnäbel	*Campylorhamphus*	101
Woodpecker: Black Woodpecker	Schwarzspecht	*Dryocopus martius*	99
Woodpecker: Downy Woodpecker	Dunenspecht, Flaumspecht	*Picoides pubescens*	99
Woodpecker: Great Spotted Woodpecker	Buntspecht, großer Buntspecht	*Picoides major*	99
Woodpecker: Green Woodpecker	Grünspecht	*Picus viridis*	99
Woodpecker: Grey-headed Woodpecker	Grauspecht	*Picus canus*	99
Woodpecker: Lesser Spotted Woodpecker	Kleinspecht, kleiner Buntspecht, Zwergspecht	*Picoides minor*	99
Woodpecker: Middle Spotted Woodpecker	Mittelspecht	*Picoides medius*	99
Woodpecker: Pileated Woodpecker	Helm-, Schopf-, Haubenspecht	*Dryocopus pileatus*	99
Woodpecker: Red-bellied Woodpecker	Carolinaspecht	*Melanerpes carolinus*	99
Woodpecker: Red-headed Woodpecker	Rotkopfspecht	*Melanerpes erythrocephalus*	99

Englisch	Deutsch	Latein	Familie nach Howard
Woodpecker: Syrian Woodpecker	Blutspecht	*Picoides syriacus*	99
Woodpecker: Three-toed Woodpecker	Dreizehenspecht	*Picoides tridactylus*	99
Woodpecker: White-backed Woodpecker	Weißrückenspecht	*Picoides leucotos*	99
woodpeckers: true woodpeckers	Stützschwanzspechte	*Picinae*	99
Wood-Pewee: Eastern Wood-Pewee	Piwih, Östlicher Waldtyrann, Waldpiwih	*Contopus virens*	106
wood-quails	Zahnwachteln	*Odontophorus*	35
wood-shrikes → helmetshrikes	Brillenwürger	Prionopinae	122
wood-swallows	Schwalbenstare	Artamidae	169
Wood-Warbler [Old World!], Common Wood-Warbler	Waldlaubsänger, Waldschwirrvogel	*Phylloscopus sibilatrix*	136
Wren: Carolina Wren	Carolina-Zaunkönig	*Thryothorus ludovicianus*	127
Wren: Common Wren, Winter Wren[Am]	Zaunkönig, eigentlicher Zaunkönig	*Troglodytes troglodytes*	127
Wren-Babbler: Pygmy Wren-Babbler	Moostimalie	*Pnoepyga pusilla*	132
Wren-Babbler: Scalybreasted Wren-Babbler	Schuppentimalie	*Pnoepyga albiventer*	132
wren-babblers [*Pnoepyga*]	Schuppentimalien	*Pnoepyga*	132
wren-babblers [*Spelaeornis*]	Zaunkönigstimalien	*Spelaeornis*	132
wrens	Zaunkönige	Troglodytidae	127
wrens → Australasian wrens	Staffelschwänze, Australische Sänger	Maluridae	139
wrens → emu-wrens	Borstenschwänze	*Stipiturus*	139
wrens → fairywrens	Staffelschwänze	*Malurus*	139
wrens → gnatcatchers, gnatwrens	Mückenfänger	Polioptilidae	135
wrens → gnatwrens	Degenschnäbel	*Microbates, Ramphocaenus*	135
wrens → grasswrens	Grasschlüpfer	*Amytornis*	139
wrens → New Zealand wrens	Maorischlüpfer, Neuseelandpittas	Xenicidae (Acanthisittidae)	112
wrens → scrubwrens	Südsee-Grasmücken [*Sericornis*], einschl. Stammhuscher	*Sericornis*	140
Wren-Thrush	Zaunkönigsdrossel	*Zeledonia coronata*	157
Wrentit	Zaunkönigsmeise, Zaunkönigs-Grasmücke, Chaparraltimalie	*Chamaea fasciata*	132
wren-warblers	Bindensänger	*Calamonastes*	136
Wryneck: Eurasian Wryneck	Wendehals	*Jynx torquilla*	99
wrynecks	Wendehälse	*Jynx*	99
· · · · · · · · · · · · · · · ·	· · · · · · · · · · · ·	· · · · · · · · · · · ·	· · · ·
Yellow Laysan Finch [Hawaii], Ou	Laysangimpel, Ou	*Psittirosta cantans*	158

117

Englisch	Deutsch	Latein	Familie nach Howard
Yellow Wagtail	Schafstelze	*Motacilla flava*	118
Yellow Wagtail: British Yellow Wagtail, Yellowish-crowned Wagtail	Englische Schafstelze, grünköpfige Schafstelze	*Motacilla flava flavissima*	118
Yellow Warbler [New World]	Goldwaldsänger	*Dendroica petechia*	157
Yellow-bellied Sapsucker	Feuerkopf-Saftlecker	*Sphyrapicus varius*	99
Yellow-billed Cuckoo [New World cuckoo]	Gelbschnabelkuckuck	*Coccyzus americanus*	71
Yellow-billed Loon[Am], White-billed Diver	Gelbschnabel-Eistaucher	*Gavia adamsii*	8
Yellow-billed Stork, Wood Ibis	Nimmersatt	*Mycteria ibis*	23
Yellow-breasted Bunting	Weidenammer	*Emberiza aureola*	155
Yellow-breasted Chat	Gelbbrust-Waldsänger	*Icteria virens*	157
Yellow-browed Warbler [Old World]	Gelbbrauen-Laubsänger	*Phylloscopus inornatus*	136
yellow-finches	Gilbammern	*Sicalis*	155
Yellowhammer	Goldammer	*Emberiza citrinella*	155
Yellowhead	Gelbköpfchen (Maori-Grasmücke)	*Mohoua ochrocephala*	140
Yellow-headed Amazon	Große Gelbkopfamazone	*Amazona ochrocephala*	68
Yellow-headed Blackbird	Brillenstärling	*Xanthocephalus xanthocephalus*	160
Yellowish-crowned Wagtail, British Yellow Wagtail	Englische Schafstelze, grünköpfige Schafstelze	*Motacilla flava flavissima*	118
Yellow-legged Gull	Weißkopfmöwe	*Larus cachinnans*	61
Yellowlegs: Greater Yellowlegs	Großer Gelbschenkel (Wasserläufer)	*Tringa melanoleuca*	57
Yellowlegs: Lesser Yellowlegs, Yellowshank	Gelbschenkel	*Tringa flavipes*	57
Yellow-rumped Warbler [New World]	Kronwaldsänger	*Dendroica coronata*	157
Yellowshank, Lesser Yellowlegs	Gelbschenkel	*Tringa flavipes*	57
Yellowthroat: Common Yellowthroat	Gelbkehlchen, Maryland-Waldsänger	*Geothlypis trichas*	157
Zebra Finch	Zebrafink	*Poephila guttata*	162

Alphabetisches Verzeichnis
Deutsch – Englisch – Latein

Deutsch	Englisch	Latein	Familie nach Howard
Aar → Gleitaar	Black-winged Kite	*Elanus caeruleus*	30
Aasgeier → Schmutzgeier [Altweltgeier]	Egyptian Vulture	*Neophron percnopterus*	30
Aaskrähe, Rabenkrähe	Carrion Crow	*Corvus corone corone*	173
Abendfalke, Rotfußfalke	Red-footed Falcon	*Falco vespertinus*	32
Abendkernbeißer	Evening Grosbeak	*Coccothraustes vesperti-nus*	161
Adler: Fischadler	Osprey (Fish Hawk)	*Pandion haliaetus*	29
Adler: Habichtsadler	Bonelli's Eagle	*Hieraaetus fasciatus*	30
Adler: Kaiseradler	Imperial Eagle	*Aquila heliaca*	30
Adler: Prachthaubenadler	Ornate Hawk-Eagle	*Spizaetus ornatus*	30
Adler: Schelladler	Spotted Eagle	*Aquila clanga*	30
Adler: Schlangenadler	Short-toed Eagle	*Circaetus gallicus*	30
Adler: Schreiadler	Lesser Spotted Eagle	*Aquila pomarina*	30
Adler: Seeadler, eigentlicher Seeadler	White-tailed Eagle, Gray Sea Eagle[Am]	*Haliaeetus albicilla*	30
Adler: Steinadler	Golden Eagle	*Aquila chrysaetus*	30
Adler: Steppenadler	Steppe Eagle	*Aquila nipalensis*	30
Adler: Weißkopf-Seeadler	Bald Eagle, American Eagle	*Haliaeetus leucocephalus*	30
Adler: Zwergadler	Booted Eagle	*Hieraaetus pennatus*	30
Adlerbussard	Long-legged Buzzard	*Buteo rufinus*	30
Aegithinas (Feenvögel)	ioras	*Aegithina*	121
Affengans	Freckled Duck	*Stictonetta naevosa*	27
Afrika-Laufvögel, Strauße	Ostrich	STRUTHIONIFORMES	1
Afrikanische Bartvögel	African barbets	Lybiidae [Sibley]	96
Afrikanischer Heckensänger	Rufous Bush Robin	*Cercotrichas galactotes*	130
Ägyptischer Ziegenmelker, Pharaonen-Nachtschwalbe	Egyptian Nightjar	*Caprimulgus aegyptius*	78
Alauwahio	Alauwahio, Hawaiian Creeper, Lanai Creeper	*Loxops maculata*	158
Albatros: Mollymauk, Schwarzbrauenalbatros	Black-browed Albatross, Mollymawk	*Diomedea melanophris*	10
Albatros: Wanderalbatros, Kapschaf	Wandering Albatross	*Diomedea exulans*	10
Albatrosse	albatrosses	Diomedeidae	10
Alethe	Alethe	*Alethe*	130
Alk: Riesenalk (ausgestorben)	Great Auk (extinct)	*Pinguinus impennis (ext)*	63

Deutsch	Englisch	Latein	Familie nach Howard
Alk: Schopfalk	Crested Auklet	*Aethia cristatella*	63
Alk: Silberalk	Ancient Murrelet	*Synthliboramphus antiquus*	63
Alk: Tordalk	Razorbill, Razor-billed Auk[Am]	*Alca torda*	63
Alken [Alke], Flügeltaucher	auks	*Alca*	63
Alkenvögel → Wat-, Möwen-, Alkenvögel	waders, gulls and auks	CHARADRIIFORMES	48
Allfarblori, Gebirgslori	Rainbow Lorikeet	*Trichoglossus haematodus*	66
Alpenbraunelle, Flühvogel	Alpine Accentor	*Prunella collaris*	129
Alpendohle	Alpine Chough	*Pyrrhocorax graculus*	173
Alpenkrähe	Chough	*Pyrrhocorax pyrrhocorax*	173
Alpenschneehuhn	Ptarmigan (grouse), Rock Ptarmigan[Am]	*Lagopus mutus*	35
Alpensegler	Alpine Swift	*Apus melba*	79
Alpen-Strandläufer	Dunlin, Red-backed Sandpiper[Am]	*Calidris alpina*	57
Altweltammern	Old World buntings	*Emberiza, Calcarius*	155
Altweltgeier: Gänsegeier	Griffon Vulture [Old World]	*Gyps fulvus*	30
Altweltgeier: Lämmergeier, Bartgeier	Bearded Vulture [Old World], Lammergeier	*Gypaetus barbatus*	30
Altweltgeier: Mönchsgeier	European Black Vulture	*Aegypius monachus*	30
Altweltgeier: Schmutzgeier	Egyptian Vulture	*Neophron percnopterus*	30
Amadinen: Papageiamadinen	parrot finches	*Erythrura*	162
Amadinen [*Poephila*]	grass finches	*Poephila (Taeniopygia)*	162
Amazone: Große Gelbkopfamazone	Yellow-headed Amazon	*Amazona ochrocephala*	68
Ameisendrosseln und Ameisenpittas	antthrushes and antpittas	Formicariinae [AOU]	103
Ameisenvögel	antbirds	Formicariidae	103
Ameisenwürger: Weißnacken-Ameisenwürger	Collared Antshrike, Whitenaped Antshrike	*Sakesphorus bernardi*	103
Amerikanerkrähe	American Crow, Common Crow	*Corvus brachyrhynchos*	173
Amerikanische Pfeifente	American Wigeon, Baldpate	*Anas americana*	27
Amerikanische Tafelente, Rotkopfente	Redhead	*Aythya americana*	27
Amerikanische Uferschnepfe, Hudsonschnepfe	Hudsonian Godwit	*Limosa haemastica*	57
Amerikanische Waldschnepfe, Kanadaschnepfe	American Woodcock	*Scolopax minor*	57
Amerikanische Zwergdommel, Indianerdommel	Least Bittern	*Ixobrychus exilis*	20
Amerikanischer Baumfink, Baumammer	American Tree Sparrow	*Spizella arborea*	155
Amerikanischer Drosseluferläufer (Wasserläufer)	Spotted Sandpiper	*Tringa macularia*	57

Deutsch	Englisch	Latein	Familie nach Howard
Amerikanischer Goldregen- pfeifer → Wanderregen- pfeifer	Lesser Golden Plover, American Golden Plover	*Pluvialis dominica*	56
Amerikanischer Graureiher, Kanadareiher	Great Blue Heron	*Ardea herodias*	20
Amerikanischer Madenhak- ker, Madenkuckucke, Anis	anis	*Crotophaga*	71
Amerikanischer Schlangen- halsvogel: Anhinga	Anhinga, American Darter	*Anhinga anhinga*	18
Amerikanischer Stelzenläu- fer	Black-necked Stilt	*Himantopus mexicanus*	53
Amerikanischer Tannenhä- her, Kiefernhäher	Clark's Nutcracker	*Nucifraga columbiana*	173
Amerikanischer Uhu, Virginia-Uhu	Great Horned Owl	*Bubo virginianus*	73
Amerikanisches Bläßhuhn, Indianer-Bläßhuhn	American Coot	*Fulica americana*	42
Amerikanisches Odins- hühnchen, Wilson-Was- sertreter, Wilsonhühn- chen	Wilson's Phalarope	*Phalaropus tricolor*	57
Ammer: Baumammer, Amerikanischer Baum- fink	American Tree Sparrow	*Spizella arborea*	155
Ammer: Dachsammer	White-crowned Sparrow [New World]	*Zonotrichia leucophrys*	155
Ammer: Dickcissel, Schild- ammer	Dickcissel	*Spiza americana*	155
Ammer: Fichtenammer	Pine Bunting	*Emberiza leucocephalos*	155
Ammer: Goldammer	Yellowhammer	*Emberiza citrinella*	155
Ammer: Grauammer	Corn Bunting	*Emberiza calandra*	155
Ammer: Grauortolan, Rost- bartammer	Cretzschmar's Bunting	*Emberiza caesia*	155
Ammer: Grundammer, Grundrötel, Rötelgrund- ammer	Rufous-sided Towhee	*Pipilo erythrophthalmus*	155
Ammer: Junko, Winteram- mer, Winterjunko	Dark-eyed Junco (Slate- colored Junko)	*Junco hyemalis (hyemalis)*	155
Ammer: Kappenammer	Black-headed Bunting	*Emberiza melanocephala*	155
Ammer: Klapperammer, Feldammer [!]	Field Sparrow [!] [New World]	*Spizella pusilla*	155
Ammer: Ortolan, Garten- ammer	Ortolan Bunting	*Emberiza hortulana*	155
Ammer: Rohrammer	Reed Bunting	*Emberiza schoeniclus*	155
Ammer: Schneeammer	Snow Bunting	*Plectrophenax nivalis*	155
Ammer: Singammer	Song Sparrow [New World]	*Melospiza melodia*	155
Ammer: Spornammer	Lapland Bunting, Lapland Longspur[Am]	*Calcarius lapponicus*	155
Ammer: Tangarenbusch- ammer	Tanager Finch	*Oreothraupis arremonops*	155
Ammer: Türkenammer	Cinereous Bunting	*Emberiza cineracea*	155

Deutsch	Englisch	Latein	Familie nach Howard
Ammer: Waldammer	Rustic Bunting	*Emberiza rustica*	155
Ammer: Weidenammer	Yellow-breasted Bunting	*Emberiza aureola*	155
Ammer: Weißkehlammer	White-throated Sparrow [New World]	*Zonotrichia albicollis*	155
Ammer: Zaunammer	Cirl Bunting	*Emberiza cirlus*	155
Ammer: Zippammer	Rock Bunting	*Emberiza cia*	155
Ammer: Zwergammer	Little Bunting	*Emberiza pusilla*	155
Ämmerlinge	sierra-finches	*Phrygilus*	155
Ammern: Altweltammern	Old World buntings	*Emberiza, Calcarius*	155
Ammern: Gilbammern	yellow-finches	*Sicalis*	155
Ammern: Grundfinken, Inselammern	ground finches	Geospizinae	155
Ammern: Scharrammern	New World sparrows	*Spizella, Zonotrichia etc.*	155
Ammern: tropische Ammern	tropical buntings	*Passerina*	155
Ammern [Emberizinae]	buntings	Emberizinae	155
Ammern [Familie]	buntings, cardinals, tanagers	Emberizidae	155
Amsel: Ringdrossel, Ringamsel	Ring Ouzel	*Turdus torquatus*	130
Amsel, Schwarzdrossel	Eurasian Blackbird	*Turdus merula*	130
Amsel → Grauwasseramsel	American Dipper	*Cinclus mexicanus*	126
Amsel → Wasseramsel	White-breasted Dipper	*Cinclus cinclus*	126
Amseln → Wasseramseln	dippers	Cinclidae	126
Andenbaumläufer	Brown Creeper	*Certhia americana*	148
Anhinga (Amerikanischer Schlangenhalsvogel)	Anhinga, American Darter	*Anhinga anhinga*	18
Anis, Amerikanische Madenhacker, Madenkukkucke	anis	*Crotophaga*	71
Arabischer Seidenschwanz, Seidenwürger, Nachtschattenfresser	Grey Hypocolius	Hypocoliinae	124
Aras	New World parakeets, macaws and parrots	Arinae	68
Asiatische Bartvögel	Asian barbets	Megalaimidae [Sibley]	96
Asiatischer Trauerdrongo, Königsdrongo	King Crow, Black Drongo	*Dicrurus macrocercus*	166
Astrild: Wellenastrild	Common Waxbill	*Estrilda astrild*	162
Astrilden	waxbills	*Estrilda*	162
Atzeln, Mainas	myna, mynah, mina, minah	*Acridotheres, Gracula*	164
Atzeln: Würgatzeln, Flötenwürger (Würgerkrähen)	Australian butcherbirds	*Cracticus*	170
Auerhuhn	Capercaillie (grouse)	*Tetrao urogallus*	35
Austernfischer: Braunmantel-Austernfischer	American Oystercatcher	*Haematopus palliatus*	51
Austernfischer: Europäischer Austernfischer	European Oystercatcher	*Haematopus ostralegus*	51
Australien-Laufvögel; Kasuare und Emus	cassowaries, emus	CASUARIIFORMES	3

Deutsch	Englisch	Latein	Familie nach Howard
Australische Bergkrähe, Drosselhäher, Drossel- krähe	White-winged Chough, Australian Chough	*Corcorax melanorhamphus*	168
Australische Drosselstelze	Magpie-Lark, Mudlark	*Grallina cyanoleuca*	168
Australische Sänger, Staffelschwänze	Australasian wrens	Maluridae	139
Aztekenmöwe	Laughing Gull	*Larus atricilla*	61
Azurbischof	Blue Grosbeak	*Guiraca caerulea*	155
. . . .			
Bachstelze	White Wagtail	*Motacilla alba alba*	118
Bachstelze: Englische Schafstelze, grünköpfige Schafstelze	British Yellow Wagtail, Yel- lowish-crowned W.	*Motacilla flava flavissima*	118
Bachstelze: Gebirgsstelze, Bergstelze	Grey Wagtail	*Motacilla cinerea*	118
Bachstelze: Trauerbach- stelze	Pied Wagtail	*Motacilla alba yarelli*	118
Bachstelze: Zitronenstelze	Citrine Wagtail	*Motacilla citreola*	118
Bachstelzen: eigentliche Bachstelzen	wagtails	*Motacilla*	118
Bairdstrandläufer	Baird's Sandpiper	*Calidris bairdii*	57
Baltimore-Trupial	Northern Oriole, Baltimore Oriole	*Icterus galbula*	160
Bananaquit, Gelbbrust- Zuckervogel	Bananaquit	*Coereba flaveola*	156
Bandvögel	crescent-chests	*Melanopareia*	105
Bartgeier, Lämmergeier [Altweltgeier]	Bearded Vulture [Old World], Lammergeier	*Gypaetus barbatus*	30
Bartkauz	Great Grey Owl, Lapland Owl	*Strix nebulosa*	73
Bartlaubsänger	Radde's Warbler [Old World]	*Phylloscopus schwarzi*	136
Bartmeise	Bearded Tit, Bearded Reedling	*Panurus biarmicus*	133
Bartvögel	barbets [incl. tinkerbirds]	Capitonidae	96
Bartvögel: Afrikanische Bartvögel	African barbets	Lybiidae [Sibley]	96
Bartvögel: Asiatische Bart- vögel	Asian barbets	Megalaimidae [Sibley]	96
Bartvogel: Kupferschmied	Coppersmith Barbet	*Megalaima haemacephala*	96
Bartvögel [*Pogoniulus*], Honigfresser	tinkerbirds (barbets)	*Pogoniulus*	96
Baßtölpel	Northern Gannet	*Sula bassana (Morus bas- sanus)*	16
Baumammer, Amerikani- scher Baumfink	American Tree Sparrow	*Spizella arborea*	155
Baumelster und Wander- elster	treepies [*Dendrocitta*]	*Dendrocitta*	173
Baumenten → Pfeifgänse	tree ducks → whistling- ducks	Dendrocygnidae [Sibley]	27
Baumfalke, Baumfalk	Hobby (Falcon)	*Falco subbuteo*	32
Baumhopfe	wood hoopoes	*Phoeniculidae*	92

123

Deutsch	Englisch	Latein	Familie nach Howard
Baumkletterer, eigentliche Baumsteiger	woodcreepers	Dendrocolaptidae	101
Baumläufer	tree creepers, creepers	*Certhiidae*	148
Baumläufer: Andenbaumläufer	Brown Creeper	*Certhia americana*	148
Baumläufer: Gartenbaumläufer, Hausbaumläufer	Short-toed Tree Creeper	*Certhia brachydactyla*	148
Baumläufer: Stammsteiger, gefleckter Baumsteiger	Spotted Creeper	*Salpornis spilonotus (-nata)*	148
Baumläufer: Waldbaumläufer	Common Tree Creeper	*Certhia familiaris*	148
Baumläufer → Trugbaumläufer	Philippine creepers	Rhabdornithidae	149
Baumpieper	Brown Tree Pipit	*Anthus trivialis*	118
Baumracken, eigentliche Racken	typical rollers	Coraciidae	88
Baumrutscher (Baumsteiger)	Australian creepers	Climacteridae	150
Baumsegler	treeswifts, crested swifts	*Hemiprocne*	80
Baumspäher, Blattspäher	foliage gleaners	Philydorinae *[Thripadectes, Automolus, Xenops]*	102
Baumsteiger: eigentliche Baumsteiger, Baumkletterer	woodcreepers	Dendrocolaptidae	101
Baumsteiger, gefleckter Baumsteiger → Stammsteiger	Spotted Creeper	*Salpornis spilonotus (-nata)*	148
Baumsteiger → Baumrutscher	Australian creepers	Climacteridae	150
Baumwachtel, Virginiawachtel	Northern Bobwhite, Common Bobwhite	*Colinus virginianus*	35
Baumwachteln	bobwhites	*Colinus*	35
Bechsteindrossel	Dark-throated Thrush	*Turdus ruficollis*	130
Beerenfresser, Beerenpikker (Mistelfresser)	berrypeckers [Paramythiidae]	Paramythiidae [Sibley]	151
Beerenfresser: Schopf-Beerenfresser	Crested Berrypecker	*Paramythia montium*	151
Beerenfresser (Schmuckvögel)	berryeaters	*Carpornis*	108
Beerenpicker: Gelbbauch-Beerenpicker	Tit Berrypecker	*Oreocharis arfaki*	151
Beerenpicker (Mistelfresser), Beerenfresser	berrypeckers [Paramythiidae]	Paramythiidae [Sibley]	151
Bekarden	becards	*Pachyramphus*	106
Bekarden, Drosselmanakins, Tityras	tityras, becards, Schiffornis	Tityrinae	106
Bekassine (Sumpfschnepfe)	Common Snipe, Wilson's Snipe[Am]	*Gallinago gallinago*	57
Bekassinen (Sumpfschnepfen)	snipe, snipes	*Gallinago*	57
Beo	Hill Myna	*Gracula religiosa*	164
Bergbraunelle	Siberian Accentor	*Prunella montanella*	129

Deutsch	Englisch	Latein	Familie nach Howard
Bergente	Greater Scaup	*Aythya marila*	27
Bergente: Kleine Bergente, Veilchenente	Lesser Scaup	*Aythya affinis*	27
Bergfink	Brambling	*Fringilla montifringilla*	161
Bergfink, eigentliche Finken, Edelfinken	fringilline finches; chaffinches, brambling	Fringillinae	161
Berghänfling	Twite	*Carduelis flavirostris*	161
Bergklarino	Townsend's Solitaire	*Myadestes townsendi*	130
Bergkrähe: Australische Bergkrähe, Drosselhäher, Drosselkrähe	White-winged Chough, Australian Chough	*Corcorax melanorhamphus*	168
Berglaubsänger	Bonelli's Warbler [Old World]	*Phylloscopus bonelli*	136
Bergpieper → Wasserpieper	Water Pipit	*Anthus spinoletta spinoletta*	118
Bergstelze → Gebirgsstelze	Grey Wagtail	*Motacilla cinerea*	118
Beutelmeise	Penduline-Tit	*Remiz pendulinus*	145
Beutelmeise: Gelbkopfmeise, Goldköpfchen	Verdin	*Auriparus flaviceps*	145
Beutelmeisen	penduline-tits	Remizidae	145
Bienenfresser	Bee-Eater	*Merops apiaster*	87
Bienenfresser: Blauwangenspint, Blauwangen-Bienenfresser	Blue-cheeked Bee-Eater	*Merops superciliosus*	87
Bienenfresser, Spinte	bee-eaters	Meropidae	87
Bindenkreuzschnabel	Two-barred Crossbill, White-winged C.[Am]	*Loxia leucoptera*	161
Bindensänger	wren-warblers	*Calamonastes*	136
Bindenstrandläufer	Stilt Sandpiper	*Calidris himantopus*	57
Bindentaucher, Fleckschnabeltaucher	Pied-billed Grebe	*Podilymbus podiceps*	9
Binsenhühner, Binsenrallen	sungrebes, finfoots	Heliornithidae	43
Binsenrohrsänger, Seggenrohrsänger	Aquatic Warbler [Old World]	*Acrocephalus paludicola*	136
Birkenzeisig	Common Redpoll	*Carduelis flammea*	161
Birkenzeisig: Polarbirkenzeisig	Arctic Redpoll, Hoary Redpoll[Am]	*Carduelis hornemanni*	161
Birkhuhn	Black Grouse	*Tetrao tetrix*	35
Bischof, Rosenbrust-Kernknacker	Rose-breasted Grosbeak, Common Grosbeak	*Pheucticus ludovicianus*	155
Bischof → Azurbischof	Blue Grosbeak	*Guiraca caerulea*	155
Bläßgans: Zwergbläßgans, Zwerggans	Lesser White-fronted Goose	*Anser erythropus*	27
Bläßgans (Bleßgans)	Greater White-fronted Goose	*Anser albifrons*	27
Bläßhuhn: Indianer-Bläßhuhn, Amerikanisches Bläßhuhn	American Coot	*Fulica americana*	42
Bläßhuhn: Kammbläßhuhn	Crested Coot	*Fulica cristata*	42
Bläßhuhn, Schwarzes Wasserhuhn	Black Coot, Eurasian Coot	*Fulica atra*	42

Deutsch	Englisch	Latein	Familie nach Howard
Blaßspötter	Olivaceous Warbler [Old World]	*Hippolais pallida*	136
Blatthühnchen	jacanas	Jacanidae	48
Blatthühnchen: Blaustirn-Blatthühnchen	Lily-Trotter, African Jacana	*Actophilornis africanus*	48
Blattspäher, Baumspäher	foliage gleaners	Philydorinae *[Thripadectes, Automolus, Xenops]*	102
Blauelster	Azure-winged Magpie	*Cyanopica cyanus*	173
Blauer Pfau, Pfau	Common Pea-Fowl (Peacock)	*Pavo cristatus*	35
Blauhäher	Blue Jay	*Cyanocitta cristata*	173
Blaukehlchen	Bluethroat	*Luscinia svecica*	130
Blaukehlguan	Piping Guan, Blue-throated P.G., Trinidad P.G.	*Pipile pipile (Aburria)*	34
Blaumeise	Blue Tit	*Parus caeruleus*	146
Blaumerle	Blue Rock Thrush	*Monticola solitarius*	130
Blau-Mückenfänger, Blau-Mückenschnäpper	Blue-gray Gnatcatcher	*Polioptila caerulea*	135
Blauracke, Mandelkrähe	Blue Roller	*Coracias garrulus*	88
Blauschwanz	Red-flanked Bluetail	*Erithacus cyanurus*	130
Blaustirn-Blatthühnchen	Lily-Trotter, African Jacana	*Actophilornis africanus*	48
Blauwangen-Bienenfresser, Blauwangenspint	Blue-cheeked Bee-Eater	*Merops superciliosus*	87
Bleßgans → Bläßgans	Greater White-fronted Goose	*Anser albifrons*	27
Bleßhuhn, Bleßralle → Bläßhuhn, Schwarzes Wasserhuhn	Black Coot, Eurasian Coot	*Fulica atra*	42
Blütenpicker, Mistelfresser	flowerpeckers	Dicaeidae (Dicaeiidae)	151
Blutfink → Gimpel, Dompfaff	Eurasian Bullfinch	*Pyrrhula pyrrhula*	161
Bluthänfling, Hänfling	Linnet	*Carduelis cannabina*	161
Blutspecht	Syrian Woodpecker	*Picoides syriacus*	99
Bobolink, Reisstärling, Paperling	Bobolink	*Dolichonyx oryzivorus*	160
Bonapartemöwe	Bonaparte's Gull	*Larus philadelphia*	61
Borstenschwänze	emu-wrens	*Stipiturus*	139
Brachpieper	Tawny Pipit	*Anthus campestris*	118
Brachschwalbe, Rotflügel-Brachschwalbe	Collared Pratincole (Swallow Plover)	*Glareola pratincola*	55
Brachschwalbe: Schwarzflügel-Brachschwalbe	Black-winged Pratincole	*Glareola nordmanni*	55
Brachschwalben: eigentliche Brachschwalben	pratincoles	*Glareola*	55
Brachschwalbenartige; Rennvögel und Brachschwalben	coursers, pratincoles	Glareolidae	55
Brachvögel	curlews	*Numenius*	57
Brachvogel: Dünnschnabel-Brachvogel	Slender-billed Curlew	*Numenius tenuirostris*	57
Brachvogel: Großer Brachvogel	Curlew	*Numenius arquata*	57

126

Deutsch	Englisch	Latein	Familie nach Howard
Brachvogel: Regenbrachvogel	Whimbrel (Curlew)	*Numenius phaeopus*	57
Brandgans, Brandente	Shelduck	*Tadorna tadorna*	27
Brandseeschwalbe	Sandwich Tern, Cabot's Tern[Am]	*Sterna sandvicensis*	61
Braunbauch-Flughuhn	Chestnut-bellied Sandgrouse, Small Pin-tailed Sandgrouse	*Pterocles exustus*	64
Braunelle: Alpenbraunelle, Flühvogel	Alpine Accentor	*Prunella collaris*	129
Braunelle: Bergbraunelle	Siberian Accentor	*Prunella montanella*	129
Braunelle: Heckenbraunelle	Dunnock, Hedge Sparrow (accentor)	*Prunella modularis*	129
Braunellen	accentors	Prunellidae	129
Brauner Ibis, Braunsichler	Glossy Ibis	*Plegadis falcinellus*	24
Braunflügelguan	Plain Chachalaca	*Ortalis vetula*	34
Braunhals-Säbelschnäbler	American Avocet	*Recurvirostra americana*	53
Braunkehlchen	Whinchat	*Saxicola rubetra*	130
Braunkopf-Kuhstärling, Schwarzer Kuhstärling	Brown-headed Cowbird	*Molothrus ater*	160
Braunmantel-Austernfischer	American Oystercatcher	*Haematopus palliatus*	51
Braunsichler, Brauner Ibis	Glossy Ibis	*Plegadis falcinellus*	24
Brautente	Wood Duck	*Aix sponsa*	27
Breitrachen, Breitmäuler	broadbills [Eurylaimidae]	Eurylaimidae	100
Breitschnäbel	flatbills [*Ramphotrigon*]	*Ramphotrigon*	106
Breitschnäbeliger Wassertreter, Thorshühnchen	Grey Phalarope, Red Phalarope[Am]	*Phalaropus fulicarius*	57
Breitschnabelpipra	Broad-billed Manakin	*Sapayoa aenigma*	107
Brillengrasmücke	Spectacled Warbler [Old World]	*Sylvia conspicillata*	136
Brillenstärling	Yellow-headed Blackbird	*Xanthocephalus xanthocephalus*	160
Brillenvögel	white-eyes	Zosteropidae	153
Brillenvogel: Silberauge, Mantelbrillenvogel	Gray-breasted Silver-Eye	*Zosterops lateralis*	153
Brillenwürger	helmet-shrikes	Prionopinae	122
Bruchwasserläufer	Wood Sandpiper	*Tringa glareola*	57
Buchentyrann, grünlicher Erlentyrann	Acadian Flycatcher	*Empidonax virescens*	106
Buchfink	Common Chaffinch	*Fringilla coelebs*	161
Büffelkopfente	Bufflehead	*Bucephala albeola*	27
Büffelweber	Buffalo Weaver	*Bubalornis niger*	163
Bülbülgrasmücken	longbills [*Macrosphenus*]	*Macrosphenus*	136
Bülbüls [*Phyllastrephus*]	greenbuls and tetrakas	*Phyllastrephus*	120
Bülbüls [Pycnonotidae]	bulbuls	Pycnonotidae	120
Bündelnister	thornbirds	*Phacellodomus*	102
Buntfalke, Sperlingsfalke	American Kestrel, American Sparrow Hawk	*Falco sparverius*	32
Buntfuß-Sturmschwalbe	Wilson's Petrel	*Oceanites oceanicus*	12
Buntspecht: Kleiner Buntspecht → Kleinspecht	Lesser Spotted Woodpecker	*Picoides minor*	99

127

Deutsch	Englisch	Latein	Familie nach Howard
Buntspecht (Rotspecht)	Great Spotted Woodpecker	*Picoides major*	99
Bürzelstelzler, Busch-schlüpfer, Tapaculos	tapaculos	Rhinocryptidae	105
Buschammer → Tangaren-buschammer	Tanager Finch	*Oreothraupis arremonops*	155
Buschdrosslinge	thrush babblers [*Illadopsis*]	*Illadopsis*	132
Buschkletterer, Mausvögel	mousebirds, colies	COLIIFORMES	82
Buschmeise (Schwanz-meise)	Bushtit	*Psaltriparus minimus*	144
Buschrohrsänger	Blyth's Reed Warbler [Old World]	*Acrocephalus dumetorum*	136
Buschschlüpfer, Tapaculos, Bürzelstelzler	tapaculos	Rhinocryptidae	105
Buschspötter	Booted Warbler [Old World]	*Hippolais caligata*	136
Buschtangaren	bush-tanagers	*Chlorospingus*	155
Buschwürger	bush-shrikes	Malaconotinae	122
Bussard: Adlerbussard	Long-legged Buzzard	*Buteo rufinus*	30
Bussard: Mäusebussard	Eurasian Buzzard	*Buteo buteo*	30
Bussard: Rauhfußbussard	Rough-legged Buzzard, Rough-legged Hawk[Am]	*Buteo lagopus*	30
Bussard: Rotschulter-bussard	Red-shouldered Hawk	*Buteo lineatus*	30
Bussard: Rotschwanz-bussard	Red-tailed Hawk, Redtail	*Buteo jamaicensis*	30
Bussard: Wespenbussard	Honey-Buzzard	*Pernis apivorus*	30
Bussarde	buzzards, buteos (hawks)[Am]	*Buteo*	30
Büttelwürger, Fiskalwürger	Common Fiscal Shrike	*Lanius collaris*	122
. . . .			
Carolinakleiber	White-breasted Nuthatch	*Sitta carolinensis*	147
Carolinameise	Carolina Chickadee	*Parus carolinensis*	146
Carolina-Nachtschwalbe	Chuck-will's-widow (night-jar)	*Caprimulgus carolinensis*	78
Carolinaspecht	Red-bellied Woodpecker	*Melanerpes carolinus*	99
Carolina-Sumpfhuhn	Sora (Rail)	*Porzana carolina*	42
Carolinataube, Trauertaube	Mourning Dove	*Zenaida macroura*	65
Carolina-Zaunkönig	Carolina Wren	*Thryothorus ludovicianus*	127
Chakalakas (einschl. Guan)	chachalacas	*Ortalis*	34
Chaparraltimalie, Zaunkö-nigs-Grasmücke, Zaun-königsmeise	Wrentit	*Chamaea fasciata*	132
Chinesische Zwergwachtel, Perlhuhnfrankolin	Chinese Francolin	*Francolinus pintadeanus*	35
Chukar-Steinhuhn	Chukar, Chukar Partridge	*Alectoris chucar*	35
Cistensänger	Fan-tailed Warbler [African warbler]	*Cisticola juncidis*	136
Cistensänger und Pink-pinks	African warblers	*Cisticola*	136
Couas	couas	*Coua*	71
. . . .			
Dachsammer	White-crowned Sparrow [New World]	*Zonotrichia leucophrys*	155

128

Deutsch	Englisch	Latein	Familie nach Howard
Darwinfinken	tree-finches	*Camarhynchus*	155
Degenschnäbel	gnatwrens	*Microbates, Ramphocaenus*	135
Delaware-Möwe, Ring-schnabelmöwe	Ring-billed Gull	*Larus delawarensis*	61
Diamantfasan, Amherst-fasan	Lady Amherst's Pheasant	*Chrysolophus amherstiae*	35
Dickcissel, Schildammer	Dickcissel	*Spiza americana*	155
Dickichtvögel	scrub-birds	Atrichornithidae	115
Dickkopf: Meisendickkopf	Crested Shrike-Tit	*Falcunculus frontatus*	143
Dickkopf: Wellendickkopf	Mottled Whistler	*Rhagologus leucostigma*	143
Dickköpfe, Dickkopfvögel	whistlers	Pachycephalidae	143
Dickschnabellumme	Brünnich's Guillemot, Brünnich's Murre[Am]	*Uria lomvia*	63
Distelfink, Stieglitz	European Goldfinch	*Carduelis carduelis*	161
Dohle	Eurasian Jackdaw	*Corvus monedula*	173
Dohle: Alpendohle	Alpine Chough	*Pyrrhocorax graculus*	173
Dollarvogel	Dollar Bird, Eastern Broad-billed Roller	*Eurystomus orientalis*	88
Dommel: Indianerdommel, Amerikanische Zwerg-dommel	Least Bittern	*Ixobrychus exilis*	20
Dommel: Nordamerikani-sche Rohrdommel	American Bittern	*Botaurus lentiginosus*	20
Dommel: Rohrdommel	Eurasian Bittern	*Botaurus stellaris*	20
Dommel: Zwergdommel, Zwergrohrdommel	Little Bittern	*Ixobrychus minutus*	20
Dommeln, Rohrdommeln	bitterns	*Botaurus, Ixobrychus*	20
Dommeln: Zwergdommeln, Zwergrohrdommeln	dwarf bitterns	*Ixobrychus*	20
Dompfaff, Gimpel	Eurasian Bullfinch	*Pyrrhula pyrrhula*	161
Doppelschnepfe	Great Snipe	*Gallinago media*	57
Dornensegler	Band-rumped Swift	*Chaetura spinicauda*	79
Dorngrasmücke	Whitethroat	*Sylvia communis*	136
Dornschnäbel	thornbills	*Acanthiza*	140
Drachen- und Gelbbürzel-stärling	marshbirds	*Pseudoleistes*	160
Dreizehenmöwe	Black-legged Kittiwake	*Larus tridactylus*	61
Dreizehenspecht	Three-toed Woodpecker	*Picoides tridactylus*	99
Drongo: Königsdrongo, Asiatischer Trauerdrongo	King Crow, Black Drongo	*Dicrurus macrocercus*	166
Drongos	drongos	Dicruridae	166
Dronte: Réunion-Dronte (ausgestorben)	Reunion Solitaire, White Dodo (extinct)	*Raphus solitarius (ext)*	65
Dronte (ausgestorben)	Dodo (extinct)	*Raphus cucullatus (ext)*	65
Dronten, Einsiedler (ausge-storben)	dodos and solitaires (extinct)	Raphidae *(ext)*	65
Drossel: Amsel, Schwarz-drossel	Eurasian Blackbird	*Turdus merula*	130
Drossel: Bechsteindrossel	Dark-throated Thrush	*Turdus ruficollis*	130
Drossel, Blaudrossel → Blaumerle	Blue Rock Thrush	*Monticola solitarius*	130

129

Deutsch	Englisch	Latein	Familie nach Howard
Drossel: Erddrossel	White's Thrush	*Turdus dauma*	130
Drossel: Misteldrossel	Mistle Thrush	*Turdus viscivorus*	130
Drossel: Naumanndrossel	Naumann's Thrush	*Turdus naumanni naumanni*	130
Drossel: Ringdrossel, Ring-amsel	Ring Ouzel	*Turdus torquatus*	130
Drossel: Rostflügeldrossel	Dusky Thrush	*Turdus naumanni eunomus*	130
Drossel: Rotdrossel, Wein-drossel	Redwing [Eurasian thrush]	*Turdus iliacus*	130
Drossel: Rotkehldrossel	Red-throated Thrush	*Turdus ruficollis ruficollis*	130
Drossel: Schieferdrossel, Sibirische Drossel	Siberian Thrush	*Turdus sibiricus*	130
Drossel: Schwarzkehl-drossel	Black-throated Thrush	*Turdus ruficollis atrogularis*	130
Drossel: Sibirische Drossel, Schieferdrossel	Siberian Thrush	*Turdus sibiricus*	130
Drossel: Singdrossel	Song Thrush	*Turdus philomelos (ericeto-rum)*	130
Drossel: Wacholderdrossel, Krammetsvogel	Fieldfare	*Turdus pilaris*	130
Drossel: Walddrossel	Wood Thrush	*Hylocichla mustelina*	130
Drossel: Wanderdrossel	American Robin	*Turdus migratorius*	130
Drossel: Weidendrossel, Wilsondrossel, Wiesen-drossel	Veery	*Catharus fuscescens*	130
Drossel: Weißbrauendros-sel (Blasse Drossel)	Eye-browed Thrush	*Turdus obscurus*	130
Drossel: Zwergdrossel, Swainsondrossel	Swainson's Thrush	*Turdus ustulatus*	130
Drossel → Katzendrossel, Katzenvogel	Gray Catbird	*Dumetella carolinensis*	128
Drossel → Rotrücken-Spottdrossel, Rote Spottdrossel, Rotrük-kensichler	Brown Thrasher	*Toxostoma rufum*	128
Drossel → Spottdrossel	Northern Mockingbird	*Mimus polyglottos*	128
Drossel → Zaunkönigs-drossel	Wren-Thrush	*Zeledonia coronata*	157
Drosselhäher	Australian choughs [incl. Apostlebird]	Corcoracinae	168
Drosselkrähe, Australische Bergkrähe, Drosselhäher	White-winged Chough, Australian Chough	*Corcorax melanorhamphus*	168
Drosselmanakins, Schiffornis	manakins [*Schiffornis*]	*Schiffornis*	107
Drosselmeisen → Timalien	babblers	Timaliidae	132
Drosseln	thrushes [solitaires, thrushes and allies]	Turdidae	130
Drosseln, echte Drosseln	true thrushes	*Turdus*	130
Drosseln: Scheindrosseln	scrub-robins [Australo-Papuan robins]	*Drymodes*	130
Drosseln: Schnäpperdros-seln	cochoas	*Cochoa*	130

Deutsch	Englisch	Latein	Familie nach Howard
Drosseln → Ameisendrosseln und Ameisenpittas	antthrushes and antpittas	Formicariinae [AOU]	103
Drosseln → Spottdrosseln	mockingbirds, thrashers	Mimidae	128
Drosselrohrsänger	Great Reed Warbler [Old World]	Acrocephalus arundinaceus	136
Drosselstelze: Australische Drosselstelze	Magpie-Lark, Mudlark	Grallina cyanoleuca	168
Drosselstelzen	magpie-larks	Grallinidae	168
Drosselwaldsänger, Uferwaldsänger	Northern Waterthrush	Seiurus noveboracensis	157
Drosslinge	babblers [Asia, North Africa]	Turdoides	132
Drosslinge: Buschdrosslinge	thrush babblers [Illadopsis]	Illadopsis	132
Dunenspecht, Flaumspecht	Downy Woodpecker	Picoides pubescens	99
Dunkelente, Rotfußente	American Black Duck	Anas rubripes	27
Dunkellaubsänger	Dusky Warbler [Old World]	Phylloscopus fuscatus	136
Dunkelsturmtaucher	Sooty Shearwater	Puffinus griseus	11
Dunkelwasserläufer, Dunkler Wasserläufer	Spotted Redshank	Tringa erythropus	57
Dünnschnabel-Brachvogel	Slender-billed Curlew	Numenius tenuirostris	57
Dünnschnäbeliger Sturmvogel, Kurzschnabel-Sturmvogel	Short-tailed Shearwater	Puffinus tenuirostris	11
Dünnschnabelmöwe	Slender-billed Gull	Larus genei	61
Dupontlerche	Dupont's Lark	Chersophilus duponti	116
Echte Drosseln, Drosseln	thrushes	Turdus	130
Echte Falken, Edelfalken, Falken	falcons	Falco	32
Eckschwanzsperber, Streifensperber	Sharp-shinned Hawk	Accipiter striatus	30
Edelfalken, Falken, Echte Falken	falcons	Falco	32
Edelfinken, Bergfink, eigentliche Finken	fringilline finches; chaffinches, brambling	Fringillinae	161
Edelpapageien	parakeets	Psittaculidae	68
Edelreiher → Silberreiher	Great Egret, Great White Heron, Great White Egret	Casmerodius albus (Egretta)	20
Edeltangaren, eigentliche Tangaren	tanagers	Thraupinae	155
Eichelhäher	Common Jay	Garrulus glandarius	173
Eiderente	Common Eider	Somateria mollissima	27
Eiderente: Prachteiderente	King Eider	Somateria spectabilis	27
Einfarbstar	Spotless Starling	Sturnus unicolor	164
Einsiedel-Wasserläufer	Solitary Sandpiper	Tringa solitaria	57
Einsiedler, Dronten (ausgestorben)	dodos and solitaires (extinct)	Raphidae (ext)	65
Einsiedler (ausgestorben)	Rodriguez Solitaire (extinct)	Pezophaps solitaria (ext)	65
Eisente	Oldsquaw (Long-tailed Duck)	Clangula hyemalis	27

131

Deutsch	Englisch	Latein	Familie nach Howard
Eismöwe	Glaucous Gull	*Larus hyperboreus*	61
Eissturmvogel	Fulmar, Northern Fulmar	*Fulmarus glacialis*	11
Eistaucher: Gelbschnabel-Eistaucher	White-billed Diver, Yellow-billed Loon[Am]	*Gavia adamsii*	8
Eistaucher, Imbergans	Great Northern Diver, Common Loon[Am]	*Gavia immer*	8
Eisvogel	Common Kingfisher	*Alcedo atthis*	84
Eisvögel: Fischer	kingfishers [Cerylinae]	Cerylinae	84
Eisvögel, Fischer, Lieste	kingfishers	Alcedinidae	84
Eisvogel: Froschschnabel	Shovel-billed Kingfisher	*Clytoceyx rex*	84
Eisvogel: Graufischer	Pied Kingfisher	*Ceryle rudis*	84
Eisvogel: Gürtelfischer, Halsbandfischer	Belted Kingfisher	*Ceryle alcyon*	84
Eisvogel: Lachender Hans, Jägerliest	Laughing Kookaburra, Laughing Jackass	*Dacelo novaeguineae*	84
Eisvögel: Lieste	dacelonid kingfishers	Dacelonidae [Sibley]	84
Eleonorenfalke	Eleonora's Falcon	*Falco eleonorae*	32
Elfenbeinmöwe	Ivory Gull	*Pagophila eburnea*	61
Elster	Black-billed Magpie	*Pica pica*	173
Elster: Baumelster und Wanderelster	treepies [*Dendrocitta*]	*Dendrocitta*	173
Elster: Blauelster	Azure-winged Magpie	*Cyanopica cyanus*	173
Elstern → Paradieselstern	Astrapias	*Astrapia*	172
Elsterspecht → Weißrükkenspecht	White-backed Woodpecker	*Picoides leucotos*	99
Elsterwürger	long-tailed shrikes	*Corvinella*	122
Emu	Emu	*Dromaius novaehollandiae*	4
Englische Schafstelze, grünköpfige Schafstelze	British Yellow Wagtail, Yellowish-crowned W.	*Motacilla flava flavissima*	118
Ente: Amerikanische Pfeifente	American Wigeon, Baldpate	*Anas americana*	27
Ente: Bergente	Greater Scaup	*Aythya marila*	27
Ente: Brandgans, Brandente	Shelduck	*Tadorna tadorna*	27
Ente: Brautente	Wood Duck	*Aix sponsa*	27
Ente: Büffelkopfente	Bufflehead	*Bucephala albeola*	27
Ente: Dunkelente, Rotfußente	American Black Duck	*Anas rubripes*	27
Ente: Eiderente	Common Eider	*Somateria mollissima*	27
Ente: Eisente	Oldsquaw (Long-tailed Duck)	*Clangula hyemalis*	27
Ente: Eur. Pfeifente	Eurasian Wigeon	*Anas penelope*	27
Ente: Gluckente	Baikal Teal	*Anas formosa*	27
Ente: Halsringente, Ringschnabelente	Ring-necked Duck	*Aythya collaris*	27
Ente: Kanevasente	Canvasback	*Aythya valisineria*	27
Ente: Kleine Bergente, Veilchenente	Lesser Scaup	*Aythya affinis*	27
Ente: Knäkente	Garganey	*Anas querquedula*	27
Ente: Krickente	Green-winged Teal, Common Teal	*Anas crecca*	27
Ente: Löffelente	Northern Shoveler	*Anas clypeata*	27

Deutsch	Englisch	Latein	Familie nach Howard
Ente: Mandarinente	Mandarin	*Aix galericulata*	27
Ente: Prachteiderente	King Eider	*Somateria spectabilis*	27
Ente: Rotkopfente, Amerikanische Tafelente	Redhead	*Aythya americana*	27
Ente: Samtente	Velvet Scoter, White-winged Scoter[Am]	*Melanitta fusca*	27
Ente: Schellente	Common Goldeneye	*Bucephala clangula*	27
Ente: Schnatterente, Mittelente	Gadwall	*Anas strepera*	27
Ente: Spießente	Northern Pintail	*Anas acuta*	27
Ente: Stockente	Mallard	*Anas platyrhynchos*	27
Ente: Tafelente	Common Pochard	*Aythya ferina*	27
Ente: Trauerente	Common Scoter, Black Scoter[Am]	*Melanitta nigra*	27
Enten, Wildenten	ducks, wild ducks	Anatinae	27
Enten → Baumenten, Pfeifgänse	whistling-ducks	Dendrocygnidae [Sibley]	27
Entenartige, Entenvögel	swans, geese and ducks	Anatidae	27
Entenschnepfe, Schlammtreter	Willet	*Catoptrophorus semipalmatus*	57
Entenvögel, Schwimmvögel	waterfowl	ANSERIFORMES	26
Erckelfrankolin	Erckel's Francolin	*Francolinus erckelii*	35
Erddrossel	White's Thrush	*Turdus dauma*	130
Erdhacker [*Geositta*]	miners	*Geositta*	102
Erdhacker [*Upucerthia*]	earthcreepers	*Upucerthia*	102
Erdkuckuck → Wegekuckuck (Kalifornischer Erdkuckuck)	Greater Roadrunner	*Geococcyx californianus*	71
Erdkuckucke	ground-cuckoos and roadrunners	Neomorphinae	71
Erdracken	ground-rollers	Brachypteraciidae	89
Erdsänger: Rotkehlchen	European Robin	*Erithacus rubecula*	130
Erdtimalien → Laufflöter	logrunners, chowchillas	Orthonychidae	131
Eremiten	hermits	*Phaetornis, Glaucis*	81
Erlentyrann: grünlicher Erlentyrann, Buchentyrann	Acadian Flycatcher	*Empidonax virescens*	106
Erlenzeisig, Zeisig	Eurasian Siskin	*Carduelis spinus*	161
Eule: Graseule (Schleiereule)	Grass-Owl	*Tyto capensis*	72
Eule: Kreischeule, Schreieule	Eastern Screech Owl	*Otus asio*	73
Eule: Schleiereule	Common Barn-Owl	*Tyto alba*	72
Eule: Schnee-Eule	Snowy Owl	*Nyctea scandiaca*	73
Eule: Sperbereule	Hawk Owl	*Surnia ulula*	73
Eule: Sumpfohreule	Short-eared Owl	*Asio flammeus*	73
Eule: Waldohreule	Long-eared Owl	*Asio otus*	73
Eule: Zwergohreule	Scops-Owl	*Otus scops*	73
Eulen: eigentliche Eulen; Ohreulen und Käuze	typical owls	Strigidae	73
Eulen, Eulenvögel	owls	STRIGIFORMES	72
Eulen, Ohreulen	screech owls	*Otus etc.*	73

133

Deutsch	Englisch	Latein	Familie nach Howard
Eulen: Schleiereulen	barn-owls	Tytonidae	72
Eulenschwalm	Tawny Frogmouth, More-pork, Mopoke	*Podargus strigoides*	75
Eulenschwalme	frogmouths	Podargidae	75
Eulenschwamle: Fro-schmäuler	Asian frogmouths	Batrachostomidae [Sibley]	75
. . . .			
Fächerschwänze	fantails, fantail flycatchers	Rhipidurini [Sibley]	141
Fahlsegler	Pallid Swift	*Apus pallidus*	79
Fälkchen: Rotschenkel-Zwergfalke, Rotkehlfälk-chen	Red-thighed Falconet	*Microhierax caerulescens*	32
Fälkchen (Zwergfalken)	falconets [*Microhierax*]	*Microhierax*	32
Falke: Baumfalk, Baum-falke	Hobby (Falcon)	*Falco subbuteo*	32
Falke: Buntfalke, Sperlings-falke	American Kestrel, Ameri-can Sparrow Hawk	*Falco sparverius*	32
Falke: Eleonorenfalke	Eleonora's Falcon	*Falco eleonorae*	32
Falke: Gerfalke	Gyrfalcon	*Falco rusticolus*	32
Falke: Lanner, Feldeggs-falke	Lanner Falcon	*Falco biarmicus*	32
Falke: Merlin, Zwergfalke	Merlin (Pigeon Hawk)	*Falco columbarius*	32
Falke: Rötelfalke	Lesser Kestrel	*Falco naumanni*	32
Falke: Rotfußfalke, Abend-falke	Red-footed Falcon	*Falco vespertinus*	32
Falke: Rotschenkel-Zwerg-falke, Rotkehlfälkchen	Red-thighed Falconet	*Microhierax caerulescens*	32
Falke: Turmfalk, Turmfalke	Eurasian Kestrel	*Falco tinnunculus*	32
Falke: Wanderfalk, Wander-falke	Peregrine Falcon (Duck Hawk[Am])	*Falco peregrinus*	32
Falke: Würgfalke	Saker Falcon	*Falco cherrug*	32
Falken, Echte Falken, Edel-falken	falcons	*Falco*	32
Falken: Fälkchen (Zwergfal-ken)	falconets [*Microhierax*]	*Microhierax*	32
Falken, Falkenartige	falcons and caracaras	Falconidae	32
Falken: Waldfalken	forest falcons	*Micrastur*	32
Falkennachtschwalbe	Common Nighthawk	*Chordeiles minor*	78
Falkennachtschwalben	nighthawks	Chordeilinae	78
Falkenraubmöwe, Kleine Raubmöwe	Long-tailed Skua, Long-tailed Jaeger[Am]	*Stercorarius longicaudus*	60
Farnhuscher, Waldhuscher	mouse-babblers	*Crateroscelis*	140
Fasan: Diamantfasan, Amherstfasan	Lady Amherst's Pheasant	*Chrysolophus amherstiae*	35
Fasan: Goldfasan	Golden Pheasant	*Chrysolophus pictus*	35
Fasan: Königsfasan	Reeve's Pheasant	*Syrmaticus reevesii*	35
Fasan, Ringfasan, Jagd-fasan	Ring-necked Pheasant, Pheasant	*Phasianus colchicus (tor-quatus)*	35
Fasan → Wasserfasan	Pheasant-tailed Jacana	*Hydrophasianus chirurgus*	48
Fasanenartige (Fasanen, Feldhühner, Hühner)	quail, partridges and pheasants	Phasianidae	35
Fasane[n]	pheasants	*Phasianus etc.*	35

134

Deutsch	Englisch	Latein	Familie nach Howard
Faulvögel	puffbirds	Bucconidae	95
Feenvögel	leafbirds, ioras	Irenidae (Chloropseidae)	121
Feenvögel: Irene	Philippine bluebirds, fairy bluebirds	*Irena*	121
Feldammer [!], Klapperammer	Field Sparrow [!] [New World]	*Spizella pusilla*	155
Feldeggsfalke, Lanner	Lanner Falcon	*Falco biarmicus*	32
Feldhuhn → Fasanenartige (Fasanen, Feldhühner, Hühner)	quail, partridges and pheasants	Phasianidae	35
Feldlerche	Eurasian Skylark	*Alauda arvensis*	116
Feldschwirl, Heuschreckensänger	Grasshopper Warbler [Old World]	*Locustella naevia*	136
Feldsperling	Eurasian Tree Sparrow	*Passer montanus*	163
Felsenhähne	cocks-of-the-rocks	*Rupicola*	108
Felsenhuhn	Barbary Partridge	*Alectoris barbara*	35
Felsenhühner, Königshühner	snowcocks	*Tetraogallus*	35
Felsenkleiber	Rock Nuthatch	*Sitta neumayer*	147
Felsenpieper → Strandpieper	Rock Pipit	*Anthus spinoletta petrosus*	118
Felsenschwalbe	Crag Martin (swallow)	*Hirundo rupestris*	117
Felsenspringer	Rufous Rockjumper	*Chaetops frenatus*	130
Felsentaube, Straßentaube (Haustaube)	Rock Dove, Domestic Pigeon	*Columba livia*	65
Felshüpfer	rockfowl, bald crows	*Picathartes*	134
Fettschwalm	Oilbird, Guacharo	*Steatornis caripensis*	74
Feueraugen	fire-eyes	*Pyriglena*	103
Feuerkopf, Flammenkopf	Sharpbill	*Oxyruncus cristatus*	109
Feuerkopf-Saftlecker	Yellow-bellied Sapsucker	*Sphyrapicus varius*	99
Fichtenammer	Pine Bunting	*Emberiza leucocephalos*	155
Fichtengimpel → Hakengimpel	Pine Grosbeak	*Pinicola enucleator*	161
Fichtenkreuzschnabel	Crossbill, Red Crossbill[Am]	*Loxia curvirostra*	161
Fichtenzeisig	Pine Siskin	*Carduelis pinus*	161
Fink: Bergfink	Brambling	*Fringilla montifringilla*	161
Fink, Blutfink → Gimpel, Dompfaff	Eurasian Bullfinch	*Pyrrhula pyrrhula*	161
Fink: Buchfink	Common Chaffinch	*Fringilla coelebs*	161
Fink: Grünfink → Grünling	European Greenfinch	*Carduelis chloris*	161
Fink: Purpurfink → Purpurgimpel	Purple Finch	*Carpodacus purpureus*	161
Fink: Stieglitz, Distelfink	European Goldfinch	*Carduelis carduelis*	161
Fink → Baumammer, Amerikanischer Baumfink	American Tree Sparrow	*Spizella arborea*	155
Fink → Indigofink	Indigo Bunting	*Passerina cyanea*	155
Fink → Kuckucksfink	Parasitic Weaver	*Anomalospiza imberbis*	163
Fink → Plüschkopftangare, Samtkappenfink	Plush-capped Finch, Plushcap	*Catamblyrhynchos diadema*	155
Fink → Schneefink, Schneesperling	Snow Finch	*Montifringilla nivalis*	163
Fink → Tigerfink	Red Avadavat, Red Munia	*Amandava amandava*	162

135

Deutsch	Englisch	Latein	Familie nach Howard
Fink → Zebrafink	Zebra Finch	*Poephila guttata* *(Taeniopygia)*	162
Finken: eigentliche Finken, Edelfinken	fringilline finches	Fringillinae	161
Finken, Finkenvögel	finches and allies	Fringillidae	161
Finken → Astrilden	waxbills	*Estrilda*	162
Finken → Darwinfinken	tree-finches	*Camarhynchus*	155
Finken → eigentliche Weberfinken	weavers	Ploceinae	163
Finken → Grundfinken, Inselammern	ground finches	*Geospiza*	155
Finken → Papageiamadinen	parrot finches	*Erythrura*	162
Finken → Prachtfinken	waxbills, estrildine finches	Estrildidae	162
Finken → Schneefinken	snow finches	*Montifringilla*	163
Finken → Spätzlinge	social weavers	*Pseudonigrita*	163
Finken → Webervögel (Weber, Weberfinken)	weavers, sparrows	Ploceidae	163
Finken → Witwen, Witwenvögel	whydahs, widow weavers, parasitic viduines	Viduinae	163
Finschia	New Zealand Creeper, Pipipi, Brown Creeper	*Finschia novaeseelandiae*	140
Fischadler	Osprey (Fish Hawk)	*Pandion haliaetus*	29
Fischer: Graufischer	Pied Kingfisher	*Ceryle rudis*	84
Fischer: Gürtelfischer, Halsbandfischer	Belted Kingfisher	*Ceryle alcyon*	84
Fischer, Lieste, Eisvögel	kingfishers	Alcedinidae	84
Fischer (Eisvögel)	kingfishers [Cerylinae]	Cerylinae	84
Fischer → Braunmantel-Austernfischer	American Oystercatcher	*Haematopus palliatus*	51
Fischer → Eur. Austernfischer	European Oystercatcher	*Haematopus ostralegus*	51
Fischkrähe	Fish Crow	*Corvus ossifragus*	173
Fischmöwe	Great Black-headed Gull	*Larus ichthyaetus*	61
Fischreiher, Graureiher	Common Heron	*Ardea cinerea*	20
Fiskalwürger, Büttelwürger	Common Fiscal Shrike	*Lanius collaris*	122
Fitis	Willow Warbler [Old World]	*Phylloscopus trochilus*	136
Flachschnäbel	boatbills	*Machaerirhynchus*	141
Flamingo, Großer Flamingo	Greater Flamingo	*Phoenicopterus ruber*	25
Flamingos	flamingos, flamingoes	Phoenicopteridae	25
Flammenkopf, Feuerkopf	Sharpbill	*Oxyruncus cristatus*	109
Flaumspecht, Dunenspecht	Downy Woodpecker	*Picoides pubescens*	99
Fleckenschnäpper	Gray-spotted Flycatcher [Old World]	*Muscicapa griseisticta*	137
Fleckschnabeltaucher, Bindentaucher	Pied-billed Grebe	*Podilymbus podiceps*	9
Fliegenschnäpper	Old World flycatchers	*Muscicapa*	137
Fliegenschnäpper: Fleckenschnäpper	Gray-spotted Flycatcher [Old World]	*Muscicapa griseisticta*	137
Fliegenschnäpper: Grauschnäpper	Spotted Flycatcher [Old World]	*Muscicapa striata*	137

Deutsch	Englisch	Latein	Familie nach Howard
Fliegenschnäpper: Halb-ringschnäpper	Semicollared Flycatcher [Old World]	*Ficedula semitorquata*	137
Fliegenschnäpper: Hals-bandschnäpper	Collared Flycatcher [Old World]	*Ficedula albicollis*	137
Fliegenschnäpper: Trauer-schnäpper	Pied Flycatcher [Old World]	*Ficedula hypoleuca*	137
Fliegenschnäpper: Zwerg-schnäpper, Zwergflie-genschnäpper	Red-breasted Flycatcher [Old World]	*Muscicapa parva*	137
Fliegenschnäpper → Klein-schnäpper [*Batis*]	puffback-flycatchers	*Batis*	138
Fliegenschnäpper → Klein-schnäpper [*Platysteira*]	wattle-eyes	*Platysteira*	138
Fliegenschnäpper → Sei-denschnäpper	silky-flycatchers	Ptilogonatinae	124
Fliegenstecher	tyrannulets, elaenias and allies	Elaeniinae [AOU]	106
Flossentaucher → Pinguine	penguins	SPHENISCIFORMES	7
Flötenvögel (Würgerkrähen)	bell-magpies, Australian magpies	*Gymnorhina*	170
Flötenvogel (Würgerkrähe)	Bell-Magpie, Australian Magpie	*Gymnorhina tibicen*	170
Flötenwürger (Würgerkrä-hen), Würgatzeln	Australian butcherbirds	*Cracticus*	170
Flöter	quail-thrushes, whipbirds	Cinclosomatinae [Sibley]	131
Flügeltaucher → Alke[n], Flügeltaucher	auks	*Alca*	63
Flughuhn: Braunbauch-Flughuhn	Chestnut-bellied Sand-grouse, Small Pin-tailed Sandgrouse	*Pterocles exustus*	64
Flughuhn: Sandflughuhn	Black-bellied Sandgrouse	*Pterocles orientalis*	64
Flughuhn: Spießflughuhn	Pin-tailed Sandgrouse	*Pterocles alchata*	64
Flughuhn: Steppenhuhn	Pallas's Sandgrouse	*Syrrhaptes paradoxus*	64
Flughühner	sandgrouse	Pteroclididae (Pteroclidae)	64
Flühvogel, Alpenbraunelle	Alpine Accentor	*Prunella collaris*	129
Flußregenpfeifer	Little Ringed Plover	*Charadrius dubius*	56
Fluß-Seeschwalbe	Common Tern	*Sterna hirundo*	61
Flußuferläufer (Wasserläu-fer)	Common Sandpiper	*Tringa hypoleuca*	57
Franklinmöwe, Präriemöwe	Franklin's Gull	*Larus pipixcan*	61
Frankolin: Erckelfrankolin	Erckel's Francolin	*Francolinus erckelii*	35
Frankolin: Halsbandfranko-lin	Black Francolin, Black Partridge	*Francolinus francolinus*	35
Frankolin: Perlhuhn-Franko-lin, Chinesische Zwerg-wachtel	Chinese Francolin	*Francolinus pintadeanus*	35
Frankoline	francolins	*Francolinus*	35
Fregattvögel	frigatebirds	Fregatidae	19
Froschmäuler (Eulen-schwalme)	Asian frogmouths	Batrachostomidae [Sibley]	75
Froschschnabel	Shovel-billed Kingfisher	*Clytoceyx rex*	84
Fruchtpicker	Black-breasted Triller	*Chlamydochaera jefferyi*	119

137

Deutsch	Englisch	Latein	Familie nach Howard
Gabelweih, Rotmilan, Roter Milan	Red Kite, Kite	*Milvus milvus*	30
Gambett-Wasserläufer → Rotschenkel	Redshank	*Tringa totanus*	57
Gans: Affengans	Freckled Duck	*Stictonetta naevosa*	27
Gans: Bläßgans (Bleßgans)	Greater White-fronted Goose	*Anser albifrons*	27
Gans: Brandgans, Brandente	Shelduck	*Tadorna tadorna*	27
Gans: Graugans	Greylag Goose, Grey Goose	*Anser anser*	27
Gans: Kanadagans	Canada Goose	*Branta canadensis*	27
Gans: Kurzschnabelgans	Pink-footed Goose	*Anser brachyrhynchus*	27
Gans: Nilgans	Egyptian Goose	*Alapochen aegyptiacus*	27
Gans: Nonnengans, Weißwangengans	Barnacle Goose	*Branta leucopsis*	27
Gans: Ringelgans	Brent Goose	*Branta bernicla*	27
Gans: Rostgans	Ruddy Shelduck	*Tadorna ferruginea*	27
Gans: Rothalsgans	Red-breasted Goose	*Branta ruficollis*	27
Gans: Saatgans	Bean Goose	*Anser fabalis*	27
Gans: Schneegans	Snow Goose	*Anser caerulescens*	27
Gans: Spaltfußgans	Magpie Goose	*Anseranas semipalmata*	27
Gans: Zwergbläßgans, Zwerggans	Lesser White-fronted Goose	*Anser erythropus*	27
Gans → Eistaucher, Imbergans	Great Northern Diver, Common Loon[Am]	*Gavia immer*	8
Gänse: Baumenten, Pfeifgänse	whistling-ducks	Dendrocygnidae [Sibley]	27
Gänse, Enten, Schwäne	swans, geese and ducks	Anatidae	27
Gänse: Lamellenschnäbler, Gänsevögel	swans, geese, whistling-ducks	Anserinae	27
Gänse: Pfeifgänse	whistling-ducks	*Dendrocygna*	27
Gänse, Wildgänse	geese, brant	*Anser, Branta, Chen etc.*	27
Gänsegeier [Altweltgeier]	Griffon Vulture [Old World]	*Gyps fulvus*	30
Gänsesäger	Goosander, Common Merganser[Am]	*Mergus merganser*	27
Gänsevögel, Lamellenschnäbler	swans, geese, whistling-ducks	Anserinae	27
Gartenammer → Ortolan	Ortolan Bunting	*Emberiza hortulana*	155
Gartenbaumläufer, Hausbaumläufer	Short-toed Tree Creeper	*Certhia brachydactyla*	148
Gartengrasmücke	Garden Warbler [Old World]	*Sylvia borin*	136
Gartenlaubvogel, Gartensänger → Gelbspötter	Icterine Warbler [Old World]	*Hippolais icterina*	136
Gartenrotschwanz	Redstart [Old World]	*Phoenicurus phoenicurus*	130
Gauch → Kuckuck	Common Cuckoo [Old World]	*Cuculus canorus*	71
Gaukler	Bateleur	*Theratopius ecaudatus*	30
Gebirgslori, Allfarblori	Rainbow Lorikeet	*Trichoglossus haematodus*	66
Gebirgsstelze, Bergstelze	Grey Wagtail	*Motacilla cinerea*	118
gefleckter Baumsteiger, Stammsteiger	Spotted Creeper	*Salpornis spilonotus (-nata)*	148

138

Deutsch	Englisch	Latein	Familie nach Howard
Geier: Bartgeier, Lämmergeier [Altweltgeier]	Bearded Vulture [Old World], Lammergeier	*Gypaetus barbatus*	30
Geier: Gänsegeier [Altweltgeier]	Griffon Vulture [Old World]	*Gyps fulvus*	30
Geier: Mönchsgeier, Kuttengeier [Altweltgeier]	European Black Vulture [Old World]	*Aegypius monachus*	30
Geier: Neuweltgeier	New World vultures, American vultures	Cathartidae	28
Geier: Rabengeier [Neuweltgeier]	Black Vulture [New World vulture]	*Coragyps atratus*	28
Geier: Schmutzgeier (Aasgeier) [Altweltgeier]	Egyptian Vulture	*Neophron percnopterus*	30
Geier: Truthahngeier [Neuweltgeier]	Turkey Vulture [New World] (Buzzard[Am])	*Cathartes aura*	28
Gelbbauch-Beerenpicker	Tit Berrypecker	*Oreocharis arfaki*	151
Gelbbrauen-Laubsänger	Yellow-browed Warbler [Old World]	*Phylloscopus inornatus*	136
Gelbbrusttyrann, Schnäppertyrann	Great Crested Flycatcher	*Myiarchus crinitus*	106
Gelbbrust-Waldsänger	Yellow-breasted Chat	*Icteria virens*	157
Gelbbrust-Zuckervogel, Bananaquit	Bananaquit	*Coereba flaveola*	156
Gelbbürzelstärling und Drachenstärling	marshbirds	*Pseudoleistes*	160
Gelbkehlchen, Maryland-Waldsänger	Common Yellowthroat	*Geothlypis trichas*	157
Gelbkopfamazone: Große Gelbkopfamazone	Yellow-headed Amazon	*Amazona ochrocephala*	68
Gelbköpfchen (Maori-Grasmücke)	Yellowhead	*Mohoua ochrocephala*	140
Gelbkopfmeise, Goldköpfchen	Verdin	*Auriparus flaviceps*	145
Gelbschenkel	Lesser Yellowlegs, Yellowshank	*Tringa flavipes*	57
Gelbschenkel: Großer Gelbschenkel (Wasserläufer)	Greater Yellowlegs	*Tringa melanoleuca*	57
Gelbschnabel-Eistaucher	White-billed Diver, Yellow-billed Loon[Am]	*Gavia adamsii*	8
Gelbschnabelkuckuck	Yellow-billed Cuckoo [New World cuckoo]	*Coccyzus americanus*	71
Gelbschnabel-Madenhacker	oxpecker	*Buphagus africanus*	164
Gelbschnabel-Sturmtaucher	Cory's Shearwater	*Puffinus diomedea*	11
Gelbspötter, Gartenlaubvogel	Icterine Warbler [Old World]	*Hippolais icterina*	136
Gerfalke	Gyrfalcon	*Falco rusticolus*	32
Getreidesänger → Sumpfrohrsänger	Marsh Warbler [Old World]	*Acrocephalus palustris*	136
Gewöhnlicher Wüstenläufer, Rennvogel	Cream-coloured Courser	*Cursorius cursor*	55

139

Deutsch	Englisch	Latein	Familie nach Howard
Gilbammern	yellow-finches	*Sicalis*	155
Gimpel, Dompfaff	Eurasian Bullfinch	*Pyrrhula pyrrhula*	161
Gimpel: Hakengimpel (Fichtengimpel)	Pine Grosbeak	*Pinicola enucleator*	161
Gimpel: Hausgimpel, Mexikanischer Karmingimpel	House Finch	*Carpodacus mexicanus*	161
Gimpel: Karmingimpel	Scarlet Grosbeak, Common Rosefinch[Am]	*Carpodacus erythrinus*	161
Gimpel: Purpurgimpel	Purple Finch	*Carpodacus purpureus*	161
Gimpel: Wüstengimpel	Trumpeter Bullfinch, Trumpeter Finch	*Bucanetes githagineus*	161
Gimpel (Hänflinge), Stieglitzvögel	cardueline finches; goldfinches, crossbills, etc.	Carduelinae	161
Gimpel → Laysangimpel, Ou	Yellow Laysan Finch [Hawaii], Ou	*Psittirostra cantans (Telespyza)*	158
Gimpel → Papageischnabelgimpel	Maui Parrotbill, Pseudonestor	*Pseudonestor xanthophrys*	158
Gimpel [*Pyrrhula*]	bullfinches	*Pyrrhula*	161
Gimpelhäher, Grauling	Apostlebird	*Struthidea cinerea*	168
Girlitz	European Serin	*Serinus serinus*	161
Girlitz: Zitronengirlitz, Zitronenzeisig	Citril Finch	*Serinus citrinella*	161
Glanzflöter, Rußflöter (Laufflöter)	Melampitta	*Melampitta*	131
Glanzschwänzchen	thornbills	*Chalcostigma*	81
Glanzvögel	jacamars	Galbulidae	94
Gleitaar	Black-winged Kite	*Elanus caeruleus*	30
Glocken-Honigfresser	Bell Miner	*Manorina melanophrys*	154
Glockenvögel	bellbirds	*Procnias*	108
Gluckente	Baikal Teal	*Anas formosa*	27
Goldammer	Yellowhammer	*Emberiza citrinella*	155
Goldfasan	Golden Pheasant	*Chrysolophus pictus*	35
Goldhähnchen	kinglets, Goldcrest, Firecrest	*Regulus*	136
Goldhähnchen: Rubingoldhähnchen, Rotkrönchen	Ruby-crowned Kinglet	*Regulus calendula*	136
Goldhähnchen: Satrap	Golden-crowned Kinglet	*Regulus satrapa*	136
Goldhähnchen: Sommergoldhähnchen	Firecrest	*Regulus ignicapillus*	136
Goldhähnchen: Wintergoldhähnchen	Goldcrest	*Regulus regulus*	136
Goldhähnchen-Laubsänger	Pallas's Leaf Warbler [Old World]	*Phylloscopus proregulus*	136
Goldköpfchen, Gelbkopfmeise	Verdin	*Auriparus flaviceps*	145
Goldkopf-Waldsänger, Pieperwaldsänger, Ofenvogel	Ovenbird [New World warbler]	*Seiurus aurocapillus*	157
Goldregenpfeifer	Eurasian Golden Plover	*Pluvialis apricaria*	56

Deutsch	Englisch	Latein	Familie nach Howard
Goldregenpfeifer, Kleiner, Amerikanischer, Sibirischer → Wanderregenpfeifer	Lesser Golden Plover, American Golden Plover	*Pluvialis dominica*	56
Goldschnepfen	painted snipe	Rostratulidae	49
Goldsittich	Golden Conure, Golden Parakeet	*Aratinga guarouba*	68
Goldspecht	Common Flicker, Northern Flicker	*Colaptes auratus*	99
Goldwaldsänger	Yellow Warbler [New World]	*Dendroica petechia*	157
Goldzeisig, Trauerzeisig	American Goldfinch	*Carduelis tristis*	161
Göttervogel	Raggiana Bird-of-Paradise	*Paradisaea raggiana*	172
Grackel: Purpurgrackel	Common Grackle	*Quiscalus quiscula*	160
Granatellus: Weißkehlen-Granatellus	Red-breasted Chat	*Granatellus venustus*	157
Graseule	Grass-Owl	*Tyto capensis*	72
Grasläufer	Buff-breasted Sandpiper	*Tryngites subruficollis*	57
Grasmücke: Brillengrasmücke	Spectacled Warbler [Old World]	*Sylvia conspicillata*	136
Grasmücke: Dorngrasmücke	Whitethroat	*Sylvia communis*	136
Grasmücke: Gartengrasmücke	Garden Warbler [Old World]	*Sylvia borin*	136
Grasmücke: Klappergrasmücke, Zaungrasmücke	Lesser Whitethroat	*Sylvia curruca*	136
Grasmücke: Maskengrasmücke	Ruppell's Warbler [Old World]	*Sylvia rueppelli*	136
Grasmücke: Mönchsgrasmücke, Schwarzplättchen	Blackcap	*Sylvia atricapilla*	136
Grasmücke: Orpheusgrasmücke	Orphean Warbler [Old World]	*Sylvia hortensis*	136
Grasmücke: Provencegrasmücke	Dartford Warbler [Old World]	*Sylvia undata*	136
Grasmücke: Samtkopf-Grasmücke, Schwarzkopf-Grasmücke	Sardinian Warbler [Old World]	*Sylvia melanocephala*	136
Grasmücke: Sardengrasmücke	Marmora's Warbler [Old World]	*Sylvia sarda*	136
Grasmücke: Sperbergrasmücke	Barred Warbler [Old World]	*Sylvia nisoria*	136
Grasmücke: Weißbart-Grasmücke	Subalpine Warbler [Old World]	*Sylvia cantillans*	136
Grasmücke → Gelbköpfchen (Maori-Grasmücke)	Yellowhead	*Mohoua ochrocephala*	140
Grasmücken	Old World warblers, kinglets and gnatcatchers	Sylviinae	136
Grasmücken: Bülbülgrasmücken	longbills [Macrosphenus]	*Macrosphenus*	136
Grasmücken → Südsee-Grasmücken	thornbills, flyeaters	Acanthizidae	140
Grasschlüpfer	grasswrens	Amytornithinae [Sibley]	139

141

Deutsch	Englisch	Latein	Familie nach Howard
Grauammer	Corn Bunting	*Emberiza calandra*	155
Graubrust-Strandläufer	Pectoral Sandpiper	*Calidris melanotos*	57
Graufischer	Pied Kingfisher	*Ceryle rudis*	84
Graugans	Greylag Goose, Grey Goose	*Anser anser*	27
Grauling, Gimpelhäher	Apostlebird	*Struthidea cinerea*	168
Grauortolan	Cretzschmar's Bunting	*Emberiza caesia*	155
Graupapagei, Jako	African Grey Parrot	*Psittacus erithacus*	68
Graureiher, Fischreiher	Common Heron	*Ardea cinerea*	20
Graureiher: Kanadareiher, Amerikanischer Graureiher	Great Blue Heron	*Ardea herodias*	20
Grauschnäpper	Spotted Flycatcher [Old World]	*Muscicapa striata*	137
Grauspecht	Grey-headed Woodpecker	*Picus canus*	99
Grauwasseramsel	American Dipper	*Cinclus mexicanus*	126
Greifvögel, Raubvögel	birds of prey, raptors	FALCONIFORMES	28
Grenadier, Scheinkleiber	Rifleman	*Acanthisitta chloris*	112
Grillkuckuck, Schwarzer Spornkuckuck	Black Coucal	*Centropus grillii*	71
Große Gelbkopfamazone	Yellow-headed Amazon	*Amazona ochrocephala*	68
Große Raubmöwe, Skua	Great Skua	*Catharacta skua*	60
Großer Brachvogel	Curlew	*Numenius arquata*	57
Großer Flamingo, Flamingo	Greater Flamingo	*Phoenicopterus ruber*	25
Großer Gelbschenkel (Wasserläufer)	Greater Yellowlegs	*Tringa melanoleuca*	57
Großer Schlammläufer, Langschnabel-Schlammläufer	Long-billed Dowitcher	*Limnodromus scolopaceus*	57
Großer Sturmtaucher, Kappen-Sturmtaucher	Great Shearwater	*Puffinus gravis*	11
Großfußhühner	megapodes	Megapodiidae	33
Großtrappe, Trappe	Great Bustard	*Otis tarda*	47
Grundammer, Grundrötel, Rötelgrundammer	Rufous-sided Towhee	*Pipilo erythrophthalmus*	155
Grundfinken, Inselammern	ground finches	Geospizinae	155
Grundrötel, Rötelgrundammer, Grundammer	Rufous-sided Towhee	*Pipilo erythrophthalmus*	155
Grüner Katzenvogel, Grünlaubenvogel	Green Catbird [Australia]	*Ailuroedus crassirostris*	171
Grüner Laubsänger, Grünlaubsänger	Greenish Warbler [Old World]	*Phylloscopus trochiloides*	136
Grünfink, Grünling	European Greenfinch	*Carduelis chloris*	161
grünköpfige Schafstelze, Englische Schafstelze	British Yellow Wagtail, Yellowish-crowned W.	*Motacilla flava flavissima*	118
Grünlaubenvogel, Grüner Katzenvogel	Green Catbird [Australia]	*Ailuroedus crassirostris*	171
Grünlaubsänger, Grüner Laubsänger	Greenish Warbler [Old World]	*Phylloscopus trochiloides*	136
grünlicher Erlentyrann, Buchentyrann	Acadian Flycatcher	*Empidonax virescens*	106
Grünling, Grünfink	European Greenfinch	*Carduelis chloris*	161

Deutsch	Englisch	Latein	Familie nach Howard
Grünreiher, Mangrovereiher	Green-backed Heron, Green Heron	*Butorides striatus*	20
Grünschenkel, Heller Wasserläufer	Common Greenshank	*Tringa nebularia*	57
Grünspecht	Green Woodpecker	*Picus viridis*	99
Grünwaldsänger	Black-throated Green Warbler [New World]	*Dendroica virens*	157
Gryllteiste	Black Guillemot	*Cepphus grylle*	63
Guan: Blaukehlguan	Piping Guan, Blue-throated P.G., Trinidad P.G.	*Pipile pipile (Aburria)*	34
Guan: Braunflügelguan	Plain Chachalaca	*Ortalis vetula*	34
Guan → Schakuhühner; Hokkos und Guans	curassows and guans	Cracidae	34
Gudilang: Haubengudilang	Crested Bellbird	*Oreoica gutturalis*	143
Guira-Kuckuck	Guira Cuckoo	*Guira guira*	71
Gürtelfischer, Halsbandfischer	Belted Kingfisher	*Ceryle alcyon*	84
· ·
Habicht, Hühnerhabicht	Northern Goshawk	*Accipiter gentilis*	30
Habicht → Kurzfangsperber, Kurzfanghabicht	Levant Sparrow Hawk	*Accipiter brevipes*	30
Habichtartige	kites, eagles, hawks and allies	Accipitrinae	30
Habichte, Sperber	goshawks, sparrow hawks	*Accipiter*	30
Habichtsadler	Bonelli's Eagle	*Hieraaetus fasciatus*	30
Habichtskauz (Uraleule)	Ural Owl	*Strix uralensis*	73
Häher: Blauhäher	Blue Jay	*Cyanocitta cristata*	173
Häher: Eichelhäher	Common Jay	*Garrulus glandarius*	173
Häher: Kiefernhäher, Amerikanischer Tannenhäher	Clark's Nutcracker	*Nucifraga columbiana*	173
Häher: Tannenhäher	Eurasian Nutcracker	*Nucifraga caryocatactes*	173
Häher: Unglückshäher	Siberian Jay	*Perisoreus infaustus*	173
Häher → Drosselhäher	Australian choughs [incl. Apostlebird]	Corcoracinae	168
Häher → Gimpelhäher, Grauling	Apostlebird	*Struthidea cinerea*	168
Häherkuckuck	Great Spotted Cuckoo	*Clamator glandarius*	71
Häherkuckucke	cuckoos [Clamatoridae]	Clamatoridae [Wolters]	71
Häherlinge	laughingthrushes	Garrulacinae [Sibley]	132
Hakengimpel, Fichtengimpel	Pine Grosbeak	*Pinicola enucleator*	161
Hakenschnäbel	flower-piercers	*Diglossa*	155
Halbringschnäpper	Semicollared Flycatcher [Old World]	*Ficedula semitorquata*	137
Halsbandfischer, Gürtelfischer	Belted Kingfisher	*Ceryle alcyon*	84
Halsbandfrankolin	Black Francolin, Black Partridge	*Francolinus francolinus*	35
Halsbandschnäpper	Collared Flycatcher [Old World]	*Ficedula albicollis*	137
Halsbandsittich	Ring-necked Parakeet	*Psittacula krameri*	68

143

Deutsch	Englisch	Latein	Familie nach Howard
Halsringente, Ringschna-belente	Ring-necked Duck	*Aythya collaris*	27
Hammerkopf, Schatten-vogel	Hammerhead Stork, Ham-merkop	*Scopus umbretta*	21
Handfüßler, Papageien	parrots and allies	PSITTACIFORMES	66
Hänfling: Berghänfling	Twite	*Carduelis flavirostris*	161
Hänfling, Bluthänfling	Linnet	*Carduelis cannabina*	161
Hänflinge: Gimpel (Hänflin-ge), Stieglitzvögel	cardueline finches; gold-finches, crossbills, etc.	Carduelinae	161
Hans: Lachender Hans, Jägerliest	Laughing Kookaburra, Laughing Jackass	*Dacelo novaeguineae*	84
Haselhuhn	Hazel Hen, Hazel Grouse	*Tetrastes bonasia (Bonasa)*	35
Haubengudilang	Crested Bellbird	*Oreoica gutturalis*	143
Haubenlerche	Crested Lark	*Galerida cristata*	116
Haubenmeise	Crested Tit	*Parus cristatus*	146
Haubenschnäpper, Para-diesschnäpper	paradise flycatchers	*Terpsiphone, Elminia*	141
Haubenspecht, Helm-specht, Schopfspecht	Pileated Woodpecker	*Dryocopus pileatus*	99
Haubentaucher	Great Crested Grebe	*Podiceps cristatus*	9
Hausbaumläufer, Garten-baumläufer	Short-toed Tree Creeper	*Certhia brachydactyla*	148
Hausgimpel, Mexikanischer Karmingimpel	House Finch	*Carpodacus mexicanus*	161
Hausrotschwanz, Hausrötel	Black Redstart [Old World]	*Phoenicurus ochruros*	130
Haussperling, Spatz	House Sparrow, English Sparrow	*Passer domesticus*	163
Haustyrann, Phoebe	Eastern Phoebe	*Sayornis phoebe*	106
Heckenbraunelle	Dunnock, Hedge Sparrow (accentor)	*Prunella modularis*	129
Heckensänger: Afrikani-scher Heckensänger	Rufous Bush Robin	*Cercotrichas galactotes*	130
Heckensänger [Afrika]	scrub-robins [Africa]	*Cercotrichas (Erythropygia)*	130
Heidelerche	Wood Lark	*Lullula arborea*	116
Heller Wasserläufer, Grün-schenkel	Common Greenshank	*Tringa nebularia*	57
Helmspecht, Schopf-specht, Haubenspecht	Pileated Woodpecker	*Dryocopus pileatus*	99
Helmperlhuhn	Helmeted Guineafowl, Hel-met Guineafowl	*Numida meleagris*	35
Hemlockwaldsänger	Magnolia Warbler [New World]	*Dendroica magnolia*	157
Heringsmöwe [!]	Lesser Black-backed Gull [!]	*Larus fuscus*	61
Heuschreckensänger, Feld-schwirl	Grasshopper Warbler [Old World]	*Locustella naevia*	136
Hoatzin, Schopfhuhn	Hoatzin	*Opisthocomus hoazin*	70
Höckerschwan	Mute Swan	*Cygnus olor*	27
Höhenläufer	seedsnipe	Thinocoridae	58
Höhlenschwalme, Zwerg-schwalme	owlet-nightjars (owlet-frog-mouths)	Aegothelidae	77
Hohltaube	Stock Dove	*Columba oenas*	65

Deutsch	Englisch	Latein	Familie nach Howard
Hokko: Roter Hokko, Tuberkelhokko	Great Curassow	*Crax rubra*	34
Hokko → Mitu	Razor-billed Curassow	*Crax mitu*	34
Hokkos	curassows	*Crax, Nothocrax*	34
Hokkos und Guans → Schakuhühner	curassows and guans	Cracidae	34
Honiganzeiger	honeyguides [incl. honey-birds]	Indicatoridae	97
Honigfresser	honeyeaters	Meliphagidae	154
Honigfresser: Glocken-Honigfresser	Bell Miner	*Manorina melanophrys*	154
Honigfresser: Proteavögel	sugarbirds	Promeropinae [Sibley]	154
Honigfresser → Bartvögel [*Pogoniulus*]	tinkerbirds (barbets)	*Pogoniulus*	96
Honigfresser → Kurz-schwanz-Trugschmätzer	White-fronted Chat, Australian Chat	*Ephthianura albifrons*	140
Honigfresser → Trug-schmätzer	Australian chats	*Ephthianura (Epthianura)*	140
Hopf: Sichelhopf [Baum-hopf]	Scimitarbill, Scimitar-billed Hoopoe	*Rhinopomastus cyanome-las*	92
Hopf: Wiedehopf	Hoopoe	*Upupa epops*	91
Hopfe: Baumhopfe	wood hoopoes	Phoeniculidae	92
Hopfe: Sichelhopfe [Baum-hopfe]	scimitarbills, scimitar-billed hoopoes	Rhinopomastidae [Sibley]	92
Hopfe: Wiedehopfe	hoopoes	Upupidae	91
Hopfe → Sichelhopfe [Paradiesvögel]	sicklebills, sickle-billed birds of paradise	*Epimachus, Drepanornis*	172
Hornraben	ground-hornbills	*Bucorvus*	93
Hornvögel, Tokos → Nas-hornvögel	hornbills	Bucerotidae	93
Hudsonschnepfe, Amerika-nische Uferschnepfe	Hudsonian Godwit	*Limosa haemastica*	57
Huhn: Alpenschneehuhn (Rauhfußhuhn)	Ptarmigan (grouse), Rock Ptarmigan[Am]	*Lagopus mutus*	35
Huhn: Auerhuhn (Rauhfuß-huhn)	Capercaillie (grouse)	*Tetrao urogallus*	35
Huhn: Birkhuhn (Rauhfuß-huhn)	Black Grouse	*Tetrao tetrix*	35
Huhn: Chukar-Steinhuhn	Chukar, Chukar Partridge	*Alectoris chucar*	35
Huhn: Felsenhuhn	Barbary Partridge	*Alectoris barbara*	35
Huhn: Haselhuhn (Rauhfuß-huhn)	Hazel Hen, Hazel Grouse	*Tetrastes bonasia (Bonasa)*	35
Huhn: Helmperlhuhn	Helmeted Guineafowl, Hel-met Guineafowl	*Numida meleagris*	35
Huhn: Königshühner, Fel-senhühner	snowcocks	*Tetraogallus*	35
Huhn: Kragenhuhn (Rauh-fußhuhn)	Ruffed Grouse	*Bonasa umbellus*	35
Huhn: Moorschneehuhn (Rauhfußhuhn)	Willow Grouse, Willow Ptarmigan[Am]	*Lagopus lagopus*	35
Huhn: Rebhuhn	Gray Partridge, Common P., Hungarian P.[Am]	*Perdix perdix*	35

145

Deutsch	Englisch	Latein	Familie nach Howard
Huhn: Schottisches Moor-schneehuhn, Moorhuhn	Grouse, Red Grouse	*Lagopus scoticus*	35
Huhn: Steinhuhn	Rock-Partridge	*Alectoris graeca*	35
Huhn: Thermometerhuhn, Wallnister	Mallee Fowl	*Leipoa ocellata*	33
Huhn: Wildtruthuhn	Wild Turkey, Turkey	*Meleagris gallopavo*	35
Huhn → Bläßhuhn, Schwarzes Wasserhuhn	Black Coot, Eurasian Coot	*Fulica atra*	42
Huhn → Blaustirn-Blatt-hühnchen	Lily-Trotter, African Jacana	*Actophilornis africanus*	48
Huhn → Braunbauch-Flug-huhn	Chestnut-bellied Sand-grouse, Small Pin-tailed Sandgrouse	*Pterocles exustus*	64
Huhn → Carolina-Sumpf-huhn	Sora (Rail)	*Porzana carolina*	42
Huhn → Hoatzin, Schopf-huhn	Hoatzin	*Opisthocomus hoazin*	70
Huhn → Indianer-Bläß-huhn, Amerikanisches Bläßhuhn	American Coot	*Fulica americana*	42
Huhn → Kammbläßhuhn	Crested Coot	*Fulica cristata*	42
Huhn → Kleinsumpfhuhn	Little Crake	*Porzana parva*	42
Huhn → Lerchenlaufhühn-chen	Quail Plover	*Turnix meiffrenii*	37
Huhn → Purpurhuhn	Purple Swamphen, Purple Gallinule	*Porphyrio porphyrio*	42
Huhn → Sandflughuhn	Black-bellied Sandgrouse	*Pterocles orientalis*	64
Huhn → Schopfhuhn, Hoatzin	Hoatzin	Opisthocomidae	70
Huhn → Spießflughuhn	Pin-tailed Sandgrouse	*Pterocles alchata*	64
Huhn → Spitzschwanz-Laufhühnchen	Andalusian Hemipode	*Turnix sylvatica*	37
Huhn → Steppenhuhn	Pallas's Sandgrouse	*Syrrhaptes paradoxus*	64
Huhn → Steppenläufer, Trappenlaufhühnchen	Plains-Wanderer	*Pedionomus torquatus*	38
Huhn → Teichhuhn (Was-serhuhn)	Common Moorhen, Florida Gallinule[Am]	*Gallinula chloropus*	42
Huhn → Tüpfelsumpfhuhn	Spotted Crake (Rail)	*Porzana porzana*	42
Huhn → Wasserralle	Water-Rail	*Rallus aquaticus*	42
Huhn → Wekaralle	Weka, New Zealand Wood Rail	*Gallirallus australis*	42
Huhn → Zwergsultanshuhn	American Purple Gallinule	*Porphyrula martinica (Galli-nula)*	42
Huhn → Zwergsumpfhuhn	Baillon's Crake	*Porzana pusilla*	42
Hühner: Fasanenartige (Fa-sanen, Feldhühner)	quail, partridges and pheasants	Phasianidae	35
Hühner: Großfußhühner	megapodes	Megapodiidae	33
Hühner: Hühnervögel	fowl like birds	GALLIFORMES	33
Hühner: Perlhühner	guineafowls	Numidinae (Numidininae)	35
Hühner: Rauhfußhühner	grouse [incl. capercaillie]	Tetraoninae	35
Hühner: Schakuhühner	guans	*Penelope*	34
Hühner: Schneehühner	ptarmigans (grouse)	*Lagopus*	35

Deutsch	Englisch	Latein	Familie nach Howard
Hühner: Tragopane, Satyr- hühner	tragopans	*Tragopan*	35
Hühner: Truthühner	turkeys, wild turkey	Meleagridinae	35
Hühner → Binsenrallen, Binsenhühner	sungrebes, finfoots	Heliornithidae	43
Hühner → Blatthühnchen	jacanas	Jacanidae	48
Hühner → Felsenhähne	cocks-of-the-rocks	*Rupicola*	108
Hühner → Flughühner	sandgrouse	Pteroclididae (Pteroclidae)	64
Hühner → Laufhühnchen, Kampfwachteln	buttonquails, hemipodes	*Turnix*	37
Hühner → Steißhühner, Tinamus	tinamous	Tinamidae	6
Hühnerhabicht, Habicht	Northern Goshawk	*Accipiter gentilis*	30
Hühnervögel	fowl like birds	GALLIFORMES	33
Huia (ausgestorben), Lap- penkopf	Huia (extinct)	*Heteralocha acutirostris*	167
Hüttensänger	bluebirds	*Sialia*	130
Hüttensänger: Rotkehl- Hüttensänger	Eastern Bluebird	*Sialia sialis*	130
Ibis: Braunsichler, Brauner Ibis	Glossy Ibis	*Plegadis falcinellus*	24
Ibis: Molukkenibis	Australian White Ibis	*Threskiornis molucca*	24
Ibis: Schneesichler, Weißer Ibis	American White Ibis	*Eudocimus albus*	24
Ibis, Waldibis → Wald- storch	Wood Stork	*Mycteria americana*	23
Ibisschnabel	Ibisbill	*Ibidorhyncha struthersii*	52
Ibisse, Sichler	ibises	Threskiornithinae	24
Ibisse und Löffler → Sich- ler und Löffler	ibises and spoonbills	Threskiornithidae	24
Imbergans, Eistaucher	Great Northern Diver, Com- mon Loon[Am]	*Gavia immer*	8
Indianer-Bläßhuhn, Ameri- kanisches Bläßhuhn	American Coot	*Fulica americana*	42
Indianerdommel, Amerika- nische Zwergdommel	Least Bittern	*Ixobrychus exilis*	20
Indianermeise, Zweifarb- meise	Tufted Titmouse	*Parus bicolor*	146
Indigofink	Indigo Bunting	*Passerina cyanea*	155
Inselammern, Grundfinken	ground finches	Geospizinae	155
Irene, Feenvögel	Philippine bluebirds, fairy bluebirds	*Irena*	121
Isabellschmätzer	Isabelline Wheatear	*Oenanthe isabellina*	130
Isabellwürger	Rufous-tailed Shrike, Isa- belline Shrike	*Lanius isabellinus*	122
Isländischer Strandläufer, Knutt	Red Knot	*Calidris canutus*	57
Italiensperling	Italian Sparrow	*Passer domesticus italiae*	163
Jabiru	Jabiru	*Jabiru mycteria (Ephippiorhynchus)*	23

147

Deutsch	Englisch	Latein	Familie nach Howard
Jagdfalk → Gerfalke	Gyrfalcon	*Falco rusticolus*	32
Jagdfasan, Fasan, Ringfasan	Ring-necked Pheasant, Pheasant	*Phasianus colchicus (torquatus)*	35
Jägerliest, Lachender Hans	Laughing Kookaburra, Laughing Jackass	*Dacelo novaeguineae*	84
Jako, Graupapagei	African Grey Parrot	*Psittacus erithacus*	68
Jalas, Lappenpittas	asities	Philepittidae	113
Jalas: Nektarjalas, Trugnektarvögel, Nektarpittas	false sunbirds	*Neodrepanis*	113
Jungfernkranich	Demoiselle Crane	*Anthropoides virgo*	39
Junko, Winterammer, Winterjunko	Dark-eyed Junco (Slate-colored Junko)	*Junco hyemalis (hyemalis)*	155
· ·			
Kaffernsegler	White-rumped Swift	*Apus caffer*	79
Kagu	Kagu	*Rhynochetus jubatus*	44
Kahnschnabel	Boatbill Heron, Boat-billed Heron	*Cochlearius cochlearius*	20
Kaiseradler	Imperial Eagle	*Aquila heliaca*	30
Kakadus	cockatoos	Cacatuidae	67
Kalanderlerche	Calandra Lark	*Melanocorypha calandra*	116
Kalifornischer Kondor	California Condor	*Gymnogyps californianus*	28
Kaminsegler, Schornsteinsegler	Chimney Swift	*Chaetura pelagica*	79
Kammbläßhuhn	Crested Coot	*Fulica cristata*	42
Kampfläufer	Ruff (Male), Reeve (Female)	*Philomachus pugnax*	57
Kampfwachteln, Laufhühnchen	buttonquails, hemipodes	*Turnix*	37
Kanadagans	Canada Goose	*Branta canadensis*	27
Kanadakleiber	Red-breasted Nuthatch	*Sitta canadensis*	147
Kanadareiher, Amerikanischer Graureiher	Great Blue Heron	*Ardea herodias*	20
Kanadaschnepfe, Amerikanische Waldschnepfe	American Woodcock	*Scolopax minor*	57
Kanarienvogel	Canary, Canary Bird	*Serinus canaria*	161
Kanevasente	Canvasback	*Aythya valisineria*	27
Kappenammer	Black-headed Bunting	*Emberiza melanocephala*	155
Kappensäger	Hooded Merganser	*Mergus cuccullatus*	27
Kappen-Sturmtaucher, Großer Sturmtaucher	Great Shearwater	*Puffinus gravis*	11
Kappenwaldsänger	Blackpoll Warbler [New World]	*Dendroica striata*	157
Kapschaf, Wanderalbatros	Wandering Albatross	*Diomedea exulans*	10
Kapuzenwaldsänger	Hooded Warbler [New World]	*Wilsonia citrina*	157
Kardinal: Roter Kardinal, Rotkardinal	Northern Cardinal	*Cardinalis cardinalis*	155
Kardinal: Schmalschnabelkardinal	Pyrrhuloxia	*Cardinalis sinuatus*	155
Kardinäle	cardinals, grosbeaks and allies	Cardinalinae	155
Kardinäle: Zwergkardinäle	crested finches	*Lophospingus*	155

Deutsch	Englisch	Latein	Familie nach Howard
Karmingimpel	Scarlet Grosbeak, Common Rosefinch[Am]	*Carpodacus erythrinus*	161
Karmingimpel: Hausgimpel, Mexikanischer Karmingimpel	House Finch	*Carpodacus mexicanus*	161
Kasuare	cassowaries	Casuariidae	3
Kasuare und Emus → Australien-Laufvögel	cassowaries, emus	CASUARIIFORMES	3
Katzendrossel, Katzenvogel	Gray Catbird	*Dumetella carolinensis*	128
Katzenvogel: Grüner Katzenvogel, Grünlaubenvogel	Green Catbird [Australia]	*Ailuroedus crassirostris*	171
Kauz: Bartkauz	Great Grey Owl, Lapland Owl	*Strix nebulosa*	73
Kauz: Habichtskauz	Ural Owl	*Strix uralensis*	73
Kauz: Kuckuckskauz, Langflügelkauz	Boobook-Owl, Morepork, Mopoke	*Ninox novaeseelandiae*	73
Kauz: Rauhfußkauz	Tengmalm's Owl, Boreal Owl[Am]	*Aegolius funereus*	73
Kauz: Sperlingskauz	Eurasian Pygmy Owl	*Glaucidium passerinum*	73
Kauz: Steinkauz	Little Owl	*Athene noctua*	73
Kauz: Streifenkauz (Waldkauz)	Barred Owl	*Strix varia*	73
Kauz: Waldkauz, eigentlicher Waldkauz	Tawny Owl	*Strix aluco*	73
Kea	Kea	*Nestor notabilis*	68
Keilschwanz-Regenpfeifer, Schreiregenpfeifer	Killdeer (plover)	*Charadrius vociferus*	56
Kernbeißer	Hawfinch (Grosbeak)	*Coccothraustes coccothraustes*	161
Kernbeißer: Abendkernbeißer	Evening Grosbeak	*Coccothraustes vespertinus*	161
Kernknacker: Rosenbrust-Kernknacker, Bischof	Rose-breasted Grosbeak, Common Grosbeak	*Pheucticus ludovicianus*	155
Kernknacker: Schwarzkopf-Kernknacker	Black-headed Grosbeak	*Pheucticus melanocephalus*	155
Kiebitz	Northern Lapwing, Pewit	*Vanellus vanellus*	56
Kiebitz: Spornkiebitz	Spur-winged Plover	*Vanellus spinosus*	56
Kiebitz: Steppenkiebitz	Sociable Plover	*Vanellus gregaria*	56
Kiebitz: Weißschwanzkiebitz	White-tailed Plover	*Vanellus leucurus*	56
Kiebitzregenpfeifer	Grey Plover, Black-bellied Plover[Am]	*Pluvialis squatarola*	56
Kiefernhäher, Amerikanischer Tannenhäher	Clark's Nutcracker	*Nucifraga columbiana*	173
Kiefernkreuzschnabel	Parrot Crossbill	*Loxia pytyopsittacus (pityo-)*	161
Kiwis, Schnepfenstrauße	kiwis	APTERYGIFORMES	5
Klapperammer, Feldammer [!]	Field Sparrow [!] [New World]	*Spizella pusilla*	155
Klappergrasmücke, Zaungrasmücke, Müllerchen	Lesser Whitethroat	*Sylvia curruca*	136
Klarino: Bergklarino	Townsend's Solitaire	*Myadestes townsendi*	130

149

Deutsch	Englisch	Latein	Familie nach Howard
Kleiber: Carolinakleiber	White-breasted Nuthatch	*Sitta carolinensis*	147
Kleiber: Felsenkleiber	Rock Nuthatch	*Sitta neumayer*	147
Kleiber: Kanadakleiber	Red-breasted Nuthatch	*Sitta canadensis*	147
Kleiber: Kleiber, Specht-meise	Eurasian Nuthatch	*Sitta europaea*	147
Kleiber: Korsenkleiber	Corsican Nuthatch	*Sitta whiteheadi*	147
Kleiber: Prachtkleiber	Pink-faced Nuthatch	*Daphoenositta miranda*	147
Kleiber, Spechtmeise	Eurasian Nuthatch	*Sitta europaea*	147
Kleiber, Spechtmeisen	nuthatches	Sittidae	147
Kleiber: Spiegelkleiber	Australian Sittella (Sitella)	*Neositta chrysoptera*	147
Kleiber: Türkenkleiber	Krüper's Nuthatch	*Sitta krueperi*	147
Kleiber → Grenadier, Scheinkleiber	Rifleman	*Acanthisitta chloris*	112
Kleibervanga, Madagaskar-Kleiber	Madagascar Nuthatch (vanga shrike)	*Hypositta corallirostris*	123
Kleidervögel	Hawaiian honeycreepers	Drepanididae	158
Kleidervogel: Schopf-Klei-dervogel	Crested Honeycreeper [Hawaii]	*Palmeria dolei*	158
Kleine Bergente, Veilchen-ente	Lesser Scaup	*Aythya affinis*	27
Kleine Raubmöwe, Falken-raubmöwe	Long-tailed Skua, Long-tailed Jaeger[Am]	*Stercorarius longicaudus*	60
Kleiner Goldregenpfeifer, Wanderregenpfeifer	Lesser Golden Plover, American Golden Plover	*Pluvialis dominica*	56
Kleiner Schlammläufer, Kurzschnabel-Schlamm-läufer	Short-billed Dowitcher	*Limnodromus griseus*	57
Kleiner Sturmtaucher	Little Shearwater	*Puffinus assimilis*	11
Kleinpapageien, Spechtpa-pageien	pygmy parrots	*Micropsitta*	68
Kleinschnäpper, Schnäp-perwürger	wattle-eyes, puffback-fly-catchers	Platysteiridae	138
Kleinschnäpper [*Batis*], Schnäpperwürger	puffback-flycatchers	*Batis*	138
Kleinschnäpper [*Platysteira*]	wattle-eyes	*Platysteira*	138
Kleinspecht, kleiner Bunt-specht, Zwergspecht	Lesser Spotted Wood-pecker	*Picoides minor*	99
Kleinsumpfhuhn, Kleines Sumpfhuhn	Little Crake	*Porzana parva*	42
Kletterwaldsänger	Black-and-white Warbler [New World]	*Mniotilta varia*	157
Klippenstrandläufer → Meerstrandläufer	Purple Sandpiper	*Calidris maritima*	57
Knäkente	Garganey	*Anas querquedula*	27
Knutt, Isländischer Strand-läufer	Red Knot	*Calidris canutus*	57
Kohlmeise [!]	Great Tit [!]	*Parus major*	146
Kolibri: Glanzschwänzchen	thornbills	*Chalcostigma*	81
Kolibri: Rubinkehl-Kolibri	Ruby-throated Humming-bird	*Archilochus colubris*	81
Kolibris	hummingbirds	Trochilidae (TROCHILIFOR-MES)	81

150

Deutsch	Englisch	Latein	Familie nach Howard
Kolibris: Eremiten	hermits	*Phaetornis, Glaucis*	81
Kolibris → Schwirrflügler; Segler und Kolibris	swifts and hummingbirds	APODIFORMES	79
Kolkrabe	Common Raven	*Corvus corax*	173
Kondor: Kalifornischer Kondor	California Condor	*Gymnogyps californianus*	28
Königsdrongo, Asiatischer Trauerdrongo	King Crow, Black Drongo	*Dicrurus macrocercus*	166
Königsfasan	Reeve's Pheasant	*Syrmaticus reevesii*	35
Königshühner, Felsen-hühner	snowcocks	*Tetraogallus*	35
Königssatrap, Königsty-rann, Königsvogel	Eastern Kingbird	*Tyrannus tyrannus*	106
Königs-Seeschwalbe	Royal Tern	*Sterna maxima*	61
Königstyrann, Königsvogel, Königssatrap	Eastern Kingbird	*Tyrannus tyrannus*	106
Königstyrannen, Tyrannen	tyrannine flycatchers	Tyranninae	106
Korallenmöwe	Audouin's Gull	*Larus audouinii*	61
Kormoran	Great Cormorant	*Phalacrocorax carbo*	17
Kormoran: Krähenscharbe (Kormoran)	Shag (cormorant)	*Phalacrocorax aristotelis*	17
Kormoran: Ohrenscharbe (Kormoran)	Double-crested Cormorant	*Phalacrocorax auritus*	17
Kormoran: Zwergscharbe (Kormoran)	Pygmy Cormorant	*Phalacrocorax pygmeus*	17
Kormorane (Scharben)	cormorants	Phalacrocoracidae	17
Kornweihe	Northern Harrier (Marsh Hawk)	*Circus cyaneus*	30
Korsenkleiber	Corsican Nuthatch	*Sitta whiteheadi*	147
Krabbentaucher	Little Auk, Dovekie[Am]	*Alle alle*	63
Kragenhuhn (Rauhfußhuhn)	Ruffed Grouse	*Bonasa umbellus*	35
Kragentrappe	Houbara Bustard	*Chlamydotis undulata*	47
Krähe: Alpenkrähe	Chough	*Pyrrhocorax pyrrhocorax*	173
Krähe: Amerikanerkrähe	American Crow, Common Crow	*Corvus brachyrhynchos*	173
Krähe: Fischkrähe	Fish Crow	*Corvus ossifragus*	173
Krähe: Nebelkrähe	Hooded Crow	*Corvus corone cornix*	173
Krähe: Rabenkrähe, Aas-krähe	Carrion Crow	*Corvus corone corone*	173
Krähe: Saatkrähe	Rook	*Corvus frugilegus*	173
Krähe → Blauracke, Man-delkrähe	Blue Roller	*Coracias garrulus*	88
Krähe → Drosselkrähe, Australische Bergkrähe, Drosselhäher	White-winged Chough, Australian Chough	*Corcorax melanorhamphus*	168
Krähe → Flötenvogel (Wür-gerkrähe)	Bell-Magpie, Australian Magpie	*Gymnorhina tibicen*	170
Krähe → Lappenvögel, Lappenkrähen	wattlebirds	Callaeidae (Callaeatidae)	167
Krähen → Flötenvögel (Würgerkrähen)	bell-magpies, Australian magpies	*Gymnorhina*	170

Deutsch	Englisch	Latein	Familie nach Howard
Krähen → Würgerkrähen [Cracticidae]	butcherbirds	Cracticidae	170
Krähen → Würgerkrähen [Strepera]	currawongs	Strepera	170
Krähenscharbe (Kormoran)	Shag (cormorant)	Phalacrocorax aristotelis	17
Krammetsvogel, Wacholderdrossel	Fieldfare	Turdus pilaris	130
Kranich	Crane	Grus grus	39
Kranich: Jungfernkranich	Demoiselle Crane	Anthropoides virgo	39
Kranich: Kronenkraniche	crowned crane	Balearica	39
Kranich → Rallenkranich, Riesenralle	Limpkin	Aramus guarauna	40
Kraniche	cranes	Gruidae	39
Kranichvögel, Rallenvögel	cranes, rails and allies	GRUIFORMES	36
Krauskopfpelikan	Dalmatian Pelican	Pelecanus crispus	15
Kreischeule, Schreieule	Eastern Screech Owl	Otus asio	73
Kreisschnäbel	flatbills [Rhynchocyclus]	Rhynchocyclus	106
Kreuzschnäbel	crossbills	Loxia	161
Kreuzschnabel: Bindenkreuzschnabel	Two-barred Crossbill, White-winged C.[Am]	Loxia leucoptera	161
Kreuzschnabel: Fichtenkreuzschnabel	Crossbill, Red Crossbill[Am]	Loxia curvirostra	161
Kreuzschnabel: Kiefernkreuzschnabel	Parrot Crossbill	Loxia pytyopsittacus (pityo-)	161
Krickente	Green-winged Teal, Common Teal	Anas crecca	27
Krokodilwächter	Egyptian Plover	Pluvianus aegyptius	55
Kronenkraniche	crowned crane	Balearica	39
Kronwaldsänger	Yellow-rumped Warbler [New World]	Dendroica coronata	157
Kuckuck	Common Cuckoo [Old World]	Cuculus canorus	71
Kuckuck: Gelbschnabelkuckuck	Yellow-billed Cuckoo [New World cuckoo]	Coccyzus americanus	71
Kuckuck: Grillkuckuck, Schwarzer Spornkuckuck	Black Coucal	Centropus grillii	71
Kuckuck: Guira-Kuckuck	Guira Cuckoo	Guira guira	71
Kuckuck: Häherkuckuck	Great Spotted Cuckoo	Clamator glandarius	71
Kuckuck: Rennkuckuck	Lesser Roadrunner	Geogoccyx velox	71
Kuckuck: Schwarzschnabelkuckuck	Black-billed Cuckoo	Coccycus erythrophthalmus	71
Kuckuck: Wegekuckuck (Kalifornischer Erdkuckuck)	Greater Roadrunner	Geococcyx californianus	71
Kuckucke	cuckoos, roadrunners and anis	Cuculidae	71
Kuckucke: eigentliche Kuckucke	Old World cuckoos	Cuculinae	71
Kuckucke: Erdkuckucke	ground-cuckoos and roadrunners	Neomorphinae	71
Kuckucke: Häherkuckucke	cuckoos [Clamatoridae]	Clamatoridae [Wolters]	71

Deutsch	Englisch	Latein	Familie nach Howard
Kuckucke: Laufkuckucke	coucals	Centropodinae	71
Kuckucke: Madenhacker-kuckucke, Anis, Amerikanische Madenhacker	anis	Crotophaga	71
Kuckucke: Madenkuckucke und Guira-Kuckuck	anis and Guira Cuckoo	Crotophaginae	71
Kuckucke: Regenkuckucke	New World cuckoos, American cuckoos	Coccyzidae [Sibley]	71
Kuckucke: Spornkuckucke (Laufkuckucke)	coucals	Centropus	71
Kuckucksfink	Parasitic Weaver	Anomalospiza imberbis	163
Kuckuckskauz, Langflügelkauz	Boobook-Owl, Morepork, Mopoke	Ninox novaeseelandiae	73
Kuckucksvögel; Turakos und Kuckucke	cuckoos and allies	CUCULIFORMES	69
Kuckuckswürger, Raupenfresser, Stachelbürzler	cuckoo-shrikes	Campephagidae	119
Kuhreiher	Cattle Egret, Buff-backed Heron	Bubulcus ibis	20
Kuhstärling: Schwarzer Kuhstärling, Braunkopf-Kuhstärling	Brown-headed Cowbird	Molothrus ater	160
Kuhstärlinge	cowbirds	Molothrus	160
Kupferschmied	Coppersmith Barbet	Megalaima haemacephala	96
Kurol	Kirombo Courol, Cuckoo-Roller	Leptosomidae (Leptosomatidae)	90
Kurzfangsperber, Kurzfanghabicht	Levant Sparrow Hawk	Accipiter brevipes	30
Kurzflügel	shortwings	Brachypteryx	130
Kurzschnabelgans	Pink-footed Goose	Anser brachyrhynchus	27
Kurzschnabel-Schlammläufer, Kleiner Schlammläufer	Short-billed Dowitcher	Limnodromus griseus	57
Kurzschnabel-Sturmvogel, Dünnschnäbeliger Sturmvogel	Short-tailed Shearwater	Puffinus tenuirostris	11
Kurzschwanz-Trugschmätzer, Honigfresser	White-fronted Chat, Australian Chat	Ephthianura albifrons	140
Kurzzehenlerche	Short-toed Lark	Calandrella brachydactyla	116
Küstenseeschwalbe	Arctic Tern	Sterna paradisaea (macrura)	61
Kuttengeier → Mönchsgeier [Altweltgeier]	European Black Vulture [Old World]	Aegypius monachus	30
Lachender Hans, Jägerliest	Laughing Kookaburra, Laughing Jackass	Dacelo novaeguineae	84
Lachmöwe	Black-headed Gull	Larus ridibundus	61
Lachseeschwalbe	Gull-billed Tern	Sterna nilotica	61
Lackvögel	bristlebirds	Dasyornithinae [Sibley]	140
Lalage (Raupenschmätzer)	trillers	Lalage	119
Lamellenschnäbler, Gänsevögel	swans, geese, whistling-ducks	Anserinae	27

Deutsch	Englisch	Latein	Familie nach Howard
Lämmergeier [Altweltgeier], Bartgeier	Bearded Vulture [Old World], Lammergeier	*Gypaetus barbatus*	30
Langflügelkauz, Kuckuckskauz	Boobook-Owl, Morepork, Mopoke	*Ninox novaeseelandiae*	73
Langschnabel-Schlammläufer, Großer Schlammläufer	Long-billed Dowitcher	*Limnodromus scolopaceus*	57
Lanner, Feldeggsfalke	Lanner Falcon	*Falco biarmicus*	32
Lappenkopf, Huia (ausgestorben)	Huia (extinct)	*Heteralocha acutirostris*	167
Lappenkrähen, Lappenvögel	wattlebirds	Callaeidae (Callaeatidae)	167
Lappenpittas, Jalas	asities	Philepittidae	113
Lappenstar, Sattelvogel	Saddleback	*Creadion carunculatus*	167
Lappentaucher, Steißfüßer	grebes	Podicipedidae	9
Lappenvögel, Lappenkrähen	wattlebirds	Callaeidae (Callaeatidae)	167
Lapplandmeise	Siberian Tit	*Parus cinctus*	146
Lärm-Lederkopf	Noisy Friarbird, Leatherhead	*Philemon corniculatus*	154
Lärmvögel, Turakos	turacos, touracos	Musophagidae	69
Lärmvögel [*Corythaixoides*]	go-away-birds (touracos)	*Corythaixoides*	69
Lärmvögel [*Crinifer*]	plantaine-eaters (touracos)	*Crinifer*	69
Lasurmeise	Azur Tit	*Parus cyanus*	146
Laubenvögel	bowerbirds	Ptilonorhynchidae	171
Laubenvogel: Grüner Katzenvogel, Grünlaubenvogel	Green Catbird [Australia]	*Ailuroedus crassirostris*	171
Laubsänger	leaf warblers or willow warblers [Old World]	*Phylloscopus*	136
Laubsänger: Bartlaubsänger	Radde's Warbler [Old World]	*Phylloscopus schwarzi*	136
Laubsänger: Berglaubsänger	Bonelli's Warbler [Old World]	*Phylloscopus bonelli*	136
Laubsänger: Dunkellaubsänger	Dusky Warbler [Old World]	*Phylloscopus fuscatus*	136
Laubsänger: Fitis	Willow Warbler [Old World]	*Phylloscopus trochilus*	136
Laubsänger: Gelbbrauen-Laubsänger	Yellow-browed Warbler [Old World]	*Phylloscopus inornatus*	136
Laubsänger: Goldhähnchen-Laubsänger	Pallas's Leaf Warbler [Old World]	*Phylloscopus proregulus*	136
Laubsänger: Grünlaubsänger, Grüner Laubsänger	Greenish Warbler [Old World]	*Phylloscopus trochiloides*	136
Laubsänger: Nordischer Laubsänger, Wanderlaubsänger	Arctic Warbler [Old World]	*Phylloscopus borealis*	136
Laubsänger: Waldlaubsänger, Waldschwirrvogel	Wood-Warbler [Old World!], Common Wood-Warbler	*Phylloscopus sibilatrix*	136
Laubsänger: Wanderlaubsänger, Nordischer Laubsänger	Arctic Warbler [Old World]	*Phylloscopus borealis*	136

Deutsch	Englisch	Latein	Familie nach Howard
Laubsänger: Zilpzalp, Weidenlaubsänger	Chiffchaff	*Phylloscopus collybita*	136
Laubvogel: Gelbspötter, Gartenlaubvogel	Icterine Warbler [Old World]	*Hippolais icterina*	136
Laubvogel: Sängerlaubvogel → Orpheusspötter	Melodious Warbler [Old World]	*Hippolais polyglotta*	136
Laubwender	leafscrapers	*Sclerurus*	102
Laubwürger: Rotaugenvireo, Rotaugen-Laubwürger	Red-eyed Vireo	*Vireo olivaceus*	159
Laubwürger, Vireos	vireos	Vireonidae	159
Läufer → Amerikanischer Stelzenläufer	Black-necked Stilt	*Himantopus mexicanus*	53
Läufer → Baumläufer	tree creepers, creepers	Certhiidae	148
Läufer → Kampfläufer	Ruff (Male), Reeve (Female)	*Philomachus pugnax*	57
Läufer → Mauerläufer	Wall Creeper	*Tichodroma muraria*	147
Läufer → Prärieläufer	Upland Sandpiper, Upland Plover[Am]	*Bartramia longicauda*	57
Läufer → Rallenläufer	Rail Babbler	*Eupetes macrocercus*	131
Läufer → Reiherläufer	Crab-Plover	*Dromas ardeola*	50
Läufer → Schlammläufer	dowitchers	*Limnodromus*	57
Läufer → Stelzenläufer	Black-winged Stilt	*Himantopus himantopus*	53
Läufer → Steppenläufer, Trappenlaufhühnchen	Plains-Wanderer	*Pedionomus torquatus*	38
Läufer → Wellenläufer	Leach's Storm-Petrel	*Oceanodroma leucorhoa*	12
Laufflöter: Rußflöter, Glanzflöter	Melampitta	*Melampitta*	131
Laufflöter (Erdtimalien)	logrunners, chowchillas	Orthonychidae	131
Laufhühnchen, Kampfwachteln	buttonquails, hemipodes	*Turnix*	37
Laufhühnchen: Lerchenlaufhühnchen	Quail Plover	*Turnix meiffrenii*	37
Laufhühnchen: Spitzschwanz-Laufhühnchen	Andalusian Hemipode	*Turnix sylvatica*	37
Laufkuckucke, Spornkuckucke	coucals	*Centropus*	71
Lauftyrannen	antpipits	*Corythopis*	106
Laufvögel: Afrika-Laufvögel, Strauße	Ostrich	STRUTHIONIFORMES	1
Laufvögel: Australien-Laufvögel; Kasuare und Emus	cassowaries, emus	CASUARIIFORMES	3
Laufvögel: Neuwelt-Laufvögel, Nandus	rheas	RHEIFORMES	2
Laysangimpel, Ou	Yellow Laysan Finch [Hawaii], Ou	*Psittirostra cantans (Telespyza)*	158
Lederkopf: Lärm-Lederkopf	Noisy Friarbird, Leatherhead	*Philemon corniculatus*	154
Lederköpfe	friarbirds	*Philemon*	154
Leierschwänze	lyrebirds	Menuridae	114
Lerche: Dupontlerche	Dupont's Lark	*Chersophilus duponti*	116
Lerche: Feldlerche	Eurasian Skylark	*Alauda arvensis*	116

Deutsch	Englisch	Latein	Familie nach Howard
Lerche: Haubenlerche	Crested Lark	*Galerida cristata*	116
Lerche: Heidelerche	Wood Lark	*Lullula arborea*	116
Lerche: Kalanderlerche	Calandra Lark	*Melanocorypha calandra*	116
Lerche: Kurzzehenlerche	Short-toed Lark	*Calandrella brachydactyla*	116
Lerche: Mohrenlerche	Black Lark	*Melanocorypha yeltoniensis*	116
Lerche: Ohrenlerche	Shore Lark, Horned Lark[Am]	*Eremophila alpestris*	116
Lerche: Stummellerche	Lesser Short-toed Lark	*Calandrella rufescens*	116
Lerche: Theklalerche	Thekla Lark	*Galerida theklae*	116
Lerche: Weißflügellerche, Spiegellerche	White-winged Lark	*Melanocorypha leucoptera*	116
Lerchen	larks	Alaudidae	116
Lerchenfalk → Baumfalke, Baumfalk	Hobby (Falcon)	*Falco subbuteo*	32
Lerchenlaufhühnchen	Quail Plover	*Turnix meiffrenii*	37
Lerchenstärling	Eastern Meadowlark	*Sturnella magna*	160
Liest: Lachender Hans, Jägerliest	Laughing Kookaburra, Laughing Jackass	*Dacelo novaeguineae*	84
Lieste	dacelonid kingfishers	Dacelonidae [Sibley]	84
Lieste → Eisvögel, Fischer, Lieste	kingfishers	Alcedinidae	84
Löffelente	Northern Shoveler	*Anas clypeata*	27
Löffler	Common Spoonbill, White Spoonbill	*Platalea leucorodia*	24
Löffler: Rosalöffler	Roseate Spoonbill	*Ajaia ajaja*	24
Löffler → Sichler (Ibisse) und Löffler	ibises and spoonbills	Threskiornithidae	24
Löffler [Unterfamilie]	spoonbills	Plataleinae	24
Lorbeerlerche → Thekla-lerche	Thekla Lark	*Galerida theklae*	116
Lori: Allfarblori, Gebirgslori	Rainbow Lorikeet	*Trichoglossus haematodus*	66
Loris	lories, lorikeets	Loriidae (Loridae)	66
Louisianawürger, Ludwigs-würger	Loggerhead Shrike	*Lanius ludovicianus*	122
Lumme: Dickschnabel-lumme	Brünnich's Guillemot, Brünnich's Murre[Am]	*Uria lomvia*	63
Lumme: Trottellumme	Guillemot, Common Murre[Am]	*Uria aalge*	63
Lummen	guillemots [*Uria*], murres[Am]	*Uria*	63
Lummensturmvögel, Tauchersturmvögel	diving petrels	Pelecanoididae	13
Lunde (Papageitaucher)	puffins	*Fratercula, Lunda*	63
Madagaskar-Kleiber, Kleibervanga	Madagascar Nuthatch (vanga shrike)	*Hypositta corallirostris*	123
Madagaskar-Rallen, Stelz-rallen, Stelzenrallen	mesites, mesitae, monia	Mesitornithidae (Mesoena-tidae)	36
Madenhacker	oxpeckers	Buphaginae	164
Madenhacker: Gelbschna-bel-Madenhacker	oxpecker	*Buphagus africanus*	164

Deutsch	Englisch	Latein	Familie nach Howard
Madenkuckucke, Anis, Amerikanische Madenhacker	anis	*Crotophaga*	71
Madenkuckucke (Anis) und Guira-Kuckuck	anis and Guira Cuckoo	Crotophaginae	71
Magellanläufer, Magellan-Regenpfeifer	Magellanic Plover	*Pluvianellus socialis*	56
Mainas, Atzeln	myna, mynah, mina, minah	*Acridotheres, Gracula*	164
Makomako	New Zealand Bellbird	*Anthornis melanura*	154
Manakin: Drosselmanakins, Schiffornis	manakins [*Schiffornis*]	*Schiffornis*	107
Manakin: Tityras, Bekarden, Drosselmanakins	tityras, becards, *Schiffornis*	Tityrinae	106
Mandarinente	Mandarin	*Aix galericulata*	27
Mandelkrähe, Blauracke	Blue Roller	*Coracias garrulus*	88
Mangrovereiher, Grünreiher	Green-backed Heron, Green Heron	*Butorides striatus*	20
Mantelbrillenvogel, Silberauge	Gray-breasted Silver-Eye	*Zosterops lateralis*	153
Mantelmöwe	Great Black-backed Gull	*Larus marinus*	61
Maori-Grasmücke → Gelbköpfchen	Yellowhead	*Mohoua ochrocephala*	140
Maorischlüpfer, Neuseelandpittas	New Zealand wrens	Xenicidae (Acanthisittidae)	112
Marabu	Marabou	*Leptoptilus crumeniferus*	23
Marabus, Störche	storks	Ciconiidae	23
Mariskensänger, Tamariskensänger	Moustached Warbler [Old World]	*Acrocephalus melanopogon*	136
Maryland-Waldsänger, Gelbkehlchen	Common Yellowthroat	*Geothlypis trichas*	157
Maskengrasmücke	Ruppell's Warbler [Old World]	*Sylvia rueppelli*	136
Maskenwürger	Masked Shrike	*Lanius nubicus*	122
Mauerläufer	Wall Creeper	*Tichodroma muraria*	147
Mauersegler, Turmschwalbe	Common Swift	*Apus apus*	79
Mäusebussard	Eurasian Buzzard	*Buteo buteo*	30
Mausvögel, Buschkletterer	mousebirds, colies	COLIIFORMES	82
Meerstrandläufer	Purple Sandpiper	*Calidris maritima*	57
Mehlschwalbe	House Martin (swallow)	*Delichon urbica*	117
Meise: Blaumeise	Blue Tit	*Parus caeruleus*	146
Meise: Carolinameise	Carolina Chickadee	*Parus carolinensis*	146
Meise: Haubenmeise	Crested Tit	*Parus cristatus*	146
Meise: Indianermeise, Zweifarbmeise	Tufted Titmouse	*Parus bicolor*	146
Meise: Kohlmeise [!]	Great Tit [!]	*Parus major*	146
Meise: Lapplandmeise	Siberian Tit	*Parus cinctus*	146
Meise: Lasurmeise	Azur Tit	*Parus cyanus*	146
Meise: Schwarzkopfmeise	Black-capped Chickadee	*Parus atricapillus*	146
Meise: Sumpfmeise, Nonnenmeise, Glanzkopfmeise	Marsh Tit	*Parus palustris*	146
Meise: Tannenmeise [!]	Coal Tit [!]	*Parus ater*	146

Deutsch	Englisch	Latein	Familie nach Howard
Meise: Trauermeise	Sombre Tit	*Parus lugubris*	146
Meise: Weidenmeise, Mönchsmeise, Mattkopfmeise	Willow Tit	*Parus montanus*	146
Meise → Bartmeise	Bearded Tit or Bearded Reedling	*Panurus biarmicus*	133
Meise → Beutelmeise	Penduline-Tit	*Remiz pendulinus*	145
Meise → Buschmeise (Schwanzmeise)	Bushtit	*Psaltriparus minimus*	144
Meise → Gelbkopfmeise, Goldköpfchen	Verdin	*Auriparus flaviceps*	145
Meise → Papageischnäbel, Papageimeisen, Rohrmeisen, Papageischwänze, Bartmeisen	parrotbills, suthoras	Panuridae (Paradoxornithidae)	133
Meise → Schwanzmeise	Long-tailed Tit	*Aegithalos caudatus*	144
Meise → Zaunkönigsmeise, Zaunkönigs-Grasmücke, Chaparraltimalie	Wrentit	*Chamaea fasciata*	132
Meise → Zwergmeise	Pygmy Tit	*Psaltria exilis*	144
Meisen	tits, titmice and chickadees[Am]	Paridae	146
Meisen, Drosselmeisen → Timalien	babblers	Timaliidae	132
Meisen → Beutelmeisen	Penduline-Tit	Remizidae	145
Meisen → Kleiber, Spechtmeisen	nuthatches	Sittidae	147
Meisen → Schwanzmeisen	long-tailed tits and bushtits	Aegithalidae	144
Meisendickkopf	Crested Shrike-Tit	*Falcunculus frontatus*	143
Meisenwaldsänger	Northern Parula	*Parula americana*	157
Mennigvögel	minivets [*Pericrocotus*]	*Pericrocotus*	119
Merle: Blaumerle	Blue Rock Thrush	*Monticola solitarius*	130
Merlin, Zwergfalke	Merlin (Pigeon Hawk)	*Falco columbarius*	32
Mexikanischer Karmingimpel, Hausgimpel	House Finch	*Carpodacus mexicanus*	161
Milan: Brauner Milan → Schwarzmilan	Black Kite	*Milvus migrans*	30
Milan: Roter Milan, Gabelweih, Rotmilan	Red Kite, Kite	*Milvus milvus*	30
Milan: Schwarzmilan	Black Kite	*Milvus migrans*	30
Milane	kites	*Elanoides, Milvus etc.*	30
Misteldrossel	Mistle Thrush	*Turdus viscivorus*	130
Mistelfresser, Blütenpicker	flowerpeckers	Dicaeidae (Dicaeiidae)	151
Mittelente, Schnatterente	Gadwall	*Anas strepera*	27
Mittelmeerschmätzer	Black-eared Wheatear	*Oenanthe hispanica*	130
Mittelsäger, Zopfsäger	Red-breasted Merganser	*Mergus serrator*	27
Mittelspecht	Middle Spotted Woodpecker	*Picoides medius*	99
Mittlere Raubmöwe, Spatelraubmöwe	Pomarine Skua, Pomarine Jaeger[Am]	*Stercorarius pomarinus*	60
Mitu (Hokko)	Razor-billed Curassow	*Crax mitu*	34
Mohrenlerche	Black Lark	*Melanocorypha yeltoniensis*	116

Deutsch	Englisch	Latein	Familie nach Howard
Mollymauk, Schwarz-brauenalbatros	Black-browed Albatross, Mollymawk	*Diomedea melanophris*	10
Molukkenibis	Australian White Ibis	*Threskiornis molucca*	24
Monarchen	monarchs, fantails	Monarchidae	141
Mönchsgeier, Kuttengeier [Altweltgeier]	European Black Vulture [Old World]	*Aegypius monachus*	30
Mönchsgrasmücke, Schwarzplättchen	Blackcap [Old World warbler]	*Sylvia atricapilla*	136
Mönchsmeise → Weidenmeise	Willow Tit	*Parus montanus*	146
Mongolen-Regenpfeifer	Mongolian Sand Plover, Lesser Sand Plover	*Charadrius mongolus*	56
Moorhuhn → Schottisches Moorschneehuhn	Grouse, Red Grouse	*Lagopus scoticus*	35
Moorschneehuhn	Willow Grouse, Willow Ptarmigan[Am]	*Lagopus lagopus*	35
Moostimalie	Pygmy Wren-babbler	*Pnoepyga pusilla*	132
Mornellregenpfeifer	Dotterel	*Charadrius morinellus*	56
Motmots, Sägeracken	motmots	Momotidae	86
Möwe: Aztekenmöwe	Laughing Gull	*Larus atricilla*	61
Möwe: Bonapartemöwe	Bonaparte's Gull	*Larus philadelphia*	61
Möwe: Dreizehenmöwe	Black-legged Kittiwake	*Larus tridactylus*	61
Möwe: Dünnschnabel-möwe	Slender-billed Gull	*Larus genei*	61
Möwe: Eismöwe	Glaucous Gull	*Larus hyperboreus*	61
Möwe: Elfenbeinmöwe	Ivory Gull	*Pagophila eburnea*	61
Möwe: Fischmöwe	Great Black-headed Gull	*Larus ichthyaetus*	61
Möwe: Heringsmöwe [!]	Lesser Black-backed Gull [!]	*Larus fuscus*	61
Möwe: Korallenmöwe	Audouin's Gull	*Larus audouinii*	61
Möwe: Lachmöwe	Black-headed Gull	*Larus ridibundus*	61
Möwe: Mantelmöwe	Great Black-backed Gull	*Larus marinus*	61
Möwe: Polarmöwe	Iceland Gull	*Larus glaucoides*	61
Möwe: Präriemöwe, Franklinmöwe	Franklin's Gull	*Larus pipixcan*	61
Möwe: Ringschnabelmöwe, Delaware-Möwe	Ring-billed Gull	*Larus delawarensis*	61
Möwe: Rosenmöwe	Rosa's Gull	*Larus roseus*	61
Möwe: Schwalbenmöwe	Sabine's Gull	*Larus sabini*	61
Möwe: Schwarzkopfmöwe	Mediterranian Gull	*Larus melanocephalus*	61
Möwe: Silbermöwe [!]	Herring Gull [!]	*Larus argentatus*	61
Möwe: Sturmmöwe	Common Gull	*Larus canus*	61
Möwe: Weißkopfmöwe	Yellow-legged Gull	*Larus cachinnans*	61
Möwe: Zwergmöwe	Little Gull	*Larus minutus*	61
Möwe → Falkenraubmöwe, Kleine Raubmöwe	Long-tailed Skua, Long-tailed Jaeger[Am]	*Stercorarius longicaudus*	60
Möwe → Große Raub-möwe (Skua)	Great Skua	*Catharacta skua*	60
Möwe → Schmarotzer-raubmöwe	Arctic Skua, Parasitic Jaeger, Arctic Jaeger[Am]	*Stercorarius parasiticus*	60
Möwe → Spatelraubmöwe, Mittlere Raubmöwe	Pomarine Skua, Pomarine Jaeger[Am]	*Stercorarius pomarinus*	60

159

Deutsch	Englisch	Latein	Familie nach Howard
Möwen	gulls	Larinae	61
Möwen-, Alken-, Watvögel; Sumpf- und Strandvögel	waders, gulls and auks	CHARADRIIFORMES	48
Möwen, Seeschwalben	gulls, terns	Laridae	61
Möwen → Raubmöwen	skuas, jaegers	Stercorariidae	60
Mückenfänger: Blau-Mückenfänger, Blau-Mückenschnäpper	Blue-gray Gnatcatcher	*Polioptila caerulea*	135
Mückenfänger [Familie]	gnatcatchers, gnatwrens	Polioptilidae	135
Mückenfänger [*Polioptila*]	gnatcatchers	*Polioptila*	135
Mückenfresser, Mücken-fänger	gnateaters	Conopophagidae	104
Müllerchen → Klappergras-mücke, Zaungrasmücke	Lesser Whitethroat	*Sylvia curruca*	136
Myrten-Waldsänger → Kronwaldsänger	Myrtle Warbler → Yellow-rumped Warbler	*Dendroica coronata*	157
. . . .	. . . .	. . . .	. . . .
Nachtigall	Nightingale	*Luscinia megarhynchos (Erithacus)*	130
Nachtigallrohrsänger, Rohr-schwirl	Savi's Warbler [Old World]	*Locustella luscinioides*	136
Nachtreiher	Black-crowned Night Heron	*Nycticorax nycticorax*	20
Nachtschattenfresser, Sei-denwürger, Arabischer Seidenschwanz	Grey Hypocolius	*Hypocolius ampelinus*	124
Nachtschwalbe: Carolina-Nachtschwalbe	Chuck-will's-widow (night-jar)	*Caprimulgus carolinensis*	78
Nachtschwalbe: Falken-nachtschwalbe	Common Nighthawk	*Chordeiles minor*	78
Nachtschwalbe: Pharao-nen-Nachtschwalbe, Ägyptischer Ziegen-melker	Egyptian Nightjar	*Caprimulgus aegyptius*	78
Nachtschwalbe: Whip-poor-will (Amerikani-scher Ziegenmelker)	Whip-poor-will (nightjar)	*Caprimulgus vociferus*	78
Nachtschwalbe, Ziegen-melker	European Nightjar	*Caprimulgus europaeus*	78
Nachtschwalben: eigentli-che Nachtschwalben	nightjars [Caprimulginae]	Caprimulginae	78
Nachtschwalben: Falken-nachtschwalben	nighthawks	Chordeilinae	78
Nachtschwalben (Ziegen-melker)	nightjars	Caprimulgidae	78
Nachtschwalben [Eurosto-podidae]	eared-nightjars	Eurostopodidae [Sibley]	78
Nachtschwalbenartige, Schwalmvögel	goatsuckers	CAPRIMULGIFORMES	74
Nandus	rheas	Rheidae	2
Naschvögel	honeycreepers (tanagers)	*Cyanerpes, Chlorophanes*	155
Nashornpelikan	American White Pelican	*Pelecanus erythrorhynchos*	15

Deutsch	Englisch	Latein	Familie nach Howard
Nashornvögel: Hornraben	ground-hornbills	Bucorvidae [Sibley]	93
Nashornvögel; Hornvögel, Tokos	hornbills	Bucerotidae	93
Naumanndrossel	Naumann's Thrush	*Turdus naumanni naumanni*	130
Nebelkrähe	Hooded Crow	*Corvus corone cornix*	173
Nektarjalas, Trugnektarvögel, Nektarpittas	false sunbirds	*Neodrepanis*	113
Nektarvögel	sunbirds	Nectariniidae	152
Nektarvögel: Spinnenjäger, Spinnenfresser	spider hunters	*Arachnothera*	152
Neuntöter, Rotrückenwürger	Red-backed Shrike	*Lanius collurio collurio*	122
Neuseelandpittas, Maorischlüpfer	New Zealand wrens	Xenicidae (Acanthisittidae)	112
Neuwelt-Bartvögel	New World barbets	Capitonidae	96
Neuweltgeier	New World vultures	Cathartidae	28
Neuweltgeier: Rabengeier	Black Vulture [New World vulture]	*Coragyps atratus*	28
Neuweltgeier: Truthahngeier	Turkey Vulture [New World] (Buzzard[Am])	*Cathartes aura*	28
Neuwelt-Laufvögel, Nandus	rheas	RHEIFORMES	2
Nilgans	Egyptian Goose	*Alapochen aegyptiacus*	27
Nimmersatt	Yellow-billed Stork, Wood Ibis	*Mycteria ibis*	23
Noddi, Tölpelseeschwalbe	Brown Noddy	*Anous stolidus*	61
Nonnengans, Weißwangengans	Barnacle Goose	*Branta leucopsis*	27
Nonnenmeise, Sumpfmeise	Marsh Tit	*Parus palustris*	146
Nonnenschmätzer	Pied Wheatear	*Oenanthe pleschanka*	130
Nordamerikanische Rohrdommel	American Bittern	*Botaurus lentiginosus*	20
Nordischer Laubsänger, Wanderlaubsänger	Arctic Warbler [Old World]	*Phylloscopus borealis*	136
Nordseetaucher, Sterntaucher	Red-throated Diver, Red-throated Loon[Am]	*Gavia stellata*	8
Nymphensittich	Cockatiel	*Nymphicus hollandicus*	67
Odinshühnchen, Amerikanisches Odinshühnchen → Wilsonhühnchen, Wilson-Wassertreter	Wilson's Phalarope	*Phalaropus tricolor*	57
Odinshühnchen, Schmalschnäbeliger Wassertreter	Red-necked Phalarope, Northern P.[Am]	*Phalaropus lobatus*	57
Ofenvogel, Goldkopf-Waldsänger, Pieperwaldsänger	Ovenbird [New World warbler]	*Seiurus aurocapillus*	157
Ofenvögel, Töpfervögel	ovenbirds [Latin American family]	Furnariidae	102
Ohrenlerche	Shore Lark, Horned Lark[Am]	*Eremophila alpestris*	116

Deutsch	Englisch	Latein	Familie nach Howard
Ohrenscharbe (Kormoran)	Double-crested Cormorant	*Phalacrocorax auritus*	17
Ohrentaucher	Slavonian Grebe, Horned Grebe[Am]	*Podiceps auritus*	9
Ohreule: Sumpfohreule	Short-eared Owl	*Asio flammeus*	73
Ohreule: Waldohreule	Long-eared Owl	*Asio otus*	73
Ohreule: Zwergohreule	Scops-Owl	*Otus scops*	73
Ohreulen, Eulen	screech owls	*Otus etc.*	73
Olivenspötter	Olive-tree Warbler [Old World]	*Hippolais olivetorum*	136
Organisten	Euphonias	*Euphonia*	155
Orpheusgrasmücke	Orphean Warbler [Old World]	*Sylvia hortensis*	136
Orpheusspötter (Sänger-laubvogel)	Melodious Warbler [Old World]	*Hippolais polyglotta*	136
Ortolan	Ortolan Bunting	*Emberiza hortulana*	155
Ortolan: Grauortolan	Cretzschmar's Bunting	*Emberiza caesia*	155
Östlicher Waldtyrann, Waldpiwih, Piwih	Eastern Wood-pewee	*Contopus virens*	106
Ou, Laysangimpel	Yellow Laysan Finch [Hawaii], Ou	*Psittirostra cantans (Telespyza)*	158
Palmenschwätzer, Palmen-schmätzer	Palmchat	*Dulus dominicus*	125
Palmtaube	Laughing Dove	*Streptopelia senegalensis*	65
Panthervögel	pardalotes	Pardalotinae [Sibley]	151
Papagei: Jako, Grau-papagei	African Grey Parrot	*Psittacus erithacus*	68
Papageiamadinen	parrot finches	*Erythrura*	162
Papageien	parrots	Psittacidae	68
Papageien: Edelpapageien	parakeets	Psittaculidae	68
Papageien, eigentliche	typical parrots	Psittacinae	68
Papageien, Handfüßler	parrots and allies	PSITTACIFORMES	66
Papageien: Spechtpapa-geien, Kleinpapageien	pygmy parrots	*Micropsitta*	68
Papageien: Sperlings-papageien	parrotlets	*Forpus*	68
Papageischnäbel	parrotbills, suthoras	Panuridae (Paradoxornithidae)	133
Papageischnabelgimpel	Maui Parrotbill, Pseudo-nestor	*Pseudonestor xanthophrys*	158
Papageitaucher	Common Puffin, Atlantic Puffin	*Fratercula arctica*	63
Papageitaucher → Lunde	puffins	*Fratercula, Lunda*	63
Paperling, Bobolink, Reis-stärling	Bobolink	*Dolichonyx oryzivorus*	160
Paradieselstern	Astrapias	*Astrapia*	172
Paradiesschnäpper, Haubenschnäpper	paradise flycatchers	*Terpsiphone, Elminia*	141
Paradies-Seeschwalbe → Rosenseeschwalbe	Roseate Stern	*Sterna dougallii*	61
Paradiesvögel	birds of paradise	Paradisaeidae	172

Deutsch	Englisch	Latein	Familie nach Howard
Paradiesvögel: Sichelhopfe	sicklebills, sickle-billed birds of paradise	*Epimachus, Drepanornis*	172
Pastorvogel, Tui, Priester-vogel	Parson Bird, Tui	*Prosthemadera novaesee-landiae*	154
Pauraque	Pauraque	*Nyctidromus albicollis*	78
Pelikan: Krauskopfpelikan	Dalmatian Pelican	*Pelecanus crispus*	15
Pelikan: Nashornpelikan	American White Pelican	*Pelecanus erythrorhynchos*	15
Peltops	Peltops flycatchers	*Peltops*	141
Perlhuhn: Helmperlhuhn	Helmeted Guineafowl, Hel-met Guineafowl	*Numida meleagris*	35
Perlhühner	guineafowls	Numidinae (Numidininae)	35
Perlhuhnfrankolin, Chinesi-sche Zwergwachtel	Chinese Francolin	*Francolinus pintadeanus*	35
Petschorapieper	Pechora Pipit	*Anthus gustavi*	118
Pfäffchen	seedeaters (*Sporophila*)	*Sporophila*	155
Pfannenstielchen → Schwanzmeise	Long-tailed Tit	*Aegithalos caudatus*	144
Pfau, Blauer Pfau	Common Pea-Fowl (Peacock)	*Pavo cristatus*	35
Pfauen	peafowl	Pavoninae	35
Pfefferfresser, Tukane	toucans [incl. toucanets]	Ramphastidae (Rhampha-stidae)	98
Pfeifente: Amerikanische Pfeifente	American Wigeon, Baldpate	*Anas americana*	27
Pfeifente: Eurasische Pfeif-ente	Eurasian Wigeon	*Anas penelope*	27
Pfeifgänse, Baumenten	whistling-ducks	Dendrocygnidae [Sibley]	27
Pfeifschwan, Tundraschwan	Tundra Swan, Whistling Swan	*Cygnus columbianus*	27
Pflanzenmäher	plantcutters	Phytotomidae	110
Pfriemschnäbel [*Oedistoma*]	honeyeaters [*Oedistoma*]	*Oedistoma*	154
Pfriemschnäbel [*Toxoramphus*]	longbills [*Toxorhamphus*]	*Toxorhamphus*	154
Pfuhlschnepfe	Bar-tailed Godwit	*Limosa lapponica*	57
Pharaonen-Nachtschwalbe, Ägyptischer Ziegen-melker	Egyptian Nightjar	*Caprimulgus aegyptius*	78
Phoebe, Haustyrann	Eastern Phoebe	*Sayornis phoebe*	106
Pieper	pipits	*Anthus (Spipola)*	118
Pieper: Baumpieper	Brown Tree Pipit	*Anthus trivialis*	118
Pieper: Brachpieper	Tawny Pipit	*Anthus campestris*	118
Pieper: Petschorapieper	Pechora Pipit	*Anthus gustavi*	118
Pieper: Rotkehlpieper	Red-throated Pipit	*Anthus cervinus*	118
Pieper: Spornpieper	Richard's Pipit	*Anthus novaeseelandiae*	118
Pieper: Strandpieper	Rock Pipit	*Anthus petrosus*	118
Pieper: Waldpieper	Olive-backed Pipit	*Anthus hodgsoni*	118
Pieper: Wasserpieper	Water Pipit	*Anthus spinoletta*	118
Pieper: Wiesenpieper	Meadow Pipit	*Anthus pratensis*	118
Pieper → Stelzen [einschl. Pieper]	wagtails, pipits	Motacillidae	118

Deutsch	Englisch	Latein	Familie nach Howard
Pieperwaldsänger, Ofen- vogel, Goldkopf-Wald- sänger	Ovenbird [New World war- bler]	*Seiurus aurocapillus*	157
Pinguine	penguins	Spheniscidae	7
Pinkpinks → Cistensänger und Pinkpinks	African warblers	*Cisticola*	136
Pipra: Breitschnabelpipra	Broad-billed Manakin	*Sapayoa aenigma*	107
Pipra-, Spatel-, Lauftyran- nen etc.	mionectine flycatchers, Corythopis	Pipromorphinae [Sibley]	106
Pipras, Schnurrvögel [einschl. Schiffornis]	manakins	Pipridae	107
Pirol	Golden Oriole, Old World Oriole	*Oriolus oriolus*	165
Pirole	orioles [Old World]	Oriolidae	165
Pittas → Ameisenpittas und Ameisendrosseln	antpittas and antthrushes	Formicariinae [AOU]	103
Pittas → Jalas, Lappen- pittas	asities	Philepittidae	113
Pittas → Maorischlüpfer, Neuseelandpittas	New Zealand wrens	Xenicidae (Acanthisittidae)	112
Pittas → Trugnektarvögel, Nektarpittas, Nektarjalas	false sunbirds	*Neodrepanis*	113
Pittas [ohne Neuseeland- und Lappenpittas]	pittas	Pittidae	111
Piwih, Östlicher Waldty- rann, Waldpiwih	Eastern Wood-pewee	*Contopus virens*	106
Plattschwanz-Sittiche, Plattschweif-Sittiche	australian parakeets and rosella	Platycercinae	68
Plüschkopftangare, Samt- kappenfink	Plush-capped Finch, Plushcap	*Catamblyrhynchos diade- ma*	155
Polarbirkenzeisig	Arctic Redpoll, Hoary Red- poll[Am]	*Carduelis hornemanni*	161
Polarmöwe	Iceland Gull	*Larus glaucoides*	61
Polarseetaucher, Pracht- taucher	Black-throated Diver, Arctic Loon[Am]	*Gavia arctica*	8
Prachteiderente	King Eider	*Somateria spectabilis*	27
Prachtfink: Tigerfink	Red Avadavat, Red Munia	*Amandava amandava*	162
Prachtfinken	waxbills, estrildine finches	Estrildidae	162
Prachthaubenadler	Ornate Hawk-Eagle	*Spizaetus ornatus*	30
Prachtkleiber	Pink-faced Nuthatch	*Daphoenositta miranda*	147
Prachttaucher, Polarsee- taucher	Black-throated Diver, Arctic Loon[Am]	*Gavia arctica*	8
Prärieläufer	Upland Sandpiper, Upland Plover[Am]	*Bartramia longicauda*	57
Präriemöwe, Franklinmöwe	Franklin's Gull	*Larus pipixcan*	61
Priestervogel, Pastorvogel, Tui	Parson Bird, Tui	*Prosthemadera novaesee- landiae*	154
Prinie: Wüstenprinie	Scrubwarbler	*Scotocerca inquieta*	136
Proteavögel (Honigfresser)	sugarbirds	Promeropinae [Sibley]	154
Provencegrasmücke	Dartford Warbler [Old World]	*Sylvia undata*	136
Purpurgimpel (Purpurfink)	Purple Finch	*Carpodacus purpureus*	161

164

Deutsch	Englisch	Latein	Familie nach Howard
Purpurgrackel	Common Grackle	*Quiscalus quiscula*	160
Purpurhuhn, Purpurralle	Purple Swamphen, Purple Gallinule	*Porphyrio porphyrio*	42
Purpurreiher	Purple Heron	*Ardea purpurea*	20
Purpurschwalbe	Purple Martin (swallow)	*Progne subis*	117
. . . .			
Quesal	Quetzal (Trogon)	*Pharomachrus mocinno (mocino)*	83
. . . .			
Rabe: Kolkrabe	Common Raven	*Corvus corax*	173
Raben → Hornraben	ground-hornbills	Bucorvidae [Sibley]	93
Rabengeier [Neuweltgeier]	Black Vulture [New World vulture]	*Coragyps atratus*	28
Rabenkrähe, Aaskrähe	Carrion Crow	*Corvus corone corone*	173
Rabenvögel	crows, jays [incl. magpies]	Corvidae	173
Racke: Blauracke, Mandelkrähe	Blue Roller	*Coracias garrulus*	88
Racke → Bienenfresser	Bee-Eater	*Merops apiaster*	87
Racken: eigentliche Rakken, Baumracken	typical rollers	Coraciidae	88
Racken → Bienenfresser, Spinte	bee-eaters	Meropidae	87
Racken → Erdracken	ground-rollers	Brachypteraciidae	89
Racken → Sägeracken, Motmots	motmots	Momotidae	86
Rackenvögel	kingfishers and allies	CORACIIFORMES	84
Ralle, Purpurralle → Purpurhuhn	Purple Swamphen, Purple Gallinule	*Porphyrio porphyrio*	42
Ralle, Teichralle → Teichhuhn (Wasserhuhn)	Common Moorhen, Florida Gallinule[Am]	*Gallinula chloropus*	42
Ralle, Tüpfelralle → Tüpfelsumpfhuhn	Spotted Crake (Rail)	*Porzana porzana*	42
Ralle: Wachtelkönig, Wiesenralle	Corncrake	*Crex crex*	42
Ralle: Wasserralle	Water-Rail	*Rallus aquaticus*	42
Ralle: Wekaralle	Weka, New Zealand Wood Rail	*Gallirallus australis*	42
Ralle → Rallenkranich, Riesenralle	Limpkin	*Aramus guarauna*	40
Rallen	rails, coots and gallinules	Rallidae	42
Rallen → Binsenrallen, Binsenhühner	sungrebes, finfoots	Heliornithidae	43
Rallen → Stelzenrallen, Madagaskar-Rallen	mesites, mesitae, monia	Mesitornithidae (Mesoenatidae)	36
Rallenkranich, Riesenralle	Limpkin	*Aramus guarauna*	40
Rallenläufer	Rail Babbler	*Eupetes macrocercus*	131
Rallenvögel, Kranichvögel	cranes, rails and allies	GRUIFORMES	36
Rapp: Waldrapp	Hermit Ibis, Northern Bald-Ibis	*Geronticus eremita*	24
Raubmöwe: Große Raubmöwe (Skua)	Great Skua	*Catharacta skua*	60

Deutsch	Englisch	Latein	Familie nach Howard
Raubmöwe: Kleine Raub-möwe, Falkenraubmöwe	Long-tailed Skua, Long-tailed Jaeger[Am]	*Stercorarius longicaudus*	60
Raubmöwe: Mittlere Raub-möwe, Spatelraubmöwe	Pomarine Skua, Pomarine Jaeger[Am]	*Stercorarius pomarinus*	60
Raubmöwe: Schmarotzer-raubmöwe	Arctic Skua, Parasitic Jae-ger, Arctic Jaeger[Am]	*Stercorarius parasiticus*	60
Raubmöwen	skuas, jaegers	Stercorariidae	60
Raubseeschwalbe	Caspian Tern	*Sterna caspia*	61
Raubvögel → Greifvögel	raptors → birds of prey	FALCONIFORMES	28
Raubwürger	Great Grey Shrike, Nor-thern Shrike[Am]	*Lanius excubitor*	122
Rauchschwalbe	Barn Swallow	*Hirundo rustica*	117
Rauhfußbussard	Rough-legged Buzzard, Rough-legged Hawk[Am]	*Buteo lagopus*	30
Rauhfußhuhn: Alpen-schneehuhn	Ptarmigan (grouse), Rock Ptarmigan[Am]	*Lagopus mutus*	35
Rauhfußhuhn: Auerhuhn	Capercaillie (grouse)	*Tetrao urogallus*	35
Rauhfußhuhn: Birkhuhn	Black Grouse	*Tetrao tetrix*	35
Rauhfußhuhn: Haselhuhn	Hazel Hen, Hazel Grouse	*Tetrastes bonasia (Bonasa)*	35
Rauhfußhuhn: Kragenhuhn	Ruffed Grouse	*Bonasa umbellus*	35
Rauhfußhuhn: Moor-schneehuhn	Willow Grouse, Willow Ptarmigan[Am]	*Lagopus lagopus*	35
Rauhfußhühner	grouse [incl. Capercaillie]	Tetraoninae	35
Rauhfußkauz	Tengmalm's Owl, Boreal Owl[Am]	*Aegolius funereus*	73
Raupenfresser: Mennig-vögel	minivets	*Pericrocotus*	119
Raupenfresser, Stachel-bürzler, Kuckuckswürger	cuckoo-shrikes	Campephagidae	119
Raupenschmätzer → Lalage	trillers [*Lalage*]	*Lalage*	119
Rebhuhn	Gray Partridge, Common P., Hungarian P.[Am]	*Perdix perdix*	35
Regenbrachvogel	Whimbrel (Curlew)	*Numenius phaeopus*	57
Regenkuckucke	New World cuckoos, American cuckoos	Coccyzidae [Sibley]	71
Regenpfeifer	plovers and lapwings [incl. dotterels]	Charadriidae	56
Regenpfeifer, eigentliche Regenpfeifer	plovers [incl. killdeer]	Charadriinae	56
Regenpfeifer: Flußregen-pfeifer	Little Ringed Plover	*Charadrius dubius*	56
Regenpfeifer: Goldregen-pfeifer	Eurasian Golden Plover	*Pluvialis apricaria*	56
Regenpfeifer: Kiebitzregen-pfeifer	Grey Plover, Black-bellied Plover[Am]	*Pluvialis squatarola*	56
Regenpfeifer: Magellanläu-fer, Magellan-Regen-pfeifer	Magellanic Plover	*Pluvianellus socialis*	56
Regenpfeifer: Mongolen-Regenpfeifer	Mongolian Sand Plover, Lesser Sand Plover	*Charadrius mongolus*	56

Deutsch	Englisch	Latein	Familie nach Howard
Regenpfeifer: Mornellre-genpfeifer	Dotterel	*Charadrius morinellus*	56
Regenpfeifer: Sandregen-pfeifer	Ringed Plover	*Charadrius hiaticula*	56
Regenpfeifer: Schreiregen-pfeifer, Keilschwanz-Re-genpfeifer	Killdeer (plover)	*Charadrius vociferus*	56
Regenpfeifer: Seeregen-pfeifer	Kentish Plover, Snowy Plover[Am]	*Charadrius alexandrinus*	56
Regenpfeifer: Wanderre-genpfeifer, Kleiner, Ame-rikanischer, Sibirischer Goldregenpfeifer	Lesser Golden Plover, American Golden Plover	*Pluvialis dominica*	56
Regenpfeifer: Wermut-regenpfeifer	Caspian Plover	*Charadrius asiaticus*	56
Regenpfeifer: Wüsten-regenpfeifer	Greater Sand Plover	*Charadrius leschenaultii*	56
Reiher	herons, egrets and bitterns	Ardeidae	20
Reiher: Fischreiher, Grau-reiher	Common Heron	*Ardea cinerea*	20
Reiher: Kahnschnabel	Boatbill Heron, Boat-billed Heron	*Cochlearius cochlearius*	20
Reiher: Kanadareiher, Ame-rikanischer Graureiher	Great Blue Heron	*Ardea herodias*	20
Reiher: Kuhreiher	Cattle Egret, Buff-backed Heron	*Bubulcus ibis*	20
Reiher: Mangrovereiher, Grünreiher	Green-backed Heron, Green Heron	*Butorides striatus*	20
Reiher: Nachtreiher	Black-crowned Night Heron	*Nycticorax nycticorax*	20
Reiher: Purpurreiher	Purple Heron	*Ardea purpurea*	20
Reiher: Seidenreiher	Little Egret	*Egretta garzetta*	20
Reiher: Silberreiher	Great Egret, Great White E., Great White Heron	*Casmerodius albus (Egretta)*	20
Reiher → Schattenvogel, Hammerkopf	Hammerkop, Hammerhead Stork	Scopidae	21
Reiherläufer	Crab-Plover	*Dromas ardeola*	50
Reisknacker	seed-finches	*Oryzoborus*	155
Reisstärling, Paperling, Bobolink	Bobolink	*Dolichonyx oryzivorus*	160
Rennkuckuck	Lesser Roadrunner	*Geogoccyx velox*	71
Rennvogel, Gewöhnlicher Wüstenläufer	Cream-coloured Courser	*Cursorius cursor*	55
Rennvögel und Brach-schwalben → Brach-schwalbenartige	coursers, pratincoles	Glareolidae	55
Réunion-Dronte (ausge-storben)	Reunion Solitaire, White Dodo (extinct)	*Raphus solitarius (ext)*	65
Riesenalk (ausgestorben)	Great Auk (extinct)	*Pinguinus impennis (ext)*	63
Riesenralle, Rallenkranich	Limpkin	*Aramus guarauna*	40
Riesenspitzschnabel	Giant Conebill	*Oreomanes fraseri*	155
Ringdrossel, Ringamsel	Ring Ouzel	*Turdus torquatus*	130

167

Deutsch	Englisch	Latein	Familie nach Howard
Ringelgans (Rottgans)	Brent Goose	*Branta bernicla*	27
Ringeltaube	Wood Pigeon, Ring Dove	*Columba palumbus*	65
Ringfasan, Jagdfasan, Fasan	Ring-necked Pheasant, Pheasant	*Phasianus colchicus (torquatus)*	35
Ringschnabelente → Halsringente	Ring-necked Duck	*Aythya collaris*	27
Ringschnabelmöwe, Delaware-Möwe	Ring-billed Gull	*Larus delawarensis*	61
Rohrammer	Reed Bunting	*Emberiza schoeniclus*	155
Rohrdommel	Eurasian Bittern	*Botaurus stellaris*	20
Rohrdommel: Indianerdommel, Amerikanische Zwergdommel	Least Bittern	*Ixobrychus exilis*	20
Rohrdommel: Nordamerikanische Rohrdommel	American Bittern	*Botaurus lentiginosus*	20
Rohrdommel: Zwergdommel, Zwergrohrdommel	Little Bittern	*Ixobrychus minutus*	20
Rohrdommeln, Dommeln	bitterns	*Botaurus, Ixobrychus*	20
Rohrdommeln: Zwergdommeln, Zwergrohrdommeln	dwarf bitterns	*Ixobrychus*	20
Röhrennasen	tube-nosed swimmers	PROCELLARIIFORMES	10
Rohrmeisen, Papageischwänze, Bartmeisen, Papageischnäbel, Papageimeisen	parrotbills, suthoras	Panuridae (Paradoxornithidae)	133
Rohrsänger	reed warblers [Old World]	*Acrocephalus*	136
Rohrsänger: Buschrohrsänger	Blyth's Reed Warbler [Old World]	*Acrocephalus dumetorum*	136
Rohrsänger: Drosselrohrsänger	Great Reed Warbler [Old World]	*Acrocephalus arundinaceus*	136
Rohrsänger, Flußrohrsänger → Schlagschwirl	River Warbler [Old World]	*Locustella fluviatilis*	136
Rohrsänger: Mariskensänger, Tamariskensänger	Moustached Warbler [Old World]	*Acrocephalus melanopogon*	136
Rohrsänger: Rohrschwirl, Nachtigallrohrsänger	Savi's Warbler [Old World]	*Locustella luscinioides*	136
Rohrsänger: Schilfrohrsänger, Uferrohrsänger	Sedge Warbler [Old World]	*Acrocephalus schoenobaenus*	136
Rohrsänger: Seggenrohrsänger, Binsenrohrsänger	Aquatic Warbler [Old World]	*Acrocephalus paludicola*	136
Rohrsänger: Seiden-, Bruchrohrsänger → Seidensänger	Cetti's Warbler [Old World]	*Cettia cetti*	136
Rohrsänger: Sumpfrohrsänger, Getreidesänger	Marsh Warbler [Old World]	*Acrocephalus palustris*	136
Rohrsänger: Teichrohrsänger	Reed Warbler [Old World]	*Acrocephalus scirpaceus*	136
Rohrschwirl, Nachtigallrohrsänger	Savi's Warbler [Old World]	*Locustella luscinioides*	136
Rohrweihe	Marsh Harrier	*Circus aeruginosus*	30

Deutsch	Englisch	Latein	Familie nach Howard
Rosalöffler	Roseate Spoonbill	*Ajaia ajaja*	24
Rosenbrust-Kernknacker, Bischof	Rose-breasted Grosbeak, Common Grosbeak	*Pheucticus ludovicianus*	155
Rosenmöwe	Rosa's Gull	*Larus roseus*	61
Rosenseeschwalbe (Paradies-Seeschwalbe)	Roseate Stern	*Sterna dougallii*	61
Rosenstar	Rose-coloured Starling	*Sturnus roseus*	164
Rostbartammer → Grauortolan	Cretzschmar's Bunting	*Emberiza caesia*	155
Rostflügeldrossel	Dusky Thrush	*Turdus naumanni eunomus*	130
Rostgans	Ruddy Shelduck	*Tadorna ferruginea*	27
Rotaugenvireo, Rotaugen-Laubwürger	Red-eyed Vireo	*Vireo olivaceus*	159
Rotdrossel, Weindrossel	Redwing [Eurasian thrush]	*Turdus iliacus*	130
Rote Spottdrossel, Rotrückensichler, Rotrücken-Spottdrossel	Brown Thrasher	*Toxostoma rufum*	128
Rötel: Steinrötel	Rock Thrush	*Monticola saxatilis*	130
Rötelfalke	Lesser Kestrel	*Falco naumanni*	32
Rötelgrundammer, Grundammer, Grundrötel	Rufous-sided Towhee	*Pipilo erythrophthalmus*	155
Rötelschwalbe	Red-rumped Swallow	*Hirundo daurica*	117
Roter Hokko, Tuberkelhokko	Great Curassow	*Crax rubra*	34
Roter Kardinal, Rotkardinal	Northern Cardinal	*Cardinalis cardinalis*	155
Roter Milan, Gabelweih, Rotmilan	Red Kite, Kite	*Milvus milvus*	30
Rotflügel-Brachschwalbe, Brachschwalbe	Collared Pratincole (Swallow Plover)	*Glareola pratincola*	55
Rotflügel-Stärling, Rotschulter-Stärling	Redwing, Red-winged Blackbird	*Agelaius phoeniceus*	160
Rotfußente, Dunkelente	American Black Duck	*Anas rubripes*	27
Rotfußfalke, Abendfalke	Red-footed Falcon	*Falco vespertinus*	32
Rothalsgans	Red-breasted Goose	*Branta ruficollis*	27
Rothalstaucher	Red-necked Grebe, Holboell's Grebe[Am]	*Podiceps grisegena*	9
Rotkardinal, Roter Kardinal	Northern Cardinal	*Cardinalis cardinalis*	155
Rotkehlchen	European Robin	*Erithacus rubecula*	130
Rotkehldrossel	Red-throated Thrush	*Turdus ruficollis ruficollis*	130
Rotkehlfälkchen, Rotschenkel-Zwergfalke	Red-thighed Falconet	*Microhierax caerulescens*	32
Rotkehl-Hüttensänger	Eastern Bluebird	*Sialia sialis*	130
Rotkehlpieper	Red-throated Pipit	*Anthus cervinus*	118
Rotkehl-Strandläufer	Red-necked Stint, Rufous-necked Sandpiper	*Calidris ruficollis*	57
Rotkopfente, Amerikanische Tafelente	Redhead	*Aythya americana*	27
Rotkopfspecht	Red-headed Woodpecker	*Melanerpes erythrocephalus*	99
Rotkopfwürger	Woodchat Shrike	*Lanius senator*	122
Rotkrönchen, Rubingoldhähnchen	Ruby-crowned Kinglet	*Regulus calendula*	136

Deutsch	Englisch	Latein	Familie nach Howard
Rotmilan, Roter Milan, Gabelweih	Red Kite, Kite	*Milvus milvus*	30
Rotrücken-Spottdrossel, Rote Spottdrossel, Rotrückensichler	Brown Thrasher	*Toxostoma rufum*	128
Rotrückenwürger, Neuntöter	Red-backed Shrike	*Lanius collurio collurio*	122
Rotschenkel, großer → Dunkelwasserläufer	Spotted Redshank	*Tringa erythropus*	57
Rotschenkel (Wasserläufer)	Redshank	*Tringa totanus*	57
Rotschenkel-Zwergfalke, Rotkehlfälkchen	Red-thighed Falconet	*Microhierax caerulescens*	32
Rotschulterbussard	Red-shouldered Hawk	*Buteo lineatus*	30
Rotschulter-Stärling, Rotflügel-Stärling	Redwing, Red-winged Blackbird	*Agelaius phoeniceus*	160
Rotschwanz: Gartenrotschwanz	Redstart [Old World]	*Phoenicurus phoenicurus*	130
Rotschwanz: Hausrotschwanz	Black Redstart [Old World]	*Phoenicurus ochruros*	130
Rotschwanzbussard	Red-tailed Hawk, Redtail	*Buteo jamaicensis*	30
Rotschwänze	Old World redstarts	*Phoenicurus*	130
Rotschwanz-Waldsänger, Schnäpper-Waldsänger	American Redstart [New World]	*Setophaga ruticilla*	157
Rotspecht → Buntspecht	Great Spotted Woodpecker	*Picoides major*	99
Rottgans → Ringelgans	Brent Goose	*Branta bernicla*	27
Rubingoldhähnchen, Rotkrönchen	Ruby-crowned Kinglet	*Regulus calendula*	136
Rubinkehl-Kolibri	Ruby-throated Hummingbird	*Archilochus colubris*	81
Ruderfüßler	pelicans and allies	PELECANIFORMES (PELI-)	14
Rüppell-Seeschwalbe	Lesser Crested Tern	*Sterna bengalensis*	61
Rußflöter (Laufflöter), Glanzflöter	Melampitta	*Melampitta*	131
Rußseeschwalbe	Sooty Tern	*Sterna fuscata*	61
. . . .			
Saatgans	Bean Goose	*Anser fabalis*	27
Saatkrähe	Rook	*Corvus frugilegus*	173
Säbelschnäbler	avocets	*Recurvirostra*	53
Säbelschnäbler: Braunhals-Säbelschnäbler	American Avocet	*Recurvirostra americana*	53
Säbelschnäbler → Stelzenläufer [einschl. Säbelschnäbler]	avocets and stilts	Recurvirostridae	53
Säbler, Weißbrauensäbler	Australo-Papuan babblers	Pomatostomidae [Sibley]	132
Saftlecker: Feuerkopf-Saftlecker	Yellow-bellied Sapsucker	*Sphyrapicus varius*	99
Saftlecker, Saftsauger	sapsuckers (woodpeckers)	*Sphyrapicus*	99
Säger	mergansers [incl. Smew]	*Mergus*	27
Säger: Gänsesäger	Goosander, Common Merganser[Am]	*Mergus merganser*	27
Säger: Kappensäger	Hooded Merganser	*Mergus cucullatus*	27

170

Deutsch	Englisch	Latein	Familie nach Howard
Säger: Mittelsäger (Zopf-säger)	Red-breasted Merganser	*Mergus serrator*	27
Säger: Zwergsäger	Smew (merganser)	*Mergus albellus*	27
Sägeracken, Motmots	motmots	Momotidae	86
Saker → Würgfalke	Saker Falcon	*Falco cherrug*	32
Salanganen [*Collocalia*]	swiftlets	*Collocalia*	79
Samtente	Velvet Scoter, White-winged Scoter[Am]	*Melanitta fusca*	27
Samtkappenfink, Plüsch-kopftangare	Plush-capped Finch, Plushcap	*Catamblyrhynchos diadema*	155
Samtkopf-Grasmücke, Schwarzkopf-Gras-mücke	Sardinian Warbler [Old World]	*Sylvia melanocephala*	136
Sanderling (Strandläufer)	Sanderling	*Calidris alba*	57
Sandflughuhn	Black-bellied Sandgrouse	*Pterocles orientalis*	64
Sandregenpfeifer	Ringed Plover	*Charadrius hiaticula*	56
Sandstrandläufer	Semipalmated Sandpiper	*Calidris pusilla*	57
Sänger	Old World Flycatchers	Muscicapidae	137
Sänger → Afrikanischer Heckensänger	Rufous Bush Robin	*Cercotrichas galactotes*	130
Sänger → Cistensänger	Fan-tailed Warbler [African warbler]	*Cisticola juncidis*	136
Sänger → Cistensänger und Pinkpinks	African warblers	*Cisticola*	136
Sänger → Feldschwirl, Heuschreckensänger	Grasshopper Warbler [Old World]	*Locustella naevia*	136
Sänger → Heckensänger [Afrika]	scrub-robins [Africa]	*Cercotrichas (Erythropygia)*	130
Sänger → Hüttensänger	bluebirds	*Sialia*	130
Sänger → Laubsänger	leaf warblers or willow war-blers [Old World]	*Phylloscopus*	136
Sänger → Mariskensänger, Tamariskensänger	Moustached Warbler [Old World]	*Acrocephalus melanopo-gon*	136
Sänger → Rohrsänger	reed warblers [Old World]	*Acrocephalus*	136
Sänger → Seidensänger	Cetti's Warbler [Old World]	*Cettia cetti*	136
Sänger → Staffelschwän-ze, Australische Sänger	Australasian wrens	Maluridae	139
Sänger → Südseeschnäp-per, Südseesänger	Australasian robins	Eopsaltriidae	142
Sänger → Sumpfrohrsän-ger, Getreidesänger	Marsh Warbler [Old World]	*Acrocephalus palustris*	136
Sänger → Trugwaldsänger	Olive Warbler [New World]	Peucedraminae [Sibley]	157
Sänger → Waldsänger	New World warblers, wood warblers	Parulidae	157
Sänger → Waldsänger [*Se-tophaga, Myioborus*]	redstarts [New World]	*Setophaga, Myioborus*	157
Sängerlaubvogel → Orpheusspötter	Melodious Warbler [Old World]	*Hippolais polyglotta*	136
Sardengrasmücke	Marmora's Warbler [Old World]	*Sylvia sarda*	136
Satrap (Goldhähnchen)	Golden-crowned Kinglet	*Regulus satrapa*	136
Sattelvogel, Lappenstar	Saddleback	*Creadion carunculatus*	167

Deutsch	Englisch	Latein	Familie nach Howard
Satyrhühner, Tragopane	tragopans	*Tragopan*	35
Schafstelze	Blue-headed Wagtail (Yellow Wagtail)	*Motacilla flava flava*	118
Schafstelze: grünköpfige Schafstelze, Englische Schafstelze	British Yellow Wagtail, Yellowish-crowned Wagtail	*Motacilla flava flavissima*	118
Schakuhühner	guans	*Penelope*	34
Schakuhühner; Hokkos und Guans	curassows and guans	Cracidae	34
Scharbe: Krähenscharbe (Kormoran)	Shag (cormorant)	*Phalacrocorax aristotelis*	17
Scharbe: Ohrenscharbe (Kormoran)	Double-crested Cormorant	*Phalacrocorax auritus*	17
Scharbe: Zwergscharbe (Kormoran)	Pygmy Cormorant	*Phalacrocorax pygmeus*	17
Scharben → Kormorane (Scharben)	cormorants	Phalacrocoracidae	17
Scharlachtangare	Scarlet Tanager	*Piranga olivacea*	155
Scharrammern	New World sparrows	*Spizella, Zonotrichia etc.*	155
Schattenvogel, Hammerkopf	Hammerhead Stork, Hammerkop	*Scopus umbretta*	21
Scheidenschnäbel	sheathbills	Chionididae (Chionidae)	59
Scheindrosseln	scrub-robins [Australo-Papuan robins]	*Drymodes*	130
Scheinkleiber, Grenadier	Rifleman	*Acanthisitta chloris*	112
Schelladler	Spotted Eagle	*Aquila clanga*	30
Schellente	Common Goldeneye	*Bucephala clangula*	27
Scherenschnäbel	skimmers	Rynchopidae	62
Scherenschnabel: Schwarzer Scherenschnabel, Schwarzmantel-Scherenschnabel	Black Skimmer	*Rynchops niger (nigra)*	62
Scherenschwänze	forktails	*Enicurus*	130
Schieferdrossel, Sibirische Drossel	Siberian Thrush	*Turdus sibiricus*	130
Schiffornis, Drosselmanakins	manakins [*Schiffornis*]	*Schiffornis*	107
Schildammer, Dickcissel	Dickcissel	*Spiza americana*	155
Schildschnabel	Helmeted Hornbill	*Rhinoplax vigil*	93
Schilfrohrsänger, Uferrohrsänger	Sedge Warbler [Old World]	*Acrocephalus schoenobaenus*	136
Schilfsteiger etc.	grass-warblers (grassbirds, thicketbirds)	Megalurinae [Sibley]	136
Schlagschwirl, Flußrohrsänger	River Warbler [Old World]	*Locustella fluviatilis*	136
Schlammläufer	dowitchers	*Limnodromus*	57
Schlammläufer: Großer Schlammläufer, Langschnabel-Schlammläufer	Long-billed Dowitcher	*Limnodromus scolopaceus*	57
Schlammläufer: Kleiner Schlammläufer, Kurzschnabel-Schlammläufer	Short-billed Dowitcher	*Limnodromus griseus*	57

Deutsch	Englisch	Latein	Familie nach Howard
Schlammnestbauer → Drosselhäher	Australian choughs [incl. Apostlebird]	Corcoracinae	168
Schlammnestbauer → Grauling (Schlammnestbauer), Gimpelhäher	Apostlebird	*Struthidea cinerea*	168
Schlammstelzer	Banded Stilt	*Cladorhynchus leucocephalus*	53
Schlammtreter, Entenschnepfe	Willet	*Catoptrophorus semipalmatus*	57
Schlangenadler	Short-toed Eagle	*Circaetus gallicus*	30
Schlangenhalsvogel	African Darter	*Anhinga rufa*	18
Schlangenhalsvogel: Amerikanischer Schlangenhalsvogel → Anhinga	Anhinga, American Darter	*Anhinga anhinga*	18
Schlangenwürger, Weißscheitelwürger	White-crowned Shrike	*Eurocephalus anguitimens*	122
Schleiereule	Common Barn-Owl	*Tyto alba*	72
Schleiereulen	barn-owls	Tytonidae	72
Schmalschnäbeliger Wassertreter, Odinshühnchen	Red-necked Phalarope, Northern P.[Am]	*Phalaropus lobatus*	57
Schmalschnabelkardinal	Pyrrhuloxia	*Cardinalis sinuatus*	155
Schmarotzerraubmöwe	Arctic Skua, Parasitic Jaeger, Arctic J.[Am]	*Stercorarius parasiticus*	60
Schmätzer: eigentliche Schmätzer	wheatears	*Oenanthe*	130
Schmätzer: Isabellschmätzer	Isabelline Wheatear	*Oenanthe isabellina*	130
Schmätzer: Mittelmeerschmätzer	Black-eared Wheatear	*Oenanthe hispanica*	130
Schmätzer: Nonnenschmätzer	Pied Wheatear	*Oenanthe pleschanka*	130
Schmätzer, Raupenschmätzer → Lalage	trillers [*Lalage*]	*Lalage*	119
Schmätzer: Steinschmätzer [!]	Northern Wheatear [!]	*Oenanthe oenanthe*	130
Schmätzer: Trauerschmätzer	Black Wheatear	*Oenanthe leucura*	130
Schmätzer, Wiesenschmätzer: Braunkehlchen	Whinchat	*Saxicola rubetra*	130
Schmätzer, Wiesenschmätzer: Schwarzkehlchen [!]	Stonechat [!]	*Saxicola torquata*	130
Schmätzer: Wüstenschmätzer	Desert Wheatear	*Oenanthe deserti*	130
Schmätzer → Kurzschwanz-Trugschmätzer, Honigfresser	White-fronted Chat, Australian Chat	*Ephthianura albifrons*	140
Schmätzer → Palmenschwätzer, Palmenschmätzer	Palmchat	*Dulus dominicus*	125
Schmätzer → Trugschmätzer	Australian chats	*Ephthianura, Ashbyia*	140

173

Deutsch	Englisch	Latein	Familie nach Howard
Schmätzer → Trugschmätzer, Honigfresser	Australian chats [Ephthianura]	Ephthianura (Epthianura)	140
Schmätzer → Wüstentrugschmätzer	Gibberbird, Desert Chat (Australian chat)	Ashbyia lovensis	140
Schmätzertyrannen	Fluvicoline Flycatchers	Fluvicolinae [AOU]	106
Schmuckvögel	cotingas	Cotingidae	108
Schmutzgeier [Altweltgeier]	Egyptian Vulture	Neophron percnopterus	30
Schnäpper: Fleckenschnäpper	Gray-spotted Flycatcher [Old World]	Muscicapa griseisticta	137
Schnäpper: Fliegenschnäpper	Old World Flycatchers	Muscicapa	137
Schnäpper: Grauschnäpper	Spotted Flycatcher [Old World]	Muscicapa striata	137
Schnäpper: Halbringschnäpper	Semicollared Flycatcher [Old World]	Ficedula semitorquata	137
Schnäpper: Halsbandschnäpper	Collared Flycatcher [Old World]	Ficedula albicollis	137
Schnäpper: Trauerschnäpper	Pied Flycatcher [Old World]	Ficedula hypoleuca	137
Schnäpper: Zwergschnäpper, Zwergfliegenschnäpper	Red-breasted Flycatcher [Old World]	Muscicapa parva	137
Schnäpper → Kleinschnäpper [Batis], Schnäpperwürger	puffback-flycatchers	Batis	138
Schnäpper → Kleinschnäpper [Platysteira]	wattle-eyes	Platysteira	138
Schnäpper → Paradiesschnäpper, Haubenschnäpper	paradise flycatchers	Terpsiphone, Elminia	141
Schnäpper → Schnäpperwürger, Kleinschnäpper	wattle-eyes, puffback-flycatchers	Platysteiridae	138
Schnäpper → Seidenschnäpper	silky-flycatchers	Ptilogonatinae	124
Schnäpper → Südseeschnäpper, Südseesänger	Australasian robins	Eopsaltriidae	142
Schnäpper → Trauer-Seidenschnäpper	Phainopepla	Phainopepla nitens	124
Schnäpperdrosseln	cochoas	Cochoa	130
Schnäppertyrann, Gelbbrusttyrann	Great Crested Flycatcher	Myiarchus crinitus	106
Schnäpper-Waldsänger, Rotschwanz-Waldsänger	American Redstart [New World]	Setophaga ruticilla	157
Schnäpperwürger, Kleinschnäpper	wattle-eyes, puffback-flycatchers	Platysteiridae	138
Schnäpperwürger, Kleinschnäpper [Batis]	puffback-flycatchers	Batis	138
Schnatterente, Mittelente	Gadwall	Anas strepera	27
Schneeammer	Snow Bunting	Plectrophenax nivalis	155
Schnee-Eule	Snowy Owl	Nyctea scandiaca	73

174

Deutsch	Englisch	Latein	Familie nach Howard
Schneefink, Schnee-sperling	Snow Finch	*Montifringilla nivalis*	163
Schneefinken	snow finches	*Montifringilla*	163
Schneegans	Snow Goose	*Anser caerulescens*	27
Schneehuhn: Alpenschnee-huhn	Ptarmigan (grouse), Rock Ptarmigan[Am]	*Lagopus mutus*	35
Schneehuhn: Moorschnee-huhn	Willow Grouse, Willow Ptarmigan[Am]	*Lagopus lagopus*	35
Schneehuhn: Schottisches Moorschneehuhn, Moor-huhn	Grouse, Red Grouse	*Lagopus scoticus*	35
Schneehühner	ptarmigans (grouse)	*Lagopus*	35
Schneesichler, Weißer Ibis	American White Ibis	*Eudocimus albus*	24
Schneesperling, Schnee-fink	Snow Finch	*Montifringilla nivalis*	163
Schneidervögel	tailor birds	*Orthotomus*	136
Schnepfe: Bekassine (Sumpfschnepfe)	Common Snipe, Wilson's Snipe[Am]	*Gallinago gallinago*	57
Schnepfe: Doppelschnepfe	Great Snipe	*Gallinago media*	57
Schnepfe: Hudsonschnep-fe, Amerikanische Ufer-schnepfe	Hudsonian Godwit	*Limosa haemastica*	57
Schnepfe: Kanadaschnep-fe, Amerikanische Wald-schnepfe	American Woodcock	*Scolopax minor*	57
Schnepfe: Pfuhlschnepfe	Bar-tailed Godwit	*Limosa lapponica*	57
Schnepfe: Schlammtreter, Entenschnepfe	Willet	*Catoptrophorus semipal-matus*	57
Schnepfe: Uferschnepfe	Black-tailed Godwit	*Limosa limosa*	57
Schnepfe: Waldschnepfe	Eurasian Woodcock	*Scolopax rusticola*	57
Schnepfe: Zwergschnepfe	Jack-Snipe	*Lymnocryptes minimus*	57
Schnepfen: Bekassinen (Sumpfschnepfen)	snipe, snipes	*Gallinago*	57
Schnepfen: eigentliche Schnepfen	woodcocks	Scolopacinae	57
Schnepfen → Gold-schnepfen	painted snipe	Rostratulidae	49
Schnepfen (einschl. Was-serläufer); Schnepfen-vögel	sandpipers, snipe	Scolopacidae	57
Schnepfenstrauße, Kiwis	kiwis	APTERYGIFORMES	5
Schnurrvögel [einschl. Schiffornis], Pipras	manakins	Pipridae	107
Schopfspecht, Helm-specht, Haubenspecht	Pileated Woodpecker	*Dryocopus pileatus*	99
Schopffalk	Crested Auklet	*Aethia cristatella*	63
Schopf-Beerenfresser	Crested Berrypecker	*Paramythia montium*	151
Schopfhuhn, Hoatzin	Hoatzin	*Opisthocomus hoazin*	70
Schopf-Kleidervogel	Crested Honeycreeper [Hawaii]	*Palmeria dolei*	158
Schornsteinsegler, Kamin-segler	Chimney Swift	*Chaetura pelagica*	79

Deutsch	Englisch	Latein	Familie nach Howard
Schottisches Moorschnee-huhn, Moorhuhn	Grouse, Red Grouse	*Lagopus scoticus*	35
Schreiadler	Lesser Spotted Eagle	*Aquila pomarina*	30
Schreiadler, großer Schrei-adler → Schelladler	Spotted Eagle	*Aquila clanga*	30
Schreieule, Kreischeule	Eastern Screech Owl	*Otus asio*	73
Schreiregenpfeifer, Keil-schwanz-Regenpfeifer	Killdeer (plover)	*Charadrius vociferus*	56
Schreitvögel, Stelzvögel	herons and allies	CICONIIFORMES	20
Schuhschnabel	Shoebill, Whalehead Stork	*Balaeniceps rex*	22
Schuppentimalie	Scaly-breasted Wren Babbler	*Pnoepyga albiventer*	132
Schuppentimalien	wren-babblers [*Pnoepyga*]	*Pnoepyga*	132
Schwalbe: Felsenschwalbe	Crag Martin (swallow)	*Hirundo rupestris*	117
Schwalbe: Mehlschwalbe	House Martin (swallow)	*Delichon urbica*	117
Schwalbe: Purpurschwalbe	Purple Martin (swallow)	*Progne subis*	117
Schwalbe: Rauchschwalbe	Barn Swallow	*Hirundo rustica*	117
Schwalbe: Rötelschwalbe	Red-rumped Swallow	*Hirundo daurica*	117
Schwalbe: Uferschwalbe	Sand Martin, Bank Swal-low[Am]	*Riparia riparia*	117
Schwalbe → Brandsee-schwalbe	Sandwich Tern, Cabot's Tern[Am]	*Sterna sandvicensis*	61
Schwalbe → Buntfuß-Sturmschwalbe	Wilson's Petrel	*Oceanites oceanicus*	12
Schwalbe → Fluß-See-schwalbe	Common Tern	*Sterna hirundo*	61
Schwalbe → Königs-See-schwalbe	Royal Tern	*Sterna maxima*	61
Schwalbe → Küstensee-schwalbe	Arctic Tern	*Sterna paradisaea (macru-ra)*	61
Schwalbe → Lachsee-schwalbe	Gull-billed Tern	*Sterna nilotica*	61
Schwalbe → Mauersegler, Turmschwalbe	Common Swift	*Apus apus*	79
Schwalbe → Raubsee-schwalbe	Caspian Tern	*Sterna caspia*	61
Schwalbe → Rosensee-schwalbe	Roseate Stern	*Sterna dougallii*	61
Schwalbe → Rotflügel-Brachschwalbe, Brach-schwalbe	Collared Pratincole (Swal-low Plover)	*Glareola pratincola*	55
Schwalbe → Rüppell-See-schwalbe	Lesser Crested Tern	*Sterna bengalensis*	61
Schwalbe → Rußsee-schwalbe	Sooty Tern	*Sterna fuscata*	61
Schwalbe → Schwarzflü-gel-Brachschwalbe	Black-winged Pratincole	*Glareola nordmanni*	55
Schwalbe → Sturmschwal-be	Storm-Petrel	*Hydrobates pelagicus*	12
Schwalbe → Sumpfsee-schwalbe	Forster's Tern	*Sterna forsteri*	61

176

Deutsch	Englisch	Latein	Familie nach Howard
Schwalbe → Tölpelsee-schwalbe, Noddi	Brown Noddy	*Anous stolidus*	61
Schwalbe → Trauersee-schwalbe	Black Tern	*Chlidonias niger*	61
Schwalbe → Weißbart-Seeschwalbe	Whiskered Tern	*Chlidonias hybrida*	61
Schwalbe → Weißflügel-Seeschwalbe	White-winged Black Tern	*Chlidonias leucopterus*	61
Schwalbe → Zwergsee-schwalbe	Little Tern, Least Tern[Am]	*Sterna albifrons*	61
Schwalben	swallows, martins	Hirundinidae	117
Schwalben: Trugschwalben	river-martins	*Pseudochelidon*	117
Schwalben → Brach-schwalben	pratincoles	*Glareola*	55
Schwalben → Falkennacht-schwalben	nighthawks	Chordeilinae	78
Schwalben → Nacht-schwalben (Ziegenmel-ker)	nightjars	Caprimulgidae	78
Schwalben → Nacht-schwalben [Eurostopo-didae]	eared-nightjars	Eurostopodidae [Sibley]	78
Schwalben → See-schwalben	terns	Sterninae	61
Schwalben → Sturm-schwalben	storm-petrels	Hydrobatidae	12
Schwalbenmöwe	Sabine's Gull	*Larus sabini*	61
Schwalbenschwanz-Weihe, Schwalbenweih	Swallow Tailed Kite	*Elanoides forficatus*	30
Schwalbensegler, eigentli-che Segler	typical swifts	Apodidae	79
Schwalbenstare	wood-swallows	Artamidae	169
Schwalbentangare	Swallow-Tanager	*Tersina viridis*	155
Schwalbenweih, Schwal-benschwanz-Weihe	Swallow Tailed Kite	*Elanoides forficatus*	30
Schwalke und Urutau → Tagschläfer	potoos	*Nyctibius*	76
Schwalm: Eulenschwalm	Tawny Frogmouth, More-pork, Mopoke	*Podargus strigoides*	75
Schwalme: Eulenschwalme	frogmouths	Podargidae	75
Schwalme: Fettschwalme	Oilbird, Guacharo	Steatornithidae	74
Schwalme: Höhlenschwal-me, Zwergschwalme	owlet-nightjars (owlet-frog-mouths)	Aegothelidae	77
Schwalmvögel, Nacht-schwalbenartige	goatsuckers	CAPRIMULGIFORMES	74
Schwan: Höckerschwan	Mute Swan	*Cygnus olor*	27
Schwan: Singschwan	Whooper Swan	*Cygnus cygnus*	27
Schwan: Tundraschwan, Pfeifschwan	Tundra Swan, Whistling Swan	*Cygnus columbianus*	27
Schwan: Zwergschwan	Bewick's Swan	*Cygnus bewicki*	27
Schwäne	swans	*Cygnus etc.*	27
Schwäne, Gänse, Enten	swans, geese and ducks	Anatidae	27

Deutsch	Englisch	Latein	Familie nach Howard
Schwanzmeise	Long-tailed Tit	*Aegithalos caudatus*	144
Schwanzmeise: Busch-meise	Bushtit	*Psaltriparus minimus*	144
Schwanzmeisen	long-tailed tits and bushtits	Aegithalidae	144
Schwarzbrauenalbatros, Mollymauk	Black-browed Albatross, Mollymawk	*Diomedea melanophris*	10
Schwarzdrossel, Amsel	Eurasian Blackbird	*Turdus merula*	130
Schwarzer Kuhstärling, Braunkopf-Kuhstärling	Brown-headed Cowbird	*Molothrus ater*	160
Schwarzer Scherenschna-bel, Schwarzmantel-Scherenschnabel	Black Skimmer	*Rynchops niger (nigra)*	62
Schwarzer Spornkuckuck, Grillkuckuck	Black Coucal	*Centropus grillii*	71
Schwarzes Wasserhuhn, Bläßhuhn	Black Coot, Eurasian Coot	*Fulica atra*	42
Schwarzflügel-Brach-schwalbe	Black-winged Pratincole	*Glareola nordmanni*	55
Schwarzhalstaucher	Black-necked Grebe	*Podiceps nigricollis*	9
Schwarzkehlchen [!]	Stonechat [!]	*Saxicola torquata*	130
Schwarzkehldrossel	Black-throated Thrush	*Turdus ruficollis atrogularis*	130
Schwarzköpfchen	Masked Lovebird	*Agapornis personata*	68
Schwarzkopf-Grasmücke → Samtkopf-Gras-mücke	Sardinian Warbler [Old World]	*Sylvia melanocephala*	136
Schwarzkopf-Kernknacker	Black-headed Grosbeak	*Pheucticus melanocepha-lus*	155
Schwarzkopfmeise	Black-capped Chickadee	*Parus atricapillus*	146
Schwarzkopfmöwe	Mediterranian Gull	*Larus melanocephalus*	61
Schwarzkopftaucher	Least Grebe	*Podiceps dominicus*	9
Schwarzmantel-Scheren-schnabel, Schwarzer Scherenschnabel	Black Skimmer	*Rynchops niger (nigra)*	62
Schwarzmilan	Black Kite	*Milvus migrans*	30
Schwarzplättchen, Mönchsgrasmücke	Blackcap [Old World war-bler]	*Sylvia atricapilla*	136
Schwarzschnabelkuckuck	Black-billed Cuckoo	*Coccycus erythrophthal-mus*	71
Schwarzschnabel-Sturm-taucher	Manx Shearwater	*Puffinus puffinus*	11
Schwarzspecht	Black Woodpecker	*Dryocopus martius*	99
Schwarzstirnwürger	Lesser Grey Shrike	*Lanius minor*	122
Schwarzstorch	Black Stork	*Ciconia nigra*	23
Schwätzer: Palmenschwät-zer, Palmenschmätzer	Palmchat	*Dulus dominicus*	125
Schwätzer, Wasserschwät-zer → Wasseramsel	White-breasted Dipper	*Cinclus cinclus*	126
Schwimmtaucher, Seetau-cher	divers, loons[Am]	GAVIIFORMES	8
Schwimmvögel, Enten-vögel	waterfowl	ANSERIFORMES	26

Deutsch	Englisch	Latein	Familie nach Howard
Schwirl: Feldschwirl, Heuschreckensänger	Grasshopper Warbler [Old World]	*Locustella naevia*	136
Schwirl: Rohrschwirl, Nachtigallrohrsänger	Savi's Warbler [Old World]	*Locustella luscinioides*	136
Schwirl: Schlagschwirl	River Warbler [Old World]	*Locustella fluviatilis*	136
Schwirl: Streifenschwirl	Pallas's Grasshopper Warbler [Old World]	*Locustella certhiola*	136
Schwirl: Strichelschwirl	Lanceolated Warbler [Old World]	*Locustella locustella*	136
Schwirle	grasshopper warblers [Old World]	*Locustella*	136
Schwirrflügler; Segler und Kolibris	swifts and hummingbirds	APODIFORMES	79
Schwirrvogel → Waldlaubsänger, Waldschwirrvogel	Common Wood-Warbler [Old World!]	*Phylloscopus sibilatrix*	136
Seeadler, eigentlicher Seeadler	White-tailed Eagle, Gray Sea Eagle[Am]	*Haliaeetus albicilla*	30
Seeadler: Weißkopf-Seeadler	Bald Eagle, American Eagle	*Haliaeetus leucocephalus*	30
Seeregenpfeifer	Kentish Plover, Snowy Plover[Am]	*Charadrius alexandrinus*	56
Seeschwalbe: Brandseeschwalbe	Sandwich Tern, Cabot's Tern[Am]	*Sterna sandvicensis*	61
Seeschwalbe: Fluß-Seeschwalbe	Common Tern	*Sterna hirundo*	61
Seeschwalbe: Königs-Seeschwalbe	Royal Tern	*Sterna maxima*	61
Seeschwalbe: Küstenseeschwalbe	Arctic Tern	*Sterna paradisaea (macrura)*	61
Seeschwalbe: Lachseeschwalbe	Gull-billed Tern	*Sterna nilotica*	61
Seeschwalbe: Raubseeschwalbe	Caspian Tern	*Sterna caspia*	61
Seeschwalbe: Rosenseeschwalbe	Roseate Stern	*Sterna dougallii*	61
Seeschwalbe: Rüppell-Seeschwalbe	Lesser Crested Tern	*Sterna bengalensis*	61
Seeschwalbe: Rußseeschwalbe	Sooty Tern	*Sterna fuscata*	61
Seeschwalbe: Sumpfseeschwalbe	Forster's Tern	*Sterna forsteri*	61
Seeschwalbe: Tölpelseeschwalbe, Noddi	Brown Noddy	*Anous stolidus*	61
Seeschwalbe: Trauerseeschwalbe	Black Tern	*Chlidonias niger*	61
Seeschwalbe: Weißbart-Seeschwalbe	Whiskered Tern	*Chlidonias hybrida*	61
Seeschwalbe: Weißflügel-Seeschwalbe	White-winged Black Tern	*Chlidonias leucopterus*	61
Seeschwalbe: Zwergseeschwalbe	Little Tern, Least Tern[Am]	*Sterna albifrons*	61

179

Deutsch	Englisch	Latein	Familie nach Howard
Seeschwalben	terns	Sterninae	61
Seeschwalben → Möwen, Seeschwalben	gulls, terns	Laridae	61
Seetaucher	divers, loons[Am]	Gavia (Colymbus)	8
Seetaucher: Eistaucher, Imbergans	Great Northern Diver, Common Loon[Am]	Gavia immer	8
Seetaucher: Gelbschnabel-Eistaucher	White-billed Diver, Yellow-billed Loon[Am]	Gavia adamsii	8
Seetaucher: Prachttaucher, Polarseetaucher	Black-throated Diver, Arctic Loon[Am]	Gavia arctica	8
Seetaucher, Schwimmtaucher	divers, loons[Am]	GAVIIFORMES	8
Seetaucher: Sterntaucher, Nordseetaucher	Red-throated Diver, Red-throated Loon[Am]	Gavia stellata	8
Seetaucher: Weißnackentaucher	Pacific Loon	Gavia pacifica	8
Seggenrohrsänger, Binsenrohrsänger	Aquatic Warbler [Old World]	Acrocephalus paludicola	136
Segler: Alpensegler	Alpine Swift	Apus melba	79
Segler: Dornensegler	Band-rumped Swift	Chaetura spinicauda	79
Segler: eigentliche Segler, Schwalbensegler	typical swifts	Apodidae	79
Segler: Fahlsegler	Pallid Swift	Apus pallidus	79
Segler: Kaffernsegler	White-rumped Swift	Apus caffer	79
Segler: Kaminsegler, Schornsteinsegler	Chimney Swift	Chaetura pelagica	79
Segler: Mauersegler, Turmschwalbe	Common Swift	Apus apus	79
Segler und Kolibris → Schwirrflügler	swifts and hummingbirds	APODIFORMES	79
Segler → Baumsegler	treeswifts, crested swifts	Hemiprocne	80
Seidenflecken	purpletufts	Iodopleura	108
Seidenreiher	Little Egret	Egretta garzetta	20
Seidensänger (Seidenrohrsänger, Bruchrohrsänger)	Cetti's Warbler [Old World]	Cettia cetti	136
Seidenschnäpper	silky-flycatchers	Ptilogonatinae	124
Seidenschnäpper: Trauer-Seidenschnäpper	Phainopepla	Phainopepla nitens	124
Seidenschwanz	Waxwing, Bohemian Waxwing[Am]	Bombycilla garrulus	124
Seidenschwanz: Seidenwürger, Arabischer Seidenschwanz, Nachtschattenfresser	Grey Hypocolius	Hypocolius ampelinus	124
Seidenschwanz: Zedern-Seidenschwanz	Cedar Waxwing	Bombycilla cedrorum	124
Seidenschwänze [einschl. Seidenschnäpper]	waxwings	Bombycillidae	124
Seidenwürger, Arabischer Seidenschwanz, Nachtschattenfresser	Grey Hypocolius	Hypocolius ampelinus	124

180

Deutsch	Englisch	Latein	Familie nach Howard
Sekretär	Secretary-Bird	*Sagittarius serpentarius*	31
Sensenschnäbel	scythebills (woodcreepers)	*Campylorhamphus*	101
Seriema	Red-legged Seriema	*Cariama cristata*	46
Seriemas [einschl. Tschunja]	seriemas	Cariamidae	46
Sibirische Drossel, Schieferdrossel	Siberian Thrush	*Turdus sibiricus*	130
Sibirischer Goldregenpfeifer → Wanderregenpfeifer	Lesser Golden Plover, American Golden Plover	*Pluvialis dominica*	56
Sichelhopf [Baumhopf]	Scimitarbill, Scimitar-billed Hoopoe	*Rhinopomastus cyanomelas*	92
Sichelhopfe [Baumhopfe]	scimitarbills, scimitar-billed hoopoes	Rhinopomastidae [Sibley]	92
Sichelhopfe [Paradiesvögel]	sicklebills, sickle-billed birds of paradise	*Epimachus, Drepanornis*	172
Sichelstrandläufer	Curlew Sandpiper	*Calidris ferruginea*	57
Sichler: Braunsichler, Brauner Ibis	Glossy Ibis	*Plegadis falcinellus*	24
Sichler, Ibisse	ibises	Threskiornithinae	24
Sichler: Schneesichler, Weißer Ibis	American White Ibis	*Eudocimus albus*	24
Sichler (Ibisse) und Löffler	ibises and spoonbills	Threskiornithidae	24
Silberalk	Ancient Murrelet	*Synthliboramphus antiquus*	63
Silberauge, Mantelbrillenvogel	Gray-breasted Silver-Eye	*Zosterops lateralis*	153
Silbermöwe [!]	Herring Gull [!]	*Larus argentatus*	61
Silberreiher (Edelreiher)	Great Egret, Great White Heron, Great White Egret	*Casmerodius albus (Egretta)*	20
Singammer	Song Sparrow [New World]	*Melospiza melodia*	155
Singdrossel	Song Thrush	*Turdus philomelos (ericetorum)*	130
Singschwan	Whooper Swan	*Cygnus cygnus*	27
Singtimalie	Abyssinian Catbird	*Parophasma galinieri*	132
Singvögel	songbirds	PASSERES	116
Sittich: Goldsittich	Golden Conure, Golden Parakeet	*Aratinga guarouba*	68
Sittich: Halsbandsittich	Ring-necked Parakeet	*Psittacula krameri*	68
Sittich: Nymphensittich	Cockatiel	*Nymphicus hollandicus*	67
Sittich: Wellensittich	Budgerigar	*Melopsittacus undulatus*	68
Sittiche: Plattschwanz-Sittiche, Plattschweif-Sittiche	australian parakeets and rosella	Platycercinae	68
Skua, Große Raubmöwe	Great Skua	*Catharacta skua*	60
Sommergoldhähnchen	Firecrest	*Regulus ignicapillus*	136
Sonnenralle	Sunbittern	*Eurypyga helias*	45
Spaltfußgans	Magpie Goose	*Anseranas semipalmata*	27
Spatel-, Pipra-, Lauftyrannen etc.	mionectine flycatchers, Corythopis	Pipromorphinae [Sibley]	106
Spatelraubmöwe, Mittlere Raubmöwe	Pomarine Skua, Pomarine Jaeger[Am]	*Stercorarius pomarinus*	60

Deutsch	Englisch	Latein	Familie nach Howard
Spatz, Haussperling	House Sparrow, English Sparrow	*Passer domesticus*	163
Spätzlinge	social weavers	*Pseudonigrita*	163
Specht: Blutspecht	Syrian Woodpecker	*Picoides syriacus*	99
Specht: Buntspecht	Great Spotted Woodpecker	*Picoides major*	99
Specht: Carolinaspecht	Red-bellied Woodpecker	*Melanerpes carolinus*	99
Specht: Dreizehenspecht	Three-toed Woodpecker	*Picoides tridactylus*	99
Specht: Dunenspecht, Flaumspecht	Downy Woodpecker	*Picoides pubescens*	99
Specht: Goldspecht	Common Flicker, Northern Flicker	*Colaptes auratus*	99
Specht: Grauspecht	Grey-headed Woodpecker	*Picus canus*	99
Specht: Grünspecht	Green Woodpecker	*Picus viridis*	99
Specht: Helm-, Schopf-, Haubenspecht	Pileated Woodpecker	*Dryocopus pileatus*	99
Specht: Kleinspecht, Zwergspecht, Kleiner Buntspecht	Lesser Spotted Woodpecker	*Picoides minor*	99
Specht: Mittelspecht	Middle Spotted Woodpecker	*Picoides medius*	99
Specht: Rotkopfspecht	Red-headed Woodpecker	*Melanerpes erythrocephalus*	99
Specht: Schwarzspecht	Black Woodpecker	*Dryocopus martius*	99
Specht: Weißrückenspecht	White-backed Woodpecker	*Picoides leucotos*	99
Spechte	woodpeckers and allies	Picidae	99
Spechte: Stützschwanzspechte	true woodpeckers	Picinae	99
Spechte: Weichschwanzspechte, Zwergspechte	piculets	*Picumnus*	99
Spechtmeise, Kleiber	Eurasian Nuthatch	*Sitta europaea*	147
Spechtmeisen, Kleiber	nuthatches	Sittidae	147
Spechtpapageien, Kleinpapageien	pygmy parrots	*Micropsitta*	68
Spechtvögel	woodpeckers and allies	PICIFORMES	94
Sperber	European Sparrow Hawk	*Accipiter nisus*	30
Sperber, Habichte	goshawks, sparrow hawks	*Accipiter*	30
Sperber: Kurzfangsperber, Kurzfanghabicht	Levant Sparrow Hawk	*Accipiter brevipes*	30
Sperbereule	Hawk Owl	*Surnia ulula*	73
Sperbergrasmücke	Barred Warbler [Old World]	*Sylvia nisoria*	136
Sperling: Feldsperling	Eurasian Tree Sparrow	*Passer montanus*	163
Sperling: Italiensperling	Italian Sparrow	*Passer domesticus italiae*	163
Sperling: Schneefink, Schneesperling	Snow Finch	*Montifringilla nivalis*	163
Sperling: Spatz, Haussperling	House Sparrow, English Sparrow	*Passer domesticus*	163
Sperling: Steinsperling	Rock Sparrow [Old World]	*Petronia petronia*	163
Sperling: Weidensperling	Spanish Sparrow	*Passer hispaniolensis*	163
Sperlinge	Old World sparrows	*Passer*	163
Sperlinge [einschl. Schneefinken, Spätzlinge]	sparrows, rock-sparrows, etc. [Old World]	Passerinae	163

Deutsch	Englisch	Latein	Familie nach Howard
Sperlingsfalke, Buntfalke	American Kestrel, American Sparrow Hawk	*Falco sparverius*	32
Sperlingskauz	Eurasian Pygmy Owl	*Glaucidium passerinum*	73
Sperlingspapageien	parrotlets	*Forpus*	68
Sperlingsvögel	perching birds	PASSERIFORMES	100
Spiegelkleiber	Australian Sittella (Sitella)	*Neositta chrysoptera*	147
Spiegellerche, Weißflügellerche	White-winged Lark	*Melanocorypha leucoptera*	116
Spießente	Northern Pintail	*Anas acuta*	27
Spießflughuhn	Pin-tailed Sandgrouse	*Pterocles alchata*	64
Spinnenjäger, Spinnenfresser	spider hunters	*Arachnothera*	152
Spint: Blauwangenspint, Blauwangen-Bienenfresser	Blue-cheeked Bee-Eater	*Merops superciliosus*	87
Spinte, Bienenfresser	bee-eaters	Meropidae	87
Spitzschnäbel	conebills	*Conirostrum*	157
Spitzschnabel: Riesenspitzschnabel	Giant Conebill	*Oreomanes fraseri*	155
Spitzschwanz-Laufhühnchen	Andalusian Hemipode	*Turnix sylvatica*	37
Spitzschwanz-Strandläufer	Sharp-tailed Sandpiper	*Calidris acuminata*	57
Spornammer	Lapland Bunting, Lapland Longspur[Am]	*Calcarius lapponicus*	155
Spornkiebitz	Spur-winged Plover	*Vanellus spinosus*	56
Spornkuckuck: Schwarzer Spornkuckuck, Grillkuckuck	Black Coucal	*Centropus grillii*	71
Spornkuckucke (Laufkuckucke)	coucals	*Centropus*	71
Spornpieper	Richard's Pipit	*Anthus novaeseelandiae*	118
Spottdrossel	Northern Mockingbird	*Mimus polyglottos*	128
Spottdrossel: Katzendrossel, Katzenvogel	Gray Catbird	*Dumetella carolinensis*	128
Spottdrossel: Rote Spottdrossel, Rotrücken-Spottdrossel, Rotrückensichler	Brown Thrasher	*Toxostoma rufum*	128
Spottdrosseln	mockingbirds, thrashers	Mimidae	128
Spötter	Old World warblers [*Hippolais*]	*Hippolais*	136
Spötter: Blaßspötter	Olivaceous Warbler [Old World]	*Hippolais pallida*	136
Spötter: Buschspötter	Booted Warbler [Old World]	*Hippolais caligata*	136
Spötter: Gelbspötter, Gartenlaubvogel	Icterine Warbler [Old World]	*Hippolais icterina*	136
Spötter: Olivenspötter	Olive-tree Warbler [Old World]	*Hippolais olivetorum*	136
Spötter: Orpheusspötter	Melodious Warbler [Old World]	*Hippolais polyglotta*	136
Sprosser	Thrush Nightingale, Eastern N., Sprosser	*Luscinia megarhynchos (Erithacus)*	130

183

Deutsch	Englisch	Latein	Familie nach Howard
Stachelbürzler, Kuckuckswürger, Raupenfresser	cuckoo-shrikes	Campephagidae	119
Stachelschwänze	treerunners	*Margarornis*	102
Stadttaube → Felsentaube, Straßentaube	Rock Dove, Domestic Pigeon	*Columba livia*	65
Staffelschwänze	fairywrens	*Malurus*	139
Staffelschwänze, Australische Sänger	Australasian wrens	Maluridae	139
Stammsteiger, gefleckter Baumsteiger	Spotted Creeper	*Salpornis spilonotus (-nata)*	148
Star	European Starling	*Sturnus vulgaris*	164
Star: Einfarbstar	Spotless Starling	*Sturnus unicolor*	164
Star: Rosenstar	Rose-coloured Starling	*Sturnus roseus*	164
Star → Sattelvogel, Lappenstar	Saddleback	*Creadion carunculatus*	167
Stare	starlings	Sturnidae	164
Stare → Schwalbenstare	wood-swallows	Artamidae	169
Stare [einschl. Mainas]	starlings, mynas	Sturninae	164
Stärling: Braunkopf-Kuhstärling, Schwarzer Kuhstärling	Brown-headed Cowbird	*Molothrus ater*	160
Stärling: Brillenstärling	Yellow-headed Blackbird	*Xanthocephalus xanthocephalus*	160
Stärling: Drachen- und Gelbbürzelstärling	marshbirds	*Pseudoleistes*	160
Stärling: Lerchenstärling	Eastern Meadowlark	*Sturnella magna*	160
Stärling: Reisstärling, Paperling, Bobolink	Bobolink	*Dolichonyx oryzivorus*	160
Stärling: Rotschulter-Stärling, Rotflügel-Stärling	Redwing, Red-winged Blackbird	*Agelaius phoeniceus*	160
Stärlinge: Kuhstärlinge	cowbirds	*Molothrus*	160
Stärlinge [einschl. Trupiale]	New World blackbirds and allies	Icteridae	160
Stärlinge [*Sturnella*]	meadowlarks	*Sturnella*	160
Steinadler	Golden Eagle	*Aquila chrysaetus*	30
Steinhuhn	Rock-Partridge	*Alectoris graeca*	35
Steinhuhn: Chukar-Steinhuhn	Chukar, Chukar Partridge	*Alectoris chucar*	35
Steinkauz	Little Owl	*Athene noctua*	73
Steinrötel	Rock Thrush	*Monticola saxatilis*	130
Steinschmätzer [!]	Northern Wheatear [!]	*Oenanthe oenanthe*	130
Steinsperling	Rock Sparrow [Old World]	*Petronia petronia*	163
Steinwälzer	Ruddy Turnstone	*Arenaria interpres*	57
Steißfüßer, Lappentaucher	grebes	Podicipedidae	9
Steißhühner, Tinamus	tinamous	TINAMIFORMES	6
Stelze: Bachstelze	White Wagtail	*Motacilla alba alba*	118
Stelze: Englische Schafstelze, grünköpfige Schafstelze	British Yellow Wagtail, Yellowish-crowned Wagtail	*Motacilla flava flavissima*	118
Stelze: Gebirgsstelze, Bergstelze	Grey Wagtail	*Motacilla cinerea*	118

Deutsch	Englisch	Latein	Familie nach Howard
Stelze: Schafstelze	Blue-headed Wagtail (Yellow Wagtail)	*Motacilla flava flava*	118
Stelze: Trauerbachstelze	Pied Wagtail	*Motacilla alba yarelli*	118
Stelze: Zitronenstelze	Citrine Wagtail	*Motacilla citreola*	118
Stelze → Australische Drosselstelze	Magpie-Lark, Mudlark	*Grallina cyanoleuca*	168
Stelzen: eigentliche Stelzen	wagtails	*Motacilla (Budytes)*	118
Stelzen → Drosselstelzen	magpie-larks	Grallininae	168
Stelzen [einschl. Pieper]	wagtails, pipits	Motacillidae	118
Stelzenläufer	Black-winged Stilt	*Himantopus himantopus*	53
Stelzenläufer: Amerikanischer Stelzenläufer	Black-necked Stilt	*Himantopus mexicanus*	53
Stelzenläufer [einschl. Säbelschnäbler]	avocets and stilts	Recurvirostridae	53
Stelzenrallen, Madagaskar-Rallen, Stelzrallen	mesites, mesitae, monia	Mesitornithidae (Mesoenatidae)	36
Stelzenwaldsänger	Louisiana Waterthrush	*Seiurus motacilla*	157
Stelzvögel, Schreitvögel	herons and allies	CICONIIFORMES	20
Steppenadler	Steppe Eagle	*Aquila nipalensis*	30
Steppenhuhn	Pallas's Sandgrouse	*Syrrhaptes paradoxus*	64
Steppenkiebitz	Sociable Plover	*Vanellus gregaria*	56
Steppenläufer, Trappenlaufhühnchen	Plains-Wanderer	*Pedionomus torquatus*	38
Steppenweihe	Pallid Harrier	*Circus macrourus*	30
Sterntaucher, Nordseetaucher	Red-throated Diver, Red-throated Loon[Am]	*Gavia stellata*	8
Stieglitz, Distelfink	European Goldfinch	*Carduelis carduelis*	161
Stieglitzvögel, Gimpel (Hänflinge)	cardueline finches; goldfinches, crossbills, etc.	Carduelinae	161
Stirnvögel	Oropendola	*Psarocolius*	160
Stockente	Mallard	*Anas platyrhynchos*	27
Storch: Jabiru	Jabiru	*Jabiru mycteria (Ephippiorhynchus)*	23
Storch: Marabu	Marabou	*Leptoptilus crumeniferus*	23
Storch: Nimmersatt	Yellow-billed Stork, Wood Ibis	*Mycteria ibis*	23
Storch: Schwarzstorch	Black Stork	*Ciconia nigra*	23
Storch: Waldstorch (Waldibis)	Wood Stork	*Mycteria americana*	23
Storch: Weißstorch	White Stork	*Ciconia ciconia*	23
Störche, Marabus	storks	Ciconiidae	23
Strandläufer: Alpen-Strandläufer	Dunlin, Red-backed Sandpiper[Am]	*Calidris alpina*	57
Strandläufer: Bairdstrandläufer	Baird's Sandpiper	*Calidris bairdii*	57
Strandläufer: Bindenstrandläufer	Stilt Sandpiper	*Calidris himantopus*	57
Strandläufer: Graubrust-Strandläufer	Pectoral Sandpiper	*Calidris melanotos*	57
Strandläufer: Knutt, Isländischer Strandläufer	Red Knot	*Calidris canutus*	57

185

Deutsch	Englisch	Latein	Familie nach Howard
Strandläufer: Meerstrand-läufer (Klippenstrandläufer)	Purple Sandpiper	*Calidris maritima*	57
Strandläufer: Rotkehl-Strandläufer	Red-necked Stint, Rufous-necked Sandpiper	*Calidris ruficollis*	57
Strandläufer: Sanderling	Sanderling	*Calidris alba*	57
Strandläufer: Sandstrand-läufer	Semipalmated Sandpiper	*Calidris pusilla*	57
Strandläufer: Sichelstrand-läufer	Curlew Sandpiper	*Calidris ferruginea*	57
Strandläufer: Spitz-schwanz-Strandläufer	Sharp-tailed Sandpiper	*Calidris acuminata*	57
Strandläufer: Temminck-Strandläufer	Temminck's Stint	*Calidris temminckii*	57
Strandläufer: Weißbürzel-Strandläufer	White-rumped Sandpiper	*Calidris fuscicollis*	57
Strandläufer: Wiesen-strandläufer	Least Sandpiper	*Calidris minutilla*	57
Strandläufer: Zwergstrand-läufer	Little Stint	*Calidris minuta*	57
Straßentaube, Felsentaube (Haustaube)	Rock Dove, Domestic Pigeon	*Columba livia*	65
Strauß	Ostrich	*Struthio camelus*	1
Strauße, Afrika-Laufvögel	Ostrich [order]	STRUTHIONIFORMES	1
Strauße → Schnepfen-strauße, Kiwis	kiwis	APTERYGIFORMES	5
Streifenkauz (Waldkauz)	Barred Owl	*Strix varia*	73
Streifenschwirl	Pallas's Grasshopper Warbler [Old World]	*Locustella certhiola*	136
Streifensperber, Eck-schwanzsperber	Sharp-shinned Hawk	*Accipiter striatus*	30
Strichelschwirl	Lanceolated Warbler [Old World]	*Locustella locustella*	136
Stummellerche	Lesser Short-toed Lark	*Calandrella rufescens*	116
Sturmmöwe	Common Gull	*Larus canus*	61
Sturmschwalbe	Storm-Petrel	*Hydrobates pelagicus*	12
Sturmschwalbe: Buntfuß-Sturmschwalbe	Wilson's Petrel	*Oceanites oceanicus*	12
Sturmschwalben	storm-petrels	Hydrobatidae	12
Sturmtaucher: Dunkel-sturmtaucher	Sooty Shearwater	*Puffinus griseus*	11
Sturmtaucher: Dünnschnä-beliger Sturmvogel, Kurzschnabel-Sturm-vogel	Short-tailed Shearwater	*Puffinus tenuirostris*	11
Sturmtaucher: Gelbschna-bel-Sturmtaucher	Cory's Shearwater	*Puffinus diomedea*	11
Sturmtaucher: Großer Sturmtaucher, Kappen-Sturmtaucher	Great Shearwater	*Puffinus gravis*	11
Sturmtaucher: Kleiner Sturmtaucher	Little Shearwater	*Puffinus assimilis*	11

Deutsch	Englisch	Latein	Familie nach Howard
Sturmtaucher: Kurzschnabel-Sturmvogel, Dünnschnäbeliger Sturmvogel	Short-tailed Shearwater	*Puffinus tenuirostris*	11
Sturmtaucher: Schwarzschnabel-Sturmtaucher	Manx Shearwater	*Puffinus puffinus*	11
Sturmtaucher (Sturmvögel)	shearwaters	*Puffinus, Calonectris*	11
Sturmvogel: Dunkelsturmtaucher	Sooty Shearwater	*Puffinus griseus*	11
Sturmvogel: Dünnschnäbeliger Sturmvogel, Kurzschnabel-Sturmvogel	Short-tailed Shearwater	*Puffinus tenuirostris*	11
Sturmvogel: Eissturmvogel	Fulmar, Northern Fulmar	*Fulmarus glacialis*	11
Sturmvogel: Gelbschnabel-Sturmtaucher	Cory's Shearwater	*Puffinus diomedea*	11
Sturmvogel: Kappen-Sturmtaucher, Großer Sturmtaucher	Great Shearwater	*Puffinus gravis*	11
Sturmvogel: Kleiner Sturmtaucher	Little Shearwater	*Puffinus assimilis*	11
Sturmvogel: Kurzschnabel-Sturmvogel, Dünnschnäbeliger Sturmvogel	Short-tailed Shearwater	*Puffinus tenuirostris*	11
Sturmvogel: Schwarzschnabel-Sturmtaucher	Manx Shearwater	*Puffinus puffinus*	11
Sturmvögel: Sturmtaucher	shearwaters	*Puffinus, Calonectris*	11
Sturmvögel → Lummensturmvögel, Tauchersturmvögel	diving petrels	Pelecanoididae	13
Stützschwanzspechte	woodpeckers and allies, true woodpeckers	Picinae	99
Südsee-Grasmücken	thornbills, flyeaters	Acanthizidae	140
Südseesänger, Südseeschnäpper	Australasian robins	Eopsaltriidae	142
Sultanshuhn: Zwergsultanshuhn	American Purple Gallinule	*Porphyrula martinica (Gallinula)*	42
Sumpfhuhn: Carolina-Sumpfhuhn	Sora (Rail)	*Porzana carolina*	42
Sumpfhuhn: Kleinsumpfhuhn	Little Crake	*Porzana parva*	42
Sumpfhuhn: Tüpfelsumpfhuhn	Spotted Crake (Rail)	*Porzana porzana*	42
Sumpfhuhn: Zwergsumpfhuhn	Baillon's Crake	*Porzana pusilla*	42
Sumpfläufer	Broad-billed Sandpiper	*Limicola falcinellus*	57
Sumpfmeise, Nonnenmeise, Glanzkopfmeise	Marsh Tit	*Parus palustris*	146
Sumpfohreule	Short-eared Owl	*Asio flammeus*	73
Sumpfrohrsänger, Getreidesänger	Marsh Warbler [Old World]	*Acrocephalus palustris*	136
Sumpfschnepfe: Bekassine	Common Snipe, Wilson's Snipe[Am]	*Gallinago gallinago*	57

Deutsch	Englisch	Latein	Familie nach Howard
Sumpfschnepfen: Bekassinen	snipe, snipes	*Gallinago*	57
Sumpfseeschwalbe	Forster's Tern	*Sterna forsteri*	61
Swainsondrossel, Zwergdrossel	Swainson's Thrush	*Turdus ustulatus*	130
. . . .			
Tafelente	Common Pochard	*Aythya ferina*	27
Tafelente: Rotkopfente, Amerikanische Tafelente	Redhead	*Aythya americana*	27
Tagschläfer (Schwalke und Urutau)	potoos	*Nyctibius*	76
Tamariskensänger, Mariskensänger	Moustached Warbler [Old World]	*Acrocephalus melanopogon*	136
Tangare: Plüschkopftangare, Samtkappenfink	Plush-capped Finch, Plushcap	Catamblyrhynchinae	155
Tangare: Scharlachtangare	Scarlet Tanager	*Piranga olivacea*	155
Tangaren: Buschtangaren	bush-tanagers	*Chlorospingus*	155
Tangaren: Edeltangaren, eigentliche Tangaren	tanagers	Thraupinae	155
Tangaren: Schwalbentangare	Swallow-Tanager	Tersininae	155
Tangarenbuschammer	Tanager Finch	*Oreothraupis arremonops*	155
Tannenhäher	Eurasian Nutcracker	*Nucifraga caryocatactes*	173
Tannenhäher: Kiefernhäher, Amerikanischer Tannenhäher	Clark's Nutcracker	*Nucifraga columbiana*	173
Tannenmeise [!]	Coal Tit [!]	*Parus ater*	146
Tapaculos, Bürzelstelzler, Buschschlüpfer	tapaculos	Rhinocryptidae	105
Taube: Felsentaube (Haustaube) Straßentaube	Rock Dove, Domestic Pigeon	*Columba livia*	65
Taube: Hohltaube	Stock Dove	*Columba oenas*	65
Taube: Palmtaube	Laughing Dove	*Streptopelia senegalensis*	65
Taube: Ringeltaube	Wood Pigeon, Ring Dove	*Columba palumbus*	65
Taube: Trauertaube, Carolinataube	Mourning Dove	*Zenaida macroura*	65
Taube: Türkentaube	Collared Turtle Dove	*Streptopelia decaocto*	65
Taube: Turteltaube	Turtle-Dove	*Streptopelia turtur*	65
Tauben	pigeons, doves	Columbidae	65
Taubenvögel; Tauben und Flughühner	pigeons and allies	COLUMBIFORMES	64
Taucher → Alke[n], Flügeltaucher	auks	*Alca*	63
Taucher → Bindentaucher, Fleckschnabeltaucher	Pied-billed Grebe	*Podilymbus podiceps*	9
Taucher → Dunkelsturmtaucher	Sooty Shearwater	*Puffinus griseus*	11
Taucher → Dünnschnäbeliger Sturmvogel, Kurzschnabel-Sturmvogel	Short-tailed Shearwater	*Puffinus tenuirostris*	11
Taucher → Eistaucher, Imbergans	Great Northern Diver, Common Loon[Am]	*Gavia immer*	8

Deutsch	Englisch	Latein	Familie nach Howard
Taucher → Flossentaucher, Pinguine	penguins	SPHENISCIFORMES	7
Taucher → Gelbschnabel-Eistaucher	White-billed Diver, Yellow-billed Loon[Am]	*Gavia adamsii*	8
Taucher → Gelbschnabel-Sturmtaucher	Cory's Shearwater	*Puffinus diomedea*	11
Taucher → Großer Sturm-taucher, Kappen-Sturm-taucher	Great Shearwater	*Puffinus gravis*	11
Taucher → Haubentaucher	Great Crested Grebe	*Podiceps cristatus*	9
Taucher → Kappen-Sturm-taucher, Großer Sturm-taucher	Great Shearwater	*Puffinus gravis*	11
Taucher → Kleiner Sturm-taucher	Little Shearwater	*Puffinus assimilis*	11
Taucher → Krabbentaucher	Little Auk, Dovekie[Am]	*Alle alle*	63
Taucher → Kurzschnabel-Sturmvogel, Dünnschnä-beliger Sturmvogel	Short-tailed Shearwater	*Puffinus tenuirostris*	11
Taucher → Lappentaucher, Steißfüßer	grebes	Podicipedidae	9
Taucher → Lunde (Papa-geitaucher)	puffins	*Fratercula, Lunda*	63
Taucher → Ohrentaucher	Slavonian Grebe, Horned Grebe[Am]	*Podiceps auritus*	9
Taucher → Papageitaucher	Common Puffin, Atlantic Puffin	*Fratercula arctica*	63
Taucher → Prachttaucher, Polarseetaucher	Black-throated Diver, Arctic Loon[Am]	*Gavia arctica*	8
Taucher → Rothalstaucher	Red-necked Grebe, Holboell's Grebe[Am]	*Podiceps grisegena*	9
Taucher → Schwarzhals-taucher	Black-necked Grebe	*Podiceps nigricollis*	9
Taucher → Schwarzkopf-taucher	Least Grebe	*Podiceps dominicus*	9
Taucher → Schwarzschna-bel-Sturmtaucher	Manx Shearwater	*Puffinus puffinus*	11
Taucher → Seetaucher	divers, loons[Am]	*Gavia (Colymbus)*	8
Taucher → Sterntaucher, Nordseetaucher	Red-throated Diver, Red-throated Loon[Am]	*Gavia stellata*	8
Taucher → Sturmtaucher (Sturmvögel)	shearwaters	*Puffinus, Calonectris*	11
Taucher → Weißnacken-taucher	Pacific Loon	*Gavia pacifica*	8
Taucher → Zwergtaucher	Little Grebe	*Podiceps ruficollis*	9
Tauchersturmvögel, Lummensturmvögel	diving petrels	Pelecanoididae	13
Teichhuhn, Teichralle (Wasserhuhn)	Common Moorhen, Florida Gallinule[Am]	*Gallinula chloropus*	42
Teichrohrsänger	Reed Warbler [Old World]	*Acrocephalus scirpaceus*	136
Teichwasserläufer	Marsh Sandpiper	*Tringa stagnatilis*	57
Teiste: Gryllteiste	Black Guillemot	*Cepphus grylle*	63

Deutsch	Englisch	Latein	Familie nach Howard
Teisten	guillemots [Cepphus]	*Cepphus*	63
Temminck-Strandläufer	Temminck's Stint	*Calidris temminckii*	57
Temminck-Tragopan	Temminck-Tragopan	*Tragopan temminckii*	35
Tephrodornis	wood shrikes	*Tephrodornis*	119
Terekwasserläufer	Terek Sandpiper	*Xenus cinereus*	57
Theklalerche, Lorbeerlerche	Thekla Lark	*Galerida theklae*	116
Thermometerhuhn, Wallnister	Mallee Fowl	*Leipoa ocellata*	33
Thorshühnchen, Breitschnäbeliger Wassertreter	Grey Phalarope, Red Phalarope[Am]	*Phalaropus fulicarius*	57
Tigerfink (Prachtfink)	Red Avadavat, Red Munia	*Amandava amandava*	162
Tigerwaldsänger	Cape May Warbler [New World]	*Dendroica tigrina*	157
Timalie: Moostimalie	Pygmy Wren Babbler	*Pnoepyga pusilla*	132
Timalie: Schuppentimalie	Scaly-breasted Wren Babbler	*Pnoepyga albiventer*	132
Timalie: Singtimalie	Abyssinian Catbird	*Parophasma galinieri*	132
Timalie: Zaunkönigs-Grasmücke, Zaunkönigsmeise, Chaparraltimalie	Wrentit	*Chamaea fasciata*	132
Timalien	babblers	Timaliidae	132
Timalien: Schuppentimalien	wren-babblers [*Pnoepyga*]	*Pnoepyga*	132
Timalien: Würgertimalien	shrike babblers	*Pteruthius*	132
Timalien: Zaunkönigstimalien	wren-babblers [*Spelaeornis*]	*Spelaeornis*	132
Timalien: Zweigtimalien	babblers [*Malacopteron*]	*Malacopteron*	132
Timalien → Laufflöter (Erdtimalien)	logrunners, chowchillas	Orthonychidae	131
Tinamus, Steißhühner	tinamous	TINAMIFORMES	6
Tityras	tityras	*Tityra*	106
Tityras, Bekarden, Drosselmanakins	tityras, becards, Schiffornis	Tityrinae	106
Todis	todies	Todidae	85
Tokos, Nashornvögel; Hornvögel	hornbills	Bucerotidae	93
Tölpel	gannets and boobies	Sulidae	16
Tölpel: Baßtölpel	Northern Gannet	*Sula bassana (Morus bassanus)*	16
Tölpelseeschwalbe, Noddi	Brown Noddy	*Anous stolidus*	61
Töpfervögel, Ofenvögel	ovenbirds [Latin American family]	Furnariidae	102
Tordalk	Razorbill, Razor-billed Auk[Am]	*Alca torda*	63
Tragopan: Temminck-Tragopan	Temminck-Tragopan	*Tragopan temminckii*	35
Tragopane, Satyrhühner	tragopans	*Tragopan*	35
Trappe, Großtrappe	Great Bustard	*Otis tarda*	47
Trappe: Kragentrappe	Houbara Bustard	*Chlamydotis undulata*	47
Trappe: Zwergtrappe	Little Bustard	*Otis tetrax (Tetrax tetrax)*	47
Trappen	bustards	Otidae (Otididae)	47

Deutsch	Englisch	Latein	Familie nach Howard
Trappenlaufhühnchen, Steppenläufer	Plains-Wanderer	*Pedionomus torquatus*	38
Trappisten	nunbirds [*Monasa*]	*Monasa*	95
Trauerbachstelze	Pied Wagtail	*Motacilla alba yarelli*	118
Trauerdrongo: Asiatischer Trauerdrongo, Königs-drongo	King Crow, Black Drongo	*Dicrurus macrocercus*	166
Trauerente	Common Scoter, Black Scoter[Am]	*Melanitta nigra*	27
Trauermeise	Sombre Tit	*Parus lugubris*	146
Trauerschmätzer	Black Wheatear	*Oenanthe leucura*	130
Trauerschnäpper	Pied Flycatcher [Old World]	*Ficedula hypoleuca*	137
Trauerseeschwalbe	Black Tern	*Chlidonias niger*	61
Trauer-Seidenschnäpper	Phainopepla	*Phainopepla nitens*	124
Trauertaube, Carolinataube	Mourning Dove	*Zenaida macroura*	65
Trauerzeisig, Goldzeisig	American Goldfinch	*Carduelis tristis*	161
Triel	Stone-Curlew	*Burhinus oedicnemus*	54
Triele	stone-curlews, thick-knees	Burhinidae	54
Trogons [Trogonten]	trogons	Trogonidae	83
Trogons [Trogonten], Verkehrtfüßler	trogons (order)	TROGONIFORMES	83
Trompetervögel	trumpeters	Psophiidae	41
Tropikvögel	tropicbirds	Phaetontidae	14
tropische Ammern	tropical buntings	*Passerina*	155
Trottellumme	Guillemot, Common Murre[Am]	*Uria aalge*	63
Trugbaumläufer	Philippine creepers	Rhabdornithidae	149
Trugnektarvögel, Nektar-pittas, Nektarjalas	false sunbirds	*Neodrepanis*	113
Trugschmätzer	Australian chats	*Ephthianura, Ashbyia*	140
Trugschmätzer: Honig-fresser	Australian chats [Ephthianura]	*Ephthianura (Epthianura)*	140
Trugschmätzer: Kurz-schwanz-Trugschmätzer, Honigfresser	White-fronted Chat, Australian Chat	*Ephthianura albifrons*	140
Trugschmätzer: Wüsten-trugschmätzer	Gibberbird, Desert Chat (Australian chat)	*Ashbyia lovensis*	140
Trugschwalben	river-martins	*Pseudochelidon*	117
Trugwaldsänger	Olive Warbler [New World]	Peucedraminae [Sibley]	157
Trugzaunkönig	Bamboowren	*Psilorhamphus guttatus*	105
Trupial: Baltimore-Trupial	Northern Oriole, Baltimore Oriole	*Icterus galbula*	160
Trupiale	orioles [*Icterus*]	*Icterus*	160
Trupiale → Stärlinge [einschl. Trupiale]	New World blackbirds and allies	Icteridae	160
Truthahngeier [Neuwelt-geier]	Turkey Vulture [New World] (Buzzard[Am])	*Cathartes aura*	28
Truthuhn: Wildtruthuhn	Wild Turkey, Turkey	*Meleagris gallopavo*	35
Truthühner	turkeys, wild turkey	Meleagridinae	35
Tschajas → Wehrvögel	screamers	Anhimidae	26
Tschunja → Seriemas	seriemas	Cariamidae	46

Deutsch	Englisch	Latein	Familie nach Howard
Tuberkelhokko, Roter Hokko	Great Curassow	*Crax rubra*	34
Tui, Priestervogel, Pastorvogel	Parson Bird, Tui	*Prosthemadera novaeseelandiae*	154
Tukane, Pfefferfresser	toucans [incl. toucanets]	Ramphastidae (Rhamphastidae)	98
Tundraschwan, Pfeifschwan	Tundra Swan, Whistling Swan	*Cygnus columbianus*	27
Tüpfelsumpfhuhn (Tüpfelralle)	Spotted Crake (Rail)	*Porzana porzana*	42
Turakos, Lärmvögel	turacos, touracos	Musophagidae	69
Turakos und Kuckucke → Kuckucksvögel	cuckoos and allies	CUCULIFORMES	69
Türkenammer	Cinereous Bunting	*Emberiza cineracea*	155
Türkenkleiber	Krüper's Nuthatch	*Sitta krueperi*	147
Türkentaube	Collared Turtle Dove	*Streptopelia decaocto*	65
Türkisvögel → Naschvögel	honeycreepers (tanagers)	*Cyanerpes, Chlorophanes*	155
Turmfalke	Eurasian Kestrel	*Falco tinnunculus*	32
Turmschwalbe, Mauersegler	Common Swift	*Apus apus*	79
Turteltaube	Turtle-Dove	*Streptopelia turtur*	65
Tyrann: Buchentyrann, grünlicher Erlentyrann	Acadian Flycatcher	*Empidonax virescens*	106
Tyrann: Königstyrann, Königsvogel, Königssatrap	Eastern Kingbird	*Tyrannus tyrannus*	106
Tyrann: Phoebe, Haustyrann	Eastern Phoebe	*Sayornis phoebe*	106
Tyrann: Piwih, Östlicher Waldtyrann, Waldpiwih	Eastern Wood-pewee	*Contopus virens*	106
Tyrann: Schnäppertyrann, Gelbbrusttyrann	Great Crested Flycatcher	*Myiarchus crinitus*	106
Tyrannen	tyrant flycatchers	Tyrannidae	106
Tyrannen, Königstyrannen	tyrannine flycatchers	Tyranninae	106
Tyrannen: Lauftyrannen	antpipits	*Corythopis*	106
Tyrannen: Pipra-, Spatel-, Lauftyrannen etc.	mionectine flycatchers, *Corythopis*	Pipromorphinae [Sibley]	106
Tyrannen: Schmätzertyrannen	Fluvicoline Flycatchers	Fluvicolinae [AOU]	106

. . . .

Deutsch	Englisch	Latein	Familie nach Howard
Uferläufer: Amerikanischer Drosseluferläufer (Wasserläufer)	Spotted Sandpiper	*Tringa macularia*	57
Uferläufer: Flußuferläufer (Wasserläufer)	Common Sandpiper	*Tringa hypoleuca*	57
Uferrohrsänger, Schilfrohrsänger	Sedge Warbler [Old World]	*Acrocephalus schoenobaenus*	136
Uferschnepfe	Black-tailed Godwit	*Limosa limosa*	57
Uferschnepfe: Hudsonschnepfe, Amerikanische Uferschnepfe	Hudsonian Godwit	*Limosa haemastica*	57
Uferschwalbe	Sand Martin, Bank Swallow[Am]	*Riparia riparia*	117

Deutsch	Englisch	Latein	Familie nach Howard
Uferwaldsänger, Drossel-waldsänger	Northern Waterthrush	*Seiurus noveboracensis*	157
Uhu	Eagle-Owl	*Bubo bubo*	73
Uhu: Virginia-Uhu, Ameri-kanischer Uhu	Great Horned Owl	*Bubo virginianus*	73
Unglückshäher	Siberian Jay	*Perisoreus infaustus*	173
Unzertrennliche	lovebirds	*Agapornis*	68
Uraleule, Uralkauz → Habichtskauz	Ural Owl	*Strix uralensis*	73
Urutau	Common Potoo	*Nyctibius griseus*	76
Urutau und Schwalke → Tagschläfer	potoos	*Nyctibius*	76
Vanga → Madagaskar-Klei-ber, Kleibervanga	Madagascar Nuthatch (vanga shrike)	*Hypositta corallirostris*	123
Vangawürger, Vangas, Blau-würger	vanga shrikes	Vangidae	123
Veilchenente, Kleine Berg-ente	Lesser Scaup	*Aythya affinis*	27
Verkehrtfüßler, Trogons [Trogonten]	trogons	TROGONIFORMES	83
Vermivora-Waldsänger	vermivoras (wood warblers)	*Vermivora*	157
Vireos, Laubwürger	vireos	Vireonidae	159
Virginia-Uhu, Amerikani-scher Uhu	Great Horned Owl	*Bubo virginianus*	73
Virginiawachtel, Baum-wachtel	Northern Bobwhite, Com-mon Bobwhite	*Colinus virginianus*	35
Wacholderdrossel, Kram-metsvogel	Fieldfare	*Turdus pilaris*	130
Wachtel	Quail	*Coturnix coturnix*	35
Wachtel: Chinesische Zwergwachtel, Perlhuhn-frankolin	Chinese Francolin	*Francolinus pintadeanus*	35
Wachtel: Virginiawachtel, Baumwachtel	Northern Bobwhite, Com-mon Bobwhite	*Colinus virginianus*	35
Wachtelkönig, Wiesenralle	Corncrake	*Crex crex*	42
Wachteln: Baumwachteln	bobwhites	*Colinus*	35
Wachteln: Zahnwachteln	wood quail, New World quail	*Odontophorus*	35
Wachteln → Laufhühn-chen, Kampfwachteln	buttonquails, hemipodes	*Turnix*	37
Waldammer	Rustic Bunting	*Emberiza rustica*	155
Waldbaumläufer	Common Tree Creeper	*Certhia familiaris*	148
Walddrossel	Wood Thrush	*Hylocichla mustelina*	130
Waldfalken	forest falcons	*Micrastur*	32
Waldhuscher, Farnhuscher	mouse-babblers	*Crateroscelis*	140
Waldibis → Waldstorch (Waldibis)	Wood Stork	*Mycteria americana*	23
Waldkauz, eigentlicher Waldkauz	Tawny Owl	*Strix aluco*	73
Waldkauz: Streifenkauz	Barred Owl	*Strix varia*	73

Deutsch	Englisch	Latein	Familie nach Howard
Waldlaubsänger, Wald-schwirrvogel	Common Wood-Warbler [Old World!]	*Phylloscopus sibilatrix*	136
Waldohreule	Long-eared Owl	*Asio otus*	73
Waldpieper	Olive-backed Pipit	*Anthus hodgsoni*	118
Waldpiwih, Piwih, Östlicher Waldtyrann	Eastern Wood-pewee	*Contopus virens*	106
Waldrapp	Hermit Ibis, Northern Bald-Ibis	*Geronticus eremita*	24
Waldsänger	New World warblers, wood warblers	Parulidae	157
Waldsänger: Gelbbrust-Waldsänger	Yellow-breasted Chat	*Icteria virens*	157
Waldsänger: Gelbkehlchen, Maryland-Waldsänger	Common Yellowthroat	*Geothlypis trichas*	157
Waldsänger: Goldwaldsän-ger	Yellow Warbler [New World]	*Dendroica petechia*	157
Waldsänger: Grünwaldsän-ger	Black-throated Green War-bler [New World]	*Dendroica virens*	157
Waldsänger: Hemlockwald-sänger	Magnolia Warbler [New World]	*Dendroica magnolia*	157
Waldsänger: Kappenwald-sänger	Blackpoll Warbler [New World]	*Dendroica striata*	157
Waldsänger: Kapuzenwald-sänger	Hooded Warbler [New World]	*Wilsonia citrina*	157
Waldsänger: Kletterwald-sänger	Black-and-white Warbler [New World]	*Mniotilta varia*	157
Waldsänger: Kronwaldsän-ger	Yellow-rumped Warbler [New World]	*Dendroica coronata*	157
Waldsänger: Meisenwald-sänger	Northern Parula	*Parula americana*	157
Waldsänger: Myrten-Wald-sänger → Kronwaldsän-ger	Myrtle Warbler → Yellow-rumped Warbler	*Dendroica coronata*	157
Waldsänger: Ofenvogel, Goldkopf-Waldsänger, Pieperwaldsänger	Ovenbird [New World war-bler]	*Seiurus aurocapillus*	157
Waldsänger: Rotschwanz-Waldsänger, Schnäpper-Waldsänger	American Redstart [New World]	*Setophaga ruticilla*	157
Waldsänger: Stelzenwald-sänger	Louisiana Waterthrush	*Seiurus motacilla*	157
Waldsänger: Tigerwaldsän-ger	Cape May Warbler [New World]	*Dendroica tigrina*	157
Waldsänger: Trugwaldsän-ger	Olive Warbler [New World]	*Peucedramus (-mas)*	157
Waldsänger: Uferwaldsän-ger, Drosselwaldsänger	Northern Waterthrush	*Seiurus noveboracensis*	157
Waldsänger: Vermivora-Waldsänger	vermivoras (wood-warblers)	*Vermivora*	157
Waldsänger: Zitronenwald-sänger	Prothonotary Warbler [New World]	*Protonotaria citrea*	157

Deutsch	Englisch	Latein	Familie nach Howard
Waldsänger [*Setophaga, Myioborus*]	redstarts [New World]	*Setophaga, Myioborus*	157
Waldschnepfe	Eurasian Woodcock	*Scolopax rusticola*	57
Waldschnepfe: Amerikanische Waldschnepfe, Kanadaschnepfe	American Woodcock	*Scolopax minor*	57
Waldschwirrvogel, Waldlaubsänger	Common Wood-Warbler [Old World!]	*Phylloscopus sibilatrix*	136
Waldstorch (Waldibis)	Wood Stork	*Mycteria americana*	23
Waldwasserläufer	Green Sandpiper	*Tringa ochropus*	57
Wallnister, Thermometerhuhn	Mallee Fowl	*Leipoa ocellata*	33
Wanderalbatros, Kapschaf	Wandering Albatross	*Diomedea exulans*	10
Wanderdrossel	American Robin	*Turdus migratorius*	130
Wanderelster → Baumelster und Wanderelster	treepies [*Dendrocitta*]	*Dendrocitta*	173
Wanderfalke	Peregrine Falcon (Duck Hawk[Am])	*Falco peregrinus*	32
Wanderlaubsänger, Nordischer Laubsänger	Arctic Warbler [Old World]	*Phylloscopus borealis*	136
Wanderregenpfeifer, Kleiner, Amerikanischer, Sibirischer Goldregenpfeifer	Lesser Golden Plover, American Golden Plover	*Pluvialis dominica*	56
Warzenkopf	Bornean Bristle-Head	*Pityriasis gymnocephala*	122
Wasseramsel: Grauwasseramsel	American Dipper	*Cinclus mexicanus*	126
Wasseramsel (Wasserschwätzer)	White-breasted Dipper	*Cinclus cinclus*	126
Wasseramseln	dippers	Cinclidae	126
Wasserfasan	Pheasant-tailed Jacana	*Hydrophasianus chirurgus*	48
Wasserhuhn: Schwarzes Wasserhuhn, Bläßhuhn	Black Coot, Eurasian Coot	*Fulica atra*	42
Wasserhuhn: Teichhuhn (Wasserhuhn)	Common Moorhen, Florida Gallinule[Am]	*Gallinula chloropus*	42
Wasserläufer: Amerikanische Drosseluferläufer	Spotted Sandpiper	*Tringa macularia*	57
Wasserläufer: Bruchwasserläufer	Wood Sandpiper	*Tringa glareola*	57
Wasserläufer: Dunkelwasserläufer (Großer Rotschenkel)	Spotted Redshank	*Tringa erythropus*	57
Wasserläufer: Einsiedel-Wasserläufer	Solitary Sandpiper	*Tringa solitaria*	57
Wasserläufer: Flußuferläufer	Common Sandpiper	*Tringa hypoleuca*	57
Wasserläufer: Großer Gelbschenkel	Greater Yellowlegs	*Tringa melanoleuca*	57
Wasserläufer: Grünschenkel, Heller Wasserläufer	Common Greenshank	*Tringa nebularia*	57
Wasserläufer: Rotschenkel (Gambett-Wasserläufer)	Redshank	*Tringa totanus*	57

Deutsch	Englisch	Latein	Familie nach Howard
Wasserläufer: Teichwasserläufer	Marsh Sandpiper	*Tringa stagnatilis*	57
Wasserläufer: Terekwasserläufer	Terek Sandpiper	*Xenus cinereus*	57
Wasserläufer: Waldwasserläufer	Green Sandpiper	*Tringa ochropus*	57
Wasserläufer → Schnepfen (einschl. Wasserläufer); Schnepfenvögel	sandpipers, snipe	Scolopacidae	57
Wasserpieper	Water Pipit	*Anthus spinoletta*	118
Wasserralle	Water-Rail	*Rallus aquaticus*	42
Wassertreter	phalaropes	Phalaropodinae	57
Wassertreter: Breitschnäbeliger Wassertreter, Thorshühnchen	Grey Phalarope, Red Phalarope[Am]	*Phalaropus fulicarius*	57
Wassertreter: Schmalschnäbeliger Wassertreter, Odinshühnchen	Red-necked Phalarope, Northern P.[Am]	*Phalaropus lobatus*	57
Wassertreter: Wilsonhühnchen, Amerikanisches Odinshühnchen, Wilson-Wassertreter	Wilson's Phalarope	*Phalaropus tricolor*	57
Wat- [Schnepfen-], Möwen-, Alkenvögel; Sumpf- und Strandvögel	waders, gulls and auks	CHARADRIIFORMES	48
Weber → Büffelweber	Buffalo Weaver	*Bubalornis niger*	163
Webervögel (Weber, Weberfinken)	weavers, sparrows	Ploceidae	163
Wegekuckuck (Kalifornischer Erdkuckuck)	Greater Roadrunner	*Geococcyx californianus*	71
Wehrvögel [einschl. Tschajas]	screamers	Anhimidae	26
Weichschwanzspechte, Zwergspechte	piculets	Picumninae (Picumbinae)	99
Weidenammer	Yellow-breasted Bunting	*Emberiza aureola*	155
Weidendrossel, Wilsondrossel, Wiesendrossel	Veery	*Catharus fuscescens*	130
Weidenlaubsänger, Zilpzalp	Chiffchaff	*Phylloscopus collybita*	136
Weidenmeise, Mönchsmeise, Mattkopfmeise	Willow Tit	*Parus montanus*	146
Weidensperling	Spanish Sparrow	*Passer hispaniolensis*	163
Weihe: Kornweihe	Northern Harrier (Marsh Hawk)	*Circus cyaneus*	30
Weihe: Rohrweihe	Marsh Harrier	*Circus aeruginosus*	30
Weihe: Steppenweihe	Pallid Harrier	*Circus macrourus*	30
Weihe: Wiesenweihe	Montagu's Harrier	*Circus pygargus*	30
Weihe → Gabelweih, Rotmilan, Roter Milan	Red Kite, Kite	*Milvus milvus*	30
Weihe → Schwalbenweih, Schwalbenschwanz-Weihe	Swallow Tailed Kite	*Elanoides forficatus*	30
Weihen	Harriers	*Circus*	30

196

Deutsch	Englisch	Latein	Familie nach Howard
Weindrossel, Rotdrossel	Redwing [Eurasian thrush]	*Turdus iliacus*	130
Weißbart-Grasmücke	Subalpine Warbler [Old World]	*Sylvia cantillans*	136
Weißbart-Seeschwalbe	Whiskered Tern	*Chlidonias hybrida*	61
Weißbrauendrossel, Blasse Drossel	Eye-browed Thrush	*Turdus obscurus*	130
Weißbrauensäbler, Säbler	Australo-Papuan babblers	Pomatostomidae [Sibley]	132
Weißbürzel-Strandläufer	White-rumped Sandpiper	*Calidris fuscicollis*	57
Weißer Ibis, Schneesichler	American White Ibis	*Eudocimus albus*	24
Weißflügellerche, Spiegellerche	White-winged Lark	*Melanocorypha leucoptera*	116
Weißflügel-Seeschwalbe	White-winged Black Tern	*Chlidonias leucopterus*	61
Weißkehlammer	White-throated Sparrow [New World]	*Zonotrichia albicollis*	155
Weißkehlen-Granatellus	Red-breasted Chat	*Granatellus venustus*	157
Weißkopfmöwe	Yellow-legged Gull	*Larus cachinnans*	61
Weißkopf-Seeadler	Bald Eagle, American Eagle	*Haliaeetus leucocephalus*	30
Weißnacken-Ameisenwürger	Collared Antshrike, White-naped Antshrike	*Sakesphorus bernardi*	103
Weißnackentaucher	Pacific Loon	*Gavia pacifica*	8
Weißrückenspecht (Elsterspecht)	White-backed Woodpecker	*Picoides leucotos*	99
Weißscheitelwürger, Schlangenwürger	White-crowned Shrike	*Eurocephalus anguitimens*	122
Weißschwanzkiebitz	White-tailed Plover	*Vanellus leucurus*	56
Weißstirnchen	whitefaces	*Aphelocephala*	140
Weißstorch	White Stork	*Ciconia ciconia*	23
Weißwangengans, Nonnengans	Barnacle Goose	*Branta leucopsis*	27
Wekaralle	Weka, New Zealand Wood Rail	*Gallirallus australis*	42
Wellenastrild	Common Waxbill	*Estrilda astrild*	162
Wellendickkopf	Mottled Whistler	*Rhagologus leucostigma*	143
Wellenläufer	Leach's Storm-Petrel	*Oceanodroma leucorhoa*	12
Wellensittich	Budgerigar	*Melopsittacus undulatus*	68
Wendehals	Eurasian Wryneck	*Jynx torquilla*	99
Wendehälse	wrynecks	Jynginae	99
Wermutregenpfeifer	Caspian Plover	*Charadrius asiaticus*	56
Wespenbussard	Honey-Buzzard	*Pernis apivorus*	30
Whip-poor-will (Amerikanischer Ziegenmelker)	Whip-poor-will (nightjar)	*Caprimulgus vociferus*	78
Wiedehopf	Hoopoe	*Upupa epops*	91
Wiedehopfe	hoopoes	Upupidae	91
Wiesendrossel, Weidendrossel, Wilsondrossel	Veery	*Catharus fuscescens*	130
Wiesenpieper	Meadow Pipit	*Anthus pratensis*	118
Wiesenralle, Wachtelkönig	Corncrake	*Crex crex*	42
Wiesenschmätzer: Braunkehlchen	Whinchat	*Saxicola rubetra*	130
Wiesenschmätzer: Schwarzkehlchen [!]	Stonechat [!]	*Saxicola torquata*	130

Deutsch	Englisch	Latein	Familie nach Howard
Wiesenstrandläufer	Least Sandpiper	*Calidris minutilla*	57
Wiesenweihe	Montagu's Harrier	*Circus pygargus*	30
Wildenten, Enten	ducks, wild ducks	Anatinae	27
Wildgänse, Gänse	geese, brant	*Anser, Branta, Chen etc.*	27
Wildtruthuhn	Wild Turkey, Turkey	*Meleagris gallopavo*	35
Wilsondrossel, Wiesendros-sel, Weidendrossel	Veery	*Catharus fuscescens*	130
Wilsonhühnchen, Amerika-nisches Odinshühnchen, Wilson-Wassertreter	Wilson's Phalarope	*Phalaropus tricolor*	57
Winterammer, Winterjunko, Junko	Dark-eyed Junco (Slate-colored Junko)	*Junco hyemalis (hyemalis)*	155
Wintergoldhähnchen	Goldcrest	*Regulus regulus*	136
Wippsterz → Bachstelze	wagtail	*Motacilla*	118
Witwen, Witwenvögel	whydahs, widow weavers, parasitic viduines	Viduinae	163
Würgatzeln, Flötenwürger (Würgerkrähen)	Australian butcherbirds	*Cracticus*	170
Würger	shrikes	Laniidae	122
Würger: Brillenwürger	helmet-shrikes	Prionopinae	122
Würger: Buschwürger	bush-shrikes	Malaconotinae	122
Würger: Büttelwürger, Fiskalwürger	Common Fiscal Shrike	*Lanius collaris*	122
Würger, eigentliche Würger	shrikes	Laniinae	122
Würger: Elsterwürger	long-tailed shrikes	*Corvinella*	122
Würger: Isabellwürger	Rufous-tailed Shrike, Isa-belline Shrike	*Lanius isabellinus*	122
Würger: Louisianawürger, Ludwigswürger	Loggerhead Shrike	*Lanius ludovicianus*	122
Würger: Maskenwürger	Masked Shrike	*Lanius nubicus*	122
Würger: Neuntöter, Rot-rückenwürger	Red-backed Shrike	*Lanius collurio collurio*	122
Würger: Raubwürger	Great Grey Shrike, Northern Shrike[Am]	*Lanius excubitor*	122
Würger: Rotkopfwürger	Woodchat Shrike	*Lanius senator*	122
Würger: Schwarzstirn-würger	Lesser Grey Shrike	*Lanius minor*	122
Würger: Weißscheitelwür-ger, Schlangenwürger	White-crowned Shrike	*Eurocephalus anguitimens*	122
Würger → Arabischer Seidenschwanz, Seiden-würger, Nachtschatten-fresser	Grey Hypocolius	Hypocoliinae	124
Würger → Kleinschnäpper [*Batis*], Schnäpper-würger	puffback-flycatchers	*Batis*	138
Würger → Laubwürger, Vireos	vireos	Vireonidae	159
Würger → Nachtschatten-fresser, Seidenwürger, Arabischer Seiden-schwanz	Grey Hypocolius	*Hypocolius ampelinus*	124

Deutsch	Englisch	Latein	Familie nach Howard
Würger → Rotaugenvireo, Rotaugen-Laubwürger	Red-eyed Vireo	*Vireo olivaceus*	159
Würger → Schnäpperwürger, Kleinschnäpper	wattle-eyes, puffback-flycatchers	*Platysteiridae*	138
Würger → Schnäpperwürger, Kleinschnäpper [*Batis*]	puffback-flycatchers	*Batis*	138
Würger → Seidenwürger, Arabischer Seidenschwanz, Nachtschattenfresser	Grey Hypocolius	*Hypocolius ampelinus*	124
Würger → Stachelbürzler, Kuckuckswürger, Raupenfresser	cuckoo-shrikes	Campephagidae	119
Würger → Vangawürger, Blauwürger, Vangas	vanga shrikes	Vangidae	123
Würger → Weißnacken-Ameisenwürger	Collared Antshrike, White-naped Antshrike	*Sakesphorus bernardi*	103
Würger → Würgatzeln, Flötenwürger (Würgerkrähen)	Australian butcherbirds	*Cracticus*	170
Würgerkrähe: Flötenvogel (Würgerkrähe)	Bell-Magpie, Australian Magpie	*Gymnorhina tibicen*	170
Würgerkrähen: Flötenvögel (Würgerkrähen)	bell-magpies, Australian magpies	*Gymnorhina*	170
Würgerkrähen: Flötenwürger, Würgatzeln	Australian butcherbirds	*Cracticus*	170
Würgerkrähen [Cracticidae]	butcherbirds	Cracticidae	170
Würgerkrähen [*Strepera*]	currawongs	*Strepera*	170
Würgertimalien	shrike babblers	*Pteruthius*	132
Würgfalke (Saker)	Saker Falcon	*Falco cherrug*	32
Wüstengimpel, Wüstentrompeter	Trumpeter Bullfinch, Trumpeter Finch	*Bucanetes githagineus*	161
Wüstenläufer	coursers	*Cursorius*	55
Wüstenläufer: Gewöhnlicher Wüstenläufer, Rennvogel	Cream-coloured Courser	*Cursorius cursor*	55
Wüstenprinie	Scrubwarbler	*Scotocerca inquieta*	136
Wüstenregenpfeifer	Greater Sand Plover	*Charadrius leschenaultii*	56
Wüstenschmätzer	Desert Wheatear	*Oenanthe deserti*	130
Wüstentrugschmätzer	Gibberbird, Desert Chat (Australian chat)	*Ashbyia lovensis*	140
. . . .			
Zahnwachteln	wood quail, New World quail	Odontophorinae	35
Zaunammer	Cirl Bunting	*Emberiza cirlus*	155
Zaungrasmücke, Klappergrasmücke	Lesser Whitethroat	*Sylvia curruca*	136
Zaunkönig: Carolina-Zaunkönig	Carolina Wren	*Thryothorus ludovicianus*	127
Zaunkönig, eigentlicher Zaunkönig	Common Wren, Winter Wren[Am]	*Troglodytes troglodytes*	127

199

Deutsch	Englisch	Latein	Familie nach Howard
Zaunkönig → Trugzaunkönig	Bamboowren	*Psilorhamphus guttatus*	105
Zaunkönige	wrens	Troglodytidae	127
Zaunkönigsdrossel	Wren-Thrush	*Zeledonia coronata*	157
Zaunkönigsmeise, Z.-Grasmücke, Chaparraltimalie	Wrentit	*Chamaea fasciata*	132
Zaunkönigstimalien	wren-babblers [*Spelaeornis*]	*Spelaeornis*	132
Zebrafink	Zebra Finch	*Poephila guttata (Taeniopygia)*	162
Zedern-Seidenschwanz	Cedar Waxwing	*Bombycilla cedrorum*	124
Zeisig: Birkenzeisig	Common Redpoll	*Carduelis flammea*	161
Zeisig, Erlenzeisig	Eurasian Siskin	*Carduelis spinus*	161
Zeisig: Fichtenzeisig	Pine Siskin	*Carduelis pinus*	161
Zeisig: Goldzeisig, Trauerzeisig	American Goldfinch	*Carduelis tristis*	161
Zeisig: Polarbirkenzeisig	Arctic Redpoll, Hoary Redpoll [Am]	*Carduelis hornemanni*	161
Zeisig: Zitronengirlitz, Zitronenzeisig	Citril Finch	*Serinus citrinella*	161
Ziegenmelker: Ägyptischer Ziegenmelker, Pharaonen-Nachtschwalbe	Egyptian Nightjar	*Caprimulgus aegyptius*	78
Ziegenmelker, Nachtschwalbe	European Nightjar	*Caprimulgus europaeus*	78
Ziegenmelker: Whip-poor-will (Amerikanischer Ziegenmelker)	Whip-poor-will (nightjar)	*Caprimulgus vociferus*	78
Ziegenmelker → Nachtschwalben (Ziegenmelker)	nightjars	Caprimulgidae	78
Zilpzalp, Weidenlaubsänger	Chiffchaff	*Phylloscopus collybita*	136
Zimtroller	African Broad-billed Roller	*Eurystomus glaucurus*	88
Zippammer	Rock Bunting	*Emberiza cia*	155
Zitronengirlitz, Zitronenzeisig	Citril Finch	*Serinus citrinella*	161
Zitronenstelze	Citrine Wagtail	*Motacilla citreola*	118
Zitronenwaldsänger	Prothonotary Warbler [New World]	*Protonotaria citrea*	157
Zitronenzeisig, Zitronengirlitz	Citril Finch	*Serinus citrinella*	161
Zopfsäger → Mittelsäger	Red-breasted Merganser	*Mergus serrator*	27
Zuckervogel: Bananaquit, Gelbbrust-Zuckervogel	Bananaquit	*Coereba flaveola*	156
Zweifarbmeise, Indianermeise	Tufted Titmouse	*Parus bicolor*	146
Zweigsänger: Grasmücken (Zweigsänger)	Old World warblers	Sylviidae	136
Zweigtimalien	babblers [*Malacopteron*]	*Malacopteron*	132
Zwergadler	Booted Eagle	*Hieraaetus pennatus*	30
Zwergammer	Little Bunting	*Emberiza pusilla*	155

Deutsch	Englisch	Latein	Familie nach Howard
Zwergbläßgans, Zwerggans	Lesser White-fronted Goose	*Anser erythropus*	27
Zwergdommel, Zwergrohr-dommel	Little Bittern	*Ixobrychus minutus*	20
Zwergdommeln, Zwerg-rohrdommeln	dwarf bitterns	*Ixobrychus*	20
Zwergdrossel, Swainson-drossel	Swainson's Thrush	*Turdus ustulatus*	130
Zwergfalke, Merlin	Merlin (Pigeon Hawk)	*Falco columbarius*	32
Zwergfalke: Rotschenkel-Zwergfalke, Rotkehl-fälkchen	Red-thighed Falconet	*Microhierax caerulescens*	32
Zwergfalken → Fälkchen	falconets [*Microhierax*]	*Microhierax*	32
Zwergfliegenschnäpper, Zwergschnäpper	Red-breasted Flycatcher [Old World]	*Muscicapa parva*	137
Zwerggans, Zwergbläßgans	Lesser White-fronted Goose	*Anser erythropus*	27
Zwergkardinäle	crested finches	*Lophospingus*	155
Zwergmeise	Pygmy Tit	*Psaltria exilis*	144
Zwergmöwe	Little Gull	*Larus minutus*	61
Zwergohreule	Scops-Owl	*Otus scops*	73
Zwergrohrdommel, Zwerg-dommel (Zwergreiher)	Little Bittern	*Ixobrychus minutus*	20
Zwergrohrdommeln, Zwerg-dommeln	dwarf bitterns	*Ixobrychus*	20
Zwergsäger	Smew (merganser)	*Mergus albellus*	27
Zwergscharbe (Kormoran)	Pygmy Cormorant	*Phalacrocorax pygmeus*	17
Zwergschnäpper, Zwerg-fliegenschnäpper	Red-breasted Flycatcher [Old World]	*Muscicapa parva*	137
Zwergschnepfe	Jack-Snipe	*Lymnocryptes minimus*	57
Zwergschwalme, Höhlen-schwalme	owlet-nightjars	Aegothelidae	77
Zwergschwan	Bewick's Swan	*Cygnus bewicki*	27
Zwergseeschwalbe	Little Tern, Least Tern[Am]	*Sterna albifrons*	61
Zwergspecht → Klein-specht, kleiner Bunt-specht	Lesser Spotted Wood-pecker	*Picoides minor*	99
Zwergspechte, Weich-schwanzspechte	piculets	Picumninae (Picumbinae)	99
Zwergstrandläufer	Little Stint	*Calidris minuta*	57
Zwergsultanshuhn	American Purple Gallinule	*Porphyrula martinica (Galli-nula)*	42
Zwergsumpfhuhn	Baillon's Crake	*Porzana pusilla*	42
Zwergtaucher	Little Grebe	*Podiceps ruficollis*	9
Zwergtrappe	Little Bustard	*Otis tetrax (Tetrax tetrax)*	47
Zwergwachtel: Chinesische Zwergwachtel, Perlhuhn-frankolin	Chinese Francolin	*Francolinus pintadeanus*	35

Alphabetisches Verzeichnis
Latein – Deutsch – Englisch

Latein	Deutsch	Englisch	Familie nach Howard
aalge, Uria	Trottellumme	Guillemot, Common Murre[Am]	63
Aburria → Pipile pipile	Blaukehlguan	Common Piping Guan, Blue-throated Piping Guan, Trinidad Piping Guan	34
Acanthis → Carduelis cannabina	Hänfling, Bluthänfling	Linnet	161
Acanthis → Carduelis flammea	Birkenzeisig	Common Redpoll	161
Acanthis → Carduelis flavirostris	Berghänfling	Twite	161
Acanthis → Carduelis hornemanni	Polarbirkenzeisig	Arctic Redpoll, Hoary Redpoll[Am]	161
Acanthis → Carduelis spinus	Erlenzeisig, Zeisig	Eurasian Siskin	161
Acanthis → Serinus citrinella	Zitronengirlitz, Zitronenzeisig	Citril Finch	161
Acanthisitta chloris	Grenadier, Scheinkleiber	Rifleman	112
Acanthisittidae → Xenicidae	Maorischlüpfer, Neuseelandpittas	New Zealand wrens	112
Acanthiza	Dornschnäbel	thornbills	140
Acanthizidae	Südsee-Grasmücken	thornbills, flyeaters	140
Acanthopneuste → Phylloscopus borealis	Wanderlaubsänger, Nordischer Laubsänger	Arctic Warbler [Old World]	136
Acanthopneuste → Phylloscopus trochiloides	Grünlaubsänger, Grüner Laubsänger	Greenish Warbler [Old World]	136
Accipiter	Habichte, Sperber	goshawks, sparrow hawks	30
Accipiter brevipes	Kurzfangsperber, Kurzfanghabicht	Levant Sparrow Hawk	30
Accipiter gentilis	Habicht, Hühnerhabicht	Northern Goshawk	30
Accipiter nisus	Sperber	European Sparrow Hawk	30
Accipiter striatus	Streifensperber, Eckschwanzsperber	Sharp-shinned Hawk	30
Accipitridae	Habichtartige	hawks, eagles, kites and allies	30
Acridotheres, Gracula	Mainas, Atzeln	myna, mynah, mina, minah	164
Acrocephalinae [Sibley]	Sänger, Schwirle, Spötter etc.	leaf-warblers [Old World] [Sibley] [!]	136
Acrocephalus	Rohrsänger	reed warblers [Old World]	136

Latein	Deutsch	Englisch	Familie nach Howard
Acrocephalus aquaticus → A. paludicola	Seggenrohrsänger, Binsenrohrsänger	Aquatic Warbler [Old World]	136
Acrocephalus arundinaceus	Drosselrohrsänger	Great Reed Warbler [Old World]	136
Acrocephalus dumetorum	Buschrohrsänger	Blyth's Reed Warbler [Old World]	136
Acrocephalus melanopogon	Mariskensänger, Tamariskensänger	Moustached Warbler [Old World]	136
Acrocephalus paludicola	Seggenrohrsänger, Binsenrohrsänger	Aquatic Warbler [Old World]	136
Acrocephalus palustris	Sumpfrohrsänger, Getreidesänger	Marsh Warbler [Old World]	136
Acrocephalus schoenobaenus	Schilfrohrsänger, Uferrohrsänger	Sedge Warbler [Old World]	136
Acrocephalus scirpaceus	Teichrohrsänger	Reed Warbler [Old World]	136
Acrocephalus → Hippolais caligata	Buschspötter	Booted Warbler [Old World]	136
Acrocephalus → Hippolais icterina	Gelbspötter, Gartenlaubvogel	Icterine Warbler [Old World]	136
Acrocephalus → Hippolais olivetorum	Olivenspötter	Olive-tree Warbler [Old World]	136
Acrocephalus → Hippolais pallida	Blaßspötter	Olivaceous Warbler [Old World]	136
Acrocephalus → Hippolais polyglotta	Orpheusspötter	Melodious Warbler [Old World]	136
Actitis → Tringa hypoleuca	Flußuferläufer (Wasserläufer)	Common Sandpiper	57
Actitis → Tringa macularia	Amer. Drosseluferläufer (Wasserläufer)	Spotted Sandpiper	57
Actophilornis africanus	Blaustirn-Blatthühnchen	Lily-Trotter, African Jacana	48
acuminata, Calidris	Spitzschwanz-Strandläufer	Sharp-tailed Sandpiper	57
acuta, Anas	Spießente	Northern Pintail	27
acutirostris, Heteralocha	Lappenkopf, Huia (ausgestorben)	Huia (extinct)	167
adamsii, Gavia	Gelbschnabel-Eistaucher	White-billed Diver, Yellow-billed Loon[Am]	8
Aegithalidae	Schwanzmeisen	long-tailed tits and bushtits	144
Aegithalos caudatus	Schwanzmeise	Long-tailed Tit	144
Aegithininae [Sibley]	Aegithinas (Feenvögel)	ioras	121
Aegolius funereus	Rauhfußkauz	Tengmalm's Owl, Boreal Owl[Am]	73
Aegothelidae	Höhlenschwalme, Zwergschwalme	owlet-nightjars (owlet-frogmouths)	77
Aegypius monachus	Mönchsgeier [Altweltgeier]	European Black Vulture [Old World]	30
aegyptiacus, Alapochen	Nilgans	Egyptian Goose	27
aegyptius, Caprimulgus	Pharaonen-Nachtschwalbe, Ägypt. Ziegenmelker	Egyptian Nightjar	78
aegyptius, Pluvianus	Krokodilwächter	Egyptian Plover	55
aenigma, Sapayoa	Breitschnabelpipra	Broad-billed Manakin	107
aeruginosus, Circus	Rohrweihe	Marsh Harrier	30
Aethia cristatella	Schopfalk	Crested Auklet	63

Latein	Deutsch	Englisch	Familie nach Howard
affinis, Aythya	Kleine Bergente, Veilchen-ente	Lesser Scaup	27
africanus, Actophilornis	Blaustirn-Blatthühnchen	Lily-Trotter, African Jacana	48
africanus, Buphagus	Gelbschnabel-Maden-hacker	oxpecker	164
Agapornis	Unzertrennliche	lovebirds	68
Agapornis personata	Schwarzköpfchen	Masked Lovebird	68
Agelaius phoeniceus	Rotschulter-Stärling, Rot-flügel-Stärling	Redwing, Red-winged Blackbird	160
Agriospiza → *Carduelis flavirostris*	Berghänfling	Twite	161
Agrobates → *Cercotrichas galactotes*	Afrikanischer Heckensän-ger	Rufous Bush Robin	130
Ailuroedus crassirostris	Grüner Katzenvogel, Grün-laubenvogel	Green Catbird [Australia]	171
Aix galericulata	Mandarinente	Mandarin	27
Aix sponsa	Brautente	Wood Duck	27
Ajaia ajaja	Rosalöffler	Roseate Spoonbill	24
Alapochen aegyptiacus	Nilgans	Egyptian Goose	27
Alauda arvensis	Feldlerche	Eurasian Skylark	116
Alaudala → *Calandrella rufescens*	Stummellerche	Lesser Short-toed Lark	116
Alaudidae	Lerchen	larks	116
alba alba, Motacilla	Bachstelze	White Wagtail	118
alba, Calidris	Sanderling (Strandläufer)	Sanderling	57
alba, Tyto	Schleiereule	Common Barn-Owl	72
alba yarelli, Motacilla	Trauerbachstelze	Pied Wagtail	118
albellus, Mergus	Zwergsäger	Smew (merganser)	27
albeola, Bucephala	Büffelkopfente	Bufflehead	27
albicilla, Haliaeetus	Seeadler, eigentlicher See-adler	White-tailed Eagle, Gray Sea Eagle[Am]	30
albicollis, Ficedula	Halsbandschnäpper	Collared Flycatcher [Old World]	137
albicollis, Nyctidromus	Pauraque	Pauraque	78
albicollis, Zonotrichia	Weißkehlammer	White-throated Sparrow [New World]	155
albifrons, Anser	Bläßgans (Bleßgans)	Greater White-fronted Goose	27
albifrons, Ephthianura	Kurzschwanz-Trugschmät-zer, Honigfresser	White-fronted Chat, Australian Chat	140
albifrons, Sterna	Zwergseeschwalbe	Little Tern, Least Tern[Am]	61
albiventer, Pnoepyga	Schuppentimalie	Scaly-breasted Wren Bab-bler	132
albus, Casmerodius	Silberreiher	Great Egret, Great White Heron, Great White Egret	20
albus, Eudocimus	Schneesichler, Weißer Ibis	American White Ibis	24
Alca	Alke[n], Flügeltaucher	auks	63
Alca torda	Tordalk	Razorbill, Razor-billed Auk[Am]	63
Alcedinidae	Eisvögel, Fischer, Lieste	kingfishers	84
Alcedo atthis	Eisvogel	Common Kingfisher	84

Latein	Deutsch	Englisch	Familie nach Howard
alchata, Pterocles	Spießflughuhn	Pin-tailed Sandgrouse	64
Alcidae	Alken	auks, murres and puffins	63
alcyon, Ceryle	Gürtelfischer, Halsband-fischer	Belted Kingfisher	84
Alectoris barbara	Felsenhuhn	Barbary Partridge	35
Alectoris chucar	Chukar-Steinhuhn	Chukar, Chukar Partridge	35
Alectoris graeca	Steinhuhn	Rock-Partridge	35
Alethe	Alethe	Alethe	130
alexandrinus, Charadrius	Seeregenpfeifer	Kentish Plover, Snowy Plover[Am]	56
Alle alle	Krabbentaucher	Little Auk, Dovekie[Am]	63
alpestris, Eremophila	Ohrenlerche	Shore Lark, Horned Lark[Am]	116
alpina, Calidris	Alpen-Strandläufer	Dunlin, Red-backed Sand-piper[Am]	57
aluco, Strix	Waldkauz, eigentlicher Waldkauz	Tawny Owl	73
Amandava amandava	Tigerfink (Prachtfink)	Red Avadavat, Red Munia	162
Amazona ochrocephala	Große Gelbkopfamazone	Yellow-headed Amazon	68
americana, Anas	Amerikanische Pfeifente	American Wigeon, Baldpate	27
americana, Aythya	Rotkopfente, Amerikani-sche Tafelente	Redhead	27
americana, Certhia	Andenbaumläufer	Brown Creeper	148
americana, Fulica	Indianer-Bläßhuhn, Amer. Bläßhuhn	American Coot	42
americana, Mycteria	Waldstorch (Waldibis)	Wood Stork	23
americana, Parula	Meisenwaldsänger	Northern Parula	157
americana, Recurvirostra	Braunhals-Säbelschnäbler	American Avocet	53
americana, Spiza	Dickcissel, Schildammer	Dickcissel	155
americanus, Coccyzus	Gelbschnabelkuckuck	Yellow-billed Cuckoo [New World]	71
amherstiae, Chrysolophus	Diamantfasan	Lady Amherst's Pheasant	35
Amoropelia → Streptopelia turtur	Turteltaube	Turtle-Dove	65
ampelinus, Hypocolius	Seidenwürger, Arabischer Seidenschwanz, Nacht-schattenfresser	Grey Hypocolius	124
Amytornis	Grasschlüpfer	grasswrens	139
Amytornithinae [Sibley]	Grasschlüpfer	grasswrens	139
Anas acuta	Spießente	Northern Pintail	27
Anas americana	Amerikanische Pfeifente	American Wigeon, Baldpate	27
Anas clypeata	Löffelente	Northern Shoveler	27
Anas crecca	Krickente	Green-winged Teal, Com-mon Teal	27
Anas formosa	Gluckente	Baikal Teal	27
Anas penelope	Eur. Pfeifente	Eurasian Wigeon	27
Anas platyrhynchos	Stockente	Mallard	27
Anas querquedula	Knäkente	Garganey	27
Anas rubripes	Dunkelente, Rotfußente	American Black Duck	27
Anas strepera	Schnatterente, Mittelente	Gadwall	27

205

Latein	Deutsch	Englisch	Familie nach Howard
Anatidae	Entenartige, Entenvögel	swans, geese and ducks	27
Anatinae	Enten, Wildenten	ducks, wild ducks	27
anguitimens, Eurocephalus	Weißscheitelwürger, Schlangenwürger	White-crowned Shrike	122
Anhimidae	Wehrvögel [einschl. Tschajas]	screamers	26
Anhinga anhinga	Anhinga (amer. Schlangenhalsvogel)	Anhinga, American Darter	18
Anhinga rufa	Schlangenhalsvogel	African Darter	18
Anhingidae	Schlangenhalsvögel [Familie]	anhingas, darters	18
Anomalospiza imberbis	Kuckucksfink	Parasitic Weaver	163
Anous stolidus	Tölpelseeschwalbe, Noddi	Brown Noddy	61
Anser albifrons	Bläßgans (Bleßgans)	Greater White-fronted Goose	27
Anser anser	Graugans	Greylag Goose, Grey Goose	27
Anser brachyrhynchus	Kurzschnabelgans	Pink-footed Goose	27
Anser, Branta, Chen etc.	Gänse, Wildgänse	geese, brant	27
Anser caerulescens	Schneegans	Snow Goose	27
Anser erythropus	Zwergbläßgans, Zwerggans	Lesser White-fronted Goose	27
Anser fabalis	Saatgans	Bean Goose	27
Anseranas semipalmata	Spaltfußgans	Magpie Goose, Pied Goose	27
ANSERIFORMES	Schwimmvögel, Entenvögel	waterfowl	26
Anserinae	Lamellenschnäbler, Gänsevögel	swans, geese, whistling-ducks	27
Anthornis melanura	Makomako	New Zealand Bellbird	154
Anthropoides virgo	Jungfernkranich	Demoiselle Crane	39
Anthus campestris	Brachpieper	Tawny Pipit	118
Anthus cervinus	Rotkehlpieper	Red-throated Pipit	118
Anthus gustavi	Petschorapieper	Pechora Pipit	118
Anthus hodgsoni	Waldpieper	Olive-backed Pipit	118
Anthus novaeseelandiae (A. richardi)	Spornpieper	Richard's Pipit	118
Anthus pratensis	Wiesenpieper	Meadow Pipit	118
Anthus spinoletta petrosus	Strandpieper (Felsenpieper)	Rock Pipit	118
Anthus spinoletta spinoletta	Bergpieper	Water Pipit	118
Anthus trivialis	Baumpieper	Brown Tree Pipit	118
Anthus (Spipola)	Pieper	pipits	118
antiquus, Synthliboramphus	Silberalk	Ancient Murrelet	63
Aphelocephala	Weißstirnchen	whitefaces	140
apiaster, Merops	Bienenfresser	Bee-Eater	87
apivorus, Pernis	Wespenbussard	Honey-Buzzard	30
Apodidae	eigentliche Segler, Schwalbensegler	typical swifts	79
APODIFORMES	Schwirrflügler; Segler und Kolibris	swifts and hummingbirds	79

Latein	Deutsch	Englisch	Familie nach Howard
apricaria, Pluvialis	Goldregenpfeifer	Eurasian Golden Plover	56
Apterygidae	Kiwis	kiwis	5
APTERYGIFORMES	Kiwis, Schnepfenstrauße	kiwis	5
Apteryx	Kiwis	kiwis	5
Apus apus	Mauersegler, Turmschwalbe	Common Swift	79
Apus caffer	Kaffernsegler	White-rumped Swift	79
Apus, Chaetura	Segler, eigentliche Segler	swifts	79
Apus melba	Alpensegler	Alpine Swift	79
Apus pallidus	Fahlsegler	Pallid Swift	79
aquaticus, Rallus	Wasserralle	Water-Rail	42
aquaticus → Cinclus cinclus	Wasseramsel	White-breasted Dipper	126
Aquila chrysaetus	Steinadler	Golden Eagle	30
Aquila clanga	Schelladler	Spotted Eagle	30
Aquila heliaca	Kaiseradler	Imperial Eagle	30
Aquila nipalensis	Steppenadler	Steppe Eagle	30
Aquila pomarina	Schreiadler	Lesser Spotted Eagle	30
Arachnothera	Spinnenjäger, Spinnen-fresser	spider hunters	152
Aramidae	Rallenkranich, Riesenralle	Limpkin	40
Aramus guarauna	Rallenkranich, Riesenralle	Limpkin	40
Aratinga guarouba	Goldsittich	Golden Conure, Golden Parakeet	68
arborea, Lullula	Heidelerche	Wood Lark	116
arborea, Spizella	Baumammer, Amer. Baum-fink	American Tree Sparrow	155
Arceuthornis → Turdus naumanni naumanni	Naumanndrossel	Naumann's Thrush	130
Arceuthornis → Turdus ru-ficollis	Bechsteindrossel	Dark-throated Thrush	130
Archilochus colubris	Rubinkehl-Kolibri	Ruby-throated Humming-bird	81
arctica, Fratercula	Papageitaucher	Common Puffin, Atlantic Puffin	63
arctica, Gavia	Prachttaucher, Polarsee-taucher	Black-throated Diver, Arctic Loon[Am]	8
Ardea cinerea	Fischreiher, Graureiher	Common Heron	20
Ardea herodias	Kanadareiher, Amer. Grau-reiher	Great Blue Heron	20
Ardea purpurea	Purpurreiher	Purple Heron	20
Ardea → Casmerodius albus	Silberreiher	Great Egret, Great White Heron, Great White Egret	20
Ardeidae	Reiher	herons, egrets and bitterns	20
Ardenna → Puffinus gravis	Kappen-Sturmtaucher, Großer Sturmtaucher	Great Shearwater	11
ardeola, Dromas	Reiherläufer	Crab-Plover	50
Ardeola → Bubulcus ibis	Kuhreiher	Cattle Egret, Buff-backed Heron	20
Arenaria	Steinwälzer	turnstones	57
Arenaria interpres	Steinwälzer	Ruddy Turnstone	57
arfaki, Oreocharis	Gelbbauch-Beerenpicker	Tit Berrypecker	151

207

Latein	Deutsch	Englisch	Familie nach Howard
argentatus, Larus	Silbermöwe [!]	Herring Gull [!]	61
Arinae	Aras	New World parakeets, macaws and parrots	68
aristotelis, Phalacrocorax	Krähenscharbe (Kormoran)	Shag (cormorant)	17
arquata, Numenius	Großer Brachvogel	Curlew	57
Arquatella → Calidris maritima	Meerstrandläufer	Purple Sandpiper	57
arremonops, Oreothraupis	Tangarenbuschammer	Tanager Finch	155
Artamidae	Schwalbenstare	wood-swallows	169
arundinaceus, Acrocephalus	Drosselrohrsänger	Great Reed Warbler [Old World]	136
arvensis, Alauda	Feldlerche	Eurasian Skylark	116
Ashbyia, Ephthianura	Trugschmätzer	Australian chats	140
Ashbyia lovensis	Wüstentrugschmätzer	Gibberbird, Desert Chat [Australian chat]	140
asiaticus, Charadrius	Wermutregenpfeifer	Caspian Plover	56
Asio flammeus	Sumpfohreule	Short-eared Owl	73
asio, Otus	Kreischeule, Schreieule	Eastern Screech Owl	73
Asio otus	Waldohreule	Long-eared Owl	73
assimilis, Puffinus	Kleiner Sturmtaucher	Little Shearwater	11
Astrapia	Paradieselstern	Astrapias	172
astrild, Estrilda	Wellenastrild	Common Waxbill	162
ater, Molothrus	Braunkopf-Kuhstärling, Schwarzer Kuhstärling	Brown-headed Cowbird	160
ater, Parus	Tannenmeise [!]	Coal Tit [!]	146
Athene noctua	Steinkauz	Little Owl	73
atra, Fulica	Bläßhuhn, Schwarzes Wasserhuhn	Black Coot, Eurasian Coot	42
atratus, Coragyps	Rabengeier [Neuweltgeier]	Black Vulture [New World vulture]	28
atricapilla, Sylvia	Mönchsgrasmücke, Schwarzplättchen	Blackcap [Old World warbler]	136
atricapillus, Parus	Schwarzkopfmeise	Black-capped Chickadee	146
Atrichornithidae	Dickichtvögel	scrub-birds	115
Atricilla → Larus atricilla	Aztekenmöwe	Laughing Gull	61
atthis, Alcedo	Eisvogel	Common Kingfisher	84
audouinii, Larus	Korallenmöwe	Audouin's Gull	61
aura, Cathartes	Truthahngeier [Neueltgeier]	Turkey Vulture [New World] (Buzzard[Am])	28
auratus, Colaptes	Goldspecht	Common Flicker, Northern Flicker	99
aureola, Emberiza	Weidenammer	Yellow-breasted Bunting	155
Auriparus flaviceps	Gelbkopfmeise, Goldköpfchen	Verdin	145
auritus, Phalacrocorax	Ohrenscharbe (Kormoran)	Double-crested Cormorant	17
auritus, Podiceps	Ohrentaucher	Slavonian Grebe, Horned Grebe[Am]	9
aurocapillus, Seiurus	Ofenvogel, Goldkopf-Waldsänger, Pieperwaldsänger	Ovenbird [New World warbler]	157
australis, Gallirallus	Wekaralle	Weka, New Zealand Wood Rail	42

Latein	Deutsch	Englisch	Familie nach Howard
avosetta, Recurvirostra	Säbelschnäbler, eigentliche Säbelschnäber	Eurasian Avocet	53
Aythya affinis	Kleine Bergente, Veilchen-ente	Lesser Scaup	27
Aythya americana	Rotkopfente, Amerikani-sche Tafelente	Redhead	27
Aythya collaris	Halsringente	Ring-necked Duck	27
Aythya ferina	Tafelente	Common Pochard	27
Aythya marila	Bergente	Greater Scaup	27
Aythya valisineria	Kanevasente	Canvasback	27
bairdii, Calidris	Bairdstrandläufer	Baird's Sandpiper	57
Balaeniceps rex	Schuhschnabel	Shoebill, Whalehead Stork	22
Balaenicipitidae	Schuhschnabel	Shoebill, Whalehead Stork	22
Balearica	Kronenkraniche	crowned crane	39
barbara, Alectoris	Felsenhuhn	Barbary Partridge	35
barbatus, Gypaetus	Bartgeier, Lämmergeier [Altweltgeier]	Bearded Vulture [Old World], Lämmergeier	30
Bartramia longicauda	Prärieläufer	Upland Sandpiper, Upland Plover[Am]	57
bassana, Sula (Morus)	Baßtölpel	Northern Gannet	16
Batis	Schnäpperwürger, Klein-schnäpper [*Batis*]	puffback-flycatchers	138
Batrachostomidae [Sibley]	Froschmäuler (Eulen-schwalme)	Asian frogmouths	75
Batrachostomus	Froschmäuler (Eulen-schwalme)	Asian frogmouths	75
bengalensis, Sterna	Rüppell-Seeschwalbe	Lesser Crested Tern	61
bernardi, Sakesphorus	Weißnacken-Ameisen-würger	Collared Antshrike, White-naped Antshrike	103
bernicla, Branta	Ringelgans	Brent Goose	27
bewicki, Cygnus	Zwergschwan	Bewick's Swan	27
biarmicus, Falco	Lanner, Feldeggsfalke	Lanner Falcon	32
biarmicus, Panurus	Bartmeise	Bearded Tit, Bearded Reedling	133
bicolor, Parus	Indianermeise, Zweifarb-meise	Tufted Titmouse	146
Bombycilla	Seidenschwänze	waxwings	124
Bombycilla cedrorum	Zedern-Seidenschwanz	Cedar Waxwing	124
Bombycilla garrulus	Seidenschwanz	Waxwing, Bohemian Wax-wing[Am]	124
Bombycillidae	Seidenschwänze [einschl. Seidenschnäpper]	waxwings	124
Bonasa umbellus	Kragenhuhn (Rauhfußhuhn)	Ruffed Grouse	35
bonasia, Tetrastes (Bonasa)	Haselhuhn	Hazel Hen, Hazel Grouse	35
bonelli, Phylloscopus	Berglaubsänger	Bonelli's Warbler [Old World]	136
borealis, Phylloscopus	Wanderlaubsänger, Nordi-scher Laubsänger	Arctic Warbler [Old World]	136
borin, Sylvia	Gartengrasmücke	Garden Warbler [Old World]	136
Botaurus, Ixobrychus	Rohrdommeln, Dommeln	bitterns	20

Latein	Deutsch	Englisch	Familie nach Howard
Botaurus lentiginosus	Nordamerikanische Rohr-dommel	American Bittern	20
Botaurus stellaris	Rohrdommel	Eurasian Bittern	20
brachydactyla, Calandrella	Kurzzehenlerche	Short-toed Lark	116
brachydactyla, Certhia	Gartenbaumläufer, Haus-baumläufer	Short-toed Tree Creeper	148
Brachypteraciidae	Erdracken	ground-rollers	89
Brachypteryx	Kurzflügel	shortwings	130
Brachyramphus → *Synthli-boramphus antiquus*	Silberalk	Ancient Murrelet	63
brachyrhynchos, Corvus	Amerikanerkrähe	American Crow, Common Crow	173
brachyrhynchus, Anser	Kurzschnabelgans	Pink-footed Goose	27
Branta bernicla	Ringelgans	Brent Goose	27
Branta canadensis	Kanadagans	Canada Goose	27
Branta, Chen, Anser etc.	Gänse, Wildgänse	geese, brant	27
Branta leucopsis	Nonnengans, Weißwangen-gans	Barnacle Goose	27
Branta ruficollis	Rothalsgans	Red-breasted Goose	27
brevipes, Accipiter	Kurzfangsperber, Kurzfang-habicht	Levant Sparrow Hawk	30
Bubalornis niger	Büffelweber	Buffalo Weaver	163
Bubo bubo	Uhu	Eagle-Owl	73
Bubo virginianus	Virginia-Uhu, Amer. Uhu	Great Horned Owl	73
Bubulcus ibis	Kuhreiher	Cattle Egret, Buff-backed Heron	20
Bucanetes githagineus	Wüstengimpel	Trumpeter Bullfinch, Trumpeter Finch	161
Bucconidae	Faulvögel	puffbirds	95
Bucephala albeola	Büffelkopfente	Bufflehead	27
Bucephala clangula	Schellente	Common Goldeneye	27
Bucerotidae	Nashornvögel; Hornvögel, Tokos	hornbills	93
Bucorvidae [Sibley]	Hornraben	ground-hornbills	93
Bucorvus	Hornraben	ground-hornbills	93
Budytes → *Motacilla*	eigentliche Stelzen	wagtails	118
Budytes → *Motacilla citre-ola*	Zitronenstelze	Citrine Wagtail	118
Budytes → *Motacilla flava flava*	Schafstelze	Blue-headed Wagtail (Yellow Wagtail)	118
Budytes → *Motacilla flava flavissima*	Englische Schafstelze, grünköpfige Schafstelze	British Yellow Wagtail, Yellowish-crowned Wagtail	118
Buphaginae	Madenhacker	oxpeckers	164
Buphagus africanus	Gelbschnabel-Maden-hacker	oxpecker	164
Burhinidae	Triele	stone-curlews, thick-knees	54
Burhinus oedicnemus	Triel	Stone-Curlew	54
Buscarla → *Emberiza rustica*	Waldammer	Rustic Bunting	155
Buteo	Bussarde	buzzards, buteos (hawks)[Am]	30
Buteo buteo	Mäusebussard	Eurasian Buzzard	30

Latein	Deutsch	Englisch	Familie nach Howard
Buteo jamaicensis	Rotschwanzbussard	Red-tailed Hawk, Redtail	30
Buteo lagopus	Rauhfußbussard	Rough-legged Buzzard, Rough-legged Hawk[Am]	30
Buteo lineatus	Rotschulterbussard	Red-shouldered Hawk	30
Buteo rufinus	Adlerbussard	Long-legged Buzzard	30
Butorides striatus	Mangrovereiher, Grünreiher	Green-backed Heron, Green Heron	20

. . . .

Cacatuidae	Kakadus	cockatoos	67
cachinnans, Larus	Weißkopfmöwe	Yellow-legged Gull	61
caerulea, Guiraca	Azurbischof	Blue Grosbeak	155
caerulea, Polioptila	Blau-Mückenfänger, Blau-Mückenschnäpper	Blue-gray Gnatcatcher	135
caerulescens, Anser	Schneegans	Snow Goose	27
caerulescens, Microhierax	Rotschenkel-Zwergfalke, Rotkehlfälkchen	Red-thighed Falconet	32
caeruleus, Elanus	Gleitaar	Black-winged Kite	30
caeruleus, Parus	Blaumeise	Blue Tit	146
caesia, Emberiza	Grauortolan	Cretzschmar's Bunting	155
caffer, Apus	Kaffernsegler	White-rumped Swift	79
Calamodus → Acrocephalus melanopogon	Mariskensänger, Tamariskensänger	Moustached Warbler [Old World]	136
Calamodus → Acrocephalus paludicola	Seggenrohrsänger, Binsenrohrsänger	Aquatic Warbler [Old World]	136
Calamodus → Acrocephalus schoenobaenus	Schilfrohrsänger, Uferrohrsänger	Sedge Warbler [Old World]	136
Calamonastes	Bindensänger	wren-warblers	136
calandra, Emberiza	Grauammer	Corn Bunting	155
calandra, Melanocorypha	Kalanderlerche	Calandra Lark	116
Calandrella brachydactyla	Kurzzehenlerche	Short-toed Lark	116
Calandrella rufescens	Stummellerche	Lesser Short-toed Lark	116
Calcarius, Emberiza	Altweltammern	Old World buntings	155
Calcarius lapponicus	Spornammer	Lapland Bunting, Lapland Longspur[Am]	155
calendula, Regulus	Rubingoldhähnchen, Rotkrönchen	Ruby-crowned Kinglet	136
Calidris acuminata	Spitzschwanz-Strandläufer	Sharp-tailed Sandpiper	57
Calidris alba	Sanderling (Strandläufer)	Sanderling	57
Calidris alpina	Alpen-Strandläufer	Dunlin, Red-backed Sandpiper[Am]	57
Calidris bairdii	Bairdstrandläufer	Baird's Sandpiper	57
Calidris canutus	Knutt, Isländischer Strandläufer	Red Knot	57
Calidris ferruginea	Sichelstrandläufer	Curlew Sandpiper	57
Calidris fuscicollis	Weißbürzel-Strandläufer	White-rumped Sandpiper	57
Calidris himantopus	Bindenstrandläufer	Stilt Sandpiper	57
Calidris maritima	Meerstrandläufer	Purple Sandpiper	57
Calidris melanotos	Graubrust-Strandläufer	Pectoral Sandpiper	57
Calidris minuta	Zwergstrandläufer	Little Stint	57
Calidris minutilla	Wiesenstrandläufer	Least Sandpiper	57
Calidris pusilla	Sandstrandläufer	Semipalmated Sandpiper	57

Latein	Deutsch	Englisch	Familie nach Howard
Calidris ruficollis	Rotkehl-Strandläufer	Red-necked Stint, Rufous-necked Sandpiper	57
Calidris temminckii	Temminck-Strandläufer	Temminck's Stint	57
californianus, Geococcyx	Wegekuckuck (Kaliforn. Erdkuckuck)	Greater Roadrunner	71
californianus, Gymnogyps	Kalifornischer Kondor	California Condor	28
caligata, Hippolais	Buschspötter	Booted Warbler [Old World]	136
Callaeidae (Callaeatidae)	Lappenvögel, Lappenkrähen	wattlebirds	167
Calonectris, Puffinus	Sturmtaucher (Sturmvögel)	shearwaters	11
Calonectris → Puffinus diomedea	Gelbschnabel-Sturmtaucher	Cory's Shearwater	11
Camarhynchus	Darwinfinken	tree-finches	155
camelus, Struthio	Strauß	Ostrich	1
Campephagidae	Stachelbürzler, Kuckuckswürger, Raupenfresser	cuckoo-shrikes	119
campestris, Anthus	Brachpieper	Tawny Pipit	118
Campylorhamphus	Sensenschnäbel	scythebills (woodcreepers)	101
canadensis, Branta	Kanadagans	Canada Goose	27
canadensis, Sitta	Kanadakleiber	Red-breasted Nuthatch	147
canaria, Serinus	Kanarienvogel	Canary, Canary Bird	161
canaria serinus, Serinus	Girlitz	European Serin	161
cannabina, Carduelis	Hänfling, Bluthänfling	Linnet	161
canorus, Cuculus	Kuckuck	Common Cuckoo [Old World]	71
cantans, Psittirostra	Laysangimpel, Ou	Yellow Laysan Finch [Hawaii], Ou	158
cantillans, Sylvia	Weißbart-Grasmücke	Subalpine Warbler [Old World]	136
canus, Larus	Sturmmöwe	Common Gull	61
canus, Picus	Grauspecht	Grey-headed Woodpecker	99
canutus, Calidris	Knutt, Isländischer Strandläufer	Red Knot	57
Capella → Gallinago gallinago	Bekassine (Sumpfschnepfe)	Common Snipe, Wilson's Snipe[Am]	57
Capella → Gallinago media	Doppelschnepfe	Great Snipe	57
capensis, Tyto	Graseule	Grass-Owl	72
Capitonidae	Bartvögel	barbets [incl. tinkerbirds]	96
Caprimulgidae	Nachtschwalben [Ziegenmelker]	nightjars	78
CAPRIMULGIFORMES	Schwalmvögel, Nachtschwalbenartige	goatsuckers	74
Caprimulginae	eigentliche Nachtschwalben	nightjars [Caprimulginae]	78
Caprimulgus aegyptius	Pharaonen-Nachtschwalbe, Ägypt. Ziegenmelker	Egyptian Nightjar	78
Caprimulgus carolinensis	Carolina-Nachtschwalbe	Chuck-will's-widow (nightjar)	78
Caprimulgus europaeus	Ziegenmelker, Nachtschwalbe	European Nightjar	78
Caprimulgus vociferus	Whip-poor-will (Amer. Ziegenmelker)	Whip-poor-will (nightjar)	78

Latein	Deutsch	Englisch	Familie nach Howard
carbo, Phalacrocorax	Kormoran	Great Cormorant	17
Cardinalinae	Kardinäle	cardinals	155
Cardinalis cardinalis	Roter Kardinal, Rotkardinal	Northern Cardinal	155
Cardinalis sinuatus	Schmalschnabelkardinal	Pyrrhuloxia	155
Carduelinae	Stieglitzvögel, Gimpel (Hänflinge)	cardueline finches; gold-finches, crossbills etc.	161
Carduelis cannabina	Hänfling, Bluthänfling	Linnet	161
Carduelis carduelis	Stieglitz, Distelfink	European Goldfinch	161
Carduelis chloris	Grünling, Grünfink	European Greenfinch	161
Carduelis flammea	Birkenzeisig	Common Redpoll	161
Carduelis flavirostris	Berghänfling	Twite	161
Carduelis hornemanni	Polarbirkenzeisig	Arctic Redpoll, Hoary Red-poll[Am]	161
Carduelis pinus	Fichtenzeisig	Pine Siskin	161
Carduelis spinus	Erlenzeisig, Zeisig	Eurasian Siskin	161
Carduelis tristis	Goldzeisig, Trauerzeisig	American Goldfinch	161
Carduelis → Serinus citri-nella	Zitronengirlitz, Zitronen-zeisig	Citril Finch	161
Cariama cristata	Seriema	Red-legged Seriema	46
Cariamidae	Seriemas [einschl. Tschun-ja]	seriemas	46
caripensis, Steatornis	Fettschwalm	Oilbird, Guacharo	74
carolina, Porzana	Carolina-Sumpfhuhn	Sora (Rail)	42
carolinensis, Caprimulgus	Carolina-Nachtschwalbe	Chuck-will's-widow (night-jar)	78
carolinensis, Dumetella	Katzendrossel, Katzenvogel	Gray Catbird	128
carolinensis, Parus	Carolinameise	Carolina Chickadee	146
carolinensis, Sitta	Carolinakleiber	White-breasted Nuthatch	147
carolinus, Melanerpes	Carolinaspecht	Red-bellied Woodpecker	99
Carpodacus erythrinus	Karmingimpel	Scarlet Grosbeak, Com-mon Rosefinch[Am]	161
Carpodacus mexicanus	Hausgimpel, Mexikanischer Karmingimpel	House Finch	161
Carpodacus purpureus	Purpurgimpel	Purple Finch	161
Carpornis	Beerenfresser (Schmuck-vögel)	berryeaters	108
carunculatus, Creadion	Sattelvogel, Lappenstar	Saddleback	167
caryocatactes, Nucifraga	Tannenhäher	Eurasian Nutcracker	173
Casarca → Tadorna ferru-ginea	Rostgans	Ruddy Shelduck	27
Casmerodius albus	Silberreiher	Great Egret, Great White Heron, Great White Egret	20
caspia, Sterna	Raubseeschwalbe	Caspian Tern	61
Casuariidae	Kasuare	cassowaries	3
CASUARIIFORMES	Australien-Laufvögel; Kasuare und Emus	cassowaries, emus	3
Casuarius	Kasuare	cassowaries	3
Catamblyrhynchos diade-ma	Plüschkopftangare, Samt-kappenfink	Plush-capped Finch, Plushcap	155
Catharacta skua (Stercora-rius)	Große Raubmöwe (Skua)	Great Skua	60

Latein	Deutsch	Englisch	Familie nach Howard
Catharacta, Stercorarius	Raubmöwen	skuas, jaegers	60
Cathartes aura	Truthahngeier [Neuwelt-geier]	Turkey Vulture [New World] (Buzzard[Am])	28
Cathartidae	Neuweltgeier	New World vultures, American vultures	28
Catharus fuscescens	Weidendrossel, Wilsondrossel, Wiesendrossel	Veery	130
Catharus → Turdus ustulatus	Zwergdrossel, Swainsondrossel	Swainson's Thrush	130
Catoptrophorus semipalmatus	Schlammtreter, Entenschnepfe	Willet	57
caudatus, Aegithalos	Schwanzmeise	Long-tailed Tit	144
Cecropis → Hirundo daurica	Rötelschwalbe	Red-rumped Swallow	117
cedrorum, Bombycilla	Zedern-Seidenschwanz	Cedar Waxwing	124
Centropodinae	Laufkuckucke, Spornkuckucke	coucals	71
Centropus	Laufkuckucke, Spornkuckucke	coucals	71
Centropus grillii	Grillkuckuck, Schwarzer Spornkuckuck	Black Coucal	71
Cepphus	Teisten	guillemots [*Cepphus*]	63
Cepphus grylle (Uria)	Gryllteiste	Black Guillemot	63
Cercotrichas galactotes	Afrikanischer Heckensänger	Rufous Bush Robin	130
Cercotrichas (Erythropygia)	Heckensänger	scrub-robins [Africa]	130
Certhia americana	Andenbaumläufer	Brown Creeper	148
Certhia brachydactyla	Gartenbaumläufer, Hausbaumläufer	Short-toed Tree Creeper	148
Certhia familiaris	Waldbaumläufer	Common Tree Creeper	148
Certhiidae	Baumläufer	tree creepers, creepers	148
certhiola, Locustella	Streifenschwirl	Pallas's Grasshopper Warbler [Old World]	136
cervinus, Anthus	Rotkehlpieper	Red-throated Pipit	118
Ceryle alcyon	Gürtelfischer, Halsbandfischer	Belted Kingfisher	84
Ceryle rudis	Graufischer	Pied Kingfisher	84
Cerylinae	Fischer (Eisvögel)	kingfishers [Cerylinae]	84
Cettia cetti	Seidensänger	Cetti's Warbler [Old World]	136
Chaetops frenatus	Felsenspringer	Rufous Rockjumper	130
Chaetura, Apus	Segler, eigentliche Segler	swifts	79
Chaetura pelagica	Kaminsegler, Schornsteinsegler	Chimney Swift	79
Chaetura spinicauda	Dornensegler	Band-rumped Swift	79
Chalcostigma	Glanzschwänzchen	thornbills	81
Chamaea fasciata	Zaunkönigsmeise, Chaparraltimalie, Zaunkönigs-Grasmücke	Wrentit	132
Charadriidae	Regenpfeifer	plovers and lapwings	56
CHARADRIIFORMES	Wat- [Schnepfen-], Möwen-, Alkenvögel; Sumpf- und Strandvögel	waders, gulls and auks	48

Latein	Deutsch	Englisch	Familie nach Howard
Charadriinae	Regenpfeifer, eigentliche Regenpfeifer	plovers [incl. killdeer]	56
Charadrius alexandrinus	Seeregenpfeifer	Kentish Plover, Snowy Plover[Am]	56
Charadrius asiaticus	Wermutregenpfeifer	Caspian Plover	56
Charadrius dubius	Flußregenpfeifer	Little Ringed Plover	56
Charadrius hiaticula	Sandregenpfeifer	Ringed Plover	56
Charadrius leschenaultii	Wüstenregenpfeifer	Greater Sand Plover	56
Charadrius mongolus	Mongolen-Regenpfeifer	Mongolian Sand Plover, Lesser Sand Plover	56
Charadrius morinellus	Mornellregenpfeifer	Dotterel	56
Charadrius vociferus	Schreiregenpfeifer, Keil-schwanz-Regenpfeifer	Killdeer (plover)	56
Chaulelasmus → Anas strepera	Schnatterente, Mittelente	Gadwall	27
Chen → Anser caerulescens	Schneegans	Snow Goose	27
cherrug, Falco	Würgfalke	Saker Falcon	32
Chersophilus duponti	Dupontlerche	Dupont's Lark	116
Chettusia → Vanellus gregaria	Steppenkiebitz	Sociable Plover	56
Chettusia → Vanellus leucurus	Weißschwanzkiebitz	White-tailed Plover	56
Chionididae (Chionidae)	Scheidenschnäbel	sheathbills	59
chirurgus, Hydrophasianus	Wasserfasan	Pheasant-tailed Jacana	48
Chlamydochaera jefferyi	Fruchtpicker	Black-breasted Triller	119
Chlamydotis undulata	Kragentrappe	Houbara Bustard	47
Chlidonias hybrida	Weißbart-Seeschwalbe	Whiskered Tern	61
Chlidonias leucopterus	Weißflügel-Seeschwalbe	White-winged Black Tern	61
Chlidonias niger	Trauerseeschwalbe	Black Tern	61
chloris, Acanthisitta	Grenadier, Scheinkleiber	Rifleman	112
Chloris → Carduelis chloris	Grünling, Grünfink	European Greenfinch	161
Chlorophanes, Cyanerpes, Iridophanes	Naschvögel	neotropical honeycreepers (tanagers)	155
Chloropseidae → Irenidae	Feenvögel	leafbirds, ioras	121
chloropus, Gallinula	Teichhuhn (Wasserhuhn)	Common Moorhen, Florida Gallinule[Am]	42
Chlorospingus	Buschtangaren	bush-tanagers	155
Chordeiles minor	Falkennachtschwalbe	Common Nighthawk	78
Chordeilinae	Falkennachtschwalben	nighthawks	78
Chroicocephalus → Larus genei	Dünnschnabelmöwe	Slender-billed Gull	61
Chroicocephalus → Larus melanocephalus	Schwarzkopfmöwe	Mediterranian Gull	61
Chroicocephalus → Larus philadelphia	Bonapartemöwe	Bonaparte's Gull	61
Chroicocephalus → Larus ridibundus	Lachmöwe	Black-headed Gull	61
chrysaetus, Aquila	Steinadler	Golden Eagle	30
Chrysolophus amherstiae	Diamantfasan	Lady Amherst's Pheasant	35
Chrysolophus pictus	Goldfasan	Golden Pheasant	35
chrysoptera, Neositta	Spiegelkleiber	Australian Sittella (Sitella)	147

Latein	Deutsch	Englisch	Familie nach Howard
chucar, Alectoris	Chukar-Steinhuhn	Chukar, Chukar Partridge	35
cia, Emberiza	Zippammer	Rock Bunting	155
Ciconia ciconia	Weißstorch	White Stork	23
Ciconia nigra	Schwarzstorch	Black Stork	23
Ciconiidae	Störche, Marabus	storks	23
CICONIIFORMES	Schreitvögel, Stelzvögel	herons and allies	20
Cinclidae	Wasseramseln	dippers	126
Cinclosomatinae [Sibley]	Flöter	quail-thrushes, whipbirds	131
Cinclus cinclus	Wasseramsel	White-breasted Dipper	126
Cinclus mexicanus	Grauwasseramsel	American Dipper	126
cinctus, Parus	Lapplandmeise	Siberian Tit	146
cineracea, Emberiza	Türkenammer	Cinereous Bunting	155
cinerea, Ardea	Fischreiher, Graureiher	Common Heron	20
cinerea, Motacilla	Gebirgsstelze, Bergstelze	Grey Wagtail	118
cinerea, Struthidea	Gimpelhäher, Grauling	Apostlebird	168
cinereus, Xenus	Terekwasserläufer	Terek Sandpiper	57
Circaetus gallicus	Schlangenadler	Short-toed Eagle	30
Circus	Weihen	Harriers	30
Circus aeruginosus	Rohrweihe	Marsh Harrier	30
Circus cyaneus	Kornweihe	Northern Harrier (Marsh Hawk)	30
Circus macrourus	Steppenweihe	Pallid Harrier	30
Circus pygargus	Wiesenweihe	Montagu's Harrier	30
cirlus, Emberiza	Zaunammer	Cirl Bunting	155
Cirrepidesmus → Charadrius leschenaultii	Wüstenregenpfeifer	Greater Sand Plover	56
Cisticola	Cistensänger und Pinkpinks	African warblers	136
Cisticola juncidis	Cistensänger	Fan-tailed Warbler [African Warbler]	136
Cisticolidae [Sibley]	Cistensänger	African warblers	136
citrea, Protonotaria	Zitronenwaldsänger	Prothonotary Warbler [New World]	157
citreola, Motacilla	Zitronenstelze	Citrine Wagtail	118
citrina, Wilsonia	Kapuzenwaldsänger	Hooded Warbler [New World]	157
citrinella, Emberiza	Goldammer	Yellowhammer	155
citrinella, Serinus	Zitronengirlitz, Zitronenzeisig	Citril Finch	161
Cladorhynchus leucocephalus	Schlammstelzer	Banded Stilt	53
Clamator glandarius	Häherkuckuck	Great Spotted Cuckoo	71
Clamatoridae [Wolters]	Häherkuckucke	cuckoos [Clamatoridae]	71
clanga, Aquila	Schelladler	Spotted Eagle	30
clangula, Bucephala	Schellente	Common Goldeneye	27
Clangula hyemalis	Eisente	Oldsquaw (Long-tailed Duck)	27
Climacteridae	Baumrutscher (Baumsteiger)	Australian creepers	150
clypeata, Anas	Löffelente	Northern Shoveler	27
Clytoceyx rex	Froschschnabel	Shovel-billed Kingfisher	84

Latein	Deutsch	Englisch	Familie nach Howard
Coccothraustes cocco-thraustes	Kernbeißer	Hawfinch (Grosbeak)	161
Coccothraustes vesperti-nus	Abendkernbeißer	Evening Grosbeak	161
Coccycus erythrophthal-mus	Schwarzschnabelkuckuck	Black-billed Cuckoo [New World)	71
Coccyzidae [Sibley]	Regenkuckucke	New World cuckoos, American cuckoos	71
Coccyzus americanus	Gelbschnabelkuckuck	Yellow-billed Cuckoo [New World]	71
Cochleariidae	Kahnschnabel	Boatbill Heron, Boat-billed Heron	20
Cochlearius cochlearius	Kahnschnabel	Boatbill Heron, Boat-billed Heron	20
Cochoa	Schnäpperdrosseln	cochoas	130
coelebs, Fringilla	Buchfink	Common Chaffinch	161
Coereba flaveola	Bananaquit, Gelbbrust-Zuckervogel	Bananaquit	156
Coerebidae	Bananaquit, Gelbbrust-Zuckervogel	Bananaquit	156
Colaptes auratus	Goldspecht	Common Flicker, Northern Flicker	99
colchicus (torquatus), Phasianus	Fasan, Ringfasan, Jagd-fasan	Ring-necked Pheasant, Pheasant	35
Coliidae	Mausvögel, Buschkletterer	mousebirds, colies	82
COLIIFORMES	Mausvögel, Buschkletterer	mousebirds, colies	82
Colinus	Baumwachteln	bobwhites	35
Colinus virginianus	Virginiawachtel, Baum-wachtel	Northern Bobwhite, Com-mon Bobwhite	35
collaris, Aythya	Halsringente	Ring-necked Duck	27
collaris, Lanius	Büttelwürger, Fiskalwürger	Common Fiscal Shrike	122
collaris, Prunella	Alpenbraunelle, Flühvogel	Alpine Accentor	129
Collocalia	Salanganen [*Collocalia*]	swiftlets	79
collurio collurio, Lanius	Neuntöter, Rotrücken-würger	Red-backed Shrike	122
collybita, Phylloscopus	Zilpzalp, Weidenlaubsänger	Chiffchaff	136
Coloeus → *Corvus mone-dula*	Dohle	Eurasian Jackdaw	173
colubris, Archilochus	Rubinkehl-Kolibri	Ruby-throated Humming-bird	81
Columba livia	Felsentaube (Haustaube), Straßentaube	Rock Dove, Domestic Pigeon	65
Columba oenas	Hohltaube	Stock Dove	65
Columba palumbus	Ringeltaube	Wood Pigeon, Ring Dove	65
columbarius, Falco	Merlin, Zwergfalke	Merlin (Pigeon Hawk)	32
columbiana, Nucifraga	Kiefernhäher, Amerikani-scher Tannenhäher	Clark's Nutcracker	173
columbianus, Cygnus	Tundraschwan, Pfeif-schwan	Tundra Swan, Whistling Swan	27
Columbidae	Tauben	pigeons, doves	65
COLUMBIFORMES	Taubenvögel; Tauben und Flughühner	pigeons and allies	64

Latein	Deutsch	Englisch	Familie nach Howard
Colymbus → Gavia adamsii	Gelbschnabel-Eistaucher	White-billed Diver, Yellow-billed Loon[Am]	8
Colymbus → Gavia arctica	Prachttaucher, Polarsee-taucher	Black-throated Diver, Arctic Loon[Am]	8
Colymbus → Gavia immer	Eistaucher, Imbergans	Great Northern Diver, Common Loon[Am]	8
Colymbus → Gavia pacifica	Weißnackentaucher	Pacific Loon	8
Colymbus → Gavia stellata	Sterntaucher, Nordsee-taucher	Red-throated Diver, Red-throated Loon[Am]	8
Colymbus → Gavia	Seetaucher	divers, loons[Am]	8
communis, Sylvia	Dorngrasmücke	Whitethroat	136
Conirostrum	Spitzschnäbel	conebills	157
Conopophagidae	Mückenfresser, Mücken-fänger	gnateaters	104
conspicillata, Sylvia	Brillengrasmücke	Spectacled Warbler [Old World]	136
Contopus virens	Piwih, Östlicher Wald-tyrann, Waldpiwih	Eastern Wood-pewee	106
Coracias garrulus	Blauracke, Mandelkrähe	Blue Roller	88
Coraciidae	eigentliche Racken, Baum-racken	typical rollers	88
CORACIIFORMES	Rackenvögel	kingfishers and allies	84
Coragyps atratus	Rabengeier [Neuweltgeier]	Black Vulture [New World vulture]	28
corallirostris, Hypositta	Madagaskar-Kleiber, Kleibervanga	Madagascar Nuthatch (vanga shrike)	123
corax, Corvus	Kolkrabe	Common Raven	173
Corcoracinae	Drosselhäher	Australian choughs [incl. Apostlebird]	168
Corcorax melanorhamphus	Drosselkrähe, Australische Bergkrähe, Drosselhäher	White-winged Chough, Australian Chough	168
corniculatus, Philemon	Lärm-Lederkopf	Noisy Friarbird, Leather-head	154
coronata, Dendroica	Kronwaldsänger	Yellow-rumped Warbler [New World]	157
coronata, Dendroica	Myrten-Waldsänger → Kronwaldsänger	Myrtle Warbler [New World] → Yellow-rumped Warbler	157
coronata, Zeledonia	Zaunkönigsdrossel	Wren-Thrush	157
corone cornix, Corvus	Nebelkrähe	Hooded Crow	173
corone corone, Corvus	Rabenkrähe, Aaskrähe	Carrion Crow	173
Corvidae	Rabenvögel	crows, jays [incl. magpies]	173
Corvinella	Elsterwürger	long-tailed shrikes	122
Corvus brachyrhynchos	Amerikanerkrähe	American Crow, Common Crow	173
Corvus corax	Kolkrabe	Common Raven	173
Corvus corone cornix	Nebelkrähe	Hooded Crow	173
Corvus corone corone	Rabenkrähe, Aaskrähe	Carrion Crow	173
Corvus frugilegus	Saatkrähe	Rook	173
Corvus monedula	Dohle	Eurasian Jackdaw	173
Corvus ossifragus	Fischkrähe	Fish Crow	173
Corythaixoides	Lärmvögel [Corythaixoides]	go-away-birds (touracos)	69

Latein	Deutsch	Englisch	Familie nach Howard
Corythopis	Lauftyrannen	antpipits	106
Cotingidae	Schmuckvögel	cotingas	108
Coturnix coturnix	Wachtel	Quail	35
Coua	Couas	couas	71
Cracidae	Schakuhühner; Hokkos und Guans	curassows and guans	34
Cracticidae	Würgerkrähen [einschl. Flötenvogel, Würgatzeln]	butcherbirds	170
Cracticus	Würgatzeln, Flötenwürger (Würgerkrähen)	Australian butcherbirds	170
crassirostris, Ailuroedus	Grüner Katzenvogel, Grünlaubenvogel	Green Catbird [Australia]	171
Crateroscelis	Waldhuscher, Farnhuscher	mouse-babblers	140
Crax mitu	Mitu (Hokko)	Razor-billed Curassow	34
Crax, Nothocrax	Hokkos	curassows	34
Crax rubra	Tuberkelhokko, Roter Hokko	Great Curassow	34
Creadion carunculatus	Sattelvogel, Lappenstar	Saddleback	167
crecca, Anas	Krickente	Green-winged Teal, Common Teal	27
Crex crex	Wachtelkönig, Wiesenralle	Corncrake	42
Crinifer	Lärmvögel [Crinifer]	plantaine-eaters (touracos)	69
crinitus, Myiarchus	Schnäppertyrann, Gelbbrusttyrann	Great Crested Flycatcher [New World]	106
crispus, Pelecanus	Krauskopfpelikan	Dalmatian Pelican	15
cristata, Cariama	Seriema	Red-legged Seriema	46
cristata, Cyanocitta	Blauhäher	Blue Jay	173
cristata, Fulica	Kammbläßhuhn	Crested Coot	42
cristata, Galerida	Haubenlerche	Crested Lark	116
cristatella, Aethia	Schopfalk	Crested Auklet	63
cristatus, Oxyruncus	Flammenkopf, Feuerkopf	Sharpbill	109
cristatus, Parus	Haubenmeise	Crested Tit	146
cristatus, Pavo	Pfau, Blauer Pfau	Common Pea-Fowl (Peacock)	35
cristatus, Podiceps	Haubentaucher	Great Crested Grebe	9
Crocethia → Calidris alba	Sanderling (Strandläufer)	Sanderling	57
Crotophaga	Anis, Amer. Madenhacker, Madenkuckucke	anis	71
Crotophaginae	Madenkuckucke (Anis) und Guira-Kuckuck	anis and Guira Cuckoo	71
crumeniferus, Leptoptilus	Marabu	Marabou	23
Cryptocichla → Turdus sibiricus	Schieferdrossel, Sibirische Drossel	Siberian Thrush	130
cuccullatus, Mergus	Kappensäger	Hooded Merganser	27
Cuculidae	Kuckucke	cuckoos, roadrunners and anis	71
CUCULIFORMES	Kuckucksvögel; Turakos und Kuckucke	cuckoos and allies	69
Cuculinae	eigentliche Kuckucke	Old World cuckoos	71
cucullatus (ext), Raphus	Dronte (ausgestorben)	Dodo (extinct)	65
Cuculus canorus	Kuckuck	Common Cuckoo [Old World]	71

219

Latein	Deutsch	Englisch	Familie nach Howard
curruca, Sylvia	Klappergrasmücke, Zaungrasmücke	Lesser Whitethroat	136
Curruca → Sylvia	Grasmücken [*Sylvia*]	OW warblers [*Sylvia*], true warblers	136
Curruca → Sylvia cantillans	Weißbart-Grasmücke	Subalpine Warbler [Old World]	136
Curruca → Sylvia communis	Dorngrasmücke	Whitethroat	136
Curruca → Sylvia conspicillata	Brillengrasmücke	Spectacled Warbler [Old World]	136
Curruca → Sylvia curruca	Klappergrasmücke, Zaungrasmücke	Lesser Whitethroat	136
Curruca → Sylvia hortensis	Orpheusgrasmücke	Orphean Warbler [Old World]	136
Curruca → Sylvia melanocephala	Samtkopf-Grasmücke	Sardinian Warbler [Old World]	136
Curruca → Sylvia nisoria	Sperbergrasmücke	Barred Warbler [Old World]	136
Curruca → Sylvia rueppelli	Maskengrasmücke	Ruppell's Warbler [Old World]	136
Curruca → Sylvia sarda	Sardengrasmücke	Marmora's Warbler [Old World]	136
Curruca → Sylvia undata	Provencegrasmücke	Dartford Warbler [Old World]	136
Cursorius	Wüstenläufer	coursers	55
Cursorius cursor (C. gallicus)	Rennvogel, gewöhnlicher Wüstenläufer	Cream-coloured Courser	55
curvirostra, Loxia	Fichtenkreuzschnabel	Crossbill, Red Crossbill[Am]	161
cyanea, Passerina	Indigofink	Indigo Bunting	155
Cyanerpes, Chlorophanes	Naschvögel	neotropical honeycreepers (tanagers)	155
cyaneus, Circus	Kornweihe	Northern Harrier (Marsh Hawk)	30
Cyanistes → Parus caeruleus	Blaumeise	Blue Tit	146
Cyanistes → Parus cyanus	Lasurmeise	Azur Tit	146
Cyanocincla → Monticola solitarius	Blaumerle	Blue Rock Thrush	130
Cyanocitta cristata	Blauhäher	Blue Jay	173
cyanoleuca, Grallina	Australische Drosselstelze	Magpie-Lark, Mudlark	168
cyanomelas, Rhinopomastus	Sichelhopf [Baumhopf]	Scimitarbill, Scimitar-billed Hoopoe	92
Cyanopica cyanus	Blauelster	Azure-winged Magpie	173
Cyanosylvia → Luscinia svecica	Blaukehlchen	Bluethroat	130
cyanurus, Erithacus	Blauschwanz	Red-flanked Bluetail	130
cyanus, Cyanopica	Blauelster	Azure-winged Magpie	173
cyanus, Parus	Lasurmeise	Azur Tit	146
Cygnus bewicki	Zwergschwan	Bewick's Swan	27
Cygnus columbianus	Tundraschwan	Tundra Swan	27
Cygnus columbianus columbianus	Pfeifschwan	Whistling Swan	27
Cygnus cygnus	Singschwan	Whooper Swan	27

Latein	Deutsch	Englisch	Familie nach Howard
Cygnus etc.	Schwäne	swans	27
Cygnus olor	Höckerschwan	Mute Swan	27
Dacelo novaeguineae (Dacelo gigas)	Lachender Hans, Jägerliest	Laughing Kookaburra, Laughing Jackass	84
Dacelonidae [Sibley]	Lieste	dacelonid kingfishers	84
Daphoenositta miranda	Prachtkleiber	Pink-faced Nuthatch	147
Dasyornithinae [Sibley]	Lackvögel	bristlebirds	140
dauma, Turdus	Erddrossel	White's Thrush	130
daurica, Hirundo	Rötelschwalbe	Red-rumped Swallow	117
decaocto, Streptopelia	Türkentaube	Collared Turtle Dove	65
delawarensis, Larus	Ringschnabelmöwe, Delaware-Möwe	Ring-billed Gull	61
Delichon urbica	Mehlschwalbe	House Martin (swallow)	117
Dendrocitta	Baumelster und Wanderelster	treepies [*Dendrocitta*]	173
Dendrocolaptidae	eigentliche Baumsteiger, Baumkletterer	woodcreepers	101
Dendrocopus → Picoides leucotos	Weißrückenspecht	White-backed Woodpecker	99
Dendrocopus → Picoides major	Buntspecht	Great Spotted Woodpecker	99
Dendrocopus → Picoides medius	Mittelspecht	Middle Spotted Woodpecker	99
Dendrocopus → Picoides minor	Kleinspecht, Kleiner Buntspecht	Lesser Spotted Woodpecker	99
Dendrocopus → Picoides syriacus	Blutspecht	Syrian Woodpecker	99
Dendrocygnidae [Sibley]	Pfeifgänse (Baumenten)	whistling-ducks (tree ducks)	27
Dendroica breviunguis → D. striata	Kappenwaldsänger	Blackpoll Warbler [New World]	157
Dendroica coronata	Kronwaldsänger	Yellow-rumped Warbler [New World]	157
Dendroica coronata coronata	Myrten-Waldsänger → Kronwaldsänger	Myrtle Warbler [New World] → Yellow-rumped Warbler	157
Dendroica magnolia	Hemlockwaldsänger	Magnolia Warbler [New World]	157
Dendroica petechia	Goldwaldsänger	Yellow Warbler [New World]	157
Dendroica striata	Kappenwaldsänger	Blackpoll Warbler [New World]	157
Dendroica tigrina	Tigerwaldsänger	Cape May Warbler [New World]	157
Dendroica virens	Grünwaldsänger	Black-throated Green Warbler [New World]	157
Dendronessa → Aix galericulata	Mandarinente	Mandarin	27
deserti, Oenanthe	Wüstenschmätzer	Desert Wheatear	130
diadema, Catamblyrhynchos	Plüschkopftangare, Samtkappenfink	Plush-capped Finch, Plushcap	155
Dicaeidae (Dicaeiidae)	Mistelfresser, Blütenpicker	flowerpeckers	151

Latein	Deutsch	Englisch	Familie nach Howard
Dicruridae	Drongos	drongos	166
Dicrurus macrocercus	Königsdrongo, Asiatischer Trauerdrongo	King Crow, Black Drongo	166
Diglossa	Hakenschnäbel	flower-piercers	155
Diomedea exulans	Wanderalbatros, Kapschaf	Wandering Albatross	10
Diomedea melanophris	Mollymauk, Schwarz-brauenalbatros	Black-browed Albatross	10
diomedea, Puffinus	Gelbschnabel-Sturmtaucher	Cory's Shearwater	11
Diomedeidae	Albatrosse	albatrosses	10
discolor, Leptosomus	Kurol	Kirombo Courol, Cuckoo-Roller	90
dolei, Palmeria	Schopf-Kleidervogel	Crested Honeycreeper [Hawaii]	158
Dolichonyx oryzivorus	Reisstärling, Paperling, Bobolink	Bobolink	160
domesticus, Passer	Spatz, Haussperling	House Sparrow, English Sparrow	163
dominica, Pluvialis	Wanderregenpfeifer, kleiner, amer. Gold-R.	Lesser Golden Plover, American Golden Plover	56
dominicus, Dulus	Palmenschwätzer, Palmen-schmätzer	Palmchat	125
dominicus, Podiceps	Schwarzkopftaucher	Least Grebe	9
dougallii, Sterna	Rosenseeschwalbe	Roseate Stern	61
Drepanididae	Kleidervögel	Hawaiian honeycreepers	158
Drepanornis, Epimachus	Sichelhopfe [Paradiesvögel]	sicklebills, sickle-billed birds of paradise	172
Dromadidae	Reiherläufer	Crab-Plover	50
Dromaiidae (Dromiceiidae)	Emu	Emu	4
Dromaius novaehollandiae	Emu	Emu	4
Dromas ardeola	Reiherläufer	Crab-Plover	50
Dromiceius → Dromaius novaehollandiae	Emu	Emu	4
Drymodes	Scheindrosseln	scrub-robins [Australo-Papuan robins]	130
Dryobates → Picoides leucotos	Weißrückenspecht	White-backed Woodpecker	99
Dryobates → Picoides major	Buntspecht, Rotspecht	Great Spotted Woodpecker	99
Dryobates → Picoides medius	Mittelspecht	Middle Spotted Woodpecker	99
Dryobates → Picoides minor	Kleinspecht, Kleiner Buntspecht	Lesser Spotted Woodpecker	99
Dryobates → Picoides syriacus	Blutspecht	Syrian Woodpecker	99
Dryocopus martius	Schwarzspecht	Black Woodpecker	99
Dryocopus pileatus	Helm-, Schopf-, Hauben-specht	Pileated Woodpecker	99
dubius, Charadrius	Flußregenpfeifer	Little Ringed Plover	56
Dulidae	Palmenschwätzer, Palmen-schmätzer	Palmchat	125

Latein	Deutsch	Englisch	Familie nach Howard
Dulus dominicus	Palmenschwätzer, Palmen-schmätzer	Palmchat	125
Dumetella carolinensis	Katzendrossel, Katzenvogel	Gray Catbird	128
dumetorum, Acrocephalus	Buschrohrsänger	Blyth's Reed Warbler [Old World]	136
duponti, Chersophilus	Dupontlerche	Dupont's Lark	116
Dytes → Podiceps auritus	Ohrentaucher	Slavonian Grebe, Horned Grebe[Am]	9
Dytes → Podiceps nigri-collis	Schwarzhalstaucher	Black-necked Grebe	9
. . . .			
eburnea, Pagophila	Elfenbeinmöwe	Ivory Gull	61
ecaudatus, Theratopius	Gaukler	Bateleur	30
Egretta garzetta	Seidenreiher	Little Egret	20
Egretta → Casmerodius albus	Silberreiher	Great Egret, Great White Heron, Great White Egret	20
Elaeniinae [AOU]	Fliegenstecher	tyrannulets, elaenias and allies	106
Elanoides forficatus	Schwalbenweih, Schwal-benschwanz-Weihe	Swallow Tailed Kite	30
Elanoides, Milvus etc.	Milane	kites	30
Elanus caeruleus	Gleitaar	Black-winged Kite	30
eleonorae, Falco	Eleonorenfalke	Eleonora's Falcon	32
Elminia, Terpsiphone	Paradiesschnäpper, Haubenschnäpper	paradise flycatchers	141
Emberiza aureola	Weidenammer	Yellow-breasted Bunting	155
Emberiza caesia	Grauortolan	Cretzschmar's Bunting	155
Emberiza calandra	Grauammer	Corn Bunting	155
Emberiza, Calcarius	Altweltammern	Old World buntings	155
Emberiza cia	Zippammer	Rock Bunting	155
Emberiza cineracea	Türkenammer	Cinereous Bunting	155
Emberiza cirlus	Zaunammer	Cirl Bunting	155
Emberiza citrinella	Goldammer	Yellowhammer	155
Emberiza hortulana	Ortolan	Ortolan Bunting	155
Emberiza leucocephalos	Fichtenammer	Pine Bunting	155
Emberiza melanocephala	Kappenammer	Black-headed Bunting	155
Emberiza pusilla	Zwergammer	Little Bunting	155
Emberiza rustica	Waldammer	Rustic Bunting	155
Emberiza schoeniclus	Rohrammer	Reed Bunting	155
Emberiza → Calcarius lapponicus	Spornammer	Lapland Bunting, Lapland Longspur[Am]	155
Emberiza → Plectrophenax nivalis	Schneeammer	Snow Bunting	155
Emberizidae	Ammern	buntings, cardinals, tanagers (emberizids)	155
Emberizinae	Ammern [Emberizinae]	Old World buntings	155
Empidonax virescens	Buchentyrann, grünlicher Erlentyrann	Acadian Flycatcher [New World]	106
Enicurus	Scherenschwänze	forktails	130
enucleator, Pinicola	Hakengimpel	Pine Grosbeak	161

Latein	Deutsch	Englisch	Familie nach Howard
Eopsaltriidae	Südseeschnäpper, Südsee-sänger	Australasian robins	142
Ephippiorhynchus → Jabiru mycteria	Jabiru	Jabiru	23
Ephthianura albifrons	Kurzschwanz-Trugschmät-zer, Honigfresser	White-fronted Chat, Australian Chat	140
Ephthianura, Ashbyia	Trugschmätzer	Australian chats	140
Ephthianura (Epthianura)	Trugschmätzer, Honig-fresser	Australian chats [*Ephthi-anura*]	140
Epilais → Sylvia borin	Gartengrasmücke	Garden Warbler [Old World]	136
Epimachus, Drepanornis	Sichelhopfe [Paradiesvögel]	sicklebills, sickle-billed birds of paradise	172
epops, Upupa	Wiedehopf	Hoopoe	91
Epthianura → Ephthianura	Trugschmätzer, Honig-fresser	Australian chats	140
erckelii, Francolinus	Erckelfrankolin	Erckel's Francolin	35
eremita, Geronticus	Waldrapp	Hermit Ibis, Northern Bald-Ibis	24
Eremophila alpestris	Ohrenlerche	Shore Lark, Horned Lark[Am]	116
Ereunetes → Calidris minu-tilla	Wiesenstrandläufer	Least Sandpiper	57
Ereunetes → Calidris pusilla	Sandstrandläufer	Semipalmated Sandpiper	57
Ereunetes → Calidris tem-minckii	Temminck-Strandläufer	Temminck's Stint	57
ericetorum → Turdus philo-melos	Singdrossel	Song Thrush	130
Erithacus cyanurus	Blauschwanz	Red-flanked Bluetail	130
erithacus, Psittacus	Jako, Graupapagei	African Grey Parrot	68
Erithacus rubecula	Rotkehlchen	European Robin	130
Erithacus → Luscinia lusci-nia	Sprosser	Thrush Nightingale, Eastern Nightingale, Sprosser	130
Erithacus → Luscinia me-garhynchos	Nachtigall	Nightingale	130
Erithacus → Luscinia sve-cica	Blaukehlchen	Bluethroat	130
Erolia → Calidris ferruginea	Sichelstrandläufer	Curlew Sandpiper	57
Erythrina → Carpodacus erythrinus	Karmingimpel	Scarlet Grosbeak, Com-mon Rosefinch[Am]	161
erythrocephalus, Melaner-pes	Rotkopfspecht	Red-headed Woodpecker	99
erythrophthalmus, Coccy-cus	Schwarzschnabelkuckuck	Black-billed Cuckoo [New World]	71
erythrophthalmus, Pipilo	Grundammer, Grundrötel, Rötelgrundammer	Rufous-sided Towhee	155
erythropus, Anser	Zwergbläßgans, Zwerggans	Lesser White-fronted Goose	27
erythropus, Tringa	Dunkelwasserläufer	Spotted Redshank	57
Erythropus → Falco ves-pertinus	Rotfußfalke, Abendfalke	Red-footed Falcon	32

224

Latein	Deutsch	Englisch	Familie nach Howard
Erythropygia → *Cercotrichas*	Heckensänger	scrub-robins [Africa]	130
Erythropygia → *Cercotrichas galactotes*	Afrikanischer Heckensänger	Rufous Bush Robin	130
erythrorhynchos, Pelecanus	Nashornpelikan	American White Pelican	15
Erythrosterna → *Muscicapa parva*	Zwergschnäpper, Zwergfliegenschnäpper	Red-breasted Flycatcher [Old World]	137
Erythrura	Papageiamadinen	parrot finches	162
Estrilda	Astrilden	waxbills	162
Estrilda astrild	Wellenastrild	Common Waxbill	162
Estrildidae	Prachtfinken	waxbills, estrildine finches	162
Eudocimus albus	Schneesichler, Weißer Ibis	American White Ibis	24
Eudromias → *Charadrius morinellus*	Mornellregenpfeifer	Dotterel	56
Eupetes macrocercus	Rallenläufer	Rail Babbler	131
Euphonia	Organisten	Euphonias	155
Eurocephalus anguitimens	Weißscheitelwürger, Schlangenwürger	White-crowned Shrike	122
europaea, Sitta	Kleiber, Spechtmeise	Eurasian Nuthatch	147
europaeus, Caprimulgus	Ziegenmelker, Nachtschwalbe	European Nightjar	78
Eurostopodidae [Sibley]	Nachtschwalben [Eurostopodidae]	eared-nightjars	78
Eurylaimidae	Breitrachen, Breitmäuler	broadbills [Eurylaimidae]	100
Eurypyga helias	Sonnenralle	Sunbittern	45
Eurypygidae	Sonnenralle	Sunbittern	45
Eurystomus glaucurus	Zimtroller	African Broad-billed Roller	88
Eurystomus orientalis	Dollarvogel	Dollar Bird, Eastern Broad-billed Roller	88
Eutolmaetus → *Hieraaetus fasciatus*	Habichtsadler	Bonelli's Eagle	30
excubitor, Lanius	Raubwürger	Great Grey Shrike, Northern Shrike[Am]	122
exilis, Ixobrychus	Indianerdommel, Amer. Zwergdommel	Least Bittern	20
exilis, Psaltria	Zwergmeise	Pygmy Tit	144
exulans, Diomedea	Wanderalbatros, Kapschaf	Wandering Albatross	10
exustus, Pterocles	Braunbauch-Flughuhn	Chestnut-bellied Sandgrouse, Small Pin-tailed Sandgrouse	64
fabalis, Anser	Saatgans	Bean Goose	27
falcinellus, Limicola	Sumpfläufer	Broad-billed Sandpiper	57
falcinellus, Plegadis	Braunsichler, Brauner Ibis	Glossy Ibis	24
Falco	Echte Falken, Edelfalken, Falken	falcons	32
Falco biarmicus	Lanner, Feldeggsfalke	Lanner Falcon	32
Falco cherrug	Würgfalke	Saker Falcon	32
Falco columbarius	Merlin, Zwergfalke	Merlin (Pigeon Hawk)	32
Falco eleonorae	Eleonorenfalke	Eleonora's Falcon	32
Falco naumanni	Rötelfalke	Lesser Kestrel	32

Latein	Deutsch	Englisch	Familie nach Howard
Falco peregrinus	Wanderfalke	Peregrine Falcon, Duck Hawk[Am]	32
Falco rusticolus	Gerfalke	Gyrfalcon	32
Falco sparverius	Buntfalke, Sperlingsfalke	American Kestrel, American Sparrow Hawk	32
Falco subbuteo	Baumfalke, Baumfalk	Hobby (Falcon)	32
Falco tinnunculus	Turmfalke	Eurasian Kestrel	32
Falco vespertinus	Rotfußfalke, Abendfalke	Red-footed Falcon	32
Falconidae	Falken, Falkenartige	falcons and caracaras	32
FALCONIFORMES	Greifvögel, Raubvögel	birds of prey, raptors	28
Falcunculus frontatus	Meisendickkopf	Crested Shrike-Tit	143
familiaris, Certhia	Waldbaumläufer	Common Tree Creeper	148
fasciata, Chamaea	Zaunkönigsmeise, Chaparraltimalie, Zaunkönigs-Grasmücke	Wrentit	132
fasciatus, Hieraaetus	Habichtsadler	Bonelli's Eagle	30
ferina, Aythya	Tafelente	Common Pochard	27
ferruginea, Calidris	Sichelstrandläufer	Curlew Sandpiper	57
ferruginea, Tadorna	Rostgans	Ruddy Shelduck	27
Ficedula albicollis	Halsbandschnäpper	Collared Flycatcher [Old World]	137
Ficedula hypoleuca	Trauerschnäpper	Pied Flycatcher [Old World]	137
Ficedula semitorquata	Halbringschnäpper	Semicollared Flycatcher [Old World]	137
Ficedula → *Muscicapa parva*	Zwergschnäpper, Zwergfliegenschnäpper	Red-breasted Flycatcher [Old World]	137
Finschia novaeseelandiae	Finschia	New Zealand Creeper, Pipipi, Brown Creeper	140
flammea, Carduelis	Birkenzeisig	Common Redpoll	161
flammeus, Asio	Sumpfohreule	Short-eared Owl	73
flava flava, Motacilla	Schafstelze	Blue-headed Wagtail (Yellow Wagtail)	118
flava flavissima, Motacilla	Englische Schafstelze, grünköpfige Schafstelze	British Yellow Wagtail, Yellowish-crowned Wagtail	118
flava, Motacilla	Schafstelze	Yellow Wagtail	118
flaveola, Coereba	Bananaquit, Gelbbrust-Zuckervogel	Bananaquit	156
flaviceps, Auriparus	Gelbkopfmeise, Goldköpfchen	Verdin	145
flavipes, Tringa	Gelbschenkel	Lesser Yellowlegs, Yellowshank	57
flavirostris, Carduelis	Berghänfling	Twite	161
fluviatilis, Locustella	Schlagschwirl	River Warbler [Old World]	136
Fluvicolinae [AOU]	Schmätzertyrannen	fluvicoline flycatchers [New World]	106
forficatus, Elanoides	Schwalbenweih, Schwalbenschwanz-Weihe	Swallow Tailed Kite	30
Formicariidae	Ameisenvögel	antbirds	103
Formicariinae [AOU]	Ameisendrosseln und Ameisenpittas	antthrushes and antpittas	103
formosa, Anas	Gluckente	Baikal Teal	27
Forpus	Sperlingspapageien	parrotlets	68

Latein	Deutsch	Englisch	Familie nach Howard
forsteri, Sterna	Sumpfseeschwalbe	Forster's Tern	61
Francolinus	Frankoline	francolins	35
Francolinus erckelii	Erckelfrankolin	Erckel's Francolin	35
Francolinus francolinus	Halsbandfrankolin	Black Francolin, Black Partridge	35
Francolinus hildebrandti	Hildebrandtfrankolin	Hildebrandt's Francolin	35
Francolinus pintadeanus	Chinesische Zwergwachtel, Perlhuhnfrankolin	Chinese Francolin	35
fraseri, Oreomanes	Riesenspitzschnabel	Giant Conebill	155
Fratercula arctica	Papageitaucher	Common Puffin, Atlantic Puffin	63
Fratercula, Lunda	Lunde (Papageitaucher)	puffins	63
Fregata	Fregattvögel	frigatebirds	19
Fregatidae	Fregattvögel	frigatebirds	19
frenatus, Chaetops	Felsenspringer	Rufous Rockjumper	130
Fringilla coelebs	Buchfink	Common Chaffinch	161
Fringilla montifringilla	Bergfink	Brambling	161
Fringillidae	Finken, Finkenvögel	finches and allies	161
Fringillinae	eigentliche Finken, Edelfinken, Bergfink	fringilline finches; chaffinches, brambling	161
frontatus, Falcunculus	Meisendickkopf	Crested Shrike-Tit	143
frugilegus, Corvus	Saatkrähe	Rook	173
Fulica americana	Indianer-Bläßhuhn, Amerikanisches Bläßhuhn	American Coot	42
Fulica atra	Bläßhuhn, Schwarzes Wasserhuhn	Black Coot, Eurasian Coot	42
Fulica cristata	Kammbläßhuhn	Crested Coot	42
fulicarius, Phalaropus	Thorshühnchen, Breitschnäbeliger Wassertreter	Grey Phalarope, Red Phalarope [Am]	57
Fulmarus glacialis	Eissturmvogel	Fulmar, Northern Fulmar	11
fulvus, Gyps	Gänsegeier [Altweltgeier]	Griffon Vulture [Old World]	30
funereus, Aegolius	Rauhfußkauz	Tengmalm's Owl, Boreal Owl [Am]	73
Furnariidae	Töpfervögel, Ofenvögel	ovenbirds [Latin American family]	102
fusca, Melanitta	Samtente	Velvet Scoter, White-winged Scoter [Am]	27
fuscata, Sterna	Rußseeschwalbe	Sooty Tern	61
fuscatus, Phylloscopus	Dunkellaubsänger	Dusky Warbler [Old World]	136
fuscescens, Catharus	Weidendrossel, Wilsondrossel, Wiesendrossel	Veery	130
fuscicollis, Calidris	Weißbürzel-Strandläufer	White-rumped Sandpiper	57
fuscus, Larus	Heringsmöwe [!]	Lesser Black-backed Gull [!]	61
galactotes, Cercotrichas	Afrikanischer Heckensänger	Rufous Bush Robin	130
galbula, Icterus	Baltimore-Trupial	Northern Oriole, Baltimore Oriole	160
Galbulidae	Glanzvögel	jacamars	94
galericulata, Aix	Mandarinente	Mandarin	27
Galerida cristata	Haubenlerche	Crested Lark	116

227

Latein	Deutsch	Englisch	Familie nach Howard
Galerida theklae	Theklalerche	Thekla Lark	116
galinieri, Parophasma	Singtimalie	Abyssinian Catbird	132
gallicus, Circaetus	Schlangenadler	Short-toed Eagle	30
GALLIFORMES	Hühnervögel	fowl like birds	33
Gallinago	Bekassinen (Sumpf-schnepfen)	snipe, snipes	57
Gallinago gallinago	Bekassine (Sumpf-schnepfe)	Common Snipe, Wilson's Snipe[Am]	57
Gallinago media	Doppelschnepfe	Great Snipe	57
Gallinula chloropus	Teichhuhn (Wasserhuhn)	Common Moorhen, Florida Gallinule[Am]	42
Gallinula → Porphyrula martinica	Zwergsultanshuhn	American Purple Gallinule	42
Gallirallus australis	Wekaralle	Weka, New Zealand Wood Rail	42
gallopavo, Meleagris	Wildtruthuhn	Wild Turkey, Turkey	35
Garrulacinae [Sibley]	Häherlinge	laughingthrushes	132
Garrulax	Häherlinge	laughingthrushes	132
garrulus, Bombycilla	Seidenschwanz	Waxwing, Bohemian Wax-wing[Am]	124
garrulus, Coracias	Blauracke, Mandelkrähe	Blue Roller	88
Garrulus glandarius	Eichelhäher	Common Jay	173
garzetta, Egretta	Seidenreiher	Little Egret	20
Gavia adamsii	Gelbschnabel-Eistaucher	White-billed Diver, Yellow-billed Loon[Am]	8
Gavia arctica	Prachttaucher, Polarsee-taucher	Black-throated Diver, Arctic Loon[Am]	8
Gavia immer	Eistaucher, Imbergans	Great Northern Diver, Com-mon Loon[Am]	8
Gavia pacifica	Weißnackentaucher	Pacific Loon	8
Gavia stellata	Sterntaucher, Nordsee-taucher	Red-throated Diver, Red-throated Loon[Am]	8
Gavia (Colymbus)	Seetaucher	divers, loons[Am]	8
Gaviidae	Seetaucher	divers, loons[Am]	8
GAVIIFORMES	Seetaucher, Schwimm-taucher	divers, loons[Am]	8
genei, Larus	Dünnschnabelmöwe	Slender-billed Gull	61
gentilis, Accipiter	Habicht, Hühnerhabicht	Northern Goshawk	30
Geococcyx californianus	Wegekuckuck (Kaliforn. Erdkuckuck)	Greater Roadrunner	71
Geogoccyx velox	Rennkuckuck	Lesser Roadrunner	71
Geokichla → Turdus sibiri-cus	Schieferdrossel, Sibirische Drossel	Siberian Thrush	130
Geositta	Erdhacker [*Geositta*]	miners	102
Geospiza	Grundfinken, Inselammern	ground finches	155
Geospizinae	Grundfinken, Inselammern	ground finches (Darwin's finches)	155
Geothlypis trichas	Gelbkehlchen, Maryland-Waldsänger	Common Yellowthroat	157
Geronticus eremita	Waldrapp	Hermit Ibis, Northern Bald-Ibis	24

228

Latein	Deutsch	Englisch	Familie nach Howard
githagineus, Bucanetes	Wüstengimpel	Trumpeter Bullfinch, Trumpeter Finch	161
glacialis, Fulmarus	Eissturmvogel	Fulmar, Northern Fulmar	11
glandarius, Clamator	Häherkuckuck	Great Spotted Cuckoo	71
glandarius, Garrulus	Eichelhäher	Common Jay	173
Glareola	eigentliche Brachschwalben	pratincoles	55
Glareola nordmanni	Schwarzflügel-Brachschwalbe	Black-winged Pratincole	55
Glareola pratincola	Rotflügel-Brachschwalbe, Brachschwalbe	Collared Pratincole (Swallow Plover)	55
glareola, Tringa	Bruchwasserläufer	Wood Sandpiper	57
Glareolidae	Brachschwalbenartige; Rennvögel und Brachschwalben	coursers, pratincoles	55
Glaucidium passerinum	Sperlingskauz	Eurasian Pygmy Owl	73
Glaucis, Phaetornis	Eremiten	hermits	81
glaucoides, Larus	Polarmöwe	Iceland Gull	61
glaucurus, Eurystomus	Zimtroller	African Broad-billed Roller	88
Gracula, Acridotheres	Mainas, Atzeln	myna, mynah, mina, minah	164
Gracula religiosa	Beo	Hill Myna	164
graculus, Pyrrhocorax	Alpendohle	Alpine Chough	173
graeca, Alectoris	Steinhuhn	Rock-Partridge	35
Grallina cyanoleuca	Australische Drosselstelze	Magpie-Lark, Mudlark	168
Grallininae	Drosselstelzen	magpie-larks	168
Granatellus venustus	Weißkehlen-Granatellus	Red-breasted Chat	157
Granativora → *Emberiza melanocephala*	Kappenammer	Black-headed Bunting	155
gravis, Puffinus	Kappen-Sturmtaucher, Großer Sturmtaucher	Great Shearwater	11
gregaria, Vanellus	Steppenkiebitz	Sociable Plover	56
grillii, Centropus	Grillkuckuck, Schwarzer Spornkuckuck	Black Coucal	71
grisegena, Podiceps	Rothalstaucher	Red-necked Grebe, Holboell's Grebe[Am]	9
griseisticta, Muscicapa	Fleckenschnäpper	Gray-spotted Flycatcher [Old World]	137
griseus, Limnodromus	Kleiner Schlammläufer, Kurzschnabel-Schlammläufer	Short-billed Dowitcher	57
griseus, Nyctibius	Urutau	Common Potoo	76
griseus, Puffinus	Dunkelsturmtaucher	Sooty Shearwater	11
Gruidae	Kraniche	cranes	39
GRUIFORMES	Kranichvögel, Rallenvögel	cranes, rails and allies	36
Grus grus	Kranich	Crane	39
grylle, Cepphus	Gryllteiste	Black Guillemot	63
guarauna, Aramus	Rallenkranich, Riesenralle	Limpkin	40
guarouba, Aratinga	Goldsittich	Golden Conure, Golden Parakeet	68
Guira guira	Guira-Kuckuck	Guira Cuckoo	71
Guiraca caerulea	Azurbischof	Blue Grosbeak	155

Latein	Deutsch	Englisch	Familie nach Howard
Gulosus → *Phalacrocorax aristotelis*	Krähenscharbe (Kormoran)	Shag (cormorant)	17
gustavi, Anthus	Petschorapieper	Pechora Pipit	118
guttata, Poephila (Taeniopygia)	Zebrafink	Zebra Finch	162
guttatus, Psilorhamphus	Trugzaunkönig	Bamboowren	105
gutturalis, Oreoica	Haubengudilang	Crested Bellbird	143
gymnocephala, Pityriasis	Warzenkopf	Bornean Bristle-Head	122
Gymnogyps californianus	Kalifornischer Kondor	California Condor	28
Gymnorhina	Flötenvögel (Würgerkrähen)	bell-magpies, Australian magpies	170
Gymnorhina tibicen	Flötenvogel (Würgerkrähe)	Bell-Magpie, Australian Magpie	170
Gypaetus barbatus	Bartgeier, Lämmergeier [Altweltgeier]	Bearded Vulture [Old World], Lammergeier	30
Gyps fulvus	Gänsegeier [Altweltgeier]	Griffon Vulture [Old World]	30
haemacephala, Megalaima	Kupferschmied	Coppersmith Barbet	96
haemastica, Limosa	Hudsonschnepfe, Amer. Uferschnepfe	Hudsonian Godwit	57
haematodus, Trichoglossus	Allfarblori, Gebirgslori	Rainbow Lorikeet	66
Haematopodidae	Austernfischer	oystercatchers	51
Haematopus	Austernfischer	oystercatchers	51
Haematopus ostralegus	Eur. Austernfischer	European Oystercatcher	51
Haematopus palliatus	Braunmantel-Austernfischer	American Oystercatcher	51
Haliaeetus albicilla	Seeadler, eigentlicher Seeadler	White-tailed Eagle, Gray Sea Eagle[Am]	30
Haliaeetus leucocephalus	Weißkopf-Seeadler	Bald Eagle, American Eagle	30
haliaetus, Pandion	Fischadler	Osprey, Fish Hawk	29
Halietor → *Phalacrocorax pygmeus*	Zwergscharbe (Kormoran)	Pygmy Cormorant	17
heliaca, Aquila	Kaiseradler	Imperial Eagle	30
helias, Eurypyga	Sonnenralle	Sunbittern	45
Heliornithidae	Binsenrallen, Binsenhühner	sungrebes, finfoots	43
Hemiprocne	Baumsegler	treeswifts, crested swifts	80
Hemiprocnidae	Baumsegler	treeswifts, crested swifts	80
Hemispingus superciliaris	Augenbrauen-Hemispingus	Superciliaried Hemispingus	155
Herbivocula → *Phylloscopus schwarzi*	Bartlaubsänger	Radde's Warbler [Old World]	136
herodias, Ardea	Kanadareiher, Amer. Graureiher	Great Blue Heron	20
Heteralocha acutirostris	Lappenkopf, Huia (ausgestorben)	Huia (extinct)	167
Heteropygia → *Calidris acuminata*	Spitzschwanz-Strandläufer	Sharp-tailed Sandpiper	57
Heteropygia → *Calidris bairdii*	Bairdstrandläufer	Baird's Sandpiper	57
Heteropygia → *Calidris fuscicollis*	Weißbürzel-Strandläufer	White-rumped Sandpiper	57

Latein	Deutsch	Englisch	Familie nach Howard
Heteropygia → *Calidris melanotos*	Graubrust-Strandläufer	Pectoral Sandpiper	57
hiaticula, Charadrius	Sandregenpfeifer	Ringed Plover	56
Hieraaetus fasciatus	Habichtsadler	Bonelli's Eagle	30
Hieraaetus pennatus	Zwergadler	Booted Eagle	30
Hierofalco → *Falco biarmicus*	Lanner, Feldeggsfalke	Lanner Falcon	32
Hierofalco → *Falco cherrug*	Würgfalke	Saker Falcon	32
Hierofalco → *Falco peregrinus*	Wanderfalke	Peregrine Falcon, Duck Hawk[Am]	32
Hierofalco → *Falco rusticolus*	Gerfalke	Gyrfalcon	32
hildebrandti, Francolinus	Hildebrandtfrankolin	Hildebrandt's Francolin	35
himantopus, Calidris	Bindenstrandläufer	Stilt Sandpiper	57
Himantopus himantopus	Stelzenläufer	Black-winged Stilt	53
Himantopus mexicanus	Amerikanischer Stelzenläufer	Black-necked Stilt	53
Hippolais	Spötter	Old World warblers [*Hippolais*]	136
Hippolais caligata	Buschspötter	Booted Warbler [Old World]	136
Hippolais icterina	Gelbspötter, Gartenlaubvogel	Icterine Warbler [Old World]	136
Hippolais olivetorum	Olivenspötter	Olive-tree Warbler [Old World]	136
Hippolais pallida	Blaßspötter	Olivaceous Warbler [Old World]	136
Hippolais polyglotta	Orpheusspötter	Melodious Warbler [Old World]	136
Hirundinidae	Schwalben	swallows, martins	117
Hirundo daurica	Rötelschwalbe	Red-rumped Swallow	117
Hirundo rupestris	Felsenschwalbe	Crag Martin (swallow)	117
Hirundo rustica	Rauchschwalbe	Barn Swallow	117
hirundo, Sterna	Fluß-Seeschwalbe	Common Tern	61
hispanica, Oenanthe	Mittelmeerschmätzer	Black-eared Wheatear	130
hispaniolensis, Passer	Weidensperling	Spanish Sparrow	163
hoazin, Opisthocomus	Hoatzin, Schopfhuhn	Hoatzin	70
hodgsoni, Anthus	Waldpieper	Olive-backed Pipit	118
hollandicus, Nymphicus	Nymphensittich	Cockatiel	67
Hoplopterus → *Vanellus spinosus*	Spornkiebitz	Spur-winged Plover	56
hornemanni, Carduelis	Polarbirkenzeisig	Arctic Redpoll, Hoary Redpoll[Am]	161
hortensis, Sylvia	Orpheusgrasmücke	Orphean Warbler [Old World]	136
hortulana, Emberiza	Ortolan	Ortolan Bunting	155
hybrida, Chlidonias	Weißbart-Seeschwalbe	Whiskered Tern	61
Hydrobates pelagicus	Sturmschwalbe	Storm-Petrel	12
Hydrobatidae	Sturmschwalben	storm-petrels	12
Hydrocoloeus → *Larus minutus*	Zwergmöwe	Little Gull	61
Hydrophasianus chirurgus	Wasserfasan	Pheasant-tailed Jacana	48

231

Latein	Deutsch	Englisch	Familie nach Howard
Hydroprogne → Sterna caspia	Raubseeschwalbe	Caspian Tern	61
hyemalis, Clangula	Eisente	Oldsquaw (Long-tailed Duck)	27
hyemalis (hyemalis), Junco	Junko, Winterammer, Winterjunko	Dark-eyed Junco (Slate-colored Junko)	155
Hylocichla mustelina	Walddrossel	Wood Thrush	130
Hylocichla → Turdus ustulatus	Zwergdrossel, Swainsondrossel	Swainson's Thrush	130
hyperboreus, Larus	Eismöwe	Glaucous Gull	61
Hypocentor → Emberiza aureola	Weidenammer	Yellow-breasted Bunting	155
Hypocoliinae	Arab. Seidenschwanz, Seidenwürger, Nachtschattenfresser	Grey Hypocolius	124
Hypocolius ampelinus	Arab. Seidenschwanz, Seidenwürger, Nachtschattenfresser	Grey Hypocolius	124
hypoleuca, Ficedula	Trauerschnäpper	Pied Flycatcher [Old World]	137
hypoleuca, Tringa	Flußuferläufer (Wasserläufer)	Common Sandpiper	57
Hypositta corallirostris	Madagaskar-Kleiber, Kleibervanga	Madagascar Nuthatch (vanga shrike)	123
. . . .			
Ianthia → Erithacus cyanurus	Blauschwanz	Red-flanked Bluetail	130
Ibidorhyncha struthersii	Ibisschnabel	Ibisbill	52
Ibidorhynchidae	Ibisschnabel	Ibisbill	52
ibis, Bubulcus	Kuhreiher	Cattle Egret, Buff-backed Heron	20
ibis, Mycteria	Nimmersatt	Yellow-billed Stork, Wood Ibis	23
Ichthyaetus → Larus ichthyaetus	Fischmöwe	Great Black-headed Gull	61
Icteria virens	Gelbbrust-Waldsänger	Yellow-breasted Chat	157
Icteridae	Stärlinge [einschl. Trupiale]	New World blackbirds and allies	160
icterina, Hippolais	Gelbspötter, Gartenlaubvogel	Icterine Warbler [Old World]	136
Icterus	Trupiale	orioles [*Icterus*]	160
Icterus galbula	Baltimore-Trupial	Northern Oriole, Baltimore Oriole	160
ignicapillus, Regulus	Sommergoldhähnchen	Firecrest	136
Iliacus → Turdus iliacus	Rotdrossel, Weindrossel	Redwing [Eurasian thrush]	130
Illadopsis	Buschdrosslinge	thrush babblers [*Illadopsis*]	132
imberbis, Anomalospiza	Kuckucksfink	Parasitic Weaver	163
immer, Gavia	Eistaucher, Imbergans	Great Northern Diver, Common Loon [Am]	8
impennis (ext), Pinguinus	Riesenalk (ausgestorben)	Great Auk (extinct)	63
Indicatoridae	Honiganzeiger	honeyguides [incl. honeybirds]	97
infaustus, Perisoreus	Unglückshäher	Siberian Jay	173

232

Latein	Deutsch	Englisch	Familie nach Howard
inornatus, Phylloscopus	Gelbbrauen-Laubsänger	Yellow-browed Warbler [Old World]	136
inquieta, Scotocerca	Wüstenprinie	Scrubwarbler	136
interpres, Arenaria	Steinwälzer	Ruddy Turnstone	57
Iodopleura	Seidenflecken	purpletufts	108
Ionornis → *Porphyrula martinica*	Zwergsultanshuhn	American Purple Gallinule	42
Irena	Irene (Feenvögel)	Philippine bluebirds, fairy bluebirds	121
Irenidae (Chloropseidae)	Feenvögel	leafbirds, ioras	121
Iridophanes, Chlorophanes, Cyanerpes	Naschvögel	neotropical honeycreepers (tanagers)	155
isabellina, Oenanthe	Isabellschmätzer	Isabelline Wheatear	130
isabellinus, Lanius	Isabellwürger	Rufous-tailed Shrike, Isabelline Shrike	122
Ixobrychus	Zwergdommeln, Zwergrohrdommeln	dwarf bitterns	20
Ixobrychus, Botaurus	Rohrdommeln, Dommeln	bitterns	20
Ixobrychus exilis	Indianerdommel, Amerikanische Zwergdommel	Least Bittern	20
Ixobrychus minutus	Zwergdommel, Zwergrohrdommel	Little Bittern	20

- -

Jabiru mycteria	Jabiru	Jabiru	23
Jacanidae	Blatthühnchen	jacanas	48
jamaicensis, Buteo	Rotschwanzbussard	Red-tailed Hawk, Redtail	30
jefferyi, Chlamydochaera	Fruchtpicker	Black-breasted Triller	119
jubatus, Rhynochetus	Kagu	Kagu	44
juncidis, Cisticola	Cistensänger	Fan-tailed Warbler [African Warbler]	136
Junco hyemalis (hyemalis)	Junko, Winterammer, Winterjunko	Dark-eyed Junco (Slate-colored Junko)	155
Jynginae	Wendehälse	wrynecks	99
Jynx	Wendehälse	wrynecks	99
Jynx torquilla	Wendehals	Eurasian Wryneck	99

- -

krameri, Psittacula	Halsbandsittich	Ring-necked Parakeet	68
krueperi, Sitta	Türkenkleiber	Krüper's Nuthatch	147

- -

Lagopus	Schneehühner	ptarmigans (grouse)	35
lagopus, Buteo	Rauhfußbussard	Rough-legged Buzzard, Rough-legged Hawk[Am]	30
Lagopus lagopus	Moorschneehuhn	Willow Grouse, Willow Ptarmigan[Am]	35
Lagopus mutus	Alpenschneehuhn	Ptarmigan (grouse), Rock Ptarmigan[Am]	35
Laiscopus → *Prunella collaris*	Alpenbraunelle, Flühvogel	Alpine Accentor	129
Lalage	Lalage (Raupenschmätzer)	trillers [Lalage]	119
Laniidae	Würger	shrikes	122
Lanius collaris	Büttelwürger, Fiskalwürger	Common Fiscal Shrike	122

233

Latein	Deutsch	Englisch	Familie nach Howard
Lanius collurio arenarius → *L. isabellinus*	Isabellwürger	Rufous-tailed Shrike, Isabelline Shrike	122
Lanius collurio collurio	Neuntöter, Rotrückenwürger	Red-backed Shrike	122
Lanius excubitor	Raubwürger	Great Grey Shrike, Northern Shrike[Am]	122
Lanius isabellinus	Isabellwürger	Rufous-tailed Shrike, Isabelline Shrike	122
Lanius ludovicianus	Louisianawürger, Ludwigswürger	Loggerhead Shrike	122
Lanius minor	Schwarzstirnwürger	Lesser Grey Shrike	122
Lanius nubicus	Maskenwürger	Masked Shrike	122
Lanius senator	Rotkopfwürger	Woodchat Shrike	122
lapponica, Limosa	Pfuhlschnepfe	Bar-tailed Godwit	57
lapponicus, Calcarius	Spornammer	Lapland Bunting, Lapland Longspur[Am]	155
Laridae	Möwen, Seeschwalben	gulls, terns	61
Larinae	Möwen	gulls	61
Larus argentatus	Silbermöwe [!]	Herring Gull [!]	61
Larus atricilla	Aztekenmöwe	Laughing Gull	61
Larus audouinii	Korallenmöwe	Audouin's Gull	61
Larus cachinnans	Weißkopfmöwe	Yellow-legged Gull	61
Larus canus	Sturmmöwe	Common Gull	61
Larus delawarensis	Ringschnabelmöwe, Delaware-Möwe	Ring-billed Gull	61
Larus fuscus	Heringsmöwe [!]	Lesser Black-backed Gull [!]	61
Larus genei	Dünnschnabelmöwe	Slender-billed Gull	61
Larus glaucoides	Polarmöwe	Iceland Gull	61
Larus hyperboreus	Eismöwe	Glaucous Gull	61
Larus ichthyaetus	Fischmöwe	Great Black-headed Gull	61
Larus marinus	Mantelmöwe	Great Black-backed Gull	61
Larus melanocephalus	Schwarzkopfmöwe	Mediterranian Gull	61
Larus minutus	Zwergmöwe	Little Gull	61
Larus philadelphia	Bonapartemöwe	Bonaparte's Gull	61
Larus pipixcan	Präriemöwe, Franklinmöwe	Franklin's Gull	61
Larus ridibundus	Lachmöwe	Black-headed Gull	61
Larus roseus	Rosenmöwe	Rosa's Gull	61
Larus sabini	Schwalbenmöwe	Sabine's Gull	61
Larus tridactylus	Dreizehenmöwe	Black-legged Kittiwake	61
Larus → *Pagophila eburnea*	Elfenbeinmöwe	Ivory Gull	61
lateralis, Zosterops	Silberauge, Mantelbrillenvogel	Gray-breasted Silver-Eye	153
Leipoa ocellata	Thermometerhuhn, Wallnister	Mallee Fowl	33
lentiginosus, Botaurus	Nordamerikanische Rohrdommel	American Bittern	20
Leptoptilus crumeniferus	Marabu	Marabou	23
Leptosomidae (Leptosomatidae)	Kurol	Kirombo Courol, Cuckoo-Roller	90

Latein	Deutsch	Englisch	Familie nach Howard
Leptosomus discolor	Kurol	Kirombo Courol, Cuckoo-Roller	90
leschenaultii, Charadrius	Wüstenregenpfeifer	Greater Sand Plover	56
Leucocarbo → Phalacrocorax aristotelis	Krähenscharbe (Kormoran)	Shag (cormoran)	17
leucocephalos, Emberiza	Fichtenammer	Pine Bunting	155
leucocephalus, Cladorhynchus	Schlammstelzer	Banded Stilt	53
leucocephalus, Haliaeetus	Weißkopf-Seeadler	Bald Eagle, American Eagle	30
leucophrys, Zonotrichia	Dachsammer	White-crowned Sparrow [New World]	155
Leucopolius → Charadrius alexandrinus	Seeregenpfeifer	Kentish Plover, Snowy Plover[Am]	56
leucopsis, Branta	Nonnengans, Weißwangengans	Barnacle Goose	27
leucoptera, Loxia	Bindenkreuzschnabel	Two-barred Crossbill, White-winged Crossbill[Am]	161
leucoptera, Melanocorypha	Weißflügellerche, Spiegellerche	White-winged Lark	116
leucopterus, Chlidonias	Weißflügel-Seeschwalbe	White-winged Black Tern	61
leucorhoa, Oceanodroma	Wellenläufer	Leach's Storm-Petrel	12
leucorodia, Platalea	Löffler	Common Spoonbill, White Spoonbill	24
leucostigma, Rhagologus	Wellendickkopf	Mottled Whistler	143
leucotos, Picoides	Weißrückenspecht	White-backed Woodpecker	99
leucura, Oenanthe	Trauerschmätzer	Black Wheatear	130
leucurus, Vanellus	Weißschwanzkiebitz	White-tailed Plover	56
Limicola falcinellus	Sumpfläufer	Broad-billed Sandpiper	57
Limnodromus	Schlammläufer	dowitchers	57
Limnodromus griseus	Kleiner Schlammläufer, Kurzschnabel-Schlammläufer	Short-billed Dowitcher	57
Limnodromus scolopaceus	Langschnabel-Schlammläufer, Großer Schlammläufer	Long-billed Dowitcher	57
Limosa haemastica	Hudsonschnepfe, Amer. Uferschnepfe	Hudsonian Godwit	57
Limosa lapponica	Pfuhlschnepfe	Bar-tailed Godwit	57
Limosa limosa	Uferschnepfe	Black-tailed Godwit	57
Linaria → Carduelis flavirostris	Berghänfling	Twite	161
lineatus, Buteo	Rotschulterbussard	Red-shouldered Hawk	30
livia, Columba	Felsentaube (Haustaube), Straßentaube	Rock Dove, Domestic Pigeon	65
lobatus, Phalaropus (Lobipes)	Odinshühnchen, Schmalschnäbeliger Wassertreter	Red-necked Phalarope, Northern Phalarope[Am]	57
Locustella	Schwirle	grasshopper warblers [Old World]	136

Latein	Deutsch	Englisch	Familie nach Howard
Locustella certhiola	Streifenschwirl	Pallas's Grasshopper Warbler [Old World]	136
Locustella fluviatilis	Schlagschwirl	River Warbler [Old World]	136
Locustella locustella	Strichelschwirl	Lanceolated Warbler [Old World]	136
Locustella luscinioides	Rohrschwirl, Nachtigall-rohrsänger	Savi's Warbler [Old World]	136
Locustella naevia	Feldschwirl, Heuschrecken-sänger	Grasshopper Warbler [Old World]	136
Iomvia, Uria	Dickschnabellumme	Brünnich's Guillemot, Brünnich's Murre[Am]	63
longicauda, Bartramia	Prärieläufer	Upland Sandpiper, Upland Plover[Am]	57
longicaudus, Stercorarius	Falkenraubmöwe, Kleine Raubmöwe	Long-tailed Skua, Long-tailed Jaeger[Am]	60
Lophodytes → Mergus cuccullatus	Kappensäger	Hooded Merganser	27
Lophophanes → Parus cristatus	Haubenmeise	Crested Tit	146
Lophospingus	Zwergkardinäle	crested finches	155
Loriidae (Loridae)	Loris	lories, lorikeets	66
Iovensis, Ashbyia	Wüstentrugschmätzer	Gibberbird, Desert Chat [Australian chat]	140
Loxia	Kreuzschnäbel	crossbills	161
Loxia curvirostra	Fichtenkreuzschnabel	Crossbill, Red Crossbill[Am]	161
Loxia leucoptera	Bindenkreuzschnabel	Two-barred Crossbill, White-winged Cross-bill[Am]	161
Loxia pytyopsittacus (pityo-)	Kiefernkreuzschnabel	Parrot Crossbill	161
Loxops maculata	Alauwahio	Alauwahio, Hawaiian Creeper, Lanai Creeper	158
ludovicianus, Lanius	Louisianawürger, Ludwigs-würger	Loggerhead Shrike	122
ludovicianus, Pheucticus	Rosenbrust-Kernknacker, Bischof	Rose-breasted Grosbeak, Common Grosbeak	155
ludovicianus, Thryothorus	Carolina-Zaunkönig	Carolina Wren	127
lugubris, Parus	Trauermeise	Sombre Tit	146
Lullula arborea	Heidelerche	Wood Lark	116
Lunda, Fratercula	Lunde (Papageitaucher)	puffins	63
Luscinia luscinia	Sprosser	Thrush Nightingale, Eastern Nightingale, Sprosser	130
Luscinia megarhynchos	Nachtigall	Nightingale	130
Luscinia svecica	Blaukehlchen	Bluethroat	130
luscinioides, Locustella	Rohrschwirl, Nachtigall-rohrsänger	Savi's Warbler [Old World]	136
Lusciniola → Acrocephalus melanopogon	Mariskensänger, Tamaris-kensänger	Moustached Warbler [Old World]	136
Lybiidae [Sibley]	Afrikanische Bartvögel	African barbets	96
Lymnocryptes minimus	Zwergschnepfe	Jack-Snipe	57
Lyrurus → Tetrao tetrix	Birkhuhn	Black Grouse	35

Latein	Deutsch	Englisch	Familie nach Howard
Machaerirhynchus	Flachschnäbel	boatbills	141
macrocercus, Dicrurus	Königsdrongo, Asiatischer Trauerdrongo	King Crow, Black Drongo	166
macrocercus, Eupetes	Rallenläufer	Rail Babbler	131
Macrosphenus	Bülbülgrasmücken	longbills [*Macrosphenus*]	136
macroura, Zenaida	Trauertaube, Carolinataube	Mourning Dove	65
macrourus, Circus	Steppenweihe	Pallid Harrier	30
macularia, Tringa	Amer. Drosseluferläufer (Wasserläufer)	Spotted Sandpiper	57
maculata, Loxops	Alauwahio	Alauwahio, Hawaiian Creeper, Lanai Creeper	158
magna, Sturnella	Lerchenstärling	Eastern Meadowlark	160
magnolia, Dendroica	Hemlockwaldsänger	Magnolia Warbler [New World]	157
major, Parus	Kohlmeise [!]	Great Tit [!]	146
major, Picoides	Buntspecht	Great Spotted Woodpecker	99
Malaconotinae	Buschwürger	bush-shrikes	122
Malacopteron	Zweigtimalien	babblers [*Malacopteron*]	132
Maluridae	Staffelschwänze, Australische Sänger	Australasian wrens	139
Malurus	Staffelschwänze	fairywrens	139
Manorina melanophrys	Glocken-Honigfresser	Bell Miner	154
Mareca → Anas americana	Amerikanische Pfeifente	American Wigeon, Baldpate	27
Mareca → Anas penelope	Eur. Pfeifente	Eurasian Wigeon	27
Margarornis	Stachelschwänze	treerunners	102
marila, Aythya	Bergente	Greater Scaup	27
marinus, Larus	Mantelmöwe	Great Black-backed Gull	61
maritima, Calidris	Meerstrandläufer	Purple Sandpiper	57
martinica, Porphyrula	Zwergsultanshuhn	American Purple Gallinule	42
martius, Dryocopus	Schwarzspecht	Black Woodpecker	99
maxima, Sterna	Königs-Seeschwalbe	Royal Tern	61
media, Gallinago	Doppelschnepfe	Great Snipe	57
medius, Picoides	Mittelspecht	Middle Spotted Woodpecker	99
Megaceryle → Ceryle alcyon	Gürtelfischer, Halsbandfischer	Belted Kingfisher	84
Megalaima haemacephala	Kupferschmied	Coppersmith Barbet	96
Megalaimidae [Sibley]	Asiatische Bartvögel	Asian barbets	96
Megalurinae [Sibley]	Schilfsteiger etc.	grass-warblers (grassbirds, thicketbirds)	136
Megapodiidae	Großfußhühner	megapodes	33
megarhynchos, Luscinia	Nachtigall	Nightingale	130
meiffrenii, Turnix	Lerchenlaufhühnchen	Quail Plover	37
Melampitta	Glanzflöter, Rußflöter (Laufflöter)	Melampitta	131
Melanerpes carolinus	Carolinaspecht	Red-bellied Woodpecker	99
Melanerpes erythrocephalus	Rotkopfspecht	Red-headed Woodpecker	99
Melanitta fusca	Samtente	Velvet Scoter, White-winged Scoter[Am]	27

237

Latein	Deutsch	Englisch	Familie nach Howard
Melanitta nigra	Trauerente	Common Scoter, Black Scoter[Am]	27
melanocephala, Emberiza	Kappenammer	Black-headed Bunting	155
melanocephala, Sylvia	Samtkopf-Grasmücke	Sardinian Warbler [Old World]	136
melanocephalus, Larus	Schwarzkopfmöwe	Mediterranian Gull	61
melanocephalus, Pheucticus	Schwarzkopf-Kernknacker	Black-headed Grosbeak	155
Melanocharis	Beerenpicker	berrypeckers [Melanocharis]	151
Melanocharitidae [Sibley]	Beerenpicker	berrypeckers [Melanocharitidae]	151
Melanocorypha calandra	Kalanderlerche	Calandra Lark	116
Melanocorypha leucoptera	Weißflügellerche, Spiegellerche	White-winged Lark	116
Melanocorypha yeltoniensis	Mohrenlerche	Black Lark	116
melanoleuca, Tringa	Großer Gelbschenkel (Wasserläufer)	Greater Yellowlegs	57
Melanopareia	Bandvögel	crescent-chests	105
Melanopelargus → Ciconia nigra	Schwarzstorch	Black Stork	23
melanophris, Diomedea	Mollymauk, Schwarzbrauenalbatros	Black-browed Albatross	10
melanophrys, Manorina	Glocken-Honigfresser	Bell Miner	154
melanopogon, Acrocephalus	Mariskensänger, Tamariskensänger	Moustached Warbler [Old World]	136
melanorhamphus, Corcorax	Drosselkrähe, Australische Bergkrähe, Drosselhäher	White-winged Chough, Australian Chough	168
melanotos, Calidris	Graubrust-Strandläufer	Pectoral Sandpiper	57
melanura, Anthornis	Makomako	New Zealand Bellbird	154
melba, Apus	Alpensegler	Alpine Swift	79
Meleagridinae	Truthühner	turkeys, wild turkey	35
Meleagris gallopavo	Wildtruthuhn	Wild Turkey, Turkey	35
meleagris, Numida	Helmperlhuhn	Helmeted Guineafowl, Helmet Guineafowl	35
Meliphagidae	Honigfresser	honeyeaters	154
Melizophilus → Sylvia sarda	Sardengrasmücke	Marmora's Warbler [Old World]	136
Melizophilus → Sylvia undata	Provencegrasmücke	Dartford Warbler [Old World]	136
melodia, Melospiza	Singammer	Song Sparrow [New World]	155
Melopsittacus undulatus	Wellensittich	Budgerigar	68
Melospiza melodia	Singammer	Song Sparrow [New World]	155
Menuridae	Leierschwänze	lyrebirds	114
merganser, Mergus	Gänsesäger	Goosander, Common Merganser[Am]	27
Mergus	Säger	mergansers [incl. Smew]	27
Mergus albellus	Zwergsäger	Smew (merganser)	27
Mergus cucullatus	Kappensäger	Hooded Merganser	27
Mergus merganser	Gänsesäger	Goosander, Common Merganser[Am]	27
Meropidae	Bienenfresser, Spinte	bee-eaters	87

238

Latein	Deutsch	Englisch	Familie nach Howard
Merops apiaster	Bienenfresser	Bee-Eater	87
Merops superciliosus (M. persicus)	Blauwangenspint, Blau-wangen-Bienenfresser	Blue-cheeked Bee-Eater	87
Merula merula → Turdus merula	Amsel, Schwarzdrossel	Eurasian Blackbird	130
Merula → Turdus migra-torius	Wanderdrossel	American Robin	130
Merula → Turdus obscurus	Weißbrauendrossel	Eye-browed Thrush	130
Merula → Turdus torquatus	Ringdrossel, Ringamsel	Ring Ouzel	130
Mesitornithidae (Mesoena-tidae)	Stelzenrallen, Madagaskar-Rallen	mesites, mesitae, monia	36
mexicanus, Carpodacus	Hausgimpel, Mexikanischer Karmingimpel	House Finch	161
mexicanus, Cinclus	Grauwasseramsel	American Dipper	126
mexicanus, Himantopus	Amerikanischer Stelzen-läufer	Black-necked Stilt	53
Micrastur	Waldfalken	forest falcons	32
Microbates, Rampho-caenus	Degenschnäbel	gnatwrens	135
Microcarbo → Phalacroco-rax pygmeus	Zwergscharbe (Kormoran)	Pygmy Cormorant	17
Microhierax	Fälkchen (Zwergfalken)	falconets [*Microhierax*]	32
Microhierax caerulescens	Rotschenkel-Zwergfalke, Rotkehlfälkchen	Red-thighed Falconet	32
Micropsitta	Spechtpapageien, Klein-papageien	pygmy parrots	67
Micropus → Apus apus	Mauersegler, Turmschwalbe	Common Swift	79
Micrositta → Sitta krueperi	Türkenkleiber	Krüper's Nuthatch	147
Micrositta → Sitta white-headi	Korsenkleiber	Corsican Nuthatch	147
migrans, Milvus	Schwarzmilan	Black Kite	30
migratorius, Turdus	Wanderdrossel	American Robin	130
Miliaria → Emberiza calan-dra	Grauammer	Corn Bunting	155
Milvus, Elanoides etc.	Milane	kites	30
Milvus migrans	Schwarzmilan	Black Kite	30
Milvus milvus	Rotmilan, Roter Milan, Gabelweih	Red Kite, Kite	30
Mimidae	Spottdrosseln	mockingbirds, thrashers	128
Mimus polyglottos	Spottdrossel	Northern Mockingbird	128
minimus, Lymnocryptes	Zwergschnepfe	Jack-Snipe	57
minimus, Psaltriparus	Buschmeise (Schwanz-meise)	Bushtit	144
minor, Chordeiles	Falkennachtschwalbe	Common Nighthawk	78
minor, Lanius	Schwarzstirnwürger	Lesser Grey Shrike	122
minor, Picoides	Kleinspecht	Lesser Spotted Wood-pecker	99
minor, Scolopax	Kanadaschnepfe, Amer. Waldschnepfe	American Woodcock	57
minuta, Calidris	Zwergstrandläufer	Little Stint	57
minutilla, Calidris	Wiesenstrandläufer	Least Sandpiper	57

Latein	Deutsch	Englisch	Familie nach Howard
minutus, Ixobrychus	Zwergdommel, Zwergrohrdommel	Little Bittern	20
minutus, Larus	Zwergmöwe	Little Gull	61
miranda, Daphoenositta	Prachtkleiber	Pink-faced Nuthatch	147
Mitu mitu → Crax mitu	Mitu (Hokko)	Razor-billed Curassow	34
Mniotilta varia	Kletterwaldsänger	Black-and-white Warbler [New World]	157
mocinno (mocino), Pharomachrus	Quesal	Quetzal (Trogon)	83
modularis, Prunella	Heckenbraunelle	Dunnock, Hedge Sparrow (accentor)	129
Mohoua ochrocephala	Gelbköpfchen (Maori-Grasmücke)	Yellowhead	140
mollissima, Somateria	Eiderente	Common Eider	27
Molothrus	Kuhstärlinge	cowbirds	160
Molothrus ater	Braunkopf-Kuhstärling, Schwarzer Kuhstärling	Brown-headed Cowbird	160
molucca, Threskiornis	Molukkenibis	Australian White Ibis	24
Momotidae	Sägeracken, Motmots	motmots	86
monachus, Aegypius	Mönchsgeier [Altweltgeier]	European Black Vulture [Old World]	30
Monarchidae	Monarchen	monarchs	141
Monasa	Trappisten	nunbirds [*Monasa*]	95
monedula, Corvus	Dohle	Eurasian Jackdaw	173
mongolus, Charadrius	Mongolen-Regenpfeifer	Mongolian Sand Plover, Lesser Sand Plover	56
montanella, Prunella	Bergbraunelle	Siberian Accentor	129
montanus, Parus	Weidenmeise, Mönchsmeise	Willow Tit	146
montanus, Passer	Feldsperling	Eurasian Tree Sparrow	163
Monticola saxatilis	Steinrötel	Rock Thrush	130
Monticola solitarius	Blaumerle	Blue Rock Thrush	130
Montifringilla	Schneefinken	snow finches	163
montifringilla, Fringilla	Bergfink	Brambling	161
Montifringilla nivalis	Schneefink, Schneesperling	Snow Finch	163
montium, Paramythia	Schopf-Beerenfresser	Crested Berrypecker	151
morinellus, Charadrius	Mornellregenpfeifer	Dotterel	56
Morus bassanus → Sula bassana	Baßtölpel	Northern Gannet	16
Motacilla alba alba	Bachstelze	White Wagtail	118
Motacilla alba yarelli	Trauerbachstelze	Pied Wagtail	118
Motacilla cinerea	Gebirgsstelze, Bergstelze	Grey Wagtail	118
Motacilla citreola	Zitronenstelze	Citrine Wagtail	118
Motacilla flava flava	Schafstelze	Blue-headed Wagtail (Yellow Wagtail)	118
Motacilla flava flavissima	Englische Schafstelze, grünköpfige Schafstelze	British Yellow Wagtail, Yellowish-crowned Wagtail	118
motacilla, Seiurus	Stelzenwaldsänger	Louisiana Waterthrush	157
Motacilla (Budytes)	eigentliche Stelzen	wagtails	118
Motacillidae	Stelzen [einschl. Pieper]	wagtails, pipits	118
muraria, Tichodroma	Mauerläufer	Wall Creeper	147

Latein	Deutsch	Englisch	Familie nach Howard
Muscicapa	Fliegenschnäpper	Old World Flycatchers	137
Muscicapa griseisticta	Fleckenschnäpper	Gray-spotted Flycatcher [Old World]	137
Muscicapa parva	Zwergschnäpper, Zwerg-fliegenschnäpper	Red-breasted Flycatcher [Old World]	137
Muscicapa striata	Grauschnäpper	Spotted Flycatcher [Old World]	137
Muscicapa → *Ficedula albicollis*	Halsbandschnäpper	Collared Flycatcher [Old World]	137
Muscicapa → *Ficedula hypoleuca*	Trauerschnäpper	Pied Flycatcher [Old World]	137
Muscicapa → *Ficedula semitorquata*	Halbringschnäpper	Semicollared Flycatcher [Old World]	137
Muscicapidae	Sänger	Old World flycatchers	137
Muscipeta → *Acrocephalus melanopogon*	Mariskensänger, Tamaris-kensänger	Moustached Warbler [Old World]	136
Muscipeta → *Acrocephalus paludicola*	Seggenrohrsänger, Binsen-rohrsänger	Aquatic Warbler [Old World]	136
Muscipeta → *Acrocephalus schoenobaenus*	Schilfrohrsänger, Uferrohr-sänger	Sedge Warbler [Old World]	136
musicus → *Turdus iliacus*	Rotdrossel, Weindrossel	Redwing [Eurasian thrush]	130
Musophagidae	Turakos, Lärmvögel	turacos, touracos	69
mustelina, Hylocichla	Walddrossel	Wood Thrush	130
mutus, Lagopus	Alpenschneehuhn	Ptarmigan (grouse), Rock Ptarmigan[Am]	35
Myadestes townsendi	Bergklarino	Townsend's Solitaire	130
Mycteria americana	Waldstorch (Waldibis)	Wood Stork	23
Mycteria ibis	Nimmersatt	Yellow-billed Stork, Wood Ibis	23
mycteria, Jabiru	Jabiru	Jabiru	23
Myiarchus crinitus	Schnäppertyrann, Gelb-brusttyrann	Great Crested Flycatcher [New World]	106
Myioborus, Setophaga	Waldsänger [*Setophaga, Myioborus*]	redstarts [*Setophaga, Myioborus*] [New World]	157
naevia, Locustella	Feldschwirl, Heuschrecken-sänger	Grasshopper Warbler [Old World]	136
naevosa, Stictonetta	Affengans	Freckled Duck	27
naumanni eunomus, Turdus	Rostflügeldrossel	Dusky Thrush	130
naumanni, Falco	Rötelfalke	Lesser Kestrel	32
naumanni naumanni, Turdus	Naumanndrossel	Naumann's Thrush	130
nebularia, Tringa	Grünschenkel, Heller Was-serläufer	Common Greenshank	57
nebulosa, Strix	Bartkauz	Great Grey Owl, Lapland Owl	73
Nectariniidae	Nektarvögel	sunbirds	152
Neodrepanis	Trugnektarvögel, Nektar-pittas, Nektarjalas	false sunbirds	113
Neomorphinae	Erdkuckucke	ground-cuckoos and road-runners	71
Neonectris → *Puffinus griseus*	Dunkelsturmtaucher	Sooty Shearwater	11

Latein	Deutsch	Englisch	Familie nach Howard
Neophron percnopterus	Schmutzgeier [Altweltgeier]	Egyptian Vulture	30
Neositta chrysoptera	Spiegelkleiber	Australian Sittella (Sitella)	147
Nestor notabilis	Kea	Kea	68
Nettion → Anas crecca	Krickente	Green-winged Teal, Common Teal	27
Nettion → Anas formosa	Gluckente	Baikal Teal	27
neumayer, Sitta	Felsenkleiber	Rock Nuthatch	147
niger, Bubalornis	Büffelweber	Buffalo Weaver	163
niger, Chlidonias	Trauerseeschwalbe	Black Tern	61
niger (nigra), Rynchops	Schwarzer Scherenschnabel, Schwarzmantel-Scherenschnabel	Black Skimmer	62
nigra, Ciconia	Schwarzstorch	Black Stork	23
nigra, Melanitta	Trauerente	Common Scoter, Black Scoter[Am]	27
nigricollis, Podiceps	Schwarzhalstaucher	Black-necked Grebe	9
nilotica, Sterna	Lachseeschwalbe	Gull-billed Tern	61
Ninox novaeseelandiae	Kuckuckskauz, Langflügelkauz	Boobook-Owl, Morepork, Mopoke	73
nipalensis, Aquila	Steppenadler	Steppe Eagle	30
nisoria, Sylvia	Sperbergrasmücke	Barred Warbler [Old World]	136
nisus, Accipiter	Sperber	European Sparrow Hawk	30
nitens, Phainopepla	Trauer-Seidenschnäpper	Phainopepla	124
nivalis, Montifringilla	Schneefink, Schneesperling	Snow Finch	163
nivalis, Plectrophenax	Schneeammer	Snow Bunting	155
noctua, Athene	Steinkauz	Little Owl	73
nordmanni, Glareola	Schwarzflügel-Brachschwalbe	Black-winged Pratincole	55
notabilis, Nestor	Kea	Kea	68
Nothocrax, Crax	Hokkos	curassows	34
novaeguineae, Dacelo	Lachender Hans, Jägerliest	Laughing Kookaburra, Laughing Jackass	84
novaehollandiae, Dromaius	Emu	Emu	4
novaeseelandiae, Anthus	Spornpieper	Richard's Pipit	118
novaeseelandiae, Finschia	Finschia	New Zealand Creeper, Pipipi, Brown Creeper	140
novaeseelandiae, Ninox	Kuckuckskauz, Langflügelkauz	Boobook-Owl, Morepork, Mopoke	73
novaeseelandiae, Prosthemadera	Tui, Priestervogel, Pastorvogel	Parson Bird, Tui	154
noveboracensis, Seiurus	Uferwaldsänger, Drosselwaldsänger	Northern Waterthrush	157
nubicus, Lanius	Maskenwürger	Masked Shrike	122
Nucifraga caryocatactes	Tannenhäher	Eurasian Nutcracker	173
Nucifraga columbiana	Kiefernhäher, Amer. Tannenhäher	Clark's Nutcracker	173
Numenius	Brachvögel	curlews	57
Numenius arquata	Großer Brachvogel	Curlew	57
Numenius phaeopus	Regenbrachvogel	Whimbrel (Curlew)	57
Numenius tenuirostris	Dünnschnabel-Brachvogel	Slender-billed Curlew	57

Latein	Deutsch	Englisch	Familie nach Howard
Numida meleagris	Helmperlhuhn	Helmeted Guineafowl, Helmet Guineafowl	35
Numidinae (Numidininae)	Perlhühner	guineafowls	36
Nyctea scandiaca	Schnee-Eule	Snowy Owl	73
Nyctibiidae	Tagschläfer	potoos	76
Nyctibius	Tagschläfer (Schwalke und Urutau)	potoos	76
Nyctibius griseus	Urutau	Common Potoo	76
Nycticorax nycticorax	Nachtreiher	Black-crowned Night Heron	20
Nyctidromus albicollis	Pauraque	Pauraque	78
Nymphicus hollandicus	Nymphensittich	Cockatiel	67
. . . .			
obscurus, Turdus	Weißbrauendrossel	Eye-browed Thrush	130
Oceanites oceanicus	Buntfuß-Sturmschwalbe	Wilson's Petrel	12
Oceanodroma leucorhoa	Wellenläufer	Leach's Storm-Petrel	12
ocellata, Leipoa	Thermometerhuhn, Wall-nister	Mallee Fowl	33
ochrocephala, Amazona	Große Gelbkopfamazone	Yellow-headed Amazon	68
ochrocephala, Mohoua	Gelbköpfchen (Maori-Gras-mücke)	Yellowhead	140
ochropus, Tringa	Waldwasserläufer	Green Sandpiper	57
ochruros, Phoenicurus	Hausrotschwanz	Black Redstart [Old World]	130
Ocyris → *Emberiza pusilla*	Zwergammer	Little Bunting	155
Odontophorus	Zahnwachteln	New World quail, wood quail	35
Oedicnemus → *Burhinus oedicnemus*	Triel	Stone-Curlew	54
Oedistoma	Pfriemschnäbel [*Oedistoma*]	honeyeaters [*Oedistoma*]	154
Oenanthe	eigentliche Schmätzer	wheatears	130
Oenanthe deserti	Wüstenschmätzer	Desert Wheatear	130
Oenanthe hispanica	Mittelmeerschmätzer	Black-eared Wheatear	130
Oenanthe isabellina	Isabellschmätzer	Isabelline Wheatear	130
Oenanthe leucomela → *O. pleschanka*	Nonnenschmätzer	Pied Wheatear	130
Oenanthe leucura	Trauerschmätzer	Black Wheatear	130
Oenanthe oenanthe	Steinschmätzer [!]	Northern Wheatear	130
Oenanthe pleschanka	Nonnenschmätzer	Pied Wheatear	130
oenas, Columba	Hohltaube	Stock Dove	65
olivacea, Piranga	Scharlachtangare	Scarlet Tanager	155
olivaceus, Vireo	Rotaugenvireo, Rotaugen-Laubwürger	Red-eyed Vireo	159
olivetorum, Hippolais	Olivenspötter	Olive-tree Warbler [Old World]	136
olor, Cygnus	Höckerschwan	Mute Swan	27
Olor → *Cygnus bewicki*	Zwergschwan	Bewick's Swan	27
Olor → *Cygnus cygnus*	Singschwan	Whooper Swan	27
Onychoprion → *Sterna fuscata*	Rußseeschwalbe	Sooty Tern	61
Opisthocomidae	Hoatzin, Schopfhuhn	Hoatzin	70
Opisthocomus hoazin	Hoatzin, Schopfhuhn	Hoatzin	70

Latein	Deutsch	Englisch	Familie nach Howard
Oreocharis arfaki	Gelbbauch-Beerenpicker	Tit Berrypecker	151
Oreocincla → Turdus dauma	Erddrossel	White's Thrush	130
Oreoica gutturalis	Haubengudilang	Crested Bellbird	143
Oreomanes fraseri	Riesenspitzschnabel	Giant Conebill	155
Oreopneuste → Phyllosco-pus fuscatus	Dunkellaubsänger	Dusky Warbler [Old World]	136
Oreothraupis arremonops	Tangarenbuschammer	Tanager Finch	155
orientalis, Eurystomus	Dollarvogel	Dollar Bird, Eastern Broad-billed Roller	88
orientalis, Pterocles	Sandflughuhn	Black-bellied Sandgrouse	64
Oriolidae	Pirole	orioles [Old World]	165
Oriolus	Pirole	orioles [Old World]	165
Oriolus oriolus	Pirol	Golden Oriole, Old World Oriole	165
ornatus, Spizaetus	Prachthaubenadler	Ornate Hawk-Eagle	30
Ortalis	Chakalakas (einschl. Guan)	chachalacas	34
Ortalis vetula	Braunflügelguan	Plain Chachalaca	34
Orthonychidae	Laufflöter (Erdtimalien)	logrunners, chowchillas	131
Orthotomus	Schneidervögel	tailor birds	136
Ortyxelos → Turnix meiffrenii	Lerchenlaufhühnchen	Quail Plover	37
oryzivorus, Dolichonyx	Reisstärling, Paperling, Bobolink	Bobolink	160
Oryzoborus	Reisknacker	seed-finches	155
ossifragus, Corvus	Fischkrähe	Fish Crow	173
ostralegus, Haematopus	Eur. Austernfischer	European Oystercatcher	51
Otidae (Otididae)	Trappen	bustards	47
Otis tarda	Großtrappe, Trappe	Great Bustard	47
Otis tetrax	Zwergtrappe	Little Bustard	47
Otus	Eulen, Ohreulen	screech owls	73
otus, Asio	Waldohreule	Long-eared Owl	73
Otus asio	Kreischeule, Schreieule	Eastern Screech Owl	73
Otus scops	Zwergohreule	Scops-Owl	73
Oxyechus → Charadrius vociferus	Schreiregenpfeifer, Keil-schwanz-Regenpfeifer	Killdeer (plover)	56
Oxyruncidae	Flammenkopf, Feuerkopf	Sharpbill	109
Oxyruncus cristatus	Flammenkopf, Feuerkopf	Sharpbill	109
Pachycephalidae	Dickköpfe, Dickkopfvögel	whistlers	143
Pachyramphus	Bekarden	becards	106
pacifica, Gavia	Weißnackentaucher	Pacific Loon	8
Pagophila eburnea	Elfenbeinmöwe	Ivory Gull	61
palliatus, Haematopus	Braunmantel-Austern-fischer	American Oystercatcher	51
pallida, Hippolais	Blaßspötter	Olivaceous Warbler [Old World]	136
pallidus, Apus	Fahlsegler	Pallid Swift	79
Palmeria dolei	Schopf-Kleidervogel	Crested Honeycreeper [Hawaii]	158
paludicola, Acrocephalus	Seggenrohrsänger, Binsen-rohrsänger	Aquatic Warbler [Old World]	136

244

Latein	Deutsch	Englisch	Familie nach Howard
Palumbus → Columba palumbus	Ringeltaube	Wood Pigeon, Ring Dove	65
palustris, Acrocephalus	Sumpfrohrsänger, Getreidesänger	Marsh Warbler [Old World]	136
palustris, Parus	Sumpfmeise, Nonnenmeise	Marsh Tit	146
Pandion haliaetus	Fischadler	Osprey, Fish Hawk	29
Pandionidae	Fischadler	Osprey, Fish Hawk	29
Panuridae (Paradoxornithidae)	Papageischnäbel, Papageimeisen, Rohrmeisen, Papageischwänze, Bartmeisen	parrotbills, suthoras	133
Panurus biarmicus	Bartmeise	Bearded Tit, Bearded Reedling	133
Paradisaea raggiana	Göttervogel	Raggiana Bird-of-Paradise	172
paradisaea (macrura), Sterna	Küstenseeschwalbe	Arctic Tern	61
Paradisaeidae	Paradiesvögel	birds of paradise	172
Paradoxornithidae → Panuridae	Papageischnäbel, Papageimeisen, Rohrmeisen, Papageischwänze, Bartmeisen	parrotbills, suthoras	133
paradoxus, Syrrhaptes	Steppenhuhn	Pallas's Sandgrouse	64
Paramythia montium	Schopf-Beerenfresser	Crested Berrypecker	151
Paramythiidae [Sibley]	Beerenfresser, Beerenpicker (Mistelfresser)	berrypeckers [Paramythiidae]	151
parasiticus, Stercorarius	Schmarotzerraubmöwe	Arctic Skua, Parasitic Jaeger, Arctic Jaeger[Am]	60
Pardalotinae [Sibley]	Panthervögel	pardalotes	151
Paridae	Meisen	tits, titmice and chickadees[Am]	146
Parophasma galinieri	Singtimalie	Abyssinian Catbird	132
Paroreomyza → Loxops maculata	Alauwahio	Alauwahio, Hawaiian Creeper, Lanai Creeper	158
Parula americana	Meisenwaldsänger	Northern Parula	157
Parulidae	Waldsänger	New World warblers, wood warblers	157
Parus	Meisen	tits, titmice and chickadees[Am]	146
Parus ater	Tannenmeise [!]	Coal Tit [!]	146
Parus atricapillus	Schwarzkopfmeise	Black-capped Chickadee	146
Parus atricapillus → P. montanus	Weidenmeise, Mönchsmeise	Willow Tit	146
Parus bicolor	Indianermeise, Zweifarbmeise	Tufted Titmouse	146
Parus caeruleus	Blaumeise	Blue Tit	146
Parus carolinensis	Carolinameise	Carolina Chickadee	146
Parus cinctus	Lapplandmeise	Siberian Tit	146
Parus cristatus	Haubenmeise	Crested Tit	146
Parus cyanus	Lasurmeise	Azur Tit	146
Parus lugubris	Trauermeise	Sombre Tit	146
Parus major	Kohlmeise [!]	Great Tit [!]	146

245

Latein	Deutsch	Englisch	Familie nach Howard
Parus montanus	Weidenmeise, Mönchs-meise	Willow Tit	146
Parus palustris	Sumpfmeise, Nonnenmeise	Marsh Tit	146
parva, Muscicapa	Zwergschnäpper, Zwergflie-genschnäpper	Red-breasted Flycatcher [Old World]	137
parva, Porzana	Kleinsumpfhuhn	Little Crake	42
Passer	Sperlinge	Old World sparrows	163
Passer domesticus	Spatz, Haussperling	House Sparrow, English Sparrow	163
Passer hispaniolensis	Weidensperling	Spanish Sparrow	163
Passer montanus	Feldsperling	Eurasian Tree Sparrow	163
PASSERES	Singvögel	songbirds	116
PASSERIFORMES	Sperlingsvögel	perching birds	100
Passerina	tropische Ammern	tropical buntings	155
Passerina cyanea	Indigofink	Indigo Bunting	155
Passerinae	Sperlinge [einschl. Schnee-finken, Spätzlinge]	sparrows, rock-sparrows etc. [Old World]	163
passerinum, Glaucidium	Sperlingskauz	Eurasian Pygmy Owl	73
Pastor → Sturnus roseus	Rosenstar	Rose-coloured Starling	164
Pavo cristatus	Pfau, Blauer Pfau	Common Pea-Fowl (Peacock)	35
Pavoninae	Pfauen	peafowl	35
Pedionomidae	Steppenläufer, Trappenlauf-hühnchen	Plains-Wanderer	38
Pedionomus torquatus	Steppenläufer, Trappenlauf-hühnchen	Plains-Wanderer	38
pelagica, Chaetura	Kaminsegler, Schornstein-segler	Chimney Swift	79
pelagicus, Hydrobates	Sturmschwalbe	Storm-Petrel	12
Pelecanidae	Pelikane	pelicans	15
PELECANIFORMES (PELI-CANIFORMES)	Ruderfüßler	pelicans and allies	14
Pelecanoididae	Lummensturmvögel, Tauchersturmvögel	diving petrels	13
Pelecanus	Pelikane	pelicans	15
Pelecanus crispus	Krauskopfpelikan	Dalmatian Pelican	15
Pelecanus erythrorhynchos	Nashornpelikan	American White Pelican	15
PELICANIFORMES → PE-LECANIFORMES	Ruderfüßler	pelicans and allies	14
Pelidna → Calidris alpina	Alpen-Strandläufer	Dunlin, Red-backed Sand-piper[Am]	57
Peltops	Peltops	Peltops flycatchers	141
pendulinus, Remiz	Beutelmeise	Penduline-Tit	145
Penelope	Schakuhühner	guans	34
penelope, Anas	Eur. Pfeifente	Eurasian Wigeon	27
Penelope → Pipile pipile	Blaukehlguan	Common Piping Guan, Blue-throated Piping Guan, Trinidad Piping Guan	34
pennatus, Hieraaetus	Zwergadler	Booted Eagle	30
percnopterus, Neophron	Schmutzgeier [Altweltgeier]	Egyptian Vulture	30

Latein	Deutsch	Englisch	Familie nach Howard
Perdix perdix	Rebhuhn	Gray Partridge, Common P., Hungarian Partridge[Am]	35
peregrinus, Falco	Wanderfalke	Peregrine Falcon, Duck Hawk[Am]	32
Pericrocotus	Mennigvögel	minivets	119
Periparus → Parus ater	Tannenmeise [!]	Coal Tit [!]	146
Perisoreus infaustus	Unglückshäher	Siberian Jay	173
Pernis apivorus	Wespenbussard	Honey-Buzzard	30
personata, Agapornis	Schwarzköpfchen	Masked Lovebird	68
petechia, Dendroica	Goldwaldsänger	Yellow Warbler [New World]	157
Petronia petronia	Steinsperling	Rock Sparrow [Old World]	163
petrosus, Anthus	Strandpieper (Felsenpieper)	Rock Pipit	118
Peucedraminae [Sibley]	Trugwaldsänger	Olive Warbler [New World]	157
Peucedramus	Trugwaldsänger	Olive Warbler [New World]	157
Pezophaps solitaria (ext)	Einsiedler (ausgestorben)	Rodriguez Solitaire (extinct)	65
Phacellodomus	Bündelnister	thornbirds	102
phaeopus, Numenius	Regenbrachvogel	Whimbrel (Curlew)	57
Phaeton	Tropikvögel	tropicbirds	14
Phaetontidae	Tropikvögel	tropicbirds	14
Phaetornis, Glaucis	Eremiten	hermits	81
Phainopepla nitens	Trauer-Seidenschnäpper	Phainopepla	124
Phalacrocoracidae	Kormorane (Scharben)	cormorants	17
Phalacrocorax aristotelis	Krähenscharbe (Kormoran)	Shag (cormorant)	17
Phalacrocorax auritus	Ohrenscharbe (Kormoran)	Double-crested Cormorant	17
Phalacrocorax carbo	Kormoran	Great Cormorant	17
Phalacrocorax pygmeus	Zwergscharbe (Kormoran)	Pygmy Cormorant	17
Phalaropodinae	Wassertreter	phalaropes	57
Phalaropus fulicarius	Thorshühnchen, Breit-schnäbeliger Wasser-treter	Grey Phalarope, Red Phalarope[Am]	57
Phalaropus lobatus	Odinshühnchen, Schmal-schnäbeliger Wasser-treter	Red-necked Phalarope, Northern Phalarope[Am]	57
Phalaropus tricolor	Wilsonhühnchen, Amer. Odinshühnchen, Wilson-Wassertreter	Wilson's Phalarope	57
Pharomachrus mocinno (mocino)	Quesal	Quetzal (Trogon)	83
Phasianidae	Fasanenartige (Fasanen, Feldhühner, Hühner)	quail, partridges and pheasants	35
Phasianus	Fasane[n], eigentliche Fasane[n]	pheasants	35
Phasianus colchicus (tor-quatus)	Fasan, Ringfasan, Jagd-fasan	Ring-necked Pheasant, Pheasant	35
Pheucticus ludovicianus	Rosenbrust-Kernknacker, Bischof	Rose-breasted Grosbeak, Common Grosbeak	155
Pheucticus melanocepha-lus	Schwarzkopf-Kernknacker	Black-headed Grosbeak	155
philadelphia, Larus	Bonapartemöwe	Bonaparte's Gull	61
Philemon	Lederköpfe	friarbirds	154

247

Latein	Deutsch	Englisch	Familie nach Howard
Philemon corniculatus	Lärm-Lederkopf	Noisy Friarbird, Leather-head	154
Philepittidae	Jalas, Lappenpittas	asities	113
Philesturnus → Creadion carunculatus	Sattelvogel, Lappenstar	Saddleback	167
Philomachus pugnax	Kampfläufer	Ruff (Male), Reeve (Female)	57
philomelos (ericetorum), Turdus	Singdrossel	Song Thrush	130
Philydorinae [Thripadectes, Automolus, Xenops]	Baumspäher	foliage gleaners	102
phoebe, Sayornis	Phoebe, Haustyrann	Eastern Phoebe	106
phoeniceus, Agelaius	Rotschulter-Stärling, Rot-flügel-Stärling	Redwing, Red-winged Blackbird	160
Phoenicopteridae (PHOE-NICOPTERIFORMES)	Flamingos	flamingos, flamingoes	25
Phoenicopterus ruber	Flamingo, Großer Flamingo	Greater Flamingo	25
Phoeniculidae	Baumhopfe	wood hoopoes	92
Phoenicurus	Rotschwänze	Old World redstarts	130
Phoenicurus ochruros	Hausrotschwanz	Black Redstart [Old World]	130
Phoenicurus phoenicurus	Gartenrotschwanz	Redstart [Old World]	130
Phrygilus	Ämmerlinge	sierra-finches	155
Phyllastrephus	Bülbüls [Phyllastrephus]	greenbuls and tetrakas	120
Phylloscopus	Laubsänger	leaf warblers, willow war-blers [Old World]	136
Phylloscopus bonelli	Berglaubsänger	Bonelli's Warbler [Old World]	136
Phylloscopus borealis	Wanderlaubsänger, Nordi-scher Laubsänger	Arctic Warbler [Old World]	136
Phylloscopus collybita	Zilpzalp, Weidenlaubsänger	Chiffchaff	136
Phylloscopus fuscatus	Dunkellaubsänger	Dusky Warbler [Old World]	136
Phylloscopus inornatus	Gelbbrauen-Laubsänger	Yellow-browed Warbler [Old World]	136
Phylloscopus proregulus	Goldhähnchen-Laubsänger	Pallas's Leaf Warbler [Old World]	136
Phylloscopus schwarzi	Bartlaubsänger	Radde's Warbler [Old World]	136
Phylloscopus sibilatrix	Waldlaubsänger, Wald-schwirrvogel	Common Wood-Warbler [Old World!]	136
Phylloscopus trochiloides	Grünlaubsänger, Grüner Laubsänger	Greenish Warbler [Old World]	136
Phylloscopus trochilus	Fitis	Willow Warbler [Old World]	136
Phytotomidae	Pflanzenmäher	plantcutters	110
Pica pica	Elster	Black-billed Magpie	173
Picathartes	Felshüpfer	rockfowl, bald crows	134
Picathartidae	Felshüpfer	rockfowl, bald crows	134
Picidae	Spechte	woodpeckers and allies	99
PICIFORMES	Spechtvögel	woodpeckers and allies	94
Picinae	Stützschwanzspechte	true woodpeckers	99
Picoides leucotos	Weißrückenspecht	White-backed Woodpecker	99
Picoides major	Buntspecht	Great Spotted Woodpecker	99
Picoides medius	Mittelspecht	Middle Spotted Wood-pecker	99

Latein	Deutsch	Englisch	Familie nach Howard
Picoides minor	Kleinspecht, Kleiner Buntspecht	Lesser Spotted Woodpecker	99
Picoides pubescens	Dunenspecht, Flaumspecht	Downy Woodpecker	99
Picoides syriacus	Blutspecht	Syrian Woodpecker	99
Picoides tridactylus	Dreizehenspecht	Three-toed Woodpecker	99
pictus, Chrysolophus	Goldfasan	Golden Pheasant	35
Picumninae (Picumbinae)	Weichschwanzspechte, Zwergspechte	piculets	99
Picumnus	Weichschwanzspechte, Zwergspechte	piculets	99
Picus canus	Grauspecht	Grey-headed Woodpecker	99
Picus viridis	Grünspecht	Green Woodpecker	99
pilaris, Turdus	Wacholderdrossel, Krammetsvogel	Fieldfare	130
pileatus, Dryocopus	Helm-, Schopf-, Haubenspecht	Pileated Woodpecker	99
Pinguinus impennis (ext)	Riesenalk (ausgestorben)	Great Auk (extinct)	63
Pinicola enucleator	Hakengimpel	Pine Grosbeak	161
pintadeanus, Francolinus	Chinesische Zwergwachtel, Perlhuhnfrankolin	Chinese Francolin	35
pinus, Carduelis	Fichtenzeisig	Pine Siskin	161
Pipile pipile	Blaukehlguan	Common Piping Guan, Blue-throated P.G., Trinidad Piping Guan	34
Pipilo erythrophthalmus	Grundammer, Grundrötel, Rötelgrundammer	Rufous-sided Towhee	155
pipixcan, Larus	Präriemöwe, Franklinmöwe	Franklin's Gull	61
Pipridae	Pipras, Schnurrvögel [einschl. Schiffornis]	manakins	107
Pipromorphinae [Sibley]	Pipra-, Spatel-, Lauftyrannen etc.	mionectine flycatchers [NW], Corythopis	106
Piranga olivacea	Scharlachtangare	Scarlet Tanager	155
Pisobia → Calidris minuta	Zwergstrandläufer	Little Stint	57
Pittidae	Pittas [ohne Neuseeland- und Lappenpittas]	pittas	111
pityopsittacus → Loxia pytyopsittacus	Kiefernkreuzschnabel	Parrot Crossbill	161
Pityriasis gymnocephala	Warzenkopf	Bornean Bristle-Head	122
Platalea leucorodia	Löffler	Common Spoonbill, White Spoonbill	24
Platalea → Ajaia ajaja	Rosalöffler	Roseate Spoonbill	24
Plataleinae	Löffler	spoonbills	24
Platycercinae	Plattschwanz-Sittiche, Plattschweif-Sittiche	Australian parakeets and rosella	68
platyrhynchos, Anas	Stockente	Mallard	27
Platysteira	Kleinschnäpper [Platysteira]	wattle-eyes	138
Platysteiridae	Schnäpperwürger, Kleinschnäpper	wattle-eyes, puffback-flycatchers	138
Plautus (Plotus) → Alle alle	Krabbentaucher	Little Auk, Dovekie[Am]	63
Plectrophenax nivalis	Schneeammer	Snow Bunting	155
Plegadis falcinellus	Braunsichler, Brauner Ibis	Glossy Ibis	24
pleschanka, Oenanthe	Nonnenschmätzer	Pied Wheatear	130

Latein	Deutsch	Englisch	Familie nach Howard
Ploceidae	Webervögel (Weber, Weberfinken)	weavers, sparrows	163
Ploceinae	eigentliche Weberfinken	weavers	163
Pluvialis apricaria	Goldregenpfeifer	Eurasian Golden Plover	56
Pluvialis dominica	Wanderregenpfeifer, kleiner, amer. Goldregenpfeifer	Lesser Golden Plover, American Golden Plover	56
Pluvialis squatarola	Kiebitzregenpfeifer	Grey Plover, Black-bellied Plover[Am]	56
Pluvianellus socialis	Magellanläufer, Magellan-Regenpfeifer	Magellanic Plover	56
Pluvianus aegyptius	Krokodilwächter	Egyptian Plover	55
Pnoepyga	Schuppentimalien	wren babblers	132
Pnoepyga albiventer	Schuppentimalie	Scaly-breasted Wren Babbler	132
Pnoepyga pusilla	Moostimalie	Pygmy Wren Babbler	132
Podargidae	Eulenschwalme	frogmouths	75
Podargus strigoides	Eulenschwalm	Tawny Frogmouth, Morepork, Mopoke	75
Podiceps auritus	Ohrentaucher	Slavonian Grebe, Horned Grebe[Am]	9
Podiceps cristatus	Haubentaucher	Great Crested Grebe	9
Podiceps dominicus	Schwarzkopftaucher	Least Grebe	9
Podiceps grisegena	Rothalstaucher	Red-necked Grebe, Holboell's Grebe[Am]	9
Podiceps nigricollis	Schwarzhalstaucher	Black-necked Grebe	9
podiceps, Podilymbus	Bindentaucher, Fleckschnabeltaucher	Pied-billed Grebe	9
Podiceps ruficollis	Zwergtaucher	Little Grebe	9
Podicipedidae	Lappentaucher, Steißfüßer	grebes	9
PODICIPEDIFORMES	Lappentaucher, Steißfüßer	grebes	9
Podilymbus podiceps	Bindentaucher, Fleckschnabeltaucher	Pied-billed Grebe	9
Poecile cincta → *Parus cinctus*	Lapplandmeise	Siberian Tit	146
Poecile → *Parus lugubris*	Trauermeise	Sombre Tit	146
Poephila guttata (Taeniopygia)	Zebrafink	Zebra Finch	162
Poephila (Taeniopygia)	Amadinen [*Poephila*]	grass finches	162
Pogoniulus	Bartvögel [*Pogoniulus*], Honigfresser	tinkerbirds (barbets)	96
Polioptila	Mückenfänger [*Polioptila*]	gnatcatchers	135
Polioptila caerulea	Blau-Mückenfänger, Blau-Mückenschnäpper	Blue-gray Gnatcatcher	135
Polioptilidae	Mückenfänger [Familie]	gnatcatchers, gnatwrens	135
polyglotta, Hippolais	Orpheusspötter	Melodious Warbler [Old World]	136
polyglottos, Mimus	Spottdrossel	Northern Mockingbird	128
pomarina, Aquila	Schreiadler	Lesser Spotted Eagle	30
pomarinus, Stercorarius	Spatelraubmöwe, Mittlere Raubmöwe	Pomarine Skua, Pomarine Jaeger[Am]	60
Pomatostomidae [Sibley]	Säbler, Weißbrauensäbler	Australo-Papuan babblers	132

Latein	Deutsch	Englisch	Familie nach Howard
Porphyrio porphyrio	Purpurhuhn	Purple Swamphen, Purple Gallinule	42
Porphyrula martinica	Zwergsultanshuhn	American Purple Gallinule	42
Porzana carolina	Carolina-Sumpfhuhn	Sora (Rail)	42
Porzana parva	Kleinsumpfhuhn	Little Crake	42
Porzana porzana	Tüpfelsumpfhuhn	Spotted Crake (Rail)	42
Porzana pusilla	Zwergsumpfhuhn	Baillon's Crake	42
pratensis, Anthus	Wiesenpieper	Meadow Pipit	118
pratincola, Glareola	Rotflügel-Brachschwalbe, Brachschwalbe	Collared Pratincole (Swallow Plover)	55
Prionopinae	Brillenwürger	helmet-shrikes	122
Procellaria, Pterodroma etc.	Sturmvögel	petrels	11
Procellariidae	Sturmvögel	petrels, shearwaters [incl. fulmars]	11
PROCELLARIIFORMES	Röhrennasen	tube-nosed swimmers	10
Procnias	Glockenvögel	bellbirds	108
Proctopus → *Podiceps nigricollis*	Schwarzhalstaucher	Black-necked Grebe	9
Progne subis	Purpurschwalbe	Purple Martin (swallow)	117
Promeropinae [Sibley]	Proteavögel (Honigfresser)	sugarbirds	154
proregulus, Phylloscopus	Goldhähnchen-Laubsänger	Pallas's Leaf Warbler [Old World]	136
Prosthemadera novaeseelandiae	Tui, Priestervogel, Pastorvogel	Parson Bird, Tui	154
Protonotaria citrea	Zitronenwaldsänger	Prothonotary Warbler [New World]	157
Prunella collaris	Alpenbraunelle, Flühvogel	Alpine Accentor	129
Prunella modularis	Heckenbraunelle	Dunnock, Hedge Sparrow (accentor)	129
Prunella montanella	Bergbraunelle	Siberian Accentor	129
Prunellidae	Braunellen	accentors	129
Psaltria exilis	Zwergmeise	Pygmy Tit	144
Psaltriparus minimus	Buschmeise (Schwanzmeise)	Bushtit	144
Psarocolius	Stirnvögel	Oropendola	160
Pseudochelidon	Trugschwalben	river-martins	117
Pseudoleistes	Drachen- und Gelbbürzelstärling	marshbirds	160
Pseudonestor xanthophrys	Papageischnabelgimpel	Maui Parrotbill, Pseudonestor	158
Pseudonigrita	Spätzlinge	social weavers	163
Psilorhamphus guttatus	Trugzaunkönig	Bamboowren	105
Psittacidae	Papageien	parrots	68
PSITTACIFORMES	Papageien, Handfüßler	parrots and allies	66
Psittacinae	Papageien, eigentliche	typical parrots	68
Psittacula krameri	Halsbandsittich	Ring-necked Parakeet	68
Psittaculidae	Edelpapageien	parakeets	68
Psittacus erithacus	Jako, Graupapagei	African Grey Parrot	68
Psittirostra cantans	Laysangimpel, Ou	Yellow Laysan Finch [Hawaii], Ou	158
Psophia	Trompetervögel	trumpeters	41

Latein	Deutsch	Englisch	Familie nach Howard
Psophiidae	Trompetervögel	trumpeters	41
Pternistis → Francolinus erckelii	Erckelfrankolin	Erckel's Francolin	35
Pterocles alchata	Spießflughuhn	Pin-tailed Sandgrouse	64
Pterocles exustus	Braunbauch-Flughuhn	Chestnut-bellied Sand-grouse, Small Pin-tailed Sandgrouse	64
Pterocles orientalis	Sandflughuhn	Black-bellied Sandgrouse	64
Pteroclididae (Pteroclidae)	Flughühner	sandgrouse	64
Pterodroma, Procellaria etc.	Sturmvögel	petrels	11
Pteruthius	Würgertimalien	shrike babblers	132
Ptilogonatinae	Seidenschnäpper	silky-flycatchers	124
Ptilonorhynchidae	Laubenvögel	bowerbirds	171
Ptyonoprogne → Hirundo rupestris	Felsenschwalbe	Crag Martin (swallow)	117
pubescens, Picoides	Dunenspecht, Flaumspecht	Downy Woodpecker	99
Puffinus assimilis	Kleiner Sturmtaucher	Little Shearwater	11
Puffinus, Calonectris	Sturmtaucher (Sturmvögel)	shearwaters	11
Puffinus diomedea	Gelbschnabel-Sturm-taucher	Cory's Shearwater	11
Puffinus gravis	Kappen-Sturmtaucher, Großer Sturmtaucher	Great Shearwater	11
Puffinus griseus	Dunkelsturmtaucher	Sooty Shearwater	11
Puffinus puffinus	Schwarzschnabel-Sturm-taucher	Manx Shearwater	11
Puffinus tenuirostris	Kurzschnabel-Sturmvogel, Dünnschnäbeliger Sturmvogel	Short-tailed Shearwater	11
pugnax, Philomachus	Kampfläufer	Ruff (Male), Reeve (Female)	57
purpurea, Ardea	Purpurreiher	Purple Heron	20
purpureus, Carpodacus	Purpurgimpel	Purple Finch	161
pusilla, Calidris	Sandstrandläufer	Semipalmated Sandpiper	57
pusilla, Emberiza	Zwergammer	Little Bunting	155
pusilla, Pnoepyga	Moostimalie	Pygmy Wren Babbler	132
pusilla, Porzana	Zwergsumpfhuhn	Baillon's Crake	42
pusilla, Spizella	Klapperammer, Feld-ammer [!]	Field Sparrow [!] [New World]	155
Pycnonotidae	Bülbüls	bulbuls	120
pygargus, Circus	Wiesenweihe	Montagu's Harrier	30
pygmeus, Phalacrocorax	Zwergscharbe (Kormoran)	Pygmy Cormorant	17
Pyriglena	Feueraugen	fire-eyes	103
Pyrrherodia → Ardea pur-purea	Purpurreiher	Purple Heron	20
Pyrrhocorax graculus	Alpendohle	Alpine Chough	173
Pyrrhocorax pyrrhocorax	Alpenkrähe	Chough	173
Pyrrhula	Gimpel [Pyrrhula]	bullfinches	161
Pyrrhula pyrrhula	Dompfaff, Gimpel	Eurasian Bullfinch	161
Pyrrhuloxia → Cardinalis sinuatus	Schmalschnabelkardinal	Pyrrhuloxia	155
pytyopsittacus (pityo-), Loxia	Kiefernkreuzschnabel	Parrot Crossbill	161

Latein	Deutsch	Englisch	Familie nach Howard
querquedula, Anas	Knäkente	Garganey	27
quiscula, Quiscalus	Purpurgrackel	Common Grackle	160
raggiana, Paradisaea	Göttervogel	Raggiana Bird-of-Paradise	172
Rallidae	Rallen	rails, coots and gallinules	42
Rallus aquaticus	Wasserralle	Water-Rail	42
Ramphastidae (Rhampha-stidae)	Tukane, Pfefferfresser	toucans [incl. toucanets]	98
Ramphotrigon	Breitschnäbel	flatbills [*Ramphotrigon*]	106
Raphidae (ext)	Dronten, Einsiedler (ausge-storben)	dodos and solitaires (ex-tinct)	65
Raphus cucullatus (ext)	Dronte (ausgestorben)	Dodo (extinct)	65
Raphus solitarius (ext)	Réunion-Dronte (ausge-storben)	Reunion Solitaire, White Dodo (extinct)	65
Recurvirostra	Säbelschnäbler	avocets	53
Recurvirostra americana	Braunhals-Säbelschnäbler	American Avocet	53
Recurvirostra avosetta	Säbelschnäbler, eigentli-cher Säbelschnäbler	Eurasian Avocet	53
Recurvirostridae	Stelzenläufer [einschl. Säbelschnäbler]	avocets and stilts	53
reevesii, Syrmaticus	Königsfasan	Reeve's Pheasant	35
Reguloides → Phyllosco-pus inornatus	Gelbbrauen-Laubsänger	Yellow-browed Warbler [Old World]	136
Reguloides → Phyllosco-pus proregulus	Goldhähnchen-Laubsänger	Pallas's Leaf Warbler [Old World]	136
Regulus	Goldhähnchen	kinglets, Goldcrest, Firecrest	136
Regulus calendula	Rubingoldhähnchen, Rot-krönchen	Ruby-crowned Kinglet	136
Regulus ignicapillus	Sommergoldhähnchen	Firecrest	136
Regulus regulus	Wintergoldhähnchen	Goldcrest	136
Regulus satrapa	Satrap (Goldhähnchen)	Golden-crowned Kinglet	136
religiosa, Gracula	Beo	Hill Myna	164
Remiz pendulinus	Beutelmeise	Penduline-Tit	145
Remizidae	Beutelmeisen	penduline-tits	145
rex, Balaeniceps	Schuhschnabel	Shoebill, Whalehead Stork	22
rex, Clytoceyx	Froschschnabel	Shovel-billed Kingfisher	84
Rhabdornithidae	Trugbaumläufer	Philippine creepers	149
Rhadina → Phylloscopus bonelli	Berglaubsänger	Bonelli's Warbler [Old World]	136
Rhadina → Phylloscopus sibilatrix	Waldlaubsänger, Wald-schwirrvogel	Common Wood-Warbler [Old World!]	136
Rhagologus leucostigma	Wellendickkopf	Mottled Whistler	143
Rhamphastidae → Ram-phastidae	Tukane, Pfefferfresser	toucans [incl. toucanets]	98
Rheidae	Nandus	rheas	2
RHEIFORMES	Neuwelt-Laufvögel, Nandus	rheas	2
Rhinocryptidae	Bürzelstelzler, Busch-schlüpfer, Tapaculos	tapaculos	105
Rhinoplax vigil	Schildschnabel	Helmeted Hornbill	93

Latein	Deutsch	Englisch	Familie nach Howard
Rhinopomastidae [Sibley]	Sichelhopfe [Baumhopfe]	scimitarbills, scimitar-billed hoopoes	92
Rhinopomastus cyanomelas	Sichelhopf [Baumhopf]	Scimitarbill, Scimitar-billed Hoopoe	92
Rhipidurini [Sibley]	Fächerschwänze	fantails, fantail flycatchers	141
Rhodopechys → Bucanetes githagineus	Wüstengimpel	Trumpeter Bullfinch, Trumpeter Finch	161
Rhodostethia → Larus roseus	Rosenmöwe	Rosa's Gull	61
Rhynchocyclus	Kreisschnäbel	flatbills [Rhynchocyclus]	106
Rhynochetidae	Kagu	Kagu	44
Rhynochetus jubatus	Kagu	Kagu	44
ridibundus, Larus	Lachmöwe	Black-headed Gull	61
Riparia riparia	Uferschwalbe	Sand Martin, Bank Swallow[Am]	117
Riparia → Hirundo rupestris	Felsenschwalbe	Crag Martin (swallow)	117
Rissa → Larus tridactylus	Dreizehenmöwe	Black-legged Kittiwake	61
roseus, Larus	Rosenmöwe	Rosa's Gull	61
roseus, Sturnus	Rosenstar	Rose-coloured Starling	164
Rostratulidae	Goldschnepfen	painted snipe	49
rubecula, Erithacus	Rotkehlchen	European Robin	130
ruber, Phoenicopterus	Flamingo, Großer Flamingo	Greater Flamingo	25
rubetra, Saxicola	Braunkehlchen	Whinchat	130
rubra, Crax	Tuberkelhokko, Roter Hokko	Great Curassow	34
rubripes, Anas	Dunkelente, Rotfußente	American Black Duck	27
rudis, Ceryle	Graufischer	Pied Kingfisher	84
rueppelli, Sylvia	Maskengrasmücke	Ruppell's Warbler [Old World]	136
rufa, Anhinga	Schlangenhalsvogel	African Darter	18
rufescens, Calandrella	Stummellerche	Lesser Short-toed Lark	116
Rufibrenta → Branta ruficollis	Rothalsgans	Red-breasted Goose	27
ruficollis atrogularis, Turdus	Schwarzkehldrossel	Black-throated Thrush	130
ruficollis, Branta	Rothalsgans	Red-breasted Goose	27
ruficollis, Calidris	Rotkehl-Strandläufer	Red-necked Stint, Rufous-necked Sandpiper	57
ruficollis, Podiceps	Zwergtaucher	Little Grebe	9
ruficollis ruficollis, Turdus	Rotkehldrossel	Red-throated Thrush	130
ruficollis, Turdus	Bechsteindrossel	Dark-throated Thrush	130
rufinus, Buteo	Adlerbussard	Long-legged Buzzard	30
rufum, Toxostoma	Rotrücken-Spottdrossel, Rote Spottdrossel, Rotrückensichler	Brown Thrasher	128
rupestris, Hirundo	Felsenschwalbe	Crag Martin (swallow)	117
Rupicola	Felsenhähne	cocks-of-the-rocks	108
rustica, Emberiza	Waldammer	Rustic Bunting	155
rustica, Hirundo	Rauchschwalbe	Barn Swallow	117
rusticola, Scolopax	Waldschnepfe	Eurasian Woodcock	57
rusticolus, Falco	Gerfalke	Gyrfalcon	32

Latein	Deutsch	Englisch	Familie nach Howard
ruticilla, Setophaga	Rotschwanz-Waldsänger, Schnäpper-Waldsänger	American Redstart [New World]	157
Rynchopidae	Scherenschnäbel	skimmers	62
Rynchops	Scherenschnäbel	skimmers	62
Rynchops niger (nigra)	Schwarzer Scherenschnabel, Schwarzmantel-Scherenschnabel	Black Skimmer	62
. . . .	. . . .	. . . .	. . . . . .
sabini, Larus	Schwalbenmöwe	Sabine's Gull	61
Sagittariidae	Sekretär	Secretary-Bird	31
Sagittarius serpentarius	Sekretär	Secretary-Bird	31
Sakesphorus bernardi	Weißnacken-Ameisen-würger	Collared Antshrike, White-naped Antshrike	103
Salpornis spilonotus (-nata)	Stammsteiger, gefleckter Baumsteiger	Spotted Creeper [Africa]	148
sandvicensis, Sterna	Brandseeschwalbe	Sandwich Tern, Cabot's Tern[Am]	61
Sapayoa aenigma	Breitschnabelpipra	Broad-billed Manakin	107
sarda, Sylvia	Sardengrasmücke	Marmora's Warbler [Old World]	136
satrapa, Regulus	Satrap (Goldhähnchen)	Golden-crowned Kinglet	136
saxatilis, Monticola	Steinrötel	Rock Thrush	130
Saxicola	Wiesenschmätzer	chats	130
Saxicola rubetra	Braunkehlchen	Whinchat	130
Saxicola torquata	Schwarzkehlchen [!]	Stonechat [!]	130
Saxicolini [Sibley]	Schmätzer, Erdsänger, Heckensänger etc.	chats [Sibley]	130
Sayornis phoebe	Phoebe, Haustyrann	Eastern Phoebe	106
scandiaca, Nyctea	Schnee-Eule	Snowy Owl	73
Schiffornis	Drosselmanakins, Schiffornis	manakins [*Schiffornis*]	107
Schoeniclus → *Emberiza schoeniclus*	Rohrammer	Reed Bunting	155
schoenobaenus, Acro-cephalus	Schilfrohrsänger, Uferrohr-sänger	Sedge Warbler [Old World]	136
schwarzi, Phylloscopus	Bartlaubsänger	Radde's Warbler [Old World]	136
scirpaceus, Acrocephalus	Teichrohrsänger	Reed Warbler [Old World]	136
Sclerurus	Laubwender	leafscrapers	102
scolopaceus, Limnodromus	Langschnabel-Schlamm-läufer, Großer Schlamm-läufer	Long-billed Dowitcher	57
Scolopacidae	Schnepfen (einschl. Wasserläufer); Schnepfen-vögel	sandpipers, snipe	57
Scolopacinae	eigentliche Schnepfen	woodcocks	57
Scolopax	eigentliche Schnepfen	woodcocks	57
Scolopax minor	Kanadaschnepfe, Amer. Waldschnepfe	American Woodcock	57
Scolopax rusticola	Waldschnepfe	Eurasian Woodcock	57
Scopidae	Schattenvogel, Hammer-kopf	Hammerkop, Hammerhead Stork	21

Latein	Deutsch	Englisch	Familie nach Howard
scops, Otus	Zwergohreule	Scops-Owl	73
Scopus umbretta	Schattenvogel, Hammerkopf	Hammerhead Stork, Hammerkop	21
Scotiaptex → Strix nebulosa	Bartkauz	Great Grey Owl, Lapland Owl	73
Scotocerca inquieta	Wüstenprinie	Scrubwarbler	136
Seiurus aurocapillus	Ofenvogel, Goldkopf-Waldsänger, Pieperwaldsänger	Ovenbird [New World warbler]	157
Seiurus motacilla	Stelzenwaldsänger	Louisiana Waterthrush	157
Seiurus noveboracensis	Uferwaldsänger, Drosselwaldsänger	Northern Waterthrush	157
semipalmata, Anseranas	Spaltfußgans	Magpie Goose, Pied Goose	27
semipalmatus, Catoptrophorus	Schlammtreter, Entenschnepfe	Willet	57
semitorquata, Ficedula	Halbringschnäpper	Semicollared Flycatcher [Old World]	137
senator, Lanius	Rotkopfwürger	Woodchat Shrike	122
senegalensis, Streptopelia	Palmtaube	Laughing Dove	65
Serinus canaria	Kanarienvogel	Canary, Canary Bird	161
Serinus citrinella	Zitronengirlitz, Zitronenzeisig	Citril Finch	161
Serinus serinus	Girlitz	European Serin	161
serpentarius, Sagittarius	Sekretär	Secretary-Bird	31
Setophaga, Myioborus	Waldsänger [*Setophaga, Myioborus*]	redstarts [NW] [*Setophaga, Myioborus*]	157
Setophaga ruticilla	Rotschwanz-Waldsänger, Schnäpper-Waldsänger	American Redstart [New World]	157
Sialia	Hüttensänger	bluebirds	130
Sialia sialis	Rotkehl-Hüttensänger	Eastern Bluebird	130
sibilatrix, Phylloscopus	Waldlaubsänger, Waldschwirrvogel	Common Wood-Warbler [Old World!]	136
sibiricus, Turdus	Schieferdrossel, Sibirische Drossel	Siberian Thrush	130
Sibirionetta → Anas formosa	Gluckente	Baikal Teal	27
Sicalis	Gilbammern	yellow-finches	155
sinuatus, Cardinalis	Schmalschnabelkardinal	Pyrrhuloxia	155
Siphia → Muscicapa parva	Zwergschnäpper, Zwergfliegenschnäpper	Red-breasted Flycatcher [Old World]	137
Sitta canadensis	Kanadakleiber	Red-breasted Nuthatch	147
Sitta carolinensis	Carolinakleiber	White-breasted Nuthatch	147
Sitta europaea	Kleiber, Spechtmeise	Eurasian Nuthatch	147
Sitta krueperi	Türkenkleiber	Krüper's Nuthatch	147
Sitta neumayer	Felsenkleiber	Rock Nuthatch	147
Sitta whiteheadi	Korsenkleiber	Corsican Nuthatch	147
Sittidae	Kleiber, Spechtmeisen	nuthatches	147
skua, Catharacta	Große Raubmöwe (Skua)	Great Skua	60
socialis, Pluvianellus	Magellanläufer, Magellan-Regenpfeifer	Magellanic Plover	56
solitaria, Tringa	Einsiedel-Wasserläufer	Solitary Sandpiper	57

Latein	Deutsch	Englisch	Familie nach Howard
solitaria (ext), Pezophaps	Einsiedler (ausgestorben)	Rodriguez Solitaire (extinct)	65
solitarius, Monticola	Blaumerle	Blue Rock Thrush	130
solitarius (ext), Raphus	Réunion-Dronte (ausge-storben)	Reunion Solitaire, White Dodo (extinct)	65
Somateria mollissima	Eiderente	Common Eider	27
Somateria spectabilis	Prachteiderente	King Eider	27
sparverius, Falco	Buntfalke, Sperlingsfalke	American Kestrel, American Sparrow Hawk	32
Spatula → Anas clypeata	Löffelente	Northern Shoveler	27
spectabilis, Somateria	Prachteiderente	King Eider	27
Spelaeornis	Zaunkönigstimalien	wren-babblers [Spelaeornis]	132
Spheniscidae	Pinguine	penguins	7
SPHENISCIFORMES	Flossentaucher, Pinguine	penguins	7
Sphyrapicus	Saftlecker, Saftsauger	sapsuckers (woodpeckers)	99
Sphyrapicus varius	Feuerkopf-Saftlecker	Yellow-bellied Sapsucker	99
spilonotus (-nata), Salpornis	Stammsteiger, gefleckter Baumsteiger	Spotted Creeper [Africa]	148
spinicauda, Chaetura	Dornensegler	Band-rumped Swift	79
spinoletta, Anthus	Wasserpieper	Water Pipit	118
spinosus, Vanellus	Spornkiebitz	Spur-winged Plover	56
Spinus → Carduelis spinus	Erlenzeisig, Zeisig	Eurasian Siskin	161
Spipola → Anthus	Pieper	pipits	118
Spipola → Anthus cervinus	Rotkehlpieper	Red-throated Pipit	118
Spipola → Anthus gustavi	Petschorapieper	Pechora Pipit	118
Spipola → Anthus hodgsoni	Waldpieper	Olive-backed Pipit	118
Spipola → Anthus pratensis	Wiesenpieper	Meadow Pipit	118
Spipola → Anthus spinoletta petrosus	Strandpieper (Felsenpieper)	Rock Pipit	118
Spipola → Anthus spinoletta spinoletta	Wasserpieper, Bergpieper	Water Pipit	118
Spipola → Anthus trivialis	Baumpieper	Brown Tree Pipit	118
Spiza americana	Dickcissel, Schildammer	Dickcissel	155
Spizaetus ornatus	Prachthaubenadler	Ornate Hawk-Eagle	30
Spizella arborea	Baumammer, Amerikanischer Baumfink	American Tree Sparrow	155
Spizella pusilla	Klapperammer, Feldammer [!]	Field Sparrow [!] [New World]	155
Spizella, Zonotrichia etc.	Scharrammern	New World sparrows	155
sponsa, Aix	Brautente	Wood Duck	27
Sporophila	Pfäffchen	seadeaters (*Sporophila*)	155
squatarola, Pluvialis	Kiebitzregenpfeifer	Grey Plover, Black-bellied Plover[Am]	56
stagnatilis, Tringa	Teichwasserläufer	Marsh Sandpiper	57
Steatornis caripensis	Fettschwalm	Oilbird, Guacharo	74
Steatornithidae	Fettschwalm	Oilbird, Guacharo	74
Steganopus → Phalaropus tricolor	Wilsonhühnchen, Amer. Odinshühnchen, Wilson-Wassertreter	Wilson's Phalarope	57
stellaris, Botaurus	Rohrdommel	Eurasian Bittern	20

Latein	Deutsch	Englisch	Familie nach Howard
stellata, Gavia	Sterntaucher, Nordseetaucher	Red-throated Diver, Red-throated Loon[Am]	8
Stercorariidae	Raubmöwen	skuas, jaegers	60
Stercorarius, Catharacta	Raubmöwen	skuas, jaegers	60
Stercorarius longicaudus	Falkenraubmöwe, Kleine Raubmöwe	Long-tailed Skua, Long-tailed Jaeger[Am]	60
Stercorarius parasiticus	Schmarotzerraubmöwe	Arctic Skua, Parasitic Jaeger, Arctic Jaeger[Am]	60
Stercorarius pomarinus	Spatelraubmöwe, Mittlere Raubmöwe	Pomarine Skua, Pomarine Jaeger[Am]	60
Stercorarius → Catharacta skua	Große Raubmöwe (Skua)	Great Skua	60
Sterna albifrons	Zwergseeschwalbe	Little Tern, Least Tern[Am]	61
Sterna bengalensis	Rüppell-Seeschwalbe	Lesser Crested Tern	61
Sterna caspia	Raubseeschwalbe	Caspian Tern	61
Sterna dougallii	Rosenseeschwalbe	Roseate Stern	61
Sterna forsteri	Sumpfseeschwalbe	Forster's Tern	61
Sterna fuscata	Rußseeschwalbe	Sooty Tern	61
Sterna hirundo	Fluß-Seeschwalbe	Common Tern	61
Sterna macrura → Sterna paradisaea	Küstenseeschwalbe	Arctic Tern	61
Sterna maxima	Königs-Seeschwalbe	Royal Tern	61
Sterna nilotica	Lachseeschwalbe	Gull-billed Tern	61
Sterna paradisaea (macrura)	Küstenseeschwalbe	Arctic Tern	61
Sterna sandvicensis	Brandseeschwalbe	Sandwich Tern, Cabot's Tern[Am]	61
Sterninae	Seeschwalben	terns	61
Sternula → Sterna albifrons	Zwergseeschwalbe	Little Tern, Least Tern[Am]	61
Stictocarbo → Phalacrocorax aristotelis	Krähenscharbe (Kormoran)	Shag (cormorant)	17
Stictonetta naevosa	Affengans	Freckled Duck	27
Stigmatopelia → Streptopelia senegalensis	Palmtaube	Laughing Dove	65
Stipiturus	Borstenschwänze	emu-wrens	139
stolidus, Anous	Tölpelseeschwalbe, Noddi	Brown Noddy	61
Strepera	Würgerkrähen	currawongs	170
strepera, Anas	Schnatterente, Mittelente	Gadwall	27
Streptopelia decaocto	Türkentaube	Collared Turtle Dove	65
Streptopelia senegalensis	Palmtaube	Laughing Dove	65
Streptopelia turtur	Turteltaube	Turtle-Dove	65
striata, Dendroica	Kappenwaldsänger	Blackpoll Warbler [New World]	157
striata, Muscicapa	Grauschnäpper	Spotted Flycatcher [Old World]	137
striatus, Accipiter	Streifensperber, Eckschwanzsperber	Sharp-shinned Hawk	30
striatus, Butorides	Mangrovereiher, Grünreiher	Green-backed Heron, Green Heron	20
Strigidae	eigentliche Eulen; Ohreulen und Käuze	typical owls	73

Latein	Deutsch	Englisch	Familie nach Howard
STRIGIFORMES	Eulen, Eulenvögel	owls	72
strigoides, Podargus	Eulenschwalm	Tawny Frogmouth, Morepork, Mopoke	75
Strix aluco	Waldkauz, eigentlicher Waldkauz	Tawny Owl	73
Strix flammea → *Tyto alba*	Schleiereule	Common Barn-Owl	72
Strix nebulosa	Bartkauz	Great Grey Owl, Lapland Owl	73
Strix uralensis	Habichtskauz	Ural Owl	73
Strix varia	Streifenkauz (Waldkauz)	Barred Owl	73
struthersii, Ibidorhyncha	Ibisschnabel	Ibisbill	52
Struthidea cinerea	Gimpelhäher, Grauling	Apostlebird	168
Struthio camelus	Strauß	Ostrich	1
Struthionidae	Strauß	Ostrich	1
STRUTHIONIFORMES	Afrika-Laufvögel, Strauße	Ostrich	1
Sturnella	Stärlinge [*Sturnella*]	meadowlarks	160
Sturnella magna	Lerchenstärling	Eastern Meadowlark	160
Sturnidae	Stare	starlings	164
Sturnus roseus	Rosenstar	Rose-coloured Starling	164
Sturnus unicolor	Einfarbstar	Spotless Starling	164
Sturnus vulgaris	Star	European Starling	164
subbuteo, Falco	Baumfalke, Baumfalk	Hobby (Falcon)	32
subis, Progne	Purpurschwalbe	Purple Martin (swallow)	117
subruficollis, Tryngites	Grasläufer	Buff-breasted Sandpiper	57
Sula bassana (Morus bassanus)	Baßtölpel	Northern Gannet	16
Sulidae	Tölpel	gannets and boobies	16
superciliosus, Merops	Blauwangenspint, Blauwangen-Bienenfresser	Blue-cheeked Bee-Eater	87
Surnia ulula	Sperbereule	Hawk Owl	73
svecica, Luscinia	Blaukehlchen	Bluethroat	130
sylvatica, Turnix	Spitzschwanz-Laufhühnchen	Andalusian Hemipode	37
Sylvia	Grasmücken [*Sylvia*]	OW warblers [*Sylvia*], true warblers	136
Sylvia atricapilla	Mönchsgrasmücke, Schwarzplättchen	Blackcap [Old World warbler]	136
Sylvia borin	Gartengrasmücke	Garden Warbler [Old World]	136
Sylvia cantillans	Weißbart-Grasmücke	Subalpine Warbler [Old World]	136
Sylvia communis	Dorngrasmücke	Whitethroat	136
Sylvia conspicillata	Brillengrasmücke	Spectacled Warbler [Old World]	136
Sylvia curruca	Klappergrasmücke, Zaungrasmücke	Lesser Whitethroat	136
Sylvia hortensis	Orpheusgrasmücke	Orphean Warbler [Old World]	136
Sylvia melanocephala	Samtkopf-Grasmücke	Sardinian Warbler [Old World]	136
Sylvia nisoria	Sperbergrasmücke	Barred Warbler [Old World]	136
Sylvia rueppelli	Maskengrasmücke	Ruppell's Warbler [Old World]	136

Latein	Deutsch	Englisch	Familie nach Howard
Sylvia sarda	Sardengrasmücke	Marmora's Warbler [Old World]	136
Sylvia undata	Provencegrasmücke	Dartford Warbler [Old World]	136
Sylviidae	Grasmücken (Zweigsänger)	Old World warblers	136
Syndactyla guttulata	Zimtbrauen-Blattspäher	Guttulated Foliage-Gleaner	102
Synthliboramphus antiquus	Silberalk	Ancient Murrelet	63
syriacus, Picoides	Blutspecht	Syrian Woodpecker	99
Syrmaticus reevesii	Königsfasan	Reeve's Pheasant	35
Syrrhaptes paradoxus	Steppenhuhn	Pallas's Sandgrouse	64
Syrrhaptes → *Pterocles orientalis*	Sandflughuhn	Black-bellied Sandgrouse	64
. . . .			
Tachybaptus → *Podiceps dominicus*	Schwarzkopftaucher	Least Grebe	9
Tachybaptus → *Podiceps ruficollis*	Zwergtaucher	Little Grebe	9
Tachymarptis → *Apus melba*	Alpensegler	Alpine Swift	79
Tadorna ferruginea	Rostgans	Ruddy Shelduck	27
Tadorna tadorna	Brandgans, Brandente	Shelduck	27
Taeniopygia → *Poephila*	Amadinen [*Poephila*]	grass finches	162
tarda, Otis	Großtrappe, Trappe	Great Bustard	47
Tarsiger → *Erithacus cyanurus*	Blauschwanz	Red-flanked Bluetail	130
Telespyza → *Psittirostra cantans*	Laysangimpel, Ou	Yellow Laysan Finch [Hawaii], Ou	158
temminckii, Calidris	Temminck-Strandläufer	Temminck's Stint	57
temminckii, Tragopan	Temminck-Tragopan	Temminck-Tragopan	35
tenuirostris, Numenius	Dünnschnabel-Brachvogel	Slender-billed Curlew	57
tenuirostris, Puffinus	Kurzschnabel-Sturmvogel, Dünnschnäbeliger Sturmvogel	Short-tailed Shearwater	11
Tephrodornis	Tephrodornis	wood shrikes	119
Terekia cinerea → *Xenus cinereus*	Terekwasserläufer	Terek Sandpiper	57
Terpsiphone, Elminia	Paradiesschnäpper, Haubenschnäpper	paradise flycatchers	141
Tersina viridis	Schwalbentangare	Swallow-Tanager	155
Tersininae	Schwalbentangare	Swallow-Tanager	156
Tetrao tetrix	Birkhuhn	Black Grouse	35
Tetrao urogallus	Auerhuhn	Capercaillie (grouse)	35
Tetraogallus	Königshühner, Felsenhühner	snowcocks	35
Tetraoninae	Rauhfußhühner	grouse [incl. Capercaillie]	35
Tetrastes bonasia	Haselhuhn	Hazel Hen, Hazel Grouse	35
Tetrax → *Otis tetrax*	Zwergtrappe	Little Bustard	47
tetrix, Tetrao	Birkhuhn	Black Grouse	35
Thalasseus → *Sterna maxima*	Königs-Seeschwalbe	Royal Tern	61
Thalasseus → *Sterna sandvicensis*	Brandseeschwalbe	Sandwich Tern, Cabot's Tern[Am]	61

Latein	Deutsch	Englisch	Familie nach Howard
Thamnophilinae [AOU]	Ameisenwürger, Wollrücken	antshrikes, typical antbirds	103
theklae, Galerida	Theklalerche	Thekla Lark	116
Theratopius ecaudatus	Gaukler	Bateleur	30
Thinocoridae	Höhenläufer	seedsnipe	58
Thraupinae	Edeltangaren, eigentliche Tangaren	tanagers	155
Threskiornis molucca	Molukkenibis	Australian White Ibis	24
Threskiornithidae	Sichler (Ibisse) und Löffler	ibises and spoonbills	24
Threskiornithinae	Sichler, Ibisse	ibises	24
Thryothorus ludovicianus	Carolina-Zaunkönig	Carolina Wren	127
tibicen, Gymnorhina	Flötenvogel (Würgerkrähe)	Bell-Magpie, Australian Magpie	170
Tichodroma muraria	Mauerläufer	Wall Creeper	147
Tichodromadinae (-dromi- nae)	Mauerläufer	Wall Creeper	147
tigrina, Dendroica	Tigerwaldsänger	Cape May Warbler [New World]	157
Timaliidae	Timalien	babblers	132
Tinamidae	Steißhühner, Tinamus	tinamous	6
TINAMIFORMES	Steißhühner, Tinamus	tinamous	6
Tinnunculus → Falco nau- manni	Rötelfalke	Lesser Kestrel	32
Tinnunculus → Falco tin- nunculus	Turmfalke	Eurasian Kestrel	32
Tityra	Tityras	tityras	106
Tityrinae	Tityras, Bekarden, Drossel- manakins	tityras, becards, Schiffornis	106
Todidae	Todis	todies	85
Todus	Todis	todies	85
torda, Alca	Tordalk	Razorbill, Razor-billed Auk[Am]	63
torquata, Saxicola	Schwarzkehlchen [!]	Stonechat [!]	130
torquatus, Pedionomus	Steppenläufer, Trappenlauf- hühnchen	Plains-Wanderer	38
torquatus, Turdus	Ringdrossel, Ringamsel	Ring Ouzel	130
torquilla, Jynx	Wendehals	Eurasian Wryneck	99
totanus, Tringa (Totanus)	Rotschenkel (Wasserläufer)	Redshank	57
Totanus → Tringa erythro- pus	Dunkelwasserläufer	Spotted Redshank	57
Totanus → Tringa melano- leuca	Großer Gelbschenkel (Was- serläufer)	Greater Yellowlegs	57
Totanus → Tringa nebularia	Grünschenkel, Heller Was- serläufer	Common Greenshank	57
Totanus → Tringa stagnati- lis	Teichwasserläufer	Marsh Sandpiper	57
townsendi, Myadestes	Bergklarino	Townsend's Solitaire	130
Toxorhamphus	Pfriemschnäbel [*Toxorham- phus*]	longbills [*Toxorhamphus*]	154
Toxostoma rufum	Rotrücken-Spottdrossel, Rote Spottdrossel, Rot- rückensichler	Brown Thrasher	128
Tragopan	Tragopane, Satyrhühner	tragopans	35

Latein	Deutsch	Englisch	Familie nach Howard
Tragopan temminckii	Temminck-Tragopan	Temminck-Tragopan	35
trichas, Geothlypis	Gelbkehlchen, Maryland-Waldsänger	Common Yellowthroat	157
Trichoglossus haematodus	Allfarblori, Gebirgslori	Rainbow Lorikeet	66
tricolor, Phalaropus	Wilsonhühnchen, Amer. Odinshühnchen, Wilson-Wassertreter	Wilson's Phalarope	57
tridactylus, Larus	Dreizehenmöwe	Black-legged Kittiwake	61
tridactylus, Picoides	Dreizehenspecht	Three-toed Woodpecker	99
Tringa erythropus	Dunkelwasserläufer	Spotted Redshank	57
Tringa flavipes	Gelbschenkel	Lesser Yellowlegs, Yellow-shank	57
Tringa glareola	Bruchwasserläufer	Wood Sandpiper	57
Tringa hypoleuca	Flußuferläufer (Wasser-läufer)	Common Sandpiper	57
Tringa macularia	Amer. Drosseluferläufer (Wasserläufer)	Spotted Sandpiper	57
Tringa melanoleuca	Großer Gelbschenkel (Was-serläufer)	Greater Yellowlegs	57
Tringa nebularia	Grünschenkel, Heller Was-serläufer	Common Greenshank	57
Tringa ochropus	Waldwasserläufer	Green Sandpiper	57
Tringa solitaria	Einsiedel-Wasserläufer	Solitary Sandpiper	57
Tringa stagnatilis	Teichwasserläufer	Marsh Sandpiper	57
Tringa terek → *Xenus cine-reus*	Terekwasserläufer	Terek Sandpiper	57
Tringa totanus	Rotschenkel (Wasserläufer)	Redshank	57
tristis, Carduelis	Goldzeisig, Trauerzeisig	American Goldfinch	161
trivialis, Anthus	Baumpieper	Brown Tree Pipit	118
Trochilidae (TROCHILIFOR-MES)	Kolibris	hummingbirds	81
trochiloides, Phylloscopus	Grünlaubsänger, Grüner Laubsänger	Greenish Warbler [Old World]	136
trochilus, Phylloscopus	Fitis	Willow Warbler [Old World]	136
Troglodytes troglodytes	Zaunkönig, eigentlicher Zaunkönig	Common Wren, Winter Wren[Am]	127
Troglodytidae	Zaunkönige	wrens	127
Trogonidae	Trogons	trogons	83
TROGONIFORMES	Trogons, Verkehrtfüßler	trogons	83
Tryngites subruficollis	Grasläufer	Buff-breasted Sandpiper	57
Turdidae	Drosseln	solitaires, thrushes and allies	130
Turdoides	Drosslinge	babblers [Asia, North Afri-ca]	132
Turdulus → *Turdus sibiricus*	Schieferdrossel, Sibirische Drossel	Siberian Thrush	130
Turdus	Drosseln, echte Drosseln	true thrushes	130
Turdus dauma	Erddrossel	White's Thrush	130
Turdus ericetorum → *T. philomelos*	Singdrossel	Song Thrush	130
Turdus iliacus	Rotdrossel, Weindrossel	Redwing [Eurasian thrush]	130
Turdus merula	Amsel, Schwarzdrossel	Eurasian Blackbird	130

Latein	Deutsch	Englisch	Familie nach Howard
Turdus migratorius	Wanderdrossel	American Robin	130
Turdus musicus → *Turdus iliacus*	Rotdrossel, Weindrossel	Redwing [Eurasian thrush]	130
Turdus naumanni eunomus	Rostflügeldrossel	Dusky Thrush	130
Turdus naumanni naumanni	Naumanndrossel	Naumann's Thrush	130
Turdus obscurus	Weißbrauendrossel	Eye-browed Thrush	130
Turdus philomelos (T. ericetorum)	Singdrossel	Song Thrush	130
Turdus pilaris	Wacholderdrossel, Krammetsvogel	Fieldfare	130
Turdus ruficollis	Bechsteindrossel	Dark-throated Thrush	130
Turdus ruficollis atrogularis	Schwarzkehldrossel	Black-throated Thrush	130
Turdus ruficollis ruficollis	Rotkehldrossel	Red-throated Thrush	130
Turdus sibiricus	Schieferdrossel, Sibirische Drossel	Siberian Thrush	130
Turdus torquatus	Ringdrossel, Ringamsel	Ring Ouzel	130
Turdus ustulatus	Zwergdrossel, Swainsondrossel	Swainson's Thrush	130
Turdus viscivorus	Misteldrossel	Mistle Thrush	130
Turnicidae	Laufhühnchen, Kampfwachteln	buttonquails, hemipodes	37
Turnix	Laufhühnchen, Kampfwachteln	buttonquails, hemipodes	37
Turnix meiffrenii	Lerchenlaufhühnchen	Quail Plover	37
Turnix sylvatica	Spitzschwanz-Laufhühnchen	Andalusian Hemipode	37
turtur, Streptopelia	Turteltaube	Turtle-Dove	65
Tyrannidae	Tyrannen	tyrant flycatchers [New World]	106
Tyranninae	Tyrannen, Königstyrannen	tyrannine flycatchers [New World]	106
Tyrannus tyrannus	Königstyrann, Königsvogel, Königssatrap	Eastern Kingbird	106
Tyto alba	Schleiereule	Common Barn-Owl	72
Tyto capensis	Graseule	Grass-Owl	72
Tytonidae	Schleiereulen	barn-owls	72

· ·

Latein	Deutsch	Englisch	Familie nach Howard
ulula, Surnia	Sperbereule	Hawk Owl	73
umbellus, Bonasa	Kragenhuhn (Rauhfußhuhn)	Ruffed Grouse	35
umbretta, Scopus	Schattenvogel, Hammerkopf	Hammerhead Stork, Hammerkop	21
undata, Sylvia	Provencegrasmücke	Dartford Warbler [Old World]	136
undulata, Chlamydotis	Kragentrappe	Houbara Bustard	47
undulatus, Melopsittacus	Wellensittich	Budgerigar	68
unicolor, Sturnus	Einfarbstar	Spotless Starling	164
Upucerthia	Erdhacker [*Upucerthia*]	earthcreepers	102
Upupa epops	Wiedehopf	Hoopoe	91
Upupidae	Wiedehopfe	hoopoes	91
uralensis, Strix	Habichtskauz	Ural Owl	73
urbica, Delichon	Mehlschwalbe	House Martin (swallow)	117
Uria	Lummen	guillemots [*Uria*], murres[Am]	63

Latein	Deutsch	Englisch	Familie nach Howard
Uria aalge	Trottellumme	Guillemot, Common Murre[Am]	63
Uria lomvia	Dickschnabellumme	Brünnich's Guillemot, Brünnich's Murre[Am]	63
urogallus, Tetrao	Auerhuhn	Capercaillie (grouse)	35
ustulatus, Turdus	Zwergdrossel, Swainson-drossel	Swainson's Thrush	130

. . . .

Latein	Deutsch	Englisch	Familie nach Howard
valisineria, Aythya	Kanevasente	Canvasback	27
Vanellus gregaria	Steppenkiebitz	Sociable Plover	56
Vanellus leucurus	Weißschwanzkiebitz	White-tailed Plover	56
Vanellus spinosus	Spornkiebitz	Spur-winged Plover	56
Vanellus vanellus	Kiebitz	Northern Lapwing, Pewit	56
Vangidae	Vangawürger, Blauwürger, Vangas	vanga shrikes	123
varia, Mniotilta	Kletterwaldsänger	Black-and-white Warbler [New World]	157
varia, Strix	Streifenkauz (Waldkauz)	Barred Owl	73
varius, Sphyrapicus	Feuerkopf-Saftlecker	Yellow-bellied Sapsucker	99
velox, Geococcyx	Rennkuckuck	Lesser Roadrunner	71
venustus, Granatellus	Weißkehlen-Granatellus	Red-breasted Chat	157
Vermivora	Vermivora-Waldsänger	vermivoras (wood warblers)	157
vespertinus, Cocco-thraustes	Abendkernbeißer	Evening Grosbeak	161
vespertinus, Falco	Rotfußfalke, Abendfalke	Red-footed Falcon	32
vetula, Ortalis	Braunflügelguan	Plain Chachalaca	34
Viduinae	Witwen, Witwenvögel	whydahs, widow weavers, parasitic viduines	163
vigil, Rhinoplax	Schildschnabel	Helmeted Hornbill	93
virens, Contopus	Piwih, Östlicher Waldty-rann, Waldpiwih	Eastern Wood-pewee	106
virens, Dendroica	Grünwaldsänger	Black-throated Green War-bler [New World]	157
virens, Icteria	Gelbbrust-Waldsänger	Yellow-breasted Chat	157
Vireo olivaceus	Rotaugenvireo, Rotaugen-Laubwürger	Red-eyed Vireo	159
Vireonidae	Laubwürger, Vireos	vireos	159
virescens, Empidonax	Buchentyrann, grünlicher Erlentyrann	Acadian Flycatcher [New World]	106
virginianus, Bubo	Virginia-Uhu, Amer. Uhu	Great Horned Owl	73
virginianus, Colinus	Virginiawachtel, Baum-wachtel	Northern Bobwhite, Com-mon Bobwhite	35
virgo, Anthropoides	Jungfernkranich	Demoiselle Crane	39
viridis, Picus	Grünspecht	Green Woodpecker	99
viridis, Tersina	Schwalbentangare	Swallow-Tanager	155
viscivorus, Turdus	Misteldrossel	Mistle Thrush	130
vociferus, Caprimulgus	Whip-poor-will (Amer. Zie-genmelker)	Whip-poor-will (nightjar)	78
vociferus, Charadrius	Schreiregenpfeifer, Keil-schwanz-Regenpfeifer	Killdeer (plover)	56
vulgaris, Sturnus	Star	European Starling	164

Latein	Deutsch	Englisch	Familie nach Howard
Vultur → *Coragyps atratus*	Rabengeier [Neuweltgeier]	Black Vulture [New World vulture]	28
. . . .			
whiteheadi, Sitta	Korsenkleiber	Corsican Nuthatch	147
Wilsonia citrina	Kapuzenwaldsänger	Hooded Warbler [New World]	157
. . . .			
Xanthocephalus xantho-cephalus	Brillenstärling	Yellow-headed Blackbird	160
xanthophrys, Pseudonestor	Papageischnabelgimpel	Maui Parrotbill, Pseudo-nestor	158
Xema → *Larus sabini*	Schwalbenmöwe	Sabine's Gull	61
Xenicidae (Acanthisittidae)	Maorischlüpfer, Neusee-landpittas	New Zealand wrens	112
Xenus cinereus	Terekwasserläufer	Terek Sandpiper	57
. . . .			
yeltoniensis, Melano-corypha	Mohrenlerche	Black Lark	116
. . . .			
Zeledonia coronata	Zaunkönigsdrossel	Wren-Thrush	157
Zenaida macroura	Trauertaube, Carolinataube	Mourning Dove	65
Zonotrichia albicollis	Weißkehlammer	White-throated Sparrow [New World]	155
Zonotrichia leucophrys	Dachsammer	White-crowned Sparrow [New World]	155
Zonotrichia, Spizella etc.	Scharrammern	New World sparrows	155
Zoothera → *Turdus dauma*	Erddrossel	White's Thrush	130
Zoothera → *Turdus sibiri-cus*	Schieferdrossel, Sibirische Drossel	Siberian Thrush	130
Zosteropidae	Brillenvögel	white-eyes	153
Zosterops lateralis	Silberauge, Mantelbrillen-vogel	Gray-breasted Silver-Eye	153

Quellenhinweise

American Ornithologists' Union (1983): Check-list of North American birds. 6th ed.

ARDLEY, NEIL (1986): Vögel. München und Zürich.

AUSTIN, OLIVER L. (1983): Birds of the World. New York. [Deutsche Ausgabe (1986): Die Vögel der Welt. München und Zürich].

AUSTIN, OLIVER L. (1971): Knaurs Singvögel der Welt. München und Zürich. [Song Birds of the World (1961, 1967) <deutsch>]

AUSTIN, OLIVER L. (1971): Knaurs Wasser- und Watvögel der Welt. München und Zürich. [Water and Marsh Birds of the World (1961, 1967) <deutsch>]

BERNARD, RAIMAR (1989): Birdwatching in Nordamerika. Bad Homburg.

BEZZEL, EINHARD (1985): Kompendium der Vögel Mitteleuropas: Nonpasseriformes – Nichtsingvögel. Wiesbaden.

BEZZEL, EINHARD, & ROLAND PRINZINGER (1990): Ornithologie. 2. Aufl. Stuttgart.

CAMPBELL, BRUCE, & ELIZABETH LACK (1985): A dictionary of birds. Calton/England.

CERNY, WALTER, & KAREL DRCHAL (1986): Welcher Vogel ist das? 6. Aufl. Stuttgart.

CLEMENTS, JAMES F. (1991): Birds of the World. A Check List. Vista, California.

FRANK, ERNST M. (Hrsg.), (1986): Audubon's Birds of America. Die Vogelwelt Amerikas. München.

FRIELING, HEINRICH (1960): Was fliegt denn da? Stuttgart.

GARROD, A.H. (1873): On certain muscles of the thigh of birds and on their value in classification, part I. Zool. Soc. London 1873 [1874]: 626–644. Zitiert nach SIBLEY et al. (1988).

GOSLER, ANDREW (Hrsg.), (1991): Die Vögel der Welt. Stuttgart. [The Hamlyn Photographic Guide to Birds of the World (1991) <deutsch>].

GRUSON, EDWARD (1976): Checklist of the Birds of the World. London.

GRZIMEK, BERNHARD (1972–1975): Grzimek's Animal Life Encyclopedia. New York.

HAYMAN, PETER, & PHILIP BURTON (1988): Das goldene Kosmos-Vogelbuch. Stuttgart. [The birdlife of Britain and Europe (1976, 1986) <deutsch>]

HELBIG, ANDREAS (1990): DNA Analyse mittels Restriktionsenzymen. Bedeutung und mögliche Anwendung in der Ornithologie. Journal für Ornithologie 131.

HOWARD, RICHARD, & ALICK MOORE (1991): A complete checklist of the birds of the world. 2nd ed. London.

KASTNER, JOSEPH (1986): The Great Sparrow War. An ordinary bird that had the whole nation up in arms. Smithsonian 17.

National Geographic Society (1987): Field Guide to the Birds of North America. 2nd ed. Washington, D.C.

National Geographic Society (1983): The Wonder of Birds. Washington, D.C.

PERRINS, CHRISTOPHER (1987): Vögel, Biologie + Bestimmen + Ökologie. Hamburg und Berlin. [Collins New Generation Guide to the Birds of Britain and Europe (1987) <deutsch>].

PETERS, JAMES L., & successors (1931–1987), Checklist of the Birds of the World. Vols. I–XVI. Cambridge, Mass.

PETERSON, ROGER, GUY MOUNTFORT, & P.A.D. HOLLOM (1985): Die Vögel Europas. 14. Aufl. Hamburg und Berlin. Bearb. von H.E.Wolters [A Field Guide to the Birds of Britain and Europe (1983). 4th ed. <deutsch>].

ROBBINS, CHANDLER S., BERTEL BRUUN, & HERBERT S. ZIM (1983): Birds of North America. A Guide to field identification. New York.

SIBLEY, CHARLES G., JON E. AHLQUIST, & BURT L. MONROE jr. (1988): A classification of the living birds of the world based on DNA-DNA hybridization studies. Auk 105: 409–423.

SIBLEY, CHARLES G., & BURT L. MONROE (1990): Distribution and Taxonomy of Birds of the World. New Haven and London.

SWINEBROAD, JEFF (1987): The Birds of Spring. Lectures. Smithsonian Institution, Resident Associates Program. Washington, D.C.

WALTERS, MICHAEL (1980): The Complete Birds of the World. Newton Abbot, London and North Pomfret, Vt.

WILDS, CLAUDIA P. (1983): Finding Birds in the National Capital Area. Washington, D.C.

WILLIAMS, JOHN G. (1973): Die Vögel Ost- und Zentralafrikas. Hamburg und Berlin. [A Field Guide to the Birds of East and Central Africa. (1963) <deutsch>].

WOLTERS, HANS EDMUND (1975–1982): Die Vogelarten der Erde. Hamburg und Berlin.